Inhalt

Einleitung: Charismatiker, Tribunen – und Büroleiter

> »Der Biograph soll wissen, daß tiefste Niedergeschla-
> genheit und höchste Seligkeit nahe beieinander woh-
> nen; daß Leid und Sünde auch Lust, Tugend und Glück
> auch Last bedeuten können. Er soll wissen um Siege,
> die Niederlagen, um Niederlagen, die Siege waren. Er
> muß einsehen lernen, daß bisweilen das Mögliche un-
> möglich und andererseits das Unmögliche möglich ist.
> Kurz: daß all diese scheinbar eindeutigen Begriffe gan-
> ze Welten in sich bergen – und keine dieser verborgenen
> Welten darf dem Biographen fremd sein.«
>
> Jan Romein, *Die Biographie*

Große politische Charismatiker brauchen ihre Zeit und ihren
Ort.[1] Nationen, die mit sich und ihrer politisch-ökonomischen
Entwicklung im zufriedenen Einklang leben, benötigen keine Charismatiker, bringen sie auch nicht hervor. Die Stunde der Charismatiker schlägt allein in Zeiten der Ratlosigkeit, der Paralyse, des
lähmenden gesellschaftlichen Stillstandes.[2] Das ist die Bühne für
die politischen Propheten mit ihren kühnen Zukunftsversprechen.
Wenn die inspirationslosen Manager des Klein-Klein ratlos auf
der Stelle treten, wenn Bürokratien und Administratoren lediglich blockieren, wird der Raum frei für die Magier, Visionäre und
wortmächtigen Tribunen der Politik.[3] Sie brechen dann nicht sel-

1 Zur Definition charismatischer Herrschaft vgl. zunächst Weber, Max 1990, *Wirtschaft und Gesellschaft. Grundriss der verstehenden Soziologie*, 5., rev. Aufl., Tübingen: Mohr Siebeck, erstmals erschienen 1921, hier S. 140.
2 Den Versuch, eine bestimmte Charisma-günstige Situation zu skizzieren, unter-
nimmt u. a. William Friedland (1964): »For a sociological concept of charisma«,
in: *Social Forces* 43/1, S. 18-26, hier S. 18.
3 Weber beschreibt dies als »große revolutionäre Macht in traditional gebundenen
Epochen«, in: Weber, Max, *Wirtschaft und Gesellschaft*, S. 142.

ten mit ihrem Zukunftsoptimismus die apathische Stimmung und kollektive Depression auf, entfachen dadurch Leidenschaften, regen die Phantasie an, legen unterdrückte Energien frei. Charismatiker fühlen sich von einem großen Vorhaben getrieben.[4] Das ist die spezifische Quelle ihrer außergewöhnlichen Kraft. Sie setzen langfristige Ziele, übertragen ihre politischen Vorstellungen in Bilder, Metaphern, Symbole und vitalisieren damit die gestanzten politischen Sprachformeln. Dadurch bringen sie, kurzum, die erstarrten politischen Verhältnisse zum Tanzen.

Braucht die Bundesrepublik im Krisenjahr 2009 ein wenig von diesem charismatischen Antidepressivum? Recht in Sicht ist ein neuer visionärer Voranschreiter jedenfalls nicht, und man kann darüber aus vielen guten Gründen erleichtert sein. Denn schließlich ist dem Land dadurch bislang der populistische Rattenfänger von rechts erspart geblieben. Die Erfahrungen aus den Jahren 1933 ff. haben das Heldenverlangen, den Kult des Heroischen bei den Deutschen, die es lieber mit den Anticharismatikern Adenauer und Kohl hielten, gehörig abgedämpft. So mag man das Ausbleiben des großen Künders mit guten Gründen als zivilisatorische und republikanische Reife betrachten. Denn besonders aufgeklärt geht es zwischen Charismatikern und ihrem Volk in der Regel nicht zu. Oft genug wirkt und agiert der Charismatiker wie ein säkularisierter Heiland.[5] Seine Anhänger bilden nicht selten eine Art hingebungsbereite Glaubensgemeinschaft.[6]

4 Vgl. etwa: Dow, Thomas E. 1969, »The theory of charisma«, in: *Sociological Quarterly* 10/3, S. 306-318, hier S. 315: »[...] a revolutionary idea, a transcendent image or ideal which goes beyond the immediate, the proximate, or the reasonable [...]«.
5 Nach Webers Definition wird der Charismatiker als Inhaber von zumindest »spezifisch außeralltäglichen Fähigkeiten« auch als »gottgesandt« wahrgenommen (Weber, Max, *Wirtschaft und Gesellschaft*, S. 140). Weber wendet den Charismabegriff säkular an; er ist in diesem Sinne »wertfrei«. Vgl. kritisch dazu: Friedrich, Carl J. 1961, »Political leadership and the problem of the charismatic power«, in: *The Journal of Politics* 23/1, S. 3-24, hier S. 15. Zum Beziehungscharakter des Phänomens Charisma und zur Anhängerschaft vgl. Madsen, Douglas/Peter G. Snow 1983, »The dispersion of charisma«, in: *Comparative Political Studies* 16/3, S. 337-362, insbes. S. 338 f.
6 Vgl. Wehler, Hans-Ulrich 2007, »Das analytische Potential des Charismakon-

Zudem: Weit kommt man mit der charismatischen Attitüde, besonders auf dem Terrain komplexer Verhandlungsdemokratien, sowieso nicht.[7] Der angekündigte Befreiungsschlag bleibt in der Regel aus, verheddert sich im dichten Flechtwerk unzähliger Vetomächte. Die historische Sendung findet kaum je ihren erfolgreichen Schlussakt. Das politische Pfingsten geht verlässlich in den prosaischen Alltag über. Die Aura des Charismatikers schwindet dann, die Ausstrahlung verblasst rasch, zerfällt schließlich – »versandet«, wie es bei Max Weber heißt. Der Zauber weicht binnen kurzer Zeit der Ernüchterung. Aber zuvor können Charismatiker doch einen tollen Tanz veranstaltet haben. Vermutlich sind in der Tat nur Charismatiker mit Sendungsbewusstsein und visionärer Perspektive in der Lage, wenigstens für einen historischen Abschnitt Leidenschaften zu entfesseln, Konventionalitäten zu verlassen, Versäulungen überkommener Interessen aufzulösen, um schon resignierte oder kraftlos gewordene Menschen aus Erschlaffung und dumpfer Trägheit zu reißen. Charismatiker sind Aktivierer. Ihr Drang richtet sich nach »draußen«. Ihnen genügt nicht die Enge eines abgeschotteten Milieus, einer separierten Peer-Group, eines verschlossenen Ortsvereins, eines bürokratisch betreuten Sozialstaats. Sie sind nicht binnenzentriert, sondern immer auf der Suche nach neuen Anhängern, neuen Wählern, neuen Mehrheiten, neuen Bewegungen für ein neues strategisches Ziel. Allein ideengetriebenen,[8] überzeugungsgeleiteten Charismatikern gelingt es zeitweilig, Politik mit Emotionen und Sinn zu füllen. Sie vermitteln infolgedessen, wenn sie von der Bühne abtreten, lang

zepts: Hitlers charismatische Herrschaft«, in: ders., *Notizen zur deutschen Geschichte*, München: Beck, S. 78-91.

7 Zu neuen Möglichkeiten charismatischer »Führung« vgl. Grande, Edgar 2000, »Charisma und Komplexität. Verhandlungsdemokratie, Mediendemokratie und der Funktionswandel politischer Eliten«, in: *Leviathan* 18/4, S. 122-141, hier S. 136.

8 Gebhardt spricht sogar von »Ideencharisma« (vgl. Gebhardt, Winfried 1993, »Charisma und Ordnung. Formen des institutionalisierten Charisma – Überlegungen in Anschluss an Max Weber«, in: ders./Arnold Zingerle/Michael N. Ebertz (Hg.), *Charisma. Theorie, Religion, Politik*, Berlin/New York: de Gruyter, S. 47-68, hier S. 57).

anhaltende Prägungen. Sie hinterlassen politische Loyalitäten und feste Gesinnungen, lassen zumindest keine launisch in der politischen Landschaft herumzappenden Wechselwähler zurück.

Politiker wie Ludwig Erhard oder Willy Brandt trugen eine Zeit lang gemäßigt charismatische Züge.[9] Als Realpolitiker an der Spitze der Bundesregierungen scheiterten sie letztendlich ziemlich ruhmlos – wie fast alle Charismatiker in modernen Demokratien. Doch hatten sie zuvor mit großen Entwürfen, klaren Grundsätzen, ehrgeizigen Plänen, konzisen Visionen viel riskiert, dadurch den politischen Spielraum weit über den Normalzustand hinaus geöffnet und am Ende für langfristig wirkende politische Einstellungsmuster bei ihren politischen Bataillonen und Anhängerschaften gesorgt. Mit Grundbegriffen aus der politischen Semantik und Überzeugungswelt von Brandt und Erhardt können Sozialdemokraten und Christdemokraten noch heute die Wurzeln und Zielperspektiven ihres politischen Engagements erklären. Man muss kein Prophet sein, um die Prognose zu formulieren: Nicht viele Menschen werden in 20 Jahren ihre politischen Handlungsmotivationen und Leitziele auf die aktuellen Chefs der Großparteien zurückführen.

Natürlich: Die Hochzeiten der Charismatiker sind zeitlich eng limitiert. Sie dürfen sich auch nicht zu häufig wiederholen. Ihre Ausstrahlung lebt davon, dass man ihnen nur selten begegnet, dass sie nur in Ausnahmefällen aus dem Hintergrund der Gesellschaft und oft mit verkorksten Biographien in den Mittelpunkt der Politik treten. Charismatiker in Permanenz würden Nationen auch nicht verkraften können, schließlich sind sie keine ordentlichen Handwerker der Politik. In den Details des Alltagsgeschäfts richten sie häufig Unordnung an, ein ziemliches Durcheinander, zuweilen Chaos. Nach dem kurzen Frühling der Charismatiker

---

9 Vgl. Kieseritzky, Wolther von 2004, »»Wie eine Art Pfingsten . . .‹ – Willy Brandt und die Bewährungsprobe der zweiten deutschen Republik«, in: Möller, Frank (Hg.), *Charismatische Führer der deutschen Nation*, München: Oldenbourg, S. 219-258.

kommt daher stets der lange Herbst der pedantischen Organisatoren. Auf Willy Brandt etwa folgten Helmut Schmidt im Kanzleramt und Hans-Jochen Vogel in der Partei. Und das musste so sein. Denn zweifellos ist der politische Manager des je Gegenwärtigen der Normaltypus, er steht für den Normalzustand repräsentativer, komplexer und nüchterner moderner Demokratien.

Aber in regelmäßigen Abständen leiden Demokratien doch an Inspirationsdefiziten, Verkeilungen und Verharzungen. Dann helfen keine Pragmatiker und Administratoren. Dann helfen nur die im Alltag ungenauen politischen Männer oder Frauen mit dem Mut, jenseits von institutionellen Zwängen eigene und ganz unorthodoxe, zuweilen gar gefährliche Wege zu gehen. Nochmals: Zu viel von diesem Drang können komplexe Demokratien nicht vertragen. Doch haben sie davon zu wenig, was gerade in ergrauenden Gesellschaften natürlicherweise der Fall ist, fehlt ihnen der charismatische Weitblick und die charismatische Kühnheit, dann werden sie starr.

Im deutschen Parteiensystem der Gegenwart ist allerdings niemand mit einem solchen Potential zu erkennen. Im Gegenteil: Es dominiert ein besonderer Typus der politischen Elite: der Büroleiter. Diese haben überdurchschnittlich viel Einfluss, aber die Öffentlichkeit nimmt sie kaum wahr. Das aber darf die Büroleiter und Administratoren der Macht nicht stören. Im Gegenteil, sie müssen gerade darin ihre Befriedigung, den Eros des Politischen finden: Macht gleichsam intim im Dämmerlicht auszuüben. Je verborgener und undurchsichtiger, je leiser und geräuschloser sie agieren, desto besser. Gerät ein Büroleiter, ein Parlamentarischer Geschäftsführer oder ein Kanzleramtschef in die Schlagzeilen, dann hat er etwas falsch gemacht.

Ein guter Kanzleramtsminister etwa darf seinem Chef niemals die Show stehlen. Er muss graue Eminenz bleiben. Ein guter Büroleiter verfügt über beträchtliches Insiderwissen und exzellente Verbindungen, die den Respekt fundieren, den man vor ihm haben sollte, damit er das schwierige Regierungsgeschäft in einer Arena voll von Interessendivergenzen, Rivalitäten, Eifersüchteleien und Eitelkeiten erfolgreich managen kann. Dabei helfen personelle Netze, die sich über die verschiedenen Zentren der fragmentierten Macht im bundesdeutschen Parlamentarismus spannen. Mittels dieser personellen Flechtwerke kann der Geschäftsführer oder Amtschef in Parteizentralen, Ministerien, Fraktionen die politischen Stimmungen erhorchen, kann zum Frühwarnsystem des Kanzlers werden, kann die parzellierten Teile des Regierungslagers wirksam koordinieren. Aber das hat eben leise zu geschehen, unauffällig, behutsam.

Das Understatement ist überhaupt die Visitenkarte, ja der spezifische Nimbus des guten Büroleiters. Er sollte ein geduldiger und wacher Zuhörer sein; er muss über ein fotografisches Gedächtnis verfügen; er hat unübersichtliche Sachverhalte analytisch rasch zu durchdringen; und er braucht dann die Fähigkeit, im Vortrag beim eigentlichen »Chef« die Komplexität zu reduzieren, Probleme und Lösungsvorschläge präzise auf den Punkt zu bringen. Er darf kein Ideologe, kein Visionär sein. Der Büroleiter ist der Handwerker der Politik und Verwaltung, er muss die je gegenwärtigen Problemknäuel entwirren. Und das alles hat ganz geräuschlos, ganz unsichtbar und effizient vor sich zu gehen.

Kurzum: Büroleiter bilden im Grunde die stille Elite in der politischen Klasse. Doch seit einigen Jahren stehen sie plötzlich auf offener und großer Bühne. Der Kanzlerkandidat der SPD ist dafür derzeit das prominenteste Beispiel. Politik und politische Führung dürften sich dadurch erheblich ändern.

*

Im Folgenden soll die Entwicklung, wie es dazu kam, porträtiert werden. Auf eine streng politikwissenschaftliche Systematik und Fallauswahl habe ich, wie meist in meinen Publikationen, verzichtet. Eine solche Systematik mag Vorzüge haben; aber sie birgt vor allem Pedanterien. Man hält sich rasternd an vorgegebenen Kriterien, Indikatoren, Variablen, gar Determinanten fest, um Halt zu finden und in übersichtlicher Ordnung zu leben. Mir ist Paul Feyerabends Plädoyer *Wider den Methodenzwang* angenehmer: »Vernunft und Wissenschaft gehen oft verschiedene Wege. Ein heiterer Anarchismus ist auch menschenfreundlicher und eher geeignet, zum Fortschritt anzuregen, als ›Gesetz- und Ordnungskonzeptionen‹.«[10]

Dass so rasch nach der Veröffentlichung von *Baustelle Deutschland* erneut ein Buch abgeschlossen werden konnte, verdanke ich auch dieses Mal der famosen Kooperation in der wunderbaren Göttinger »Arbeitsgruppe Parteien und politische Kulturforschung«. Tag für Tag haben wir zusammen gearbeitet, getrunken und diskutiert. Geradezu Kärrnerarbeit geleistet haben für diese Schrift Felix Butzlaff, Oliver d'Antonio, Jens Gmeiner, Stine Harm, Christin Leistner, Robert Lorenz, Michael Lühmann, Johanna Klatt, Matthias Micus, Teresa Nentwig, Katharina Rahlf, Jonas Rugenstein, Markus Schulz, Ben Seifert, Christian Woltering, Clemens Wirries. Ihnen und dazu allen Mitarbeitern aus dem Archiv in der Berliner Stresemannstraße wieder den allergrößten Dank. Und natürlich ebenfalls erneut meinem Lektor, Heinrich Geiselberger, mit dem die Arbeit am Buch eine Freude ist.

Göttingen, im Januar 2009

---

10 Feyerabend, Paul 1986, *Wider den Methodenzwang*, Frankfurt a. M.: Suhrkamp, S. 13.

Die Zeit der Patriarchen (1945-1963)

1. Die Adenauer-CDU: Union, nicht Partei

Autoritärer Patron: Konrad Adenauer

Die CDU vereinte nach 1945 eine Reihe von Konfliktgegnern aus der Zeit vor 1933: Süddeutsche und Norddeutsche, Bürger und Arbeiter, Katholiken und Protestanten, Deutschnationale und auch Liberale. Eine sichere Identität hatte die Partei infolgedessen nicht. Die Mitglieder und Anhänger teilten nicht kollektiv die Herkunft, nicht die Weltanschauung, nicht die sozialen Interessen, nicht die Tradition. Daher konnte die CDU auch nur Union sein und durfte lange nicht Partei werden. Sie musste die heterogenen bürgerlichen und konfessionellen Milieus gewissermaßen friedlich und autonom koexistieren lassen, durfte sie nicht in eine offene Diskussionsschlacht über Programme und Richtungen schicken. Eine freie und lebendige Diskussionskultur, eine moderne, partizipatorische Parteistruktur hätte die CDU zerstört, hätte die neuerliche parteipolitische Zersplitterung der bürgerlichen und kirchlichen Lebenswelten ziemlich gewiss zur Folge gehabt.

Aber nach Partizipation und Politisierung stand den erschöpften und ausgelaugten Deutschen damals nach einem Vierteljahrhundert dauerhafter Mobilisierung sowieso nicht der Sinn.[1] Insofern entsprach der Adenauer'sche Patriarchalismus der Struktur

---

1 Vgl. Dunk, Hermann W. von der 2004, *Kulturgeschichte des 20. Jahrhunderts*, aus dem Niederländischen übersetzt von Andreas Ecke, Bd. 2, München: Deutsche Verlags-Anstalt, S. 241-300; Glaser, Hermann 1990, *Kulturgeschichte der Bundesrepublik Deutschland. Zwischen Kapitulation und Währungsreform 1945-1948*, Bd. 1, München: Hanser, S. 37-52.

der Union und dem kulturellen Klima der Zeit. Sein Führungsstil wölbte sich integrierend über die fragmentierte Parteikul-
tur der CDU, er bot den Deutschen durch Repräsentation die
politische Entlastung, die sie in jenen Jahren suchten. Und über
den autoritären Patriarchalismus des ersten Bundeskanzlers und
CDU-Vorsitzenden fand auch das konservativ-protestantische Bürgertum einen Zugang zur parlamentarischen Demokratie, die in
diesen Kreisen noch während der Weimarer Republik als schwatz-
hafte und kraftlose Veranstaltung verachtet und bekämpft wurde.
Doch zog die CDU auch aus anderen vordemokratischen Mentalitäten ihrer Anhängerschaft politische Vorteile. Schließlich verdankte sie ihre Stabilität und Stoßkraft der lange selbstverständ-
lichen Loyalität des katholischen Milieus. Aus diesem Milieu des
Katholizismus stammte die Prätorianergarde Adenauers; es war
weit kohärenter, organisatorisch stärker und disziplinierter als
die Lebenswelten des Protestantismus, wurde zusammengehalten
durch die Autorität der Kirche und gewiss nicht zuletzt durch die
damals noch vitale Wirkung beträchtlicher Heilsängste.[2] In Wahlkampfzeiten war das katholische Milieu auf Abruf zu aktivieren
und von ähnlich wuchtiger Kampagnenfähigkeit wie das Organi-
sationsumfeld der SPD. Das sozialistische Milieu blieb indessen
auch nach den Wahlen aktiv, mischte politisch auch dann noch
selbstbewusst mit, forderte und resolutionierte kräftig, hielt die
Parteiführer eng am Zügel. Das katholische Milieu dagegen zog
sich noch am Wahlabend rigoros aus der Politik zurück. Das war
der Humus für die Führungstätigkeit Adenauers, das bot ihm den
strukturellen Vorteil gegenüber den Sozialdemokraten. Adenauer
gewann die Wahlen – wegen der Aktionsfähigkeit des katholischen
Milieus.[3] Und später musste er sich dann – wegen der Partizipa-

---

2 Vgl. Bösch, Frank 2002, *Das konservative Milieu. Vereinskultur und lokale Samm-
lungspolitik in ost- und westdeutschen Regionen (1900-1960)*, unter Mitarbeit von Helge
Matthiesen, Göttingen: Wallstein, S. 185 ff.
3 Vgl. Baring, Arnulf 1982, *Im Anfang war Adenauer. Die Entstehung der Kanzlerdemokratie*, 2. Aufl., München: Deutscher Taschenbuch Verlag, S. 347 ff.

tionsindifferenz des katholischen Milieus – nicht mit Funktionären herumschlagen, nicht gegenüber Aktivisten rechtfertigen, nicht vor Delegierten legitimieren. Adenauer konnte dank der Organisationsrückstände der CDU und der Demokratiedefizite des Katholizismus ziemlich ungestört regieren. Er konnte sich, abgesichert durch verlässliche Milieuloyalitäten, sogar anfangs unpopuläre Regierungsaktionen leisten. Die Einführung der Marktwirtschaft, die Aufstellung einer neuen Armee, die gesamte Westpolitik – all das stieß zunächst mehr auf wütende Gegner als auf leidenschaftliche Befürworter. Nichts davon wäre vermutlich in einer demoskopisch und medial vermittelten Partizipationsdemokratie durchsetzbar gewesen. So unschön es unter demokratietheoretischen Gesichtspunkten gewiss war, das Defizit an Basisdemokratie und auch Transparenz des Regierungshandelns ermöglichte Adenauer die kraftvollen und segensreichen Weichenstellungen für die politische Grundausrichtung der Bonner Republik.

Man findet bei Adenauer überhaupt eine Menge Führungstechniken, die wir heutzutage in feierlichen Akademieansprachen über die politische Kultur in der Zivilgesellschaft eher nicht lobend hervorheben würden.[4] Und doch haben gerade sie zur Erfolgsstory der CDU beigetragen. Der stärkste Leim für die bunte Sammlung, die als CDU firmierte, war zweifellos der Antisozialismus. Ohne die Furcht vor dem Sozialismus, ohne die Realerfahrung der antibürgerlichen Exzesse in der SBZ und frühen DDR hätten sich die verschiedenen protestantischen Teilmilieus politisch wohl nicht zusammengerauft, jedenfalls nicht mit den in den 1950er Jahren von ihnen noch zutiefst beargwöhnten Katholiken parteipolitisch verbunden. Adenauer wusste das und er hatte es mit brutaler Härte und oft genug niederträchtigen Propagandamethoden genutzt, indem er auch die doch eigentlich ganz kleinbürgerlich-

---

4 Zu Adenauer vgl. Schwarz, Hans-Peter 1986, *Adenauer. Der Aufstieg 1876-1952*, 3. Aufl., Stuttgart: Deutsche Verlags-Anstalt; Schwarz, Hans-Peter 1991, *Adenauer. Der Staatsmann 1952-1967*, Stuttgart: Deutsche Verlags-Anstalt.

moderaten westdeutschen Sozialdemokraten dem östlichen Haupt-
gegner zuschlug. Adenauer hatte so den Klebstoff, der das schwierige bürgerliche Sammelbündnis zusammenhielt.[5] Für die alten
Parteiführer war das noch eine elementare Erfahrung: Nichts in-
tegrierte politische Gemeinschaften so stark wie der harte Konflikt, nichts festigte Parteien so sehr wie die scharfe Polarisierung
und die schroffe Abgrenzung vom Gegner.

Als recht modern kann man mit einigen guten Gründen ebenfalls seine Wahlkämpfe interpretieren. Auch dabei half der Union
ihre eher lockere, honoratiorenhafte Struktur. Denn so konnten
die Anführer der Partei, ohne auf ideologische Bedenken oder
persönliche Eitelkeiten von – eben kaum vorhandenen – Funktionären Rücksicht nehmen zu müssen, Wahlkampagnen aus einem
Guss planen, dabei auch auf externe Professionalität zurückgreifen. Die Ära moderner oder, wie es gerne heißt, »amerikanisier-
ter« Wahlkämpfe begann nicht erst mit Willy Brandt 1961 oder
gar Gerhard Schröder 1998, sondern fast ein halbes Jahrhundert
zuvor: mit Konrad Adenauer im Jahr 1953.

Denn der greise Adenauer war ein Modernist. Dank seiner Initiative nutzte die CDU als erste Partei in Deutschland die Kompetenz demoskopischer Institute. Seit 1950 ließ sich der Kanzler
vom Chef des Allensbacher Unternehmens, Erich Peter Neumann,
mit Daten über Sorgen und Hoffnungen der Deutschen füttern.
So erkannten Adenauer und seine Parteileute früh, wie sehr Angst
und Sicherheitsbedürfnisse die Mentalität der Deutschen auch
noch zehn Jahre nach dem Krieg dominierten. Infolgedessen entschieden sich die Wahlkampfplaner der CDU für das Wahljahr
1957 auch nicht – wie zunächst projektiert – für den Slogan »Einheit«, sondern für die von einer Werbefirma ausgetüftelte Parole
»Keine Experimente – CDU«.[6]

5 Vgl. Schwarz, Hans-Peter 2007, *Anmerkungen zu Adenauer*, München: Pantheon,
S. 43-76.
6 Vgl. Gruner, Paul-Hermann 1990, *Die inszenierte Polarisierung. Die Wahlkampf-
sprache der Parteien in den Bundestagswahlkämpfen 1957 und 1987*, Frankfurt am
Main u. a.: Lang, S. 53.

Kurz, pointiert, einfach – so hatten es die Profis aus dem Marketingbereich ihren Auftraggebern von der Unionspartei geraten. Es deckte sich ganz und gar mit dem Naturell und der politischen Anthropologie Konrad Adenauers. Schon im August 1949 hatte Adenauer kundgetan, was er von seinem Volk hielt: »Der Durchschnittswähler denkt primitiv; und er urteilt auch primitiv.«[7]

Im Wahlkampf 1957 hatten die Strategen der Union um Adenauer überdies noch ein »Team« von regionalen und bundespolitischen CDU/CSU-Granden versammelt, da sonst das hohe Alter des Kanzlers, wäre er allein in die Arena geschickt worden, ein gefährliches Thema hätte werden können. Besonders Ludwig Erhard geriet noch in den Vordergrund mit seinem Versprechen »Wohlstand für alle«. Sicherheit und Wohlstand – in diesen beiden Begriffen und ihren politischen Repräsentanten Adenauer/Erhard spiegelte sich die Mentalität der deutschen Gesellschaft zur Mitte der 1950er Jahre auf das Trefflichste.

Die konservative Ansprache fand dabei in modernen Medien statt. Die Parteipresse spielte für die christliche Union im Wahlkampf keine Rolle. Stattdessen schaltete man Anzeigen in Illustrierten, vor allem solchen für Frauen. Dazu lieferte man schöne Bilder des privaten Kanzlers, beim Bocciaspiel, im Urlaub, bei der Rosenzucht, im Kreise der Lieben auf der Rhöndorfer Terrasse.[8] Überhaupt ließ sich der sonst durchaus knauserige Adenauer bei der Pflege von Journalisten nicht lumpen. Im Wahlkampfsonderzug standen für die Medienvertreter stets gute Weine zur Verfügung. Als der Kanzler 1953 zum Staatsbesuch nach Amerika reiste, wurde der Journalistentross ebenfalls vorzüglich mit Billetts und Kabinen versorgt. Ein ordentliches Taschengeld erhielten sie überdies, um die Tage in den Vereinigten Staaten angenehm zu verbrin-

---

7 Zit. bei Köhler, Henning 1994, *Adenauer. Eine politische Biographie*, Berlin: Propyläen, S. 775.
8 Vgl. Bösch, Frank 2002, »Vorreiter der modernen Kampagne. Die Adenauer-Wahlkämpfe 1953 und 1957«, in: *Die Neue Gesellschaft/Frankfurter Hefte*, H. 7+8/2002, S. 439.

gen und in guter Laune freundliche Kommentare an die heimischen Redaktionen zu telegraphieren. Für dergleichen hatte das
Bundeskanzleramt unter Hans Globke einen gut ausgefüllten Rep-
tilienfond.

Denn Adenauer war viel zu vorsichtig, um sich allein auf katholische Loyalitäten und antisozialistische Furchtsamkeiten deutscher Bürger zu verlassen. Adenauer traute seinen Mitmenschen
nicht über den Weg, gab nichts auf deren Rationalität und gutde-
mokratische Berechenbarkeit. Man musste das Volk ruhig stellen,
es ordentlich saturieren, seinen materiellen Bedürfnissen großzügig willfahren, dann konnte man Wahlen gewinnen und ungestört
vernünftige Politik – vor allem Außenpolitik – betreiben – so in
etwa lautete Adenauers Anthropologie. Im Wahljahr zeigte er sich
daher immer höchst spendabel. Es waren goldene Jahre für die
Verbände und Interessenvertreter aller Richtungen. Sie bekamen,
was sie bei ihren Aufmärschen im Kanzleramt forderten: Subventionen für die Bauern, Unterstützung für den Mittelstand, Steuer-
vergünstigungen für die Industriellen, Entschädigungen für die
Kriegsversehrten, Renten für die Alten, Prämien für die Bauspa-
rer.[9] Mit Adenauer begann die Gefälligkeitsdemokratie, mehr
noch: die Entbürgerlichung der Republik. Immer wieder protes-
tierten die bürgerlich-marktliberalen Wirtschaftsexperten in der
CDU-Fraktion gegen Adenauers Versorgungsetatismus. Sie fürchteten, dass die bürgerlichen Tugenden dabei zu Schanden kämen,
dass der Sinn für Selbstvorsorge und Eigenverantwortung im Volk
verloren ginge. Doch das beeindruckte Adenauer nicht im Geringsten, er hielt die bekennenden Wirtschaftsliberalen – den
»Herrn Erhard« vorneweg – allesamt für versponnene Idealisten.
Ein Musterdemokrat war Adenauer gewiss nicht. Um seine Partei
gefügig zu machen, griff er oft zum Mittel der Dramatisierung
fantasievoll ausgedachter Gefahren. Er log die Parteigremien kalt

9 Vgl. Kleinmann, Hans-Otto 1993, *Geschichte der CDU 1945-1982*, Stuttgart: Deutsche Verlags-Anstalt, S. 155 ff.

an, wenn es ihm opportun erschien – und das war keineswegs selten der Fall. Gefährliche Gegenspieler servierte er mit mitleidloser Härte ab. Er benutzte Informationen aus klandestinen Dossiers und Geld aus verdeckten Kassen. Die Partei führte er autoritär. Doch anders als später Kohl beherrschte Adenauer die Union, indem er sie nicht Partei werden ließ. Unter Adenauer blieb die CDU eine konföderierte Sammlung disparater regionaler und weltanschaulicher Milieus, ohne großen Apparat, ohne viele Funktionäre, ohne wirksame Kontrollmöglichkeiten über die Politik der Führung.[10] Deshalb hatte Adenauer keine parteidurchdringenden Seilschaften nötig. Er kannte seine Kreisvorsitzenden nicht, erst recht nicht seine – damals noch wenigen – Kreisgeschäftsführer; er wusste kaum die Namen der Bundesvorsitzenden der Fachvereinigungen seiner Partei. Die Führungskraft Adenauers beruhte nicht auf Kumpanei, nicht auf trinkfesten, schwitzigen Männerfreundschaften. Insofern war Adenauer doch noch ein Repräsentant des alten Bürgertums, da er auf Distanz und Distinktion achtete.

Die Kanzlerflüsterer

Verzichtete Adenauer schon auf die Kommunikation in die klein gehaltene Partei, so war ihm die Außenwirkung seines Handelns als Bundeskanzler enorm wichtig, denn er hatte einen wachen Sinn für Öffentlichkeit. Aber gerade deshalb war er über die öffentliche Resonanz seiner Politik chronisch verdrossen, ja nachgerade nörgelig. Stets und immer sah er die Leistung seines Kabinetts von den Presseleuten seiner Regierung nicht hinreichend gut »verkauft«. Der Schuldige war meist schnell gefunden und so galt in den ersten drei Jahren das Amt des Pressesprechers bei

10 Vgl. Bösch, Frank 2001, *Die Adenauer-CDU. Gründung, Aufstieg und Krise einer Erfolgspartei 1945-1969*, Stuttgart/München: Deutsche Verlags-Anstalt.

Adenauer als undankbarer Schleudersitz. Niemand konnte es Adenauer recht machen; vier Regierungssprecher verschliss er allein bis 1952.

Indes, am ewig krittelnden »Alten« allein lag dies nicht. Denn der Job des Regierungssprechers ist alles andere als einfach. Man kann hier furchtbar schnell zwischen alle Stühle geraten. Schließlich muss der Regierungssprecher die Mächtigen der Politik zufrieden stellen, darf aber auch die publizistischen Kontrolleure und Kritiker der Macht nicht frustrieren. Das allerdings bedeutet oft genug die Quadratur des Kreises, und so war es schon zu Adenauers Zeiten. Bis heute ist der Job des Regierungssprechers ein schwieriger. Auch von Dieter Vogel, Peter Hausmann, Otto Hauser, Uwe-Karsten Heye, Bela Anda oder Ulrich Wilhelm, den letzten Regierungssprechern seit 1990, ging nur wenig Glanz aus.

Es war eben kein Zufall, dass etliche Regierungssprecher in der bundesdeutschen Geschichte nicht allzu lange durchhielten, dass auch kluge Leute in diesem Job oft unsanft auf die Nase fielen und rasch demissionierten. Das Dilemma ist evident und phänotypisch leicht in Szene zu setzen: Regierungssprecher müssen, wollen sie von der Klasse professioneller Öffentlichkeitsarbeiter ernst genommen werden, nah am Kanzler sein, müssen mithin wirklich viele Interna kennen. Doch wenn sie in der unmittelbaren Nähe des Regierungschefs angesiedelt sind, dann erwartet dieser strenge Diskretion. Ein verschwiegener Sprecher aber ist ein Paradoxon und wird von der informationshungrigen Journalistenschar am Regierungssitz verständlicherweise nicht goutiert. Über einen verschlossenen Regierungssprecher wird rasch gemurrt. Ein unzufriedenes Mediencorps wiederum schätzen Kanzler nicht, da sie ja eine gute Presse für sich und ihre Regierung wünschen. So pflegen sie also bald mit ihren Regierungssprechern zu hadern, sie allmählich aus dem engsten Kreis auszuschließen. Dann aber ist er erst recht nicht mehr interessant für die schreibende und kommentierende Zunft. Es ist von nun an lediglich eine Frage der Zeit, wann der Posten des Chefs im Bundespresse- und Informationsamt neu zu besetzen ist.

Bohemien im Kanzleramt: Felix von Eckardt

Und doch suchte und fand Adenauer einen Mann, der in diesem Spannungsfeld vorzüglich agierte, gleichwohl Adenauers Drang nach Distinktion nachgerade herausforderte. Denn ausgerechnet ein Paradiesvogel hielt es dann besser mit dem schwierigen »Alten« im Palais Schaumburg aus, brachte für zehn Jahre Konstanz und Kontinuität ins Amt: Felix von Eckardt, bis heute eine Legende mindestens unter den Kundigen der Parlamentskorrespondenten.[11] Von Eckardt wirkte im eher kleinbürgerlich-spießigen Bonn der 1950er Jahre wie ein Dandy. Berühmt war sein peinlich gepflegter Schnurrbart, charakteristisch seine stets modisch geschnittenen, oft gewagt farbigen Westen, von denen er angeblich nahezu 30 Exemplare im Kleiderschrank hängen hatte, was seinerzeit als durchaus exzentrisch galt. Und große Aufmerksamkeit hatte von Eckardt außerdem dadurch erregt, dass er preisträchtige Pferderennen im Sulky fuhr. Für einen leibhaftigen Staatssekretär der Bundesregierung war das schon recht ungewöhnlich. Überhaupt war seine Lebensgeschichte ein wenig schillernd, da er in den nationalsozialistischen Jahren etliche Drehbücher für durchaus erfolgreiche Kinofilme geschrieben hatte. Kassenschlager wie *Peter Voss, der Millionendieb* oder *Der Stern von Rio* stammten aus seiner Feder.[12] Im ehrpusseligen Bonn der frühen Republikjahre rümpften daher anfangs nicht wenige Beobachter die Nase, als der Lebenskünstler von Eckardt – auch in der Pferde-

---

11 Siehe auch die Autobiographie: Eckardt, Felix von 1967, *Ein unordentliches Leben. Lebenserinnerungen*, Düsseldorf/Wien: Econ, S. 161 ff.
12 Vgl. Jahn, Hans-Edgar 1987, *An Adenauers Seite: Sein Berater erinnert sich*, München u. a.: Langen Müller, S. 109.

zucht hatte sich der gelernte Journalist zwischenzeitlich versucht –
im Februar 1952 zum Bundespressechef der Regierung avancierte.
Und bemerkenswert, ja verwunderlich war schon, dass ausgerechnet der doch eher förmliche, etwas altbürgerlich-steife Adenauer
an diesem bohemehaften Komödianten, einem lokal berüchtigten Partylöwen, einen Narren gefressen hatte.

Doch auch das Bonner Mediencorps verstand sich bestens mit
dem Bundespressesprecher. Eben das war das Kunststück, auf das
es ankam, und das von Eckardt vorzüglich gelang: Vertrauter
beider Interessen im Kräfteparallelogramm von Politik und Medien zu sein. Indes war der Gewinner dabei unzweifelhaft Konrad Adenauer. Denn oft genug wusste sein Regierungssprecher
keineswegs, was der Kanzler im Einzelnen im Schilde führte.
Überhaupt war von Eckardt kein Freund des ihm oft langweili-
gen politischen Details. Aber er war ein Virtuose darin, seine Wis-
senslücken durch brillante Formulierungen zu camouflieren. Auch
wenn von Eckardt über wenige Informationen verfügte, so versorgte er die lauschende Journalistenschar auf den Pressekonfe-
renzen doch mit launigen Aperçus, farbigen Pointen, druckfähi-
gen Schlagzeilen.[13] Und immer sprühte er vor Charme, Witz
und Schlagfertigkeit. Er hatte ein überaus gewinnendes Wesen.
Nur wenige Journalisten störten sich an seinem oft leeren rhetorischen Feuerwerk.[14] Das Gros der Bonner Journalisten liebte seinen Eckardt, ließ sich von ihm und seinem moussierenden Esprit
offenkundig nur zu gerne betören. Deshalb schätzte Adenauer
den Chef des Bundespresse- und Informationsamtes. Der hielt
ihm die lästigen Journalisten vom Leibe, verbreitete unter diesen
sonst so quengelnden Menschen gute Laune. Was konnte es Besseres geben für die Regierung?

13 Vgl. Niclauß, Karlheinz 1988, *Kanzlerdemokratie. Bonner Regierungspraxis von
Konrad Adenauer bis Helmut Kohl*, Stuttgart u. a.: Kohlhammer, S. 40.
14 Vgl. Henkels, Walter 1985, *Die leisen Diener ihrer Herren. Regierungssprecher von
Adenauer bis Kohl*, Düsseldorf/Wien: Econ, S. 31.

Doch sah Adenauer in von Eckardt nicht nur den nützlichen
Entertainer für die Pressemenschen. Der Kanzler schätzte seinen
Regierungssprecher auch als einfallsreichen Berater. Von Eckardt
hatte ein unabhängiges Urteil, er war kein Schmeichler, aber auch
kein ruppiger, grantiger Querulant. So, in dieser Mischung, hatte
es Adenauer gern. Überdies verfügte von Eckardt über einen sicheren politischen Instinkt. Im Bundestagswahlkampf 1957 war er
es, der dem zu Beginn des Jahres noch wankenden Kanzler die
hart demagogische Parole soufflierte, ein Sieg der SPD bedeute
den »Untergang Deutschlands«. Seine kühle Maxime für den Umgang mit dem politischen Gegner lautete: Man muss immer eine
Behauptung aufstellen, bei der das Gegenteil nicht beweisbar ist.
Die sozialdemokratische Opposition der 1950er Jahre jedenfalls
fand gegen solcherlei Chuzpe nie ein wirksames Rezept.
Felix von Eckardt war ideenreich, originell, dachte und argumentierte in Optionen und Alternativen. Er galt als kreativ-beweg-
licher Kopf im Kanzleramt, gerade was die Außenpolitik anbetraf.
Auch das, in Maßen betrieben, war nach Adenauers Geschmack.
Im Übrigen besaß von Eckardt gute Nerven. In Krisensituationen
geriet er nicht so schnell aus der Fassung, reagierte nicht hektisch
oder überstürzt. Das fand ebenfalls das Wohlwollen des Kanzlers.
Und wahrscheinlich war es mit Adenauer so wie mit vielen Mächtigen der Politik: Ein bisschen Farbe wünschten sie sich schon
bei Hof. Und für Couleur sorgte von Eckardt. Zwar schimpfte
Adenauer hin und wieder über den bohemehaften Lebensstil seines Sprechers, murrte ob der vielen Feste, auf denen von Eckardt
munter tanzte. Aber wahrscheinlich war auch Adenauer stolz darauf, wenigstens einen in seinem sonst eher farblosen Umfeld zu
haben, der nicht ganz so beamtenhaft, penibel und pedantisch
in Erscheinung trat wie der Rest der Kanzlerentourage.
Wohl erst Klaus Bölling hatte unter dem Bundeskanzler Helmut
Schmidt wieder einen ähnlichen Rang. Auch ihm gelang das
Kunststück, wundervolle rhetorische Girlanden zu winden, stän-

diger Berater des Kanzlers zu sein, über intime Kontakte zu entscheidenden Ministern im Kabinett zu verfügen und dabei gleichwohl auch das Vertrauen der »anderen Seite«, bei seinen ehemaligen Journalistenkollegen also, nicht zu verlieren. Leicht war und
ist dieser akrobatische Spagat nicht. Die meisten Regierungssprecher scheiterten daran. Und so blieben Felix von Eckardt und
Klaus Bölling – man mag noch Conrad Ahlers und Peter Boe-
nisch dazuzählen – gleichsam historische Unikate.

Sphinx der Effizienz: Hans Globke

Fragt man nach den Kanzlerflüsterern der Adenauer-Ära, sticht
jedoch nicht nur der langjährige Regierungssprecher Felix von
Eckardt hervor. Vielmehr verdient auch der Typus des Organisa-
tors der Regierungsmacht eine nähere Betrachtung.[15] Diese Rolle
hat nämlich einer der umstrittensten Männer der bundesdeutschen Geschichte als Erster ausgefüllt und seither unzweifelhaft
bestimmend geprägt: Hans Globke.[16]
Die Amtsführung Globkes wurde eine Art Maßstab für den über-
wiegenden Teil der ihm folgenden Chefs in den jeweiligen Kanz-
lerämtern.[17] Globkes Einfluss auf Personal und Administration
in der Bonner Politik des ersten Jahrzehnts war singulär. Er war

15 Vgl. hierzu und im Folgenden auch Müller, Kay/Franz Walter 2004, *Graue Eminenzen der Macht, Küchenkabinette in der deutschen Kanzlerdemokratie von Adenauer bis Schröder*, Wiesbaden: VS Verlag für Sozialwissenschaften.
16 Vgl. zu Globke vor allem: Gotto, Klaus (Hg.) 1980, *Der Staatssekretär Adenauers: Persönlichkeit und politisches Wirken Hans Globkes*, Stuttgart: Klett Cotta.
17 Hierzu allgemein: Knoll, Thomas 2004, *Das Bundeskanzleramt. Organisation
und Funktionen von 1949-1999*, Wiesbaden: VS Verlag für Sozialwissenschaften; We-
fing, Heinrich 2001, *Kulisse der Macht. Das Berliner Kanzleramt*, Stuttgart/Mün-
chen: Deutsche Verlags-Anstalt; Sturm, Roland/Heinrich Pehle 2007, »Das Bundeskanzleramt als strategische Machtzentrale«, in: Bertelsmann Stiftung (Hg.),
»*Jenseits des Ressortdenkens*« – *Reformüberlegungen zur Institutionalisierung strate-
gischer Regierungsführung in Deutschland*, Schriftenreihe »Zukunft Regieren – Beiträge für eine gestaltungsfähige Politik«, H. 1/2007, Gütersloh: o.V., S. 56-108.

in der Konstituierungsphase der westdeutschen Republik der alles entscheidende Mann im Palais Schaumburg, der Mann, auf den sich der erste deutsche Bundeskanzler operativ nahezu vorbehaltlos stützte. Ein renommierter Chronist und Analytiker der Kanzlerdemokratie schrieb in den 1960er Jahren daher pointiert von der »Ära Adenauer/Globke«.[18] Jedenfalls bewegte Globke heftig die Fantasie der politischen Beobachter jener bundesrepublikanischen Aufbaujahre unter Adenauer. Globke war für sie eine moderne Ausformung des Kapuzinerpaters Père Joseph, jenes legendären, geheimnisumwitterten Beraters von Kardinal Richelieu im zweiten Viertel des 17. Jahrhunderts. Weil Père Joseph stets die graue Kapuzinerkutte trug, gab man ihm im Übrigen den Beinamen »l'éminence grise«. Davon leitet sich der Begriff der »grauen Eminenz« ab, den wir im Deutschen noch immer verwenden, um eine einflussreiche Person, die als solche kaum nach außen in Erscheinung tritt, zu bezeichnen.

Globke nun war die Sphinx vom Rhein. Man hörte nichts von ihm; man sah ihn kaum einmal in der Öffentlichkeit. Er agierte in den Dunkelkammern, im Schatten der politischen Macht, verschwiegen und geräuschlos. Globke war kein Mann des Rampenlichtes, des prunkvollen Premierenabends, des glamourösen Presseballs. Aber er galt als der Mann, der alle wichtigen Fäden der politischen Macht in seinen Händen hielt, der über Karrieren entschied, der mehr als jeder andere das Ohr des Kanzlers hatte. Kurzum: Das Bonner Pressecorps raunte von der »grauen Eminenz«, wenn es um die Rolle des Staatssekretärs im Bonner Kanzleramt ging.

Globke war während seiner ganzen Amtszeit durchweg hoch umstritten, war immer wieder Ziel heftiger und verbitterter Angriffe von Sozialdemokraten, Gewerkschaftern, Linksintellektuellen. Er

18 Hennis, Wilhelm 1968, »Richtlinienkompetenz und Regierungstechnik«, in: ders., *Politik als praktische Wissenschaft. Aufsätze zur politischen Theorie und Regierungslehre*, München: Piper, S. 173.

wurde für die Kritiker der Adenauer-Ära zur Inkarnation der Restauration, zum Symbol der Nachlässigkeiten des ersten Kanzlers und seiner Partei gegenüber schuldig gewordenen Funktionsträgern des »Dritten Reiches«. Er hielt sich politisch nur, weil Adenauer ihn stur und hartnäckig stützte.

Ein weltanschaulich angetriebener Nationalsozialist war Globke in den braunen Jahren nicht. Auch formal gehörte er, im Unterschied zu zahlreichen anderen Beamten nach 1933, der NSDAP niemals an. Doch watete er Mitte der 1930er Jahre in den widerwärtigsten Schlamm des Regimes. Globke war seit 1929 Beamter des preußischen Innenministeriums; 1933 avancierte er zum Oberregierungsrat, 1938 zum Ministerialrat. Den offiziellen Kommentar zu den Nürnberger Gesetzen schrieb er 1936 als Leiter des Personenstandsreferats im Ministerium. Auch bei der juristischen Kommentierung der Zwangsänderung jüdischer Vornamen führte er die Feder. Insofern zählte Globke zu den keineswegs raren Fachleuten, Experten, Administratoren aus der bürgerlichen Elite vor 1933, ohne die das nationalsozialistische Regime nach 1933 kaum funktionsfähig gewesen wäre. Darin, in der bürokratischen und juristischen Unterkellerung der nationalsozialistischen Despotie, lag die exklusive Schuld des Hans Globke, die er auch nach 1945 nicht abstreifen konnte.

Das diskreditierte ihn für die bundesdeutsche Republik begreiflicherweise bei Linken und Liberalen, vor allem natürlich bei vielen Opfern, Verfolgten und Unterdrückten der Nazi-Diktatur. Für sie war es unerträglich, dass der Interpret des Rassenwahns im bundesdeutschen Staat an den Schalthebeln der Macht hantierte. Globke selbst steckte seine moralische Last nie gleichgültig weg. Globke war kein nationalsozialistischer Gesinnungstäter. Er war wohl auch Mitte der 1930er Jahre und danach in erster Linie gehorsamer Diener seiner katholischen Kirche. Globke blieb auf seinem Regierungsposten, er schrieb seine amtlichen Kommentare, verfasste ministerielle Ausführungsbestimmungen, weil ihn der Berliner Bischof, Konrad Graf von Preysing, dazu anhielt. Globke arbeitete gleichsam als Beauftragter der katholischen Kirche im Reichsinnenministerium. Er informierte seinen Bischof bis zum katastrophalen Ende des Nationalsozialismus über innere Vorgänge im Ministerium, über Gesetzesvorlagen, über Personalangelegenheiten. In den 1940er Jahren stand Globke überdies in Kontakt mit Widerstandskreisen, die er ebenfalls mit Nachrichten versorgte. Eine ganze Reihe von Ehrenerklärungen davongekommener Nazi-Gegner konnte das nach 1945 überzeugend belegen.[19] Seine Doppelexistenz im Nationalsozialismus aber verstärkte Globkes zuvor schon außerordentlich introvertiertes Wesen. Er hatte sich während all dieser Jahre noch mehr verpuppt. Das wurde ihm zur zweiten Natur.

An in sich gekehrten Menschen gab es wohl selbst im durchaus schwatzhaften politischen Bonn noch einige mehr als nur Globke. Aber an Globkes weitere Fertigkeiten kamen sie nicht heran. Am stärksten stachen bei Globke seine außerordentlichen Personalkenntnisse hervor. Globke wusste fast alles über das politische und administrative Personal in Bonn und noch darüber hinaus. Er war da ein wandelndes Lexikon; er wusste über Lebensgeschichten Bescheid, über schulische und berufliche Qualifikationen und oft genug auch über persönliche Faibles und Verfehlungen. Immer wieder wurde in jenen Jahren gemunkelt, aber nie ganz überzeugend belegt, dass der Kanzleramtschef üppige Dossiers, wenn nötig auch mithilfe geheimdienstlicher Recherchen, über alle möglichen Politiker zusammengestellt habe.[20]

---

19 Vgl. insbesondere Hehl, Ulrich von 1979, »Hans Globke (1898-1973)«, in: Aretz, Jürgen/Rudolf Morsey/Anton Rauscher (Hg.), *Zeitgeschichte in Lebensbildern. Aus dem deutschen Katholizismus des 19. und 20. Jahrhunderts*, Bd. 3, Mainz: Matthias-Grünewald-Verlag, S. 247 ff.; Prittie, Terence 1987, *Adenauer. Der Staatsmann, der die Bundesrepublik prägte und Europa den Weg bereitete*, aus dem Engl. von Hellmut Jaesrich, München: Heyne, S. 309 f.; Schwarz, Hans-Peter, *Adenauer. Der Aufstieg,* S. 659 ff.

20 Vgl. Henkels, Walter 1953, »Dr. Hans Globke«, in: *Frankfurter Allgemeine Zeitung* (25. November 1953).

Das machte ihn zur wichtigsten Figur im Umfeld Adenauers. Ohne Globke wäre die Politik des Kanzlers erheblich störanfälliger, ob man es mag oder nicht: weit weniger erfolgreich gewesen. Denn Globke war der Spezialist für alle kniffligen Fälle. Wann immer sich ein Problem ergab, ging Adenauer damit zu Globke und lud es auf dessen Schultern ab. Globke ertrug das alles gleichmütig, ohne den geringsten Protest, eben dienend, wenngleich in den letzten Jahren der Ära Adenauer nur noch unter größten Kraftanstrengungen, mehr krank schon als gesund. So wurde Globke unter Adenauer zum mächtigen Mann in Bonn; er übertraf an Einfluss alle Minister. Politisch gab es in jenen Jahren keinen besser informierten Menschen in Deutschland. Und doch musste Adenauer ihn deshalb nicht beargwöhnen. Globke verfügte über Macht und Einfluss nur so lange, wie er sich in aller Stille damit ganz und gar undemonstrativ begnügte und sie allein zum Nutzen seines Kanzlers anwandte. Globke kannte seine durch Schuld gesetzten Grenzen, und das machte ihn mächtig; hätte er mehr gewollt, wäre ihm der Einfluss entglitten. Aber er wollte nicht mehr, konnte nicht mehr sein als das, was er war – und deshalb wurde er zum Maßstab des verschwiegenen, pragmatischen, allwissenden, allein aus dem Hintergrund agierenden, seinem obersten Herrn loyal ergebenen Kanzleramtschefs in der zweiten deutschen Republik.

Doch darin lag, seit den Zeiten Helmut Schmidts bereits, auch ein Problem. Dem Pragmatismus der loyalen Kanzleramtsmanager und all ihrer dienenden Maschinisten der Macht fehlte diesseits des perfekten Administrierens überwiegend die konzeptionelle Richtschnur, die ideelle Fassung, der orientierende Fluchtpunkt, was in der ruhebedürftigen, gegenüber allen großen Deutungen skeptischen Gesellschaft der 1950er Jahre gewiss kaum nachgefragt wurde, sich seit den 1980er Jahren aber mehr und mehr als Defizit erweist. Seitdem Willy Brandt das Kanzlerpalais verließ, dominierte in den Bonner und Berliner Regierungszentralen –

während der Zeit der unzweifelhaft umsichtig-kompetenten Kanzleramtschefs Manfred Schüler, Wolfgang Schäuble, Rudolf Seiters, Friedrich Bohl, Frank-Walter Steinmeier und Thomas de Maizière – vorwiegend nüchterner Pragmatismus, kühle Machtpolitik, der Imperativ täglichen Krisenmanagements, was den früh installierten Maßstäben akkurater Verwaltungstechnik gewiss entsprach, überzeugungskräftige Leitideen und sinnträchtige Zielbegriffe für eine moderne, beteiligungsintensive, bürgergesellschaftliche Demokratie indessen nicht mehr hervorbrachte.

Insofern hat der Staatssekretär im Palais Schaumburg die Maßstäbe für die bundesdeutsche Republik in der Tat nachhaltig fixiert. Wahrscheinlich stehen auch heute die Kriterien der Effizienz, Reibungslosigkeit und administrativen Perfektion höher im Rang des vom Wahlbürgertum erwarteten Regierungshandelns als die Tugenden leidenschaftlicher Kontroversen, unaufgeregter Fehlerkorrekturen, reflexiver Debatten. Es ist bemerkenswert, wie wenig auch der sozialliberale Aufbruch der 1970er und die rotgrünen Projekte der 1990er Jahre an diesem »Globkismus« hierzulande geändert haben.

Der Mann für die Wahlkampfkasse: Robert Pferdmenges

Kanzlersouffleure haben einen denkbar harten Job. Sie opfern für ihren politischen Herrn und Meister Familienleben, Privatheit, Freizeit. Der 16-Stunden-Tag ist im Zentrum des Kanzleramts eher die Regel als die Ausnahme. Und selbst wenn man spätabends nach Hause kommt, muss man jederzeit noch mit einem Anruf des großen Bosses und einem eiligen Auftrag rechnen. Regierungschefs pflegen mit ihren engsten Mitarbeitern nicht sehr schonungsvoll umzugehen.

So fing es bereits mit Konrad Adenauer an. Er forderte seine Berater rund um die Uhr; aber freundschaftlich näher kam er ihnen dabei nicht. Adenauer achtete sorgfältig auf Distanz, wahrte auch noch nach langen gemeinsamen Arbeitstagen, selbst an erfolgreichen Wahlabenden untereinander den Abstand. Mit warmen Worten des Zuspruchs geizte er chronisch. Und das Du bot er niemandem in seiner Entourage jemals an, nicht einmal seinem engsten Mitarbeiter und Schattenmann Hans Globke.

Auf Du und Du war Konrad Adenauer allein mit einem einzigen Mann: dem Kölner Bankier Robert Pferdmenges.[21] Und selbst in diesem Fall mussten die beiden erst über 80 Jahre alt werden, bis es zur vertraulichen Form der Anrede zwischen ihnen kam. Erzählt jedenfalls wird, dass Adenauer seinem jahrzehntelangen Weggefährten das Du an seinem 85. Geburtstag, am 5. Januar 1961, angeboten habe.[22] Seither gilt Pferdmenges den Historikern als einziger veritabler Freund des ersten deutschen Bundeskanzlers. Allein der Berliner Zeitgeschichtler Arnulf Baring blieb misstrauisch. Nach seinem Eindruck war Adenauer durchweg unfähig zu Freundschaft, da er sich nur mit Menschen zusammengetan hatte, die ihm in irgendeiner Weise nützlich gewesen waren.

Gleichviel, denn nützlich war Robert Pferdmenges ohne Zweifel über viele Jahrzehnte. Man kann es aber auch ein wenig anders ausdrücken und gewichten: Er half Adenauer oft genug in der Not; war auch dann zur Stelle, wenn andere sich verdrückt hatten; spendete Trost und materiellen Beistand, als es ganz düster aussah für die Familie Adenauer. Das mag dann doch am Ende so etwas wie freundschaftliche Gefühle beim kühlen Adenauer ausgelöst haben. Pferdmenges war wichtig für Adenauer, schon in den Weimarer Jahren. Der Kölner Bankier – dessen angeheira-

21 Vgl. zu diesem Kapitel insgesamt Silber-Bonz, Christoph 1997, *Pferdmenges und Adenauer: Der politische Einfluss des Kölner Bankiers*, Bonn: Bouvier.
22 Vgl. Poppinga, Annelicse 1997, *»Das wichtigste ist der Mut«: Konrad Adenauer – die letzten fünf Kanzlerjahre*, Bergisch Gladbach: Lübbe, S. 459; Küpper, Jost 1985, *Die Kanzlerdemokratie. Voraussetzungen, Strukturen und Änderungen des Regierungsstils in der Ära Adenauer*, Frankfurt am Main u. a.: Lang, S. 423.

teter Onkel kein Geringerer als Friedrich Engels war – agierte als der große Geldeintreiber für den Kölner Politiker. Er sammelte in den 1920er Jahren Spenden für den Neubau der Kölner Universität, mit dem sich der ambitiöse Oberbürgermeister Adenauer ein Denkmal setzen wollte. Als Adenauer 1930 durch Fehlspekulation am Aktienmarkt sein gesamtes Vermögen verlor, soll es – so wurde es wieder und wieder kolportiert – unter anderem auch Pferdmenges gewesen sein, der ihm durch undurchsichtige Kontenverschiebungen die verheerenden Verluste kompensiert hatte. In der voll entwickelten Mediengesellschaft unserer Tage hätte dergleichen das sichere politische Aus Adenauers bedeutet. Bundeskanzler wäre er nie mehr geworden. Für die Beteiligung Pferdmenges' an diesen Transaktionen haben Historiker Beweise in den Archiven allerdings nicht finden können. Belegt hingegen ist, wie sehr sich die Familie Pferdmenges in den nationalsozialistischen Jahren um die Familie Adenauer gekümmert hatte. Dies dürfte schon ein recht sicheres Fundament für das gelegt haben, was man als freundschaftliche Beziehung bezeichnen mag.

Doch gewiss blieb diese Beziehung für Adenauer immer auch nützlich. Politisch konnte Adenauer Pferdmenges nach 1945 für sein bürgerlich-interkonfessionelles Sammlungskonzept gut einsetzen. Schließlich sollte die neue christdemokratische Union keine Neuauflage der früheren katholischen Zentrumspartei werden, sondern die bürgerlich-protestantischen Kreise mit einbeziehen. Dazu aber benötigte Adenauer gerade in der Anfangs- und Aufbauzeit der CDU, als ihr katholischer Kern noch dominant war, Symbolfiguren bzw. Brückenköpfe aus den bürgerlich-evangelischen Milieus. Aus diesem Grunde ermunterte und drängte Adenauer den Kölner Bankier und frommen Protestanten, in die Politik zu gehen, in die CDU einzutreten und ein Abgeordnetenmandat im Deutschen Bundestag anzustreben. Pferdmenges wurde gewissermaßen zu einem Türöffner für Adenauers Vorstoß in das evangelische Bürgertum Deutschlands.

Und Pferdmenges, privat ein äußerst sparsamer Mensch, besorgte
ihm – um mit Helmut Kohl zu sprechen – den »Bimbes«. Bürgerliche Parteien sind aus sich heraus finanziell merkwürdigerweise
chronisch klamm. Sie haben oft wenige Mitglieder und die wenigen Mitglieder zahlen überwiegend äußerst ungern Beiträge.
So ging es auch der CDU in der Adenauer-Ära, die Hälfte ihrer
Zugehörigen entrichtete keinen einzigen Groschen an die Partei-
kasse. Dass sie sich dennoch harte und erfolgreiche Wahlkampf-
schlachten mit den Sozialdemokraten liefern konnte, hatte die
Adenauer-CDU hauptsächlich Pferdmenges zu verdanken, der
1949, 1953, 1957 und 1961 unermüdlich und mit großem Erfolg
Spenden aus Industrie- und Bankenkreisen akquirierte. Auch der
hauptamtliche Mitarbeiterstab, über den die CDU verfügte, wäre
ohne die Finanzierungskünste von Pferdmenges nicht zu unterhalten gewesen. Pferdmenges war nicht der offizielle, so aber doch
der geheime, mächtige Schatzmeister der deutschen Christdemokratie in den 1950er Jahren.

So spann sich eine Aura des Geheimnisvollen um die Person von
Robert Pferdmenges. Die einen nannten ihn »Multimillionär«,
andere bezeichneten ihn gar als »reichsten Mann« der Republik.
Die Schweizer *Weltwoche* charakterisierte seine Macht schon zu
Beginn der 1950er Jahre als solche, »die eines politischen Dikta-
tors nahe kommt«. Doch Genaues wusste niemand. Denn Pferdmenges war – das verband ihn mit Hans Globke – ebenfalls ein
hartnäckiger Schweiger. Die Journalisten bekamen nicht viel aus
ihm heraus. Er war äußerst diskret, verhielt sich in der Öffentlichkeit eher bescheiden, exponierte sich zumindest nicht durch
Prunk und Protz.[23] Und auch im Plenum des Deutschen Bundestages, dem er von 1950 bis zu seinem Tod 1962 angehörte,
war er nicht zu hören. Nur einmal überhaupt musste Pferdmenges, mehr übel als wohl, eine Rede halten: als Alterspräsident

---

23 Vgl. Henkels, Walter 1968, *Lokaltermin in Bonn. Der »Hofchronist« erzählt*, Stuttgart u. a.: Econ, S. 196.

zur Eröffnung der vierten Legislaturperiode Mitte Oktober 1961. Ansonsten aber operierte er nur aus dem Hintergrund. »Nicht im Plenarsaal«, schrieb 1954 der *Spiegel*, »das Konferenzzimmer ist sein Arbeitsfeld. Er zieht das gedämpfte Licht des Salons den Jupiterlampen der Öffentlichkeit vor.« Pferdmenges galt daher wie Globke als graue Eminenz Adenauers, mehr noch: als ein machtvoller, finanzkapitalistischer Drahtzieher der Politik in jenen Jahren der ersten bundesdeutschen Kanzlerschaft.[24]

Aber eine Pferdmenges-Globke-Republik war es gleichwohl nicht, in der die Bundesdeutschen in den Aufbaujahren der zweiten deutschen Demokratie lebten. Es war schon eine Adenauer-Republik, wenn man es denn personalisieren möchte. Gewiss, Pferdmenges durfte sich bei Adenauer mehr herausnehmen – an leisen Rügen und dezidierten Ratschlägen – als jeder andere. Und ohne Zweifel war der Bankier in wirtschaftspolitischen Fragen der bevorzugte Experte des Kanzlers. Aber das politische Vollzugsorgan des finanzkapitalistischen Magiers war Adenauer ebenso sicher nicht. Die großen Linien der Politik zog Adenauer selbst, nicht der Bankier und Hinterbänkler im Bundestag. Als Ratgeber für die Außenpolitik war Herbert Blankenhorn wichtiger, der seit 1929 im Dienst des Auswärtigen Amtes stand; für die Innenpolitik war es Hans Globke; beim Management zwischen Regierung und Fraktion kam es zuvörderst auf den Fraktionsvorsitzenden Heinrich Krone an. Überhaupt war Pferdmenges nicht so sehr der Typus des machthungrigen Intriganten, zielsicheren Strippenziehers; er war eher ein leiser Mittler, Makler – so half er entscheidend dabei, die Mitbestimmung in der Montanindustrie im bürgerlichen Lager durchzusetzen – und auch Schlichter von Disputen, in die der streitlustige Kanzler nur zu schnell hineingeriet. Pferdmenges hatte oft zwischen verschiedenen Bundestagsabgeordneten ausgleichend vermittelt, auch zwischen der Bundestags-

24 Vgl. Küpper, Jost, *Die Kanzlerdemokratie*, S. 424; Henkels, *Lokaltermin*, S. 195.

fraktion der Union und dem Kanzleramt moderiert. Vor allem hatte er versucht, die heillosen Spannungen zwischen dem Bundeskanzler und seinem Wirtschaftsminister zu dämpfen. Ohne Pferdmenges hätten es Konrad Adenauer und Ludwig Erhard nach 1959 wohl nicht noch einige Jahre gemeinsam in der Regierung ausgehalten.

Kein Zweifel: Pferdmenges hielt aus dem Rückraum der politischen und finanziellen Macht die äußerst heterogene und höchst fragile Union zusammen. Dergleichen ist heute nicht mehr zu erwarten: Die Superstars der Wirtschaftswelt bringen für die Mühsal parlamentarischer Kompromissbildung und politischer Integration weder Zeit noch Interesse auf. Nicht zuletzt deshalb schwinden die Bindekräfte der Merkel-CDU derzeit so rasant dahin.

Pedantischer Hagestolz: Walter Hallstein

Die meisten grauen Eminenzen im Umfeld der bundesdeutschen Kanzler sind mittlerweile weitgehend vergessen. Das gilt gewiss auch für Walter Hallstein,[25] den außenpolitischen Sekundanten Konrad Adenauers in den 1950er Jahren. Doch verbindet man mit seinem Namen eine historisch gewordene Doktrin: eben die »Hallstein-Doktrin«. Zwar war Hallstein gar nicht der Urheber dieser außenpolitischen Grundsatzbeschreibung; vielmehr war dies der Leiter seiner politischen Abteilung, Wilhelm Grewe; aber seit dem Herbst 1955 gilt Hallstein als Vater der Formel, die für die deutsche Außenpolitik bis in die zweite Hälfte der 1960er Jahre offiziell bestimmend blieb: Mit Staaten, die diplomatische Beziehungen zur DDR unterhielten oder aufnahmen, wurde der diplomatische Kontakt abgebrochen.

25 Zu Walter Hallstein vgl. Loth, Wilfried/William Wallace/Wolfgang Wessels (Hg.) 1995, *Walter Hallstein – Der vergessene Europäer?*, Bonn: Europa-Union-Verlag.

Doch darin hatte sich die Lebensleistung der grauen Eminenz Walter Hallstein nicht erschöpft. Hallstein, von 1951 bis 1958 Staatssekretär im Auswärtigen Amt, war während der Kanzlerschaft Adenauers lange Chefunterhändler bei den großen europäischen Vertragsverhandlungen der Nachkriegsgesellschaft. Der deutsche Regierungschef hatte einen exzellenten Juristen, der bis 1945 nicht der NSDAP angehörte, bitter nötig. Denn darum ging es für die neue Bundesrepublik in den ersten Jahren ihrer Existenz: durch verlässliche, vertraglich konstituierte Verflechtungen mit den anderen westeuropäischen Staaten einen gesicherten, schließlich souveränen Ort in den westlichen Bündnisstrukturen zu finden.

Hierfür war Hallstein in der Tat ein ausgezeichneter Kandidat. Er war ein überzeugender Jurist mit einer erstaunlichen Karriere. Hallstein wurde mit 24 Jahren promoviert; drei Jahre später hatte er das Habilitationsverfahren abgeschlossen. Mit 28 Jahren bereits erhielt er, von der Universität Rostock, seinen ersten Ruf auf eine ordentliche Professur, worauf er sein ganzes Leben lang außerordentlich stolz war.[26] 1946 wurde er, mit 44 Jahren, erster Nachkriegsrektor an der Frankfurter Universität. Konrad Adenauer war hoch beeindruckt, als er 1950 erstmals mit Hallstein zusammentraf. Der Kanzler zögerte daher nicht, ihn zum Staatssekretär für Auswärtige Angelegenheiten zu ernennen. Und Hallstein enttäuschte ihn nicht. Er war es, der die außenpolitischen Grundideen Adenauers in exakte juristische Wendungen übersetzte und in akkurate Verträge goss. Er war gleichsam das juristisch-bürokratische Exekutivorgan der Adenauer'schen Konzeption und Gedanken. Hallstein war ein schier unermüdlicher, nahezu besessener Arbeiter. Seine juristische Formulierungskunst war brillant. In Verhandlungen mit den europäischen Partnern trat er zäh und zielstrebig auf. Sein Amt führte er mit großer Souveränität,

26 Vgl. Loch, Theo M. 1969, *Walter Hallstein. Ein Portrait*, Freudenstadt: Eurobuch-Verlag Lutzeyer, S. 19.

aber auch mit unnachgiebiger Strenge. Nichts verachtete er mehr
als gedankliche Unschärfen, rhetorische Nebelkerzen, weitschwei-
figes Gerede. Hallstein war gewissermaßen der Typus des Mus-
terschülers, äußerst detailgenau, um Perfektion bemüht, intellektuell jederzeit geordnet, ein unbedingter Befürworter strenger,
kompromissloser Logik.

Das machte ihn für Adenauer bei zahlreichen schwierigen Verhandlungen so wertvoll. Hallstein besaß dabei die institutionelle
und juristische Strenge, die Adenauer oft und durchaus gerne zugunsten des taktischen, jedenfalls politischen Kalküls vernachläs-
sigte. Insofern ergänzte Hallstein sinnvoll den Kanzler, was sich
durchaus nicht selten als sehr segensreich erwies. Aber es gab auch
Tage, an denen die Hallstein'schen Übergenauigkeiten dem Kanzler auf die Nerven gingen. Adenauer war nicht gerade für Al-
bernheiten bekannt. Aber bei Hallstein, diesem überaus spröden
und knochentrockenen Professor, konnte er oft nicht anders. Er
musste diesen Pedanten einfach zuweilen ärgern.[27] Als sich der
Kanzler und sein Staatssekretär auf einer gemeinsamen Schiffs-
überfahrt in Richtung Amerika befanden, versteckte Adenauer
eines Abends die Schuhe Hallsteins, sodass der korrekte Jurist
tags darauf allein in Socken seine Gespräche führen musste. Bei
einer anderen Gelegenheit bewarf der deutsche Bundeskanzler
den verblüfften Hallstein plötzlich mit Walnüssen – und das im
Beisein des sichtlich peinlich berührten britischen Botschafters.
Hallstein eignete sich in der Tat als probates Zielobjekt für dergleichen Spaßtreibereien. Denn ein Sympathieträger war er nicht.
Dafür trat er zu belehrend auf, zu dozierend mit seiner arrogan-
ten, dabei näselnden Stimme. Hallstein war ein Mann, der ganz
in seiner Arbeit aufging, private Passionen daneben kaum besaß.
Der Dienst war Elixier und Sinn seines Lebens; das Dienstzim-

27 Vgl. hierzu Schwarz, Hans-Peter (Hg.) 1991, *Konrad Adenauers Regierungsstil*,
Rhöndorfer Gespräche/Veröffentlichungen der Stiftung Bundeskanzler-Adenauer-
Haus, Bonn: Bouvier, S. 129.

mer bildete den Lebensmittelpunkt. In seine Privatwohnung ließ er, mit Ausnahme der Putzfrau, niemanden hinein. Von Freundschaften des Junggesellen wissen auch wohlwollende Chronisten nichts zu berichten. Mit keinem seiner Mitarbeiter hat sich Hallstein je geduzt. Hallstein blieb unnahbar, kühl, distanziert, abweisend. Er war ein veritabler Hagestolz. Seine Liebe gehörte der Juristerei, den Büchern, der Gelehrsamkeit, dem Amt.

Doch waren das nicht nur private Schrullen oder Eigenarten. Auch der Mann der Politik, der Vertreter der bundesrepublikanischen Regierung leugnete nicht den exakten Juristen, besserwisserischen Professor, übergenauen Vertragsexperten. Damit fuhr Adenauer in den frühen 1950er Jahren oft nicht schlecht; aber im Laufe der Zeit wurde es doch auch zum Problem für den Kanzler und sein Kabinett. Besonders die Briten kamen mit Hallstein nicht zurecht. Sein Europäismus war ihnen zu dogmatisch; seine Vertragsfixierung zu orthodox. Auch die Franzosen hielten ihn für einen emotionslosen Technokraten. Psychologie war eben nicht die Stärke Hallsteins, der die strenge Logik völkerrechtlicher Regelungen höher schätzte als den einfühlsamen Umgang mit Verhandlungspartnern. Im Grunde blieb Hallstein immer akademischer Professor, wurde nie zum Politiker. Er dachte nicht – wie ein Politiker – in multiplen Optionen, Perspektiven, Kalkülen oder gar in taktischen Winkelzügen. Das hätte seiner apodiktischen Wissenschaftlichkeit widersprochen. Als sich dann, in der zweiten Hälfte der 1950er und mehr noch während der 1960er Jahre, die Koordinaten der Außenpolitik allmählich verschoben, wirkte Hallstein bald doktrinär und starrsinnig.[28] Seine 1955 verkündete Regel, wie mit Staaten zu verfahren sei, die das Ulbricht-Regime völkerrechtlich anerkannten, wurde dadurch zu der nach ihm benannten Doktrin. Die aber war der Deutschland- und Ostpolitik zunehmend hinderlich, beschränkte ihre Handlungsmög-

28 Vgl. Koerfer, Daniel 1987, *Kampf ums Kanzleramt. Erhard und Adenauer*, Stuttgart: Deutsche Verlags-Anstalt, S. 597.

lichkeiten und wurde im Grunde schon in den Jahren der Großen Koalition nicht mehr folgerichtig angewandt.

Walter Hallstein überlebte sich, hatte am Ende weder eine Schule
noch Schüler hinterlassen. Er war zweifelsohne ein großer Europäer, war wichtig für Adenauer in der ersten Hälfte von dessen
Amtszeit, lieferte dem Kanzler Kompetenzen, über die dieser selbst
nicht verfügte. Aber Hallstein war im Weiteren auch eine Last. Er
sorgte für Unbeweglichkeit, als es auf neue Flexibilitäten, auch
neue und kreative Wagnisse ankam. Das aber waren keine Eigenschaften, die Hallstein auszeichneten. Später fand er in Charles
de Gaulle einen harten und unerbittlichen Kontrahenten, der ihn
zum Rücktritt vom Posten des Kommissionspräsidenten der EWG
drängte. Zu Beginn der sozialliberalen Regierungszeit rückte
Hallstein noch einmal für die CDU in den Deutschen Bundestag
ein. Doch die Außenpolitik des Kabinetts Brandt-Scheel blieb
ihm fremd. Die Jahre seiner Wirksamkeit waren längst vergangen.

Alleskleber: Heinrich Krone

Felix von Eckardt, Hans Globke und Walter Hallstein, dazu Otto
Lenz, Chef des Bundeskanzleramtes von 1951 bis 1953, und Herbert Blankenhorn – sie haben die Geschichte der Bundesrepublik entscheidend geprägt: als die mächtigen Berater des ersten
deutschen Bundeskanzlers in den frühen 1950er Jahren. Seit 1955
kam noch ein weiterer, höchst einflussreicher Souffleur der Regierungsmacht hinzu: Heinrich Krone, Chef der CDU/CSU-Frak-
tion im Deutschen Bundestag.

Nun mag man es für ganz selbstverständlich halten, dass der Fraktionsvorsitzende der stärksten Regierungspartei zum engsten Zirkel der Kanzlerberater gehört. Schließlich kann man in jedem
politologischen Lehrbuch über die Funktionsweise der parlamentarischen Demokratie nachlesen, wie unabdingbar in einem sol-

chen System die »Aktionseinheit« von Regierung und Regierungs-
fraktion(en) ist. Und diese Aktionseinheit lässt sich nur durch
die eng verschränkte Handlungsallianz zwischen Regierungschef
und Fraktionsvorsitzenden herstellen. Insofern sollte der Anführer der stärksten Regierungsfraktion in der Tat in aller Regel eine
Zentralfigur in der unmittelbaren Entourage eines deutschen Bundeskanzlers sein, wenn dieser einigermaßen effizient und reibungs-
arm regieren will. Sollte. Aber oft genug war es, durchaus zum
Schaden der Regierungschefs, anders. Auch in der Ära Adenauer
stand der Fraktionsvorsitzende der Union keineswegs automatisch im unmittelbaren Vertrauensfeld des Kanzlers. Dafür wurde
Krones Vorgänger im Amt, Heinrich von Brentano, von Konrad
Adenauer viel zu wenig ernst genommen. Mit ihm – und der Fraktion insgesamt – verfuhr der Kanzler mindestens anfangs denkbar autoritär. Selten nur bezog Adenauer seinen Fraktionsvorsitzenden in den Meinungs- und Entscheidungsbildungsprozess des
Kanzleramtes ein.

Mit Heinrich Krone, der im Sommer 1955 an die Spitze der großen Unionsfraktion trat, änderte sich das. Im Grunde war Krone
schon in den Jahren zuvor in seiner Funktion als Parlamentarischer Geschäftsführer der eigentliche starke Mann im Bundestag.
Denn von Brentano,[29] den die Außenpolitik mehr interessierte
als die Seelenpflege und das Gesetzgebungsverfahren der Parlamentarier, hatte selten vor der Bundestagsfraktion gesprochen,
kaum einmal dort in Auseinandersetzungen interveniert. Dieser
Part lag seit den frühen 1950er Jahren real schon bei Heinrich
Krone.

Dabei war Krone das Gegenteil einer charismatischen Führungs-

---

29 Hierzu siehe: Gotto, Klaus 1980, »Heinrich von Brentano (1904-1964)«, in: Aretz,
Jürgen/Rudolf Morsey/Anton Rauscher (Hg.): *Zeitgeschichte in Lebensbildern. Aus
dem deutschen Katholizismus des 19. und 20. Jahrhunderts*, Bd. 4, Mainz: Matthias-
Grünewald-Verlag, S. 225 ff.; Brunck, Helma 2000, »Heinrich von Brentano (1904-
1964). Von Hessen nach Bonn«, in: Heidenreich, Bernd (Hg.), *Geist und Macht.
Die Brentanos*, Wiesbaden: Westdeutscher Verlag, S. 233 ff.

figur. Seine Reden verbreiteten weder Glanz noch Leidenschaft.
Er liebte nicht den öffentlichen Auftritt, goutierte nicht das rhetorische Spektakel. Er war wortkarg, oft ein hartnäckiger Schweiger, meist spröde, ja steif. So galt er den meisten als Typus eines drögen Funktionärs, der damalige Bundespräsident Theodor
Heuss charakterisierte ihn einmal bildungsbürgerlich von oben
herab als »hölzern«[30]. Das war nicht rundum verquer geurteilt,
aber es ignorierte doch die unschätzbaren Vorzüge des Politikers
Krone, die eben gerade in seiner Zurückhaltung, Bescheidenheit,
auch Demut wohnten. Denn Krone kannte seine Grenzen. Er
wusste, dass er – als Fraktionsvorsitzender der großen Regierungspartei immerhin ein mächtiger Mann in der Republik – zu noch
größeren Aufgaben keineswegs taugte, dass er jedenfalls als Kanzler nicht in Frage kam. Denn dann wäre er zum Auftritt im Ram-
penlicht gezwungen gewesen, was ihm schlimme Qualen bereitet hätte, wozu ihm jede Eignung auch durch und durch fehlte.
Krone liebte nicht die Publicity. Auch um Staatsempfänge machte er, so es eben ging, einen weiten Bogen, schon weil es ihm widerstrebte, sich für solche Anlässe einen Frack anzuschaffen. Aber
er mochte dergleichen Festivitäten auch nicht, fühlte sich dort
unbehaglich, wohl auch linkisch, hockte abends lieber einsam
bei seinen Büchern. Krone war ein uneitler Mensch, mit geringem
Ehrgeiz und ohne jede Geltungssucht. Würde man ein Buch über
die zehn anständigsten, honorigsten Spitzenpolitiker in der bundesrepublikanischen Geschichte schreiben wollen, so dürfte Heinrich Krone darin gewiss nicht fehlen.
Nun war allerdings – so mitunter paradox geht es in der Politik
zu – gerade der Mangel an übersteigerten Ambitionen der Grund
dafür, dass Krone im Bonn der 1950er Jahre ein mächtiger Mann
war. Denn daher hatte er viele politische Freunde und Bündnispartner, aber keine Feinde. Der Kanzler musste nicht fürchten,

---

30 Zit. nach Krone, Heinrich 1997, *Tagebücher*, bearbeitet von Hans-Otto Kleinmann, Bd. 1, Düsseldorf: Droste, S. XVII (Einleitung).

von seinem Fraktionschef vom Pferd gestoßen zu werden. Und die vielen brennend ehrgeizigen Kanzleraspiranten jener Jahre in der Union, die ungeduldig auf den Abgang des Rhöndorfer Alten lauerten, witterten in Krone keinen ernsthaften Rivalen. Das machte ihn zum idealen Moderator und Mittler in der damals noch äußerst vielschichtig zusammengesetzten christlichen Union. »Papa Krone« nannten sie den Fraktionschef seinerzeit in der CDU. Auch der Titel »Alleskleber« schmückte ihn.[31] Denn wenn in der Christdemokratischen Union etwas in die Brüche zu gehen drohte, dann war es immer Krone, der den Kleister parat hatte. Krone war ein erfahrener Politiker, der schon zu Zeiten der Weimarer Republik im Parlament saß. Er war vor 1933 stellvertretender Generalsekretär der katholischen Zentrumspartei, Mitglied der Reichstagsfraktion, überdies noch Erster Vorsitzender der Windthorst-Jugend, den Nachwuchskadern im politischen Katholizismus. So verfügte Krone über viele Kontakte, Freundschaften, heute würde man wohl von Netzwerken sprechen.

Für Adenauer war Krone Gold wert.[32] Denn spätestens mit der zweiten Legislaturperiode konnte der Bundeskanzler mit seiner Regierungsfraktion keineswegs mehr im Stile eines autoritären Feldherrn umspringen. Die Abgeordneten waren selbstbewusster, auch erheblich störrischer geworden. So brauchte Adenauer einen Fraktionschef, der ihm in Treue verbunden war, der ihn als Frühwarnsystem über die Stimmungen und Missstimmungen der Parlamentarier verlässlich informierte und der in schwierigen Zeiten zudem über genügend Autorität wie Bataillone verfügte, um auch nicht ganz populäre Entscheidungen von Kanzler und Kabinett durchzusetzen. So wenig Adenauer mit von Brentano gesprochen hatte, so häufig kam er nun mit Krone zusammen, zu

31 Siehe Köhler, Henning 1994, *Adenauer: Eine politische Biographie*, Berlin: Propyläen, S. 1045.
32 Hehl, Ulrich von 1998, »Der Politiker als Zeitzeuge. Heinrich Krone als Beobachter der Ära Adenauer«, in: *Historisch-politische Mitteilungen* 5, S. 83-104.

Gesprächen, zu Telefonaten, über Korrespondenzen. Krone also war fest eingebunden in die Kanzleraktivitäten, wurde peu à peu neben dem Chef des Kanzleramts, der berühmt-berüchtigten grauen Eminenz Hans Globke, zum wichtigsten Mann Konrad Adenauers. Krone gehörte zu den ganz wenigen Menschen, die dem Kanzler auch hart und streng widersprechen durften, wenn es anders nicht mehr ging. Krone blieb stets taktvoll, behielt durchweg die Nerven, geizte chronisch mit großen Worten und pathetischen Gesten. Eben deshalb konnte er sich von Fall zu Fall auch Kritik an Adenauer leisten, weil er sich nicht in den Vordergrund schob, weil er erkennbar loyal war, weil er auf diese Weise den allein sekundierenden Charakter seiner Arbeit zum Ausdruck brachte.

Krone also war in der Fraktion, was Hans Globke im Kanzleramt war: Diener seines Herrn. Und auch sonst verband Globke und Krone einiges:[33] Beide waren extrem wortkarg, beide waren aber auch außerordentlich aufmerksame Zuhörer; beide waren überaus akkurat; beide ruhten tief in ihrem katholischen Glauben; beide waren robust machtbewusst, aber nicht an den vorzeigbaren Insignien, an der äußeren Inszenierung der Macht orientiert. Dafür waren sie persönlich zu zurückhaltend, in einer gewissen Weise aber auch zu schlau. Denn sie wussten, dass das ganz ungewöhnliche Ausmaß ihres politischen Einflusses gerade in der demonstrativen Indifferenz gegenüber dem Prunk der Macht lag. Globke und Krone waren die Ingenieure, Techniker und Manager der Regierungsmacht. Ohne sie wäre Adenauer spätestens nach 1957 in schwere Gewässer und schlimme Nöte geraten. Ohne seine *éminences grises* hätte Adenauer, um den es zum Schluss einsam und kalt wurde, gewiss nicht 14 lange Jahre die Kanzlermacht halten können.

---

33 Vgl. hierzu Hehl, Ulrich von, »Der Politiker als Zeitzeuge«, S. 91 ff.

Verschleiß der Macht

Die entscheidenden grauen Eminenzen in den frühen 1950er Jahren waren fraglos Hans Globke und Heinrich Krone. Doch ganz starr und eindeutig war die Hierarchie im Küchenkabinett, war die innere Hackordnung unter den Kanzlerberatern nicht. Das ließ der politische Fuchs und gerissene Taktiker Adenauer einfach nicht zu.

Selbst Globke, der Unverzichtbare, sah sich hin und wieder dem Tadel seines Herrn ausgesetzt. Das gehörte zur Herrschaftstechnik Adenauers. Er verteilte die Gunst an seine Mitarbeiter von Zeit zu Zeit neu. So schürte er Rivalität und Konkurrenz, stachelte den Ehrgeiz untereinander an – und zog den Mehrwert daraus. Denn jeder aus seiner Gefolgschaft wollte sich besonders exponieren, durch exklusive Leistungen hervorstechen, besser sein als jeder andere, dadurch in der Sonne des Meisters stehen, zum Primus avancieren. Entdeckt und kreiert hatte Adenauer diese Machtmethodik nicht. Etliche Führungskräfte spielten machiavellistisch auf dieser Klaviatur, jedenfalls in früheren Zeiten. Adenauer schielte auf die Schwächen der Menschen, sah scharf ihre Labilitäten, ihre Geltungssucht, ihre Gier, ihre Doppelzüngigkeit, zog das alles kalt in sein politisches Kalkül mit ein und nutzte es, wann immer es ihm opportun erschien. Boshaftigkeiten auszuteilen, Indiskretionen im Bedarfsfall zu lancieren, gezielt Zwietracht zu säen, all das war Adenauer eigen. Es war ihm auch nicht fremd, langjährige gute Mitarbeiter ohne jede Sentimentalität fallen zu lassen, wenn er sie nicht mehr gebrauchen konnte oder er ihrer Loyalität nicht mehr recht traute. Sonderlich zimperlich ging Adenauer nie zu Werke. Er liebte es, in kleiner Runde zu lästern – seinen giftigen Spott goss er besonders gern über Mitarbeiter aus, die gerade durch Abwesenheit glänzten.

Und: Adenauer war misstrauisch.[34] Das war neben dem Pessimismus ein prägender Zug seines Wesens. Insofern neigte er auch dazu, Informationen nicht freimütig zirkulieren zu lassen, sondern in erster Linie bei sich zu behalten. Seine Ratgeber stöhnten regelmäßig, dass der Kanzler sich oft um Kleinigkeiten kümmerte, dabei dann gerne kleinlich und rechthaberisch auftrat. Adenauer fürchtete, dass andernfalls andere aus seiner Umgebung besser informiert sein könnten als er selbst. Das nahm Adenauer regelrecht als Bedrohung wahr, deshalb hortete er Informationen, zentralisierte das Expertenwissen bei sich. Eifersucht und Argwohn charakterisierten den ersten deutschen Bundeskanzler.

Klügere Menschen konnte Adenauer infolgedessen nicht ausstehen und ertragen. Schwafler und Schönredner goutierte er aber ebenso wenig. Dieser Typus wurde im Kanzleramt nicht alt. Wer sich als unfähig erwies, eine schriftliche Expertise auf ein bis zwei Seiten zu verdichten, wem die Begabung abging, seine Gedanken präzise, prägnant und pointiert vorzutragen, bekam den Zorn Adenauers rasch zu spüren.[35] Willy Brandt später hatte eine Passion für das Schweifende, Räsonierende, das mitunter unentschiedene oder auch dialektische »Sowohl-als-auch«; Adenauer präferierte Logik und Stringenz, das dichotomische »Entweder-oder«. Brandt erfreute sich an Sprachartistik, an metaphernreichen Formulierungen, an expressiven Wortspielen; Adenauer zog die Einfachheit dürrer Prosa vor. Wolkiges Pathos und gefühlsschwangeres Epos waren ihm im politischen Tagesgeschäft verhasst.

Souffleure im Schatten der Macht waren zwar nicht prominent, sie blieben in Restaurants, an Tankstellen, auf Marktplätzen unerkannt; aber auf ihren Rat hörte der Kanzler der deutschen Bundesrepublik. Vor allem tat Adenauer dies *face to face*. Für die Souf-

34 Vgl. Sternburg, Wilhelm von 2001, *Adenauer – eine deutsche Legende. Biographie*, Berlin: Aufbau-Taschenbuch-Verlag, S. 65.
35 Vgl. Osterheld, Horst 1995, *Konrad Adenauer – Ein Charakterbild*, München: mvg-Verlag, S. 46.

fleure war das jedenfalls die günstigste Konsultationssituation.[36]
Auch der regelmäßige Nachmittagsspaziergang durch den Garten
des Palais Schaumburg in der Bonner Kapitale mit dem Kanzleramtschef Globke und dem Unionsfraktionsvorsitzenden Krone
war in der Adenauer'schen Kanzlerdemokratie ein zentrales Medium politischer Entscheidungsvorbereitung. In größeren Perso-
nenkreisen dagegen reagierte der Kanzler empfindlich, oft erbost
und beleidigt auf Kritik. Im Vieraugengespräch hingegen war er
zugänglicher und großzügiger. Hier durfte man Einsprüche riskieren, hier konnten zuweilen auch Korrekturen am bisherigen
Weltbild des Kanzlers gelingen. Dieser gute Draht zum Kanzler
und so zur politischen Macht lieferte gleichsam die Endorphine
für die grauen Eminenzen. Deshalb opferten sie viel an Familienleben, Privatheit, Freizeit. Im Grunde blieb für dergleichen kaum
noch Zeit übrig. Dank und innige Zuneigung ernteten sie für
ihre entsagungsvolle Zuarbeit indes nicht. Selbst nach den famosen Wahlsiegen 1953 und 1957 hielt Adenauer zu seinen engsten
Getreuen kühle Distanz.

Mit Ausnahme von Hans Globke stand niemand sonst aus der
engsten Umgebung Adenauers die ganze Amtszeit des ersten deutschen Bundeskanzlers als Ratgeber durch. Der Druck war einfach zu gewaltig. Und das galt für alle Souffleure der Macht während sämtlicher Kanzlerschaften: Es ging an die Substanz, nahezu
Tag und Nacht für einen Bundeskanzler verfügbar sein zu müssen. Die Machtsouffleure waren in der Regel alle hochintelligent,
mussten oft genug elementare Entscheidungen treffen, zumindest
weichenstellende Ratschläge für die Zukunft der Nation erteilen,
aber sie waren und blieben doch stets und immer subalterne Fi-

---

36 Vgl. Poppinga, Anneliese, *»Das wichtigste ist der Mut«*, S. 132; Krone, Heinrich
1976, »Konrad Adenauer. Im Gespräch mit einem großen Politiker und tiefen Menschen«, in: Blumenwitz, Dieter u. a. (Hg.), *Konrad Adenauer und seine Zeit. Politik
und Persönlichkeit des ersten Bundeskanzlers*, Bd. 1 (Beiträge von Weg- und Zeitgenossen), Stuttgart: Deutsche Verlags-Anstalt, S. 118; Küpper, Jost, *Die Kanzlerdemokratie*, S. 115.

guren in der Hierarchie der Macht. Dies alles zusammen belastete enorm die Physis wie die Psyche. Viele Machtsouffleure trugen und schleppten Krankheiten mit sich herum. Irgendwann war das Limit der Belastbarkeit erreicht. Der Erste ging; andere folgten dann bald. Der Kreis der Vertrauten um den Kanzler schrumpfte. An neue Leute im engsten Umkreis aber konnten sich die meisten Regierungschefs – die eben keineswegs nur kalte Exekutoren ihres beträchtlichen Machtwillens waren – schlecht gewöhnen. Es wurde daher irgendwann einsam um sie. Der Kontakt zur Außenwelt verzerrte sich, wurde peu à peu selektiver, unrealistischer. Es ging dann politisch unweigerlich zu Ende mit den Kanzlerschaften – so verhielt es sich konstant von Adenauer bis Schröder.

2. Altliberale in der neuen Republik

Theodor Heuss: Liberaler Patriarch

Während Adenauer die CDU einem Patriarchen gleich weit über ein Jahrzehnt anführte, der Epoche wie der jungen Bundesrepublik seinen Namen nachgerade aufzwang, konnte sich bei den Liberalen ein solcher ewiger Anführer nicht herauskristallisieren – ganz im Gegenteil. Denn der Aufstieg in der FDP ist mitunter atemberaubend, der Absturz jedoch nicht minder. So in etwa kann man Freuden und Nöte, Anfangseuphorien und Abschiedsdepressionen freidemokratischer Parteivorsitzender nach 1945 recht knapp und gewiss ziemlich flapsig auf eine Kurzformel bringen. Verschwenderischer jedenfalls ist bislang keine andere Alt-Partei der Bundesrepublik mit ihren Parteivorsitzenden umgesprungen, wenngleich die Sozialdemokraten am Ende ihres disziplinierenden Milieus sich seit rund 15 Jahren den liberalen Nonchalancen im Umgang mit den eigenen Parteiführern verblüffend weit angenähert haben.

Dennoch: Es gab im politischen Geschäft der deutschen Republik gewiss leichtere Jobs als den des Parteichefs der FDP. Denn es war nie einfach, die liberalen Bürger von Besitz und Bildung politisch unter einen Hut zu bringen. Diese waren Individualisten und keine Parteisoldaten, ohne Neigung für kollektive Organisation und disziplinierte Aktion.[1] Mit geduldiger Loyalität oder gar Einordnung durften liberale Parteiführer lange nicht rechnen.[2] Unmittelbar nach ihrer Wahl herrschte meist in der Partei

---

[1] Siehe schon Langewiesche, Dieter 1995, *Liberalismus in Deutschland*, Frankfurt am Main: Suhrkamp, S. 134 ff.
[2] Zu den liberalen Parteiführern auch: Dittberner, Jürgen 2005, *Die FDP. Geschichte, Personen, Organisation, Perspektiven. Eine Einführung*, Wiesbaden: VS Verlag für Sozialwissenschaften, S. 281 ff.

eitel Sonnenschein, doch dann dauerte es in der Regel nicht sonderlich lange, bis das Klima umschlug, das Fußvolk im liberalen Bürgertum zu murren, zu nörgeln, zu schimpfen begann.

Das größte Glück hatte noch Theodor Heuss, mit dem die Geschichte anfing.[3] Der erste Parteivorsitzende der Freien Demokraten zog 1949 rechtzeitig in das Bundespräsidialamt ein, musste seine Parteifunktionen niederlegen und brauchte sich folglich in den Niederungen von Bundespolitik und -partei nach Gründung der Bundesrepublik gar nicht erst zu behaupten. Heuss wurde hernach ein großer, das Amt auf lange Sicht prägender Bundespräsident. Ein ebenso großer, in vielen Gedenkreden und allerlei Festschriften gepriesener Parteivorsitzender wäre er wohl nicht geworden. Vermutlich hätte er sogar ziemlich gelitten im Kabinett von Konrad Adenauer, hätte gegen den alten Fuchs und seine harte, unsentimentale, wenn es sein musste: intrigenhafte Art der politischen Führung wohl chronisch den Kürzeren gezogen. Denn ein Mann der kalten, kühnen und durchsetzungsstarken Machtpolitik war der liberale Schwabe nicht.

In die Politik geriet Heuss, acht Jahre jünger als der Alte von Rhöndorf, am Übergang vom 19. zum 20. Jahrhundert.[4] Er gehörte als junger Mann dem sozialliberalen Kreis um Friedrich Naumann an, redigierte dessen Zeitschrift *Hilfe*, schrieb dafür unzählige Artikel, die meisten für das Feuilleton. Eben das war Heuss zuerst: ein Zeitungsmann, ein Schreiber, bald darauf auch ein Buchautor. 1912 stieg er zum Chefredakteur der heimischen Heilbronner *Neckar-Zeitung* auf, nach 1918 übernahm er die Schriftleitung der Wochenpublikation *Deutsche Politik*. Sein zweites biographisches Standbein war die pädagogische Vermittlung, die lehrsame Ansprache. Von 1920 bis 1933 unterrichtete er an

---

3 Vgl. auch Heuss, Theodor 1963, *Erinnerungen 1905-1933*, Tübingen: Wunderlich.
4 Vgl. hierzu und im Folgenden Möller, Horst 1990, *Theodor Heuss. Staatsmann und Schriftsteller*, Bonn: Bouvier, S. 6 ff.; Winter, Ingelore Marie 1983, *Theodor Heuss. Ein Porträt*, Tübingen: Wunderlich.

der Hochschule für Politik in Berlin. Natürlich ging es bei alledem, beim Publizieren und Dozieren, vorrangig um Fragen der Politik. Auch gehörte Heuss rund sechseinhalb Jahre als Abgeordneter für die linksliberale DDP bzw. die Staatspartei dem Reichstag an.

Doch eine auffällige, exponierte Figur war er im Parlament, im Zentrum der politischen Auseinandersetzungen nicht. Dazu fehlte es ihm an Feuer, an Härte, an unerbittlicher Entschlossenheit, wohl auch an einer festen und attraktiven politischen Doktrin, wonach es den Deutschen in ihrer Mehrheit damals, während der tiefen ökonomischen und politischen Depression, verlangte. Heuss war kein Politiker für turbulente Jahre, für aufgewühlte Stimmungen, für radikale Konfrontationen der Lager. Heuss war eine eher kontemplative Persönlichkeit; gebildet, ohne originell zu sein; ein Didaktiker des Politischen, kein Theoretiker der Zukunft; ein Kommunikator und Übersetzer, kein Agitator und Avantgardist.[5] Schon in den Weimarer Jahren fiel auf, wie sehr er geistig und habituell im 19. Jahrhundert wurzelte, wie er der Blütezeit des deutschen Bildungsbürgertums anhing. Mit der literarischen Moderne des 20. Jahrhunderts konnte er hingegen nichts anfangen; Brecht, Kafka, auch Benn – sie alle sagten ihm nichts. So war Heuss vor 1933, so blieb er auch danach: Ein gemütlicher, eher behäbiger Zigarrenraucher und allabendlicher Rotweintrinker, im Alltag recht unpraktisch und daher auf seine sehr viel lebenstüchtigere Ehefrau angewiesen. Seine Passion gehörte weiterhin der Schriftstellerei; für die Kärrnerarbeit der politischen Organisation taugte er nach wie vor nicht. Im Grunde genommen also prädestinierte ihn wenig für die zentrale Leitung einer Partei, gar für die politische Macht.[6] Und dennoch führte er die Liberalen,

5 Vgl. Hertfelder, Thomas 2000, »Das symbolische Kapital der Bildung: Theodor Heuss«, in: ders./Gangolf Hübinger (Hg.), *Kritik und Mandat. Intellektuelle in der deutschen Politik*, Stuttgart: Deutsche Verlags-Anstalt, S. 93 ff.
6 Vgl. Borst, Otto, »Theodor Heuss«, in: Bernecker, Walter L./Volker Dotterweich (Hg.), *Persönlichkeit und Politik*, Bd. 1, S. 199; Moersch, Karl 1988, »Theodor Heuss.

zunächst ab Herbst 1946 in der amerikanischen Zone, dann seit dem Frühjahr 1947 gemeinsam mit Wilhelm Külz zonenübergreifend, schließlich – als das nationale Parteiexperiment scheiterte – von Dezember 1948 an als Chef in den drei Westzonen.[7]

Das hatte mehrere Gründe. In gewöhnlichen Zeiten wird der Typus des nachdenklichen, beschaulichen Bildungsbürgers auch in einer liberalen Partei nicht ganz nach oben kommen. Man offeriert ihm die Leitung der Programmkommission, bedient sich seiner als Festtagsredner, lässt ihn die eine oder andere Broschüre für die anhängigen Jahrestage der Parteigeschichte verfassen. Im Übrigen aber nimmt man ihn nicht allzu ernst und wichtig. Doch 1945/46, als die Nation buchstäblich und dazu auch moralisch in Trümmern lag, standen nichtnazistische Gebildete, die in diesem geistigen Vakuum deuten, erklären und orientieren konnten, hoch im Kurs. Und das drängte Theodor Heuss den Vorsitz der Liberalen nachgerade auf. Auch als der Bedarf nach bildungsbürgerlicher Katharsis nachließ, blieb Heuss im Amt. Er störte die Realpolitiker nicht, eignete sich, im Gegenteil, besonders gut »für die Vitrine«, wie es sein Nach-Nachfolger im Amt, Thomas Dehler, Anfang 1949 ein wenig sarkastisch formulierte.[8]

Der Vorsitzende als Ausstellungsobjekt oder Aushängeschild – nach starker, zielstrebiger Führung klang das nicht. Doch war das für die Freien Demokraten in jenen Jahren, war es für die Liberalen überhaupt wohl nicht nur von Nachteil. Denn gerade dadurch, dass Heuss nicht energisch führte, nicht klar und dezidiert eine Richtung vorgab, gelang es nach 1945, die über fast 80 Jahre gespaltenen Liberalen im Westen Deutschlands wie-

1884-1963«, in: Schumann, Hans (Hg.), *Baden-Württembergische Portraits. Gestalten aus dem 19. und 20. Jahrhundert*, Stuttgart: Deutsche Verlags-Anstalt, S. 322 f.
7 Vgl. Heß, Jürgen C. 1997, »Fehlstart. Theodor Heuss und die Demokratische Partei Deutschlands 1947/48«, in: Fleck, Hans G. u. a., *Jahrbuch zur Liberalismus-Forschung. Schriften der Friedrich-Naumann-Stiftung* 9, Baden-Baden: Nomos, S. 83 ff.
8 Vgl. Hein, Dieter 1985, *Zwischen liberaler Milieupartei und nationaler Sammlungsbewegung. Gründung, Entwicklung und Struktur der Freien Demokratischen Partei 1945-1949*, Düsseldorf: Droste, S. 338.

der behutsam zusammenzufügen und zusammenzuhalten. Eine leichte Aufgabe war das nicht, in der Trümmergesellschaft nach 1945 präsentierten sich die Liberalen noch lokalistischer, föderaler und regionalisierter als schon zuvor in ihrer Geschichte, mit zahlreichen Eigentraditionen und politischen Separatvorstellungen. Die politische und soziale Spannbreite hatte sich nochmals vergrößert, da auch frühere Deutschnationale, ja Nationalsozialisten zu den klassischen Rechts- und Linksliberalen hinzugestoßen waren. Die einen waren für eine parlamentarische Republik; die anderen präferierten eine harte, autoritäre präsidiale Ordnung. Die einen wollten sich Liberale nennen, die anderen Demokraten, die nächsten Freiheitliche. Und so ging das munter weiter. Wäre hier ein dominanter, brennend ehrgeiziger Parteivorsitzender zu früh, zu schnell, zu apodiktisch vorgeprescht, die Spaltung der Liberalen in Deutschland hätte sich dann wohl ein weiteres Mal wiederholt. Unter dem behäbig moderierenden Stil von Heuss aber konnten die Sonderkulturen und Partialströmungen im liberalen wie nationalen Bürgertum koexistieren und doch allmählich zu einer Partei zusammenfinden, die schließlich bei den Bundestagswahlen 1949 auf knapp zwölf Prozent der Stimmen kam, immerhin neun Prozentpunkte mehr als die Links- und Rechtsliberalen zusammen im November 1932 erreicht hatten. Insofern war Theodor Heuss einerseits der rechte Mann zur rechten Zeit am rechten Platz. Doch auf der anderen Seite überließ er denjenigen Kräften den Raum, die über die Energie, Zielstrebigkeit und Skrupellosigkeit verfügten, die ihm abgingen. Dadurch verschoben sich die politischen Kräfteverhältnisse in der FDP. Darin lag dann doch der Nachteil schwacher, kontemplativer politischer Führung. 1947 traten die Deutschnationalen und Nationalliberalen aus dem Schatten der politischen Verwerflichkeit und gingen mit trotzigem Selbstbewusstsein in die Offensive.[9]

9 Vgl. Lösche, Peter/Franz Walter 1996, *Die FDP. Richtungsstreit und Zukunftszweifel*, Darmstadt: Wissenschaftliche Buchgesellschaft, S. 24 ff.

Mit ihrem Konzept der »nationalen Sammlung«, mit dem die zu-
rückgekehrten Soldaten, die bürgerliche HJ-Generation, die Ver-
triebenen und Flüchtlinge aggressiv angesprochen werden sollten,
eroberte der rechte Parteiflügel Zug um Zug wichtige Landesverbände, wusste bald die Mehrheit in der Freien Demokratischen
Partei hinter sich. Theodor Heuss ließen sie weiterhin in der Vitrine stehen, gleichsam als den gemütlichen bildungsbürgerlichen
Opa des Altliberalismus, im Übrigen aber probten sie – jung die
meisten, hart, kalt und dynamisch – den politischen Durchmarsch,
der dann erst durch die englische Besatzungsmacht im Jahr 1953
gestoppt wurde. Heuss hätte sie gewiss nicht aufhalten können,
doch kam es erst gar nicht zur Probe aufs Exempel. Er hatte, wie
gesagt, Glück, wurde rechtzeitig zum Präsidenten der Deutschen
gewählt und konnte fortan tun, was ihm am meisten lag: lesen,
schreiben, dicke Zigarren rauchen, roten Wein trinken, bedäch-
tige und gebildete Reden halten, er durfte nachsichtig, freundlich und mit sanfter Ironie über der verunsicherten Nation thro-
nen.

Franz Blücher: Bankdirektor und liberaler Vizekanzler

Franz Blücher folgte Theodor Heuss in der Leitung der Freien
Demokraten, als der schwäbische Altliberale 1949 an die Spitze
des Bundespräsidialamts trat. Er wurde der erste Mann der Liberalen in den ersten Jahren der deutschen Bundesrepublik. Doch
kaum jemand erinnert sich seiner noch, was nicht zuletzt auch
damit zu tun haben dürfte, dass er zur kleinen Zahl derjenigen
Parteichefs gehörte, die ihrer Partei schließlich bitter enttäuscht
den Rücken kehrten und sodann im trüben Abseits politischer
Ohnmacht verschwanden.
In jenen unmittelbaren Nachkriegsjahren hat Blücher jedoch –
wie man es im Liberalismus oft erleben konnte – bemerkenswert

rasch Karriere gemacht.[10] Zuvor, in den Jahren der Weimarer Republik, war der Aufstieg für ihn, wie für die meisten aus der jungen Frontgeneration des Ersten Weltkrieges, eher blockiert. Blücher war in mancherlei Hinsicht ein ganz typischer Repräsentant seiner Alterskohorte. 1896 geboren, machte er 1915 Abitur und wurde unmittelbar darauf Soldat. Die Kriegsjahre prägten ihn zeitlebens, da er auch im zivilen Leben, noch Jahrzehnte später, immer ein wenig forsch auftrat, sehr drahtig, straff in der Haltung. »Kameradschaftlichkeit« galt ihm zu allen Gelegenheiten als höchste Tugend, das nationale Bekenntnis war ihm Herzenssache. Doch war Blücher keineswegs ein schnarrender Kommisskopf, von denen es damals in der FDP zahlreiche Exemplare gab, sondern durchaus ein Mann mit feinen Manieren, großem Taktgefühl und vorzüglicher Bildung. Es hieß von ihm, er lese täglich Gedichte. Dabei hatte Blücher nicht studiert, sondern vielmehr eine kaufmännische Lehre absolviert, bevor er dann in den späten 1930er Jahren in seiner Heimatstadt Essen zum Bankdirektor avancierte. Parteipolitisch hatte er vor 1933 – im Unterschied zu seinem Vorgänger Heuss – den Rechtsliberalen angehört, der Deutschen Volkspartei des Gustav Stresemann also. Zum Berufspolitiker wurde Blücher erst nach 1945. Dann aber vollzog sich sein Aufstieg in hurtigen Schritten. Schon 1946 stand er an der Spitze der Liberalen in der britischen Zone, leitete im gleichen Jahr zusätzlich das Finanzministerium des Landes Nordrhein-Westfalen. Zwei Jahre später führte er die FDP-Fraktion im Frankfurter Wirtschaftsrat. Wahrscheinlich war das die wichtigste Zeit überhaupt im politischen Leben des Franz Blücher. Denn in diesen vor-bundesrepublikanischen Monaten orientierte er die Liberalen rigoros auf die marktwirtschaftliche Ordnung und auf das

10 Zu Blücher hier und im Folgenden: Henning, Friedrich 1997, »Das Porträt. Franz Blücher«, in: *Geschichte im Westen* 11/H. 2, S. 216 ff.; Laak, Dirk van 1999, »Franz Blücher (1896-1959)«, in: Oppelland, Torsten (Hg.), *Deutsche Politiker 1949-1969. 17 biographische Skizzen aus Ost und West*, Bd. 1, Darmstadt: Primus-Verlag, S. 117 ff.

prinzipielle Bündnis mit den Unionsparteien. Das war eine nachhaltig wirkende Vorentscheidung für die erste Bundesregierung,
legte noch für Jahrzehnte die Lagerstrukturen der Bonner Republik fest, mindestens bis zum sozialliberalen Machtwechsel,
aber im Grunde noch weit darüber hinaus und wenn man so will:
bis heute. Dadurch machte Blücher wirklich Politik auf lange
Dauer.[11] Und so stand er 1948/49 im Zenit seiner politischen
Wirkung. De facto war er schon unter Heuss der eigentliche Chef
der Partei gewesen, da ihm organisatorische Dinge weit mehr
lagen als dem philosophierenden schwäbischen Bildungsbürger.
Heuss überließ Blücher daher die Administration, letztlich die
Führung der Partei, die dann Anfang 1950 auch ganz offiziell an
den Freidemokraten aus dem Ruhrgebiet fiel.

Dadurch kam Franz Blücher ganz selbstverständlich als einer von
drei Freidemokraten in das erste bundesdeutsche Kabinett, erhielt
von Adenauer sogar den Titel des Vizekanzlers. Aber das signa-
lisierte schon den Abstieg vom Gipfel des politischen Einflusses,
markierte die Erosion seiner Stellung. Denn die Vizekanzlerschaft
vermittelte keine Macht; sie bot nicht mehr als das Talmi einer
Abfindung für entgangene klassische Ressorts, die Adenauer den
Freien Demokraten und ihrem Anführer kalt vorenthielt. Blücher
wäre wohl gerne Wirtschaftsminister geworden, auch das Finanzministerium hätte er nicht ausgeschlagen, doch am stärksten zog
es ihn ins Außenministerium, das allerdings erst noch zu schaffen war, da es Adenauer selber in diesen Gründerjahren vom Palais Schaumburg aus verwaltete. Und Adenauer dachte damals
nicht im Traum daran, die auswärtigen Angelegenheiten einem
anderen, noch dazu einem jener schwer berechenbaren Liberalen,
anzuvertrauen. Auch das Wirtschaftsministerium stand nicht zur
freidemokratischen Verfügung; es oblag ganz selbstverständlich
dem Heros der Marktwirtschaft, dem fränkischen Schwergewicht

11 Vgl. beispielhaft: o.V., »Blücher gegen Koalition mit SPD«, in: *Die Welt* (6. Dezember 1949).

Ludwig Erhard. Das Finanzministerium wiederum hatte aus Proporzgründen an einen Mann der CSU zu fallen, den sparsamen Fritz Schäffer. So gingen die Freien Demokraten ziemlich leer aus, selbst deren Chef erhielt lediglich das vergleichsweise unbedeutende, kleine »Marshallplanministerium«. Nie wurde ein kleiner Koalitionspartner in einem Bundeskabinett mit weniger abgespeist als die FDP in dieser ersten Legislaturperiode.

Dabei war das Wahlergebnis, das die Freien Demokraten 1949 erzielt hatten, außerordentlich beachtlich gewesen, hätte größere Ansprüche unschwer gerechtfertigt. Doch dem großen und kühlen Taktiker im Kanzleramt waren die braven Liberalen nicht gewachsen. Adenauer allein kassierte die Prämie für die Regierungserfolge der 1950er Jahre; die FDP, die doch an vielen segensreichen Weichenstellungen der frühen bundesdeutschen Jahre unzweifelhaft beteiligt war, hatte das Nachsehen. Ihre Minister ließen es arglos mit sich geschehen, allen voran himmelte vor allem Blücher seinen Kanzler an, wagte kaum einmal den harten Widerspruch, scheute den Versuch eines eigenen, kantigen Profils in der Koalition.

Eben das aber stieß mehr und mehr auf Kritik bei den Freidemokraten diesseits von Kabinett und Bundestagsfraktion. Die FDP-Minister in der Regierung Adenauer waren kaum zu erkennen, hatten keine weithin sichtbaren Akzente gesetzt, waren im Schatten des Überkanzlers gleichsam versteckt geblieben. Die Partei grummelte und richtete allen Unmut gegen den Vorsitzenden, gegen den Vizekanzler, der nicht mehr aus seinem Amt gemacht hatte. Die Tage von Blücher im Vorsitz seiner Partei waren spätestens zu dem Zeitpunkt endgültig gezählt, als sich sein eigener Landesverband, die Hausmacht, die ihn doch eigentlich stützen und tragen sollte, gegen ihn erhob, gar an die Spitze der Opponenten setzte.[12]

12 Vgl. Werner, Richard 1952, »Liberal oder national«, in: *Main-Echo* (Aschaffenburg) (1. Juli 1952); Lösche, Peter/Franz Walter, *Die FDP*, S. 32.

Denn seine nordrhein-westfälischen Freunde von ehedem setzten sich nun rüde von ihm ab, machten ihm bitter-böse zum Vorwurf, die paritätische Mitbestimmung in der Montanindustrie nicht vereitelt zu haben. Die FDP in Nordrhein-Westfalen focht in diesen frühen 1950er Jahren heftig für eine Partei der nationalen Sammlung. Ihr genügte es nicht, lediglich bescheiden Funktions- und Koalitionspartei in der Juniorpartnerschaft mit der Union zu sein. Die Freien Demokraten zwischen Rhein und Lippe strebten vielmehr selbstbewusst den Status einer eigenständigen Massenpartei an, jenseits von Katholizismus und Sozialismus. Ihnen ging es darum, zurückzusammeln, was die Nationalsozialisten vor 1933 furios aus der Mitte der Gesellschaft aufgesaugt und eingegliedert hatten. Sie sahen sich als die Truppenführer des Antisozialismus in Deutschland, die auch nicht davor zurückschreckten, sich einiger alter Kameraden aus den Stäben der NS-Propaganda zu bedienen.

Als die Linksliberalen sich der nationalistischen »Stahlhelmerei« widersetzten, als der Richtungsstreit in der FDP 1952/53 dadurch seinem Höhepunkt zusteuerte, stand Blücher, wie es um Integration besorgte Vorsitzende eben zu tun pflegen, irgendwo in der Mitte, verzweifelt, aber auch ziemlich ratlos da. Er bemühte sich redlich um Moderation und Ausgleich, allerdings ohne große Autorität auszustrahlen.[13] Er wollte und musste die hochfragile FDP nur irgendwie zusammenhalten, folglich blieb ihm anderes wohl kaum übrig. Hätte er sich mit lautem Getöse auf eine der beiden Seiten geschlagen, die FDP wäre unweigerlich zerbrochen. Doch diesen Donnerhall erwarteten viele Freie Demokraten nun von ihrem Vorsitzenden. Blücher war ihnen einfach zu blass, zu farblos, ohne Rückgrat, zu devot gegenüber dem raffinierten Kanzler der Katholiken.

13 Vgl. »Prüfungszeit im deutschen Liberalismus«, in: *Neue Zürcher Zeitung* (2. Juni 1953); Kempski, Hans Ulrich 1952, »Die Liberalen haben eine Schlacht verloren«, in: *Süddeutsche Zeitung* (24. November 1952); Böttcher, Karl W. 1952, »Die ›Pflicht nach rechts‹«, in: *Die Welt* (26. November 1952).

Als dann noch der Stimmanteil der Freien Demokraten bei der Bundestagswahl 1953 um 2,4 Prozentpunkte zurückging, war Blüchers Zeit vorbei. Die Liberalen wollten nun einen Feuerkopf, einen liberalen Stürmer und Dränger. Das stieß die bürgerlichen Honoratioren, als sie ihn bekamen, für einige Jahre in wilde Turbulenzen, sodann in die Reihen der ungeliebten Opposition. Schließlich trieb es auch Franz Blücher 1956 aus der Partei, als deren Vorsitzender er immerhin fünf Jahre amtiert hatte.

Thomas Dehler: Der Fundamentalist

Während Theodor Heuss und Franz Blücher maßvolle, dezente Honoratiorenpolitiker, angenehm unkomplizierte Bündnispartner für den ersten Bundeskanzler Konrad Adenauer waren, suchten und fanden die Freien Demokraten mit Thomas Dehler Mitte der 1950er Jahre einen neuen Führungstypus, einen selbstbewussten und lautstark agierenden Fackelträger des Liberalismus.[14]
Denn weder Heuss noch Blücher hatten den Bonus für die damals vom Volk mehrheitlich geschätzte Regierungspolitik einfahren können. Das nutzte der CDU, aber es schadete den Freien Demokraten. Die ob ihrer Blässe, ihres fehlenden politischen Schattens aufgeschreckte FDP installierte deshalb mit Thomas Dehler, dem aus Franken stammenden Justizminister im ersten Kabinett Adenauer, das krasse Gegenstück zu Blücher und Heuss. Er war alles andere als ein Mann, der umsichtig taktierte, pfleglich mit dem Koalitionspartner umging, den Kompromiss und Ausgleich sorgsam im Blick hatte. Dehler war vielmehr ein radikaler Feuerkopf, ein Fundamentalist der politischen Rhetorik. Eben

14 Über Dehler insgesamt: Wengst, Udo 1997, *Thomas Dehler 1897–1967. Eine politische Biographie*, München: Oldenbourg; Dorn, Wolfram/Friedrich Henning (Hrsg.) 1977, *Begegnungen, Gedanken, Entscheidungen. Thomas Dehler*, Bonn) liberal-Verlag; Nickel, Lutz 2005, *Dehler–Maier–Mende. Parteivorsitzende der FDP: Polarisierer–Präsident–Generaldirektor*, München: Meidenbauer, S. 59 ff.

so aber wünschten die Freien Demokraten sich ihren Frontmann im Jahr 1954, er sollte stürmisch mit dem Banner vorwegeilen. Jedenfalls sollte er eine klare Abgrenzungslinie zu den Unionsparteien ziehen, sollte dem Volk deutlich machen, wofür die FDP – und allein die FDP – stand. Daher schien Dehler den allermeisten Freidemokraten im Land unzweifelhaft als die richtige Figur zur richtigen Zeit.

Ohne Frage: Seine Reden im Bundestag hatten Wucht und Schärfe. In Richtung Opposition schoss er lustvoll giftige Pfeile ab. Selbst vor massiver Kritik an den hohen Richtern des Bundesverfassungsgerichtes schreckte er nicht zurück.[15] Genauso war es den Freien Demokraten nach Jahren der kraftlosen Leisetreterei lieb und teuer. Da Adenauer Dehler nach den Bundestagswahlen 1953 nicht mehr ins Kabinett geholt hatte, machten die Liberalen den früheren Justizminister daraufhin trotzig zu ihrem Partei- und Fraktionsvorsitzenden. Aus diesem Amt heraus nun sollte er das Profil der FDP schärfen, insbesondere auf dem Gebiet der Deutschland- und Außenpolitik. Denn hier war der rheinische Christdemokrat und Patriarch an der Spitze des Kanzleramts den Liberalen schon seit einiger Zeit entschieden zu teilstaatlich, zu wenig an der Einheit aller Deutschen, an der Rekonstituierung der ganzen Nation interessiert.

In seiner apodiktischen Schärfe und seinem unbeirrbaren Sendungsbewusstsein erinnerte Dehler seinerzeit ein wenig an Kurt Schumacher, den ersten Nachkriegsvorsitzenden der SPD. Dehler, 1897 geboren, gehörte zur gleichen Generation wie der frühere Chef der Sozialdemokraten, der 1895 zur Welt gekommen war. Schumacher und Dehler waren somit Teil der militanten Frontgeneration des Ersten Weltkrieges. Der Krieg hatte sie aufgewühlt, geprägt, ja gezeichnet. Viele aus dieser Generation hatten fortan einen nachgerade kriegerischen Begriff von Politik.

15 Vgl. etwa Stammen, Theo 1982, »Thomas Dehler«, in: Bernecker, Walter L./Volker Dotterweich (Hg.), *Persönlichkeit und Politik*, Bd. 1, S. 100.

Ihre Sprache tönte martialisch, herrisch, klang aggressiv und unbedingt. Da die meisten aus dieser Generation in den Weimarer
Jahren nicht recht zum Zuge gekommen waren, gleichsam im
Wartestand der zweiten und dritte Reihe hatten ausharren müssen, wurde Ungeduld, Umtriebigkeit, nervöse Unrast zu einem
dominanten Charakterzug – nicht bei allen, aber doch bei vielen,
deutlich jedenfalls zu beobachten bei eben Dehler und Schumacher.

Dabei war auch Dehler anfangs, als Minister im ersten Bundeskabinett, noch ein getreuer Gefolgsmann des ersten bundesdeutschen Kanzlers. Doch dann wandelte er sich, da die einseitige
Liebe nicht erwidert wurde,[16] mit aller Energie und Monomanie
des Konvertiten, zum erbitterten Feind Adenauers. Immer wieder attackierte Dehler die Deutschlandpolitik des Kanzlers der
eigenen Koalition, im Ton oft zügellos, überscharf abgrenzend,
mitunter gar hasserfüllt. In den ersten Monaten nach seiner Wahl
hatten die Freien Demokraten sich noch am Temperament, an
der Leidenschaft, an der rhetorischen Wucht Dehlers gelabt. Doch
schon zwei Jahre später konnte kaum noch ein Liberaler die red-
nerischen Eskapaden und Ausfälle des FDP-Vorsitzenden ertragen. Sprach Dehler im Bundestag, dann verließen mehr und mehr
FDP-Abgeordnete den Plenarsaal.[17]

So trieb er mit der Zeit die Partei auseinander und untergrub
den Zusammenhalt der Bundesregierung.[18] 1956 landete die FDP
schließlich in der Opposition. Ein knappes Drittel der Bundestagsabgeordneten – darunter alle vier Bundesminister mit dem
ehemaligen Parteichef Blücher vorneweg – kehrten gar der Partei

16 Vgl. Wolfrum, Edgar 1998, »Die Geschichte der Bundesrepublik anhand von
Biographien«, in: *Zeitschrift für Geschichtswissenschaft* 46/H. 1, S. 48.
17 Vgl. Henkels, Walter 1955, »Thomas Dehler – der politische Moralist«, in: *Norddeutsche Zeitung* (12. März 1955); Schwelien, Joachim 1956, »Die Misere der Liberalen«, in: *Frankfurter Allgemeine Zeitung* (23. August 1956).
18 Vgl. hierzu und insgesamt für dieses Kapitel Siekmeier, Matthias 1998, *Restauration oder Reform. Die FDP in den sechziger Jahren. Deutschland- und Ostpolitik
auf dem Wege zur Entspannung*, Diss., Köln: Janus, S. 96 ff.

den Rücken. Ortsvereine fielen auseinander. Wahlen gingen verloren; auf der Bundesebene schrumpften die Anteile für die FDP 1957 um weitere Punkte auf 7,7 Prozent – die existenzgefährdende Fünf-Prozent-Hürde rückte nunmehr gefährlich nahe. Für Dehler war das eine deprimierende Bilanz. Er war der Anführer von Partei und Parlamentsfraktion. Als solcher war ihm zuallererst die Aufgabe zugewiesen, seine Partei zusammenzuhalten, ihre Wählerschaft auszubauen, die politische Macht zu sichern und zu mehren. Nichts von alledem hatte er erreicht, eher das Gegenteil.[19]

Indes kann man den Beurteilungsfokus natürlich auch anders ausrichten. À la longue mag Dehler die Partei gar gerettet haben. Die anderen, pflegeleichteren kleinen Koalitionsparteien des bürgerlichen Lagers zumindest haben den eisernen Klammergriff des christdemokratischen Bundeskanzlers am Ende nicht überlebt. Zuletzt hat die Union sie alle innerkoalitionär vereinnahmt und politisch verspeist. Auszuschließen ist nicht, dass der CDU dies mit einer anpassungsbeflissenen FDP ebenso gelungen wäre. Die sperrige Dehler-FDP jedoch war schwer zu schlucken, war für die Christdemokraten gänzlich unverdaulich.[20]

Parteien brauchen überdies unzweifelhaft ein paar Figuren, auf die sie historisch stolz zurückblicken können, über die sie spannende und dramatische Geschichten erzählen können. Das sind, mag es auch ungerecht sein, in der Regel nicht die ordentlichen Pragmatiker, die vernünftigen Mittler und handwerklich gediegenen Organisatoren. Es sind immer die großen Tribunen, die Märtyrer des Eigensinns, die Fahnenträger der aufrechten Gesinnung. In der wirklichen Politik brachte dieser heroische Typus oft nicht viel Konstruktives zustande, aber er hatte doch Zeichen

19 Vgl. Friedlaender, Ernst 1955, »Die dritte Partei«, in: *Hamburger Abendblatt* (5. März 1955).
20 Vgl. auch Becker, Kurt 1957, »Reinhold Maier kehrt zurück«, in: *Die Welt* (8. Januar 1957).

gesetzt, den Stoff für Legenden und Epen geliefert, war ein großer Darsteller in einem starken Stück, das die Emotionen des Publikums anrührte und bewegte. So war es auch mit Thomas Dehler. Es gab seit den frühen 1960er Jahren nicht wenige Dehler-Renaissancen und Dehler-Nostalgien in der FDP. Dehler war dann in der nun schon recht selektiven Erinnerung der Partei in erster Linie der Mann, der sich vor Adenauer nicht in den Staub geworfen hatte, der vor den Schwarzen nicht zu Kreuze gekrochen war. Er war also nur noch der tapfere Held stolzer liberaler Eigenständigkeit. Ab und an brauchte selbst die sonst kühle und ganz ergebnisfixierte Interessenpartei FDP das befriedigende Gefühl, dass es diesen Schlag des unerschütterlich gesinnungsethischen Vorkämpfers auch in ihren Reihen gegeben hatte. Und nicht zufällig trägt die FDP-Zentrale daher noch heute den Namen »Thomas-Dehler-Haus«.

Reinhold Maier: Parteichef wider Willen

Nach drei Jahren Dehler im Parteivorsitz waren die Liberalen, die zuvor noch kräftiges Führungsprofil herbeigesehnt hatten, der Politik ihres vulkanischen ersten Mannes ganz und gar überdrüssig. Ihr temperamentvoller, zuweilen aber auch recht cholerischer Parteichef Thomas Dehler hatte durch seine ungestümen Attacken auf Bundeskanzler Konrad Adenauer die eigene Regierung, Bundestagsfraktion und Partei auseinandergesprengt. Die Nerven lagen blank bei den Freien Demokraten im Jahr 1956, sie präsentierten sich zur Mitte der 50er Jahre zermürbt, erschöpft, ruhe- und harmoniebedürftig.

Und so suchten sie sich nun einen neuen Parteivorsitzenden, von dem sie sich sicher sein durften, dass er weder die Energie noch den Ehrgeiz besaß, die Partei in neuerliche aggressive parlamentarische Schlachten und innerorganisatorische Scharmützel hinein-

zutreiben.[21] Mehr noch: Sie inthronisierten einen neuen Parteichef, der dies selbst partout gar nicht werden und sein wollte, der
sich gewissermaßen als gemütlicher Pensionär schon auf sein Al-
tenteil zurückgezogen hatte. Kurzum: die FDP war bei Reinhold
Maier angelangt, dem großen alten Liberalen aus dem schwäbischen Stammland der freisinnigen Demokratie.[22] Maier war 1957
schon 68 Jahre. Bei ihm musste sich niemand sorgen, dass er vor
wildem Ehrgeiz brannte, dass er im jugendlichen Überschwang
ähnliche Kapriolen schlug wie Dehler, dass es weiterhin turbulent
und unstetig an der Spitze der Partei zugehen würde.

Insofern hatte die Entscheidung für den ambitionslosen Maier
als Parteichef eine unzweifelhafte Rationalität. Denn die Freien
Demokraten hätten 1957 einen stürmischen, jugendfrischen Reformer an der Spitze nicht aushalten können; die Partei wäre in
einem solchen Fall endgültig aus dem bereits arg gestörten Gleich-
gewicht geraten. Die FDP brauchte vielmehr Ruhe, Stabilität,
Verlässlichkeit, Kalkulationsgewissheit. Bei Reinhold Maier waren zumindest keine improvisierten Redegüsse mehr zu befürchten. Maier bereitete seine Ansprachen stets mit skrupulöser Akribie vor, las exakt die Sätze ab, die er zuvor reiflich überlegt in sein
Manuskript hineingeschrieben hatte.[23] Das war für das jeweilige
Auditorium oft genug recht langweilig, meist ziemlich monolo-
gisch, aber es schützte vor unerquicklichen Überraschungen Dehler'schen Gepräges. Nun waren rednerische Pedanterie und hohes

21 Vgl. Thilenius, Richard 1956, »Um Dehlers Nachfolge«, in: *Süddeutsche Zeitung*
(13. Dezember 1956); Strobel, Richard 1956, »In Würzburg sind viele Fragen zu klä-
ren«, in: *Stuttgarter Nachrichten* (20. April 1956).
22 Zu diesem Kapitel vgl. besonders Matz, Klaus-Jürgen 1989, *Reinhold Maier
(1889-1971). Eine politische Biographie*, Düsseldorf: Droste; ders. 1988, »Reinhold
Maier 1889-1971«, in: Schumann, Hans (Hg.), *Baden-Württembergische Portraits. Gestalten aus dem 19. und 20. Jahrhundert.* Stuttgart: Deutsche Verlags-Anstalt, S. 345 ff.;
Sauer, Paul 1989, *In stürmischer Zeit. Lebensbild des Menschen und Politikers Reinhold Maier (1889-1971)*, Stuttgart: Klett-Cotta.
23 Vgl. Kemspki, Hans Ulrich 1957, »Reinhold Maier mischt wieder mit«, in: *Süddeutsche Zeitung* (8. Januar 1957).

Alter allein noch kein hinreichendes Gütezeichen für die Führung einer stabilitätsbedürftigen Partei.

Hinzu kam vielmehr noch die große Autorität, die Maier genoss. Immerhin sieben Jahre hatte er als Vertreter einer doch eher kleinen Partei als Ministerpräsident im Südwesten Deutschlands amtiert. Maier war, bis heute, der letzte Liberale in Deutschland, der an der Spitze einer Landesregierung gestanden hatte. Im Übrigen firmierte er als Schöpfer des Landes Baden-Württemberg. Und als taktische Meisterleistung galt noch lange, wie Maier 1952, als sich der neue Südweststaat konstituierte, die CDU außen vor ließ und mit den Sozialdemokraten sowie dem Gesamtdeutschen Block/Bund der Heimatvertriebenen gemeinsam eine Regierung bildete.

Doch in die Bundespolitik trieb es Maier nicht, er wollte das Amt überhaupt nicht haben. Allein der Sozialdemokrat Björn Engholm musste 1991 ebenso in den Vorsitz geschoben und geschubst werden wie der Schwabe bereits 1957. Zwar war Maier durchaus ein Vollblutpolitiker, doch seine Passion bezog sich eher auf die Exekutive, auch auf das Parlament. Mit den Gremien, Kommissionen und Kungelrunden der Partei hingegen hatte er nicht viel am Hut. Er war in den frühen 1930er Jahren gerne Wirtschaftsminister in Württemberg, war stolz vor allem darauf, nach dem Zweiten Weltkrieg Ministerpräsident gewesen zu sein. Aber um Parteiämter machte er ebenso gerne einen großen Bogen wie um Bundesparteitage. Richtungsstreitigkeiten und Flügelauseinandersetzungen waren ihm ein Gräuel, für Programmdebatten hatte er erst gar kein Verständnis – das alles galt ihm nicht als wirkliche Politik. Maier war überdies ein Heimatmensch. Seine Arena war das Remstal. Hier fühlte er sich sicher, geborgen, verstanden – und sei es nur vom Dialekt her. Seine besten Reden hielt er daher auch in Stuttgart und Umgebung, deftige Anti-Adenauer-Philippiken, zornige kulturkämpferische Polemiken gegen die Katholiken, patriotische Plädoyers für Reich und Nation. Verließ er den württembergischen Heimatboden, ging es in den Norden der Republik, dann wurde Maier unsicher und nervös. Man sah dort seine Hände kräftig zittern, wenn er die Manuskriptseiten festhielt, von denen er förmlich ablas. Auch die Aussprachen, die dann folgten, waren ihm unangenehm. Es ging oft schneidig zu, soldatisch und deutschnational, zackig und schnarrend bei den rechts gewirkten Parteifreunden in Schleswig-Holstein und Niedersachsen, auch in Hessen und Nordrhein-Westfalen.

Maiers Welt war das nicht. Und so blieb er, der den Fraktionsvorsitz gar nicht erst angestrebt hatte, auch während seiner Zeit als Bundesvorsitzender ganz überwiegend in Stuttgart. Von dort versuchte er die Partei zu leiten. Schwelte eine Krise in Partei oder Fraktion, tauchten Probleme in Landesverbänden auf, dann reiste Maier meist nicht selbst, sondern schickte einen seiner Vertrauten – meist mit einer Vergangenheit in der »Stuttgardia«, einer Studentenverbindung, der auch er in seiner universitären Zeit angehört hatte – als Emissäre, Krisenmanager und Schlichter.

Insofern war es fast die schiere Führungslosigkeit, die in der FDP der späten 1950er Jahre herrschte. Aber es war wie keineswegs selten im Liberalismus: Die Führungslosigkeit tat der Partei nach den Bundestagswahlen 1957 – deren schlechter Ausgang noch die Quittung für die Dehler'sche Politik bedeutete – außerordentlich gut. Die heftigen Flügelkämpfe ließen nach, die Dissonanzen zwischen Partei und Fraktion verringerten sich.[24] Die Partei kam allmählich zur Ruhe, weil es oben niemanden gab, der ständig die Flagge schwenkte, einsam in eine bestimmte Richtung marschierte, mit allerlei Provokationen eben nicht nur den Gegner schreckte, sondern auch den eigenen Verein verwirrte. Von Maier hörte man nicht viel, er mischte sich nicht ein, ließ den verschiedenen regionalen Parteikulturen ihren eigenen, autonomen Raum. So konsolidierte sich die traditionell föderale FDP – gerade weil es nicht den einen, den omnipotenten Zampano gab.

24 Vgl. Kempski, Hans Ulrich 1957, »Reinhold Maier lädt die FDP-Kanone«, in: *Süddeutsche Zeitung* (28. Januar 1957).

3. Weimarer Spätlese des Sozialismus

Moralgestützter Charismatiker: Kurt Schumacher

In der Sozialdemokratie indes gab es im Neuanfang diesen starken, die Partei dominierenden Parteiführer, kurz: Die SPD war in der Trümmergesellschaft die Partei Kurt Schumachers. Kein anderer Vorsitzender seit Ferdinand Lassalle und Jean Baptist von Schweitzer hatte die Sozialdemokratie so eindeutig beherrscht wie er; danach ist es erst recht niemandem mehr gelungen. Das war zum Ausgang der Weimarer Republik noch keineswegs absehbar gewesen. Schumacher war damals nur ein Politiker der zweiten bis dritten Garnitur, ein Matador lediglich der schwäbischen Provinz, die nicht zu den Zentren der SPD zählte und daher auch keinen sonderlich günstigen Ausgangspunkt für Karrieren in der Partei bildete.[1] Zusammen mit Theodor Haubach und Karl Mierendorff gehörte er zu der kleinen Gruppe akademischer Sozialdemokraten, die Mitte der 1890er Jahre geboren worden waren, ihre entscheidende politische und kulturelle Sozialisation als Soldaten im Ersten Weltkrieg erfahren hatten, die dadurch im Habitus und in einigen politischen Grundeinstellungen von den Sozialdemokraten der Vorgängergeneration erheblich abwichen. Mit dem ökonomischen Determinismus in der SPD-Ideologie früherer Jahrzehnte hatten sie nichts im Sinn. Sie waren viel aktivistischer, militanter, sehr viel mehr an der Macht im Staat interessiert als die sozialdemokratische Kohorte wilhelminischer Prägung. Die Jungtürken waren selbstbewusst, national und im Übrigen zutiefst autoritär. In den 1920er Jahren kamen sie noch

---

1 Vgl. Klotzbach, Kurt 1982, *Der Weg zur Staatspartei: Programmatik, praktische Politik und Organisation der deutschen Sozialdemokratie 1945-1965*, Berlin: Dietz, S. 44.

nicht recht zum Zug; erst in den frühen 1930er Jahren gelangten
einige von ihnen auf die Hinterbänke des Reichstages, darunter
auch Kurt Schumacher.

Doch bleibt die Frage, warum Schumacher und nicht ein anderer
zur unangefochtenen Führungsfigur der Nachkriegs-SPD werden
konnte. Was waren die Quellen der historisch ganz ungewöhnlichen Machtstellung innerhalb seiner Partei? Zunächst einmal
war seine Generation einfach an der Reihe. Die Parteielite der Weimarer Jahre hatte abgedankt, war zu einem großen Teil inzwischen verstorben. Der Führungsnachwuchs aus der Sozialistischen
Arbeiterjugend dagegen war 1945 noch zu jung. Es blieb also die
Frontkämpfergeneration des Ersten Weltkrieges. Deren führende
Köpfe hatten den Nationalsozialismus aber ebenfalls nicht überlebt.[2] Aus der Perspektive der Weimarer Jahre hätten Haubach
und Mierendorff Schumacher wahrscheinlich den Rang abgelaufen. Doch Mierendorff war bei einem Bombenangriff umgekom-
men, Haubach von den Nazis hingerichtet worden. Sie hatten vor
1933 erheblich bessere überregionale Kontakte, waren innerparteilich weitaus bekannter, intellektuell ungleich angesehener, auch
organisatorisch sehr viel aktiver als der vor der NS-Zeit noch etwas bohemehafte Kurt Schumacher.[3]

Allerdings war der 1945 nicht etwa zweite Wahl. Er war tatsächlich von Beginn an ein charismatischer Führer im engen webe-
rianischen Sinn. Nach Weber ist eine gravierende politische, ethi-
sche, auch physische Notsituation eine Grundvoraussetzung für
charismatische Herrschaft.[4] Ein Charismatiker kann nur reüssieren, wenn die Menschen ihn herbeisehnen, wenn sie in ihrem

2 Vgl. Stamm, Thomas 1989, »Kurt Schumacher als Parteiführer«, in: *Geschichte in Wissenschaft und Unterricht* 40/H. 5, S. 257-277, hier S. 259.
3 Vgl. Schober, Volker 2000, *Der junge Kurt Schumacher 1895-1933*, Bonn: Dietz, S. 330 ff.
4 Vgl. Weber, Max 1956, *Soziologie, Weltgeschichtliche Analysen, Politik*, eingeleitet von Eduard Baumgarten, herausgegeben und erläutert von Johannes Winckelmann, 2. durchgesehene und ergänzte Auflage, Stuttgart: Kröner, S. 151 ff.

Elend auf den Führer hoffen, der sie aus dem Jammertal in das gelobte Land führt. Ein solcher Anführer kümmert sich nicht um die Alltagsprobleme, er entwirft die großen Perspektiven, verheißt die neue Gesellschaft und buchstäblich solch eine Führungspersönlichkeit war Kurt Schumacher, jedenfalls für die aktiven Sozialdemokraten und ihre Sympathisanten. Der geschundene Körper Schumachers, der zehn Jahre in Zuchthäusern und Konzentrationslagern durchlitten hatte, verkörperte den unbeugsamen Widerstandswillen gegen die bösen Mächte der kapitalistisch-nationalsozialistischen Vergangenheit.[5] Schumacher verlieh den Sozialdemokraten dadurch historische Würde, Legitimation und den moralischen Auftrag zur Gründung der guten Gesellschaft. Tatsächlich reklamierte er aus seiner willensstarken Widerstandshaltung unter dem Nationalsozialismus einen rigoros vorgetragenen Alleinvertretungsanspruch für sich und seine Partei im neu aufzubauenden Deutschland. Die einen hatten vor der Geschichte versagt, die anderen hatten sich bewährt – so bipolar ordnete Schumacher rhetorisch stets die Welt. Indem sich die Sozialdemokraten vorbehaltlos mit der Lichtgestalt Schumacher identifizierten, wurden sie Teil dieser ethisch und historisch begründeten Mission. Dabei hatten die meisten von ihnen weder aktiven Widerstand geleistet noch hatten sie lange Jahre Konzentrationslager hinter sich. Die Mehrheit der Sozialdemokraten hatte die zwölf Jahre Nationalsozialismus in solidargemeinschaftlichen Nischen überwintert, sicher redlich, aber eben nicht besonders exponiert und oppositionell. Dieses Versäumnis aber band gerade diese Sozialdemokraten noch stärker an ihren Vorsitzenden, erhöhte dessen Loyalitätsanspruch, Autorität und Charisma. Schumacher weckte das schlechte Gewissen vieler Genossen. Er schüchterte damit politische Widersacher ein, soweit sie nicht gleiche

5 Vgl. Brühl, Fritz 1970, »Erinnerungen an einen Vergessenen«, in: *Süddeutsche Zeitung* (8. Oktober 1970); o.V., »Dr. Kurt Schumacher: Die Flamme, die sich selbst verzehrt«, in: *Interpress* 126/1948.

Leidenserfahrungen vorweisen konnten wie er. Bezeichnend jedenfalls war, dass ihm in der SPD niemand so heftig widersprach
wie Fritz Henßler und Hermann Brill, die ebenfalls viele Jahre im
KZ eingesperrt gewesen waren. Und charakteristisch war auch,
dass ein Mann wie Carlo Schmid sich Schumacher immer unter-
warf, obwohl er politisch oft ganz anders dachte als sein Parteivorsitzender. Schmid fühlte sich Schumacher moralisch unterlegen. Es war das moralgestützte Charisma, das die autokratische
Führung Schumachers begründete und begünstigte.[6]

Stabilisiert wurde diese charismatische Führung durch die traditionellen sozialdemokratischen Disziplinierungsinstrumente des
klassischen Apparats. Zwar trat Schumacher häufig als scharfer
Kritiker der organisatorisch erstarrten Weimarer Sozialdemokratie auf, auch sprach er gern von einem sozialdemokratischen Neuanfang, in seine nähere Umgebung aber platzierte er durchweg Personen, die als junge Leute im hauptamtlichen Leitungsapparat
der vornationalsozialistischen SPD groß geworden waren. Schumacher brauchte diesen Funktionärstyp, um die Partei rasch wie-
derzubegründen und sie in den Griff zu bekommen. Diese Funk-
tionärsgruppe war dem Parteivorsitzenden treu ergeben; sie setzte
unbedingt loyal und widerspruchslos um, was Schumacher konzeptionell vordachte. Das festigte den autokratischen Führungsanspruch des Parteichefs und vereitelte über Jahre eine diskursive Entscheidungsatmosphäre in den zentralen Gremien. In der
Fraktion wurden die wenigen Gegner der Politik Schumachers
durch den Partei- und Fraktionschef hart und kalt niedergeraunzt.
Den Rest erledigten die Männer des Apparats, die eine befehls-
ähnliche Kommandostruktur installierten bzw. restaurierten. Charisma und Bürokratie verschmolzen also nach 1945 in der SPD.
Der Parteichef diktierte, der Apparat führte aus, und im Ganzen
gehorchte die Partei den Anweisungen von oben, folgte der cha-
rismatisch-bürokratischen Politik.

6 Vgl. Weber, Petra 1996, *Carlo Schmid 1896-1979. Eine Biographie*, München: Beck,
S. 400 ff.

Gewiss gab es auch in den eigenen Reihen prominente Kritiker am Kurs Schumachers. Da hierzu die Bürgermeister von Berlin, Hamburg und Bremen gehörten, pflegte man die Fronde als »Bürgermeisterflügel« zu bezeichnen.[7] Der »Bürgermeisterflügel« opponierte, sekundiert vom sozialdemokratischen Ministerpräsidenten Schleswig-Holsteins, insbesondere gegen die starre Deutschland- und Europapolitik der SPD-Spitze. In der Koalitionsfrage traten nach den Bundestagswahlen 1949 zudem noch die sozialdemokratischen Ministerpräsidenten von Hessen und Niedersachsen dem konfrontativen Polarisierungskurs des Parteichefs entgegen. Aus heutiger Sicht befanden sich also entscheidende Machtzentren in den Händen der Gegner des Vorsitzenden; aus heutiger Sicht hätte Schumacher eigentlich keine Chance haben dürfen, sich gegen eine solch starke Phalanx durchzusetzen. In der SPD der späten 1940er, frühen 1950er Jahre aber bereitete es Schumacher keine Mühe, seine Widersacher in Schach zu halten und zu marginalisieren. Die Ministerpräsidenten konnten ihre politische Position und Opposition in jenen Jahren noch nicht medial verstärken; sie konnten keine plebiszitäre Stimmung gegen den Vorsitzenden entfachen. Allerdings hätten das sozialdemokratische Ministerpräsidenten und Bürgermeister jener Jahre auch gar nicht gewagt. Denn damals funktionierte noch die sozialdemokratische Disziplin; sie galt als hohe Tugend und niemand verstieß ungestraft dagegen. Überdies war die SPD seinerzeit noch eine unzweifelhaft zentralistische Organisation, in der die föderalen Kräfte wenig Gewicht hatten und dadurch kaum Gehör fanden. Der Partei und ihren Gremien kam seit jeher der Primat zu, dann folgte die Fraktion im nationalen Parlament, erst dann und mit weitem Abstand kamen die Länder- und Kommunalvertreter. Im Apparat aber, bei den Delegierten und Funk-

7 Vgl. Sommer, Karl-Ludwig 2000, *Wilhelm Kaisen. Eine politische Biographie*, herausgegeben von der Wilhelm und Helene Kaisen-Stiftung Bremen, Bonn: Dietz, S. 375-392.

tionären, hatte Schumacher eindeutig die Mehrheit, ebenso in der Fraktion. Die Pragmatiker in den Länderregierungen und Magistraten hatten der großen und wuchtigen charismatisch fundierten Perspektive des Vorsitzenden nichts Vergleichbares entgegenzusetzen. Im Übrigen war die Opposition nicht abgestimmt, nicht organisiert. Sie war zaghaft und halbherzig, ängstlich-demütig gegenüber der moralisch legitimierten charismatischen Autorität des KZ-Opfers Schumacher. Bezeichnend jedenfalls war, dass nach dem Tod Schumachers im Jahr 1952 nicht dessen Hauptkontrahent, der durchaus populäre Berliner Oberbürgermeister Ernst Reuter, an die Spitze der Partei rückte, sondern der getreue Paladin Schumachers, der Mann des Apparats: Erich Ollenhauer.[8]

Schumacher also war der charismatische Führer der SPD zwischen 1945 und 1952. War er aber auch ein starker Parteichef? Er war wie alle großen Führer in der Geschichte von seiner Mission, von seiner besonderen Sendung überzeugt. Deshalb trat er so unbeirrt, so fest, so kompromisslos in seinen politischen Zielen auf. Auch sonst besaß er die Eigenschaften, die einen herausragenden Parteiführer auszeichnen: Er verfügte trotz seiner schweren körperlichen Gebrechen über eine ungeheure Energie, war extrem willensstark, durchsetzungsfähig, illusionslos. Er hatte die Härte, die man braucht, um in der Politik an der Spitze zu bestehen. Ohne Zweifel war es ihm gelungen, die Parteiaktivisten und -mitglieder hinter sich zu scharen, seine Partei zu einer geschlossenen, aktionsfähigen Truppe zu formieren – und das nach zwölf Jahren Verbot und Unterdrückung.

Zugleich aber waren es paradoxerweise viele dieser Stärken des Vorsitzenden, die zugleich die Schwächen des Politikers ausmachten. Schumachers aggressive und selbstgerecht-apodiktische Rhe-

---

8 Vgl. Miller, Susanne 1994, »Kurt Schumacher, Vorsitzender der Sozialdemokratischen Partei Deutschlands, im Urteil seiner Zeitgenossen«, in: Kocka, Jürgen/Hans-Jürgen Puhle/Klaus Tenfelde (Hg.), *Von der Arbeiterbewegung zum modernen Sozialstaat. Festschrift für Gerhard A. Ritter zum 65. Geburtstag*, München u. a.: Saur, S. 156-172, hier S. 159 und S. 164.

torik polarisierte ungemein. Damit einte und homogenisierte er
zwar seine Partei. Aber er stieß dadurch viele potentielle Sympathisanten ab, denen schon die kreischende Stimme Unbehagen
bereitete, da sie an die verletzende und unversöhnliche Agitation
des Weimarer Extremismus erinnerte.[9] Hier traf Schumachers
Gegenspieler Adenauer einfach präziser den Ton und den See-
lenzustand der zermürbten, ausgelaugten, politisierungsverdros-
senen Deutschen in der Zusammenbruchsgesellschaft. Vor allem
aber führte Schumachers Rigorosität und Inflexibilität die SPD
machtpolitisch immer mehr ins Abseits. In allen entscheidenden
politischen Fragen und Weichenstellungen geriet die Partei in
eine Sackgasse, in die wenig attraktive Rolle der ewig nörgelnden
Opposition. Bündnispolitisch war die SPD auf Bundesebene völlig isoliert. Und Schumacher tat nichts, um sie aus dieser Isola-
tion herauszuholen. Im Gegenteil, er unternahm trotzig und un-
einsichtig alles, was die Sozialdemokratie scharf von den übrigen
politischen Kräften abgrenzte, die so und auf lange Zeit zu einem
stabilen bürgerlichen Lager zusammenwuchsen.

Man hat Kurt Schumacher oft mit August Bebel verglichen.[10]
Beide waren Agitatoren, rhetorische Maximalisten, die in der Po-
litik alles oder nichts wollten. Am Ende erhielten beide tatsäch-
lich wenig. Sie haben ihre Partei nicht an die Macht herange-
führt, ihr den Zugang und rationalen Gebrauch der staatlichen
Autorität eher versperrt. Sie waren beide keine Taktierer und un-
fähig, in Kompromissen und Winkelzügen, in Koalitionen und
Spielräumen zu denken und zu handeln. Sie waren Volkstribune,
Charismatiker für ihre Anhänger.[11] Insofern stehen sie nicht ohne
Recht im Ruf, beeindruckende Parteiführer gewesen zu sein.
Aber ob sie auch starke und erfolgreiche politische Führer waren,

9 Vgl. Stamm, Thomas, »Kurt Schumacher als Parteiführer«.
10 Vgl. Seebacher-Brandt, Brigitte 1988, *Bebel: Künder und Kärrner im Kaiserreich*,
Bonn: Dietz, S. 376 ff.
11 Vgl. Lösche, Peter/Franz Walter 1992, *Die SPD. Klassenpartei – Volkspartei –
Quotenpartei*, Darmstadt: Wissenschaftliche Buchgesellschaft, S. 107 ff.

ist doch recht zweifelhaft. Das eine jedenfalls bedingt keineswegs automatisch das andere.

Liebling der Karikaturisten: Erich Ollenhauer

Der Nachfolger des charismatischen Schumachers war der größtenteils farb- und konturenlose Funktionärstyp Erich Ollenhauer. Ihn erinnern wir als den grundsoliden Mann des Apparats, der diszipliniert zweimal die Verantwortung für unvermeidbare Niederlagen der Sozialdemokraten auf sich nahm. Über einen solchen Typus lässt sich gönnerhaft spötteln. Aber Material für große Geschichtsschreibung bietet er nicht.

Wahrscheinlich war Ollenhauer von allen Kanzlerkandidaten nach 1949 in der Tat die blasseste Gestalt. Und dennoch hätte ein Kanzler Ollenhauer einen kräftigen eigenen Farbtupfer in die Galerie bundesrepublikanischer Regierungschefs hineinbringen können. Denn Ollenhauer wäre, hätte er sein Ziel erreicht, der erste und – bis heute – einzige Bundeskanzler der Deutschen gewesen, der lediglich die Volksschule besucht hatte. Allein dadurch hätte sich die Republik sozial und kulturell wohl anders ausgedrückt.

Erich Ollenhauer war 1901 als Sohn eines Maurers in Magdeburg zur Welt gekommen.[12] Nach der Volksschule absolvierte er eine kaufmännische Lehre. Doch in einem privatgewerblichen Beruf arbeitete der Angestellte Ollenhauer nie. Er wurde sogleich Parteifunktionär,[13] erst als Volontär des sozialdemokratischen Heimatblattes, dann als Sekretär und Redakteur beim Hauptvorstand der sozialistischen Arbeiterjugend in Berlin.[14] Vom Sekretärspos-

---

12 Zur Biographie von Ollenhauer vgl. auch: Schröder, Dieter 1957, *Erich Ollenhauer. Vorsitzender der Sozialdemokratischen Partei Deutschlands*, München: Graeber & Olzog, S. 9 ff.

13 Seebacher-Brandt, Brigitte 1984, *Ollenhauer: Biedermann und Patriot,* Vorwort von Ernst Nolte, Berlin: Siedler, S. 23 ff.

14 Vgl. Miller, Susanne, »Erich Ollenhauer«, in: Bernecker, Walter L./Volker Dotterweich (Hg.), *Persönlichkeit und Politik*, Bd. 2, S. 101-109.

ten ging es 1928 eine weitere Sprosse höher, hinauf zur Funktion des Reichsvorsitzenden im sozialdemokratischen Jugendverband. Im April 1933 wählten ihn die Delegierten der SPD-Reichskonferenz in den zentralen Parteivorstand. Im Prager Exil organisierte er die Auslandsarbeit der SPD als rechte Hand des Parteichefs Otto Wels. Ab 1941 war Ollenhauer in London ansässig, kehrte Anfang 1946 endgültig nach Deutschland zurück, wurde dort abermals die rechte Hand eines Parteivorsitzenden, nun: von Kurt Schumacher.

Im Grunde war eben dies wohl die Berufung und primäre Begabung des Erich Ollenhauer: zweiter Mann seiner Partei zu sein. Ollenhauer blieb stets der Mittler und Moderator seiner SPD. Und er kannte das Gros der Funktionäre von Jugend an, von Zeltlagern, Kundgebungen, Kommissionssitzungen. Er war seit den frühen 1920er Jahren, seit der gemeinsamen Zeit in den Blaukitteln der Sozialistischen Arbeiterjugend für die mittleren Kader der Sozialdemokratie der »Erich«, dem man vertrauen durfte. Und als der große Charismatiker Schumacher starb, folgte ihm eben dieser geborene zweite Mann, der nun die letzte Station der Ochsentour erreicht hatte. Der Rückhalt der Delegierten war 1952 nahezu hundertprozentig, die Rührung groß: Man stand von den Sitzen auf und sang »Wann wir schreiten Seit an Seit« – die Hymne der Jugendbewegung während der Weimarer Jahre.

Somit hing die SPD in den frühen 1950er Jahren vornehmlich noch ihrer rituellen und symbolischen Vergangenheit an.[15] Sie lebte hauptsächlich aus der Tradition, kompensierte machtpolitische Schwächen durch trotzige Solidaritätsgefühle und Vergangenheitsgewissheit, durch den Gesang der alten Lieder. Noch fehlte der Weimarer Restaurationstruppe der Mumm, auch der Leidensdruck für eine schonungslose Bestandsaufnahme und für einen radikalen Neuanfang. Insofern war Ollenhauer der ideale

15 Zu diesem Abschnitt insgesamt: Appelius, Stefan 1999, *Fritz Heine. Die SPD und der lange Weg zur Macht*, Essen: Klartext-Verlag, S. 289-298.

Spitzenmann der SPD. Alle Welt attestierte ihm Ehrlichkeit und
Lauterkeit. Aber ihm fehlte der kalte Machtwille, der seinen Geg-
ner Adenauer auszeichnete; erst recht mangelte es ihm an genia-
ler Intuition und Verwegenheit.[16] Ollenhauer schien durch keine
Mission, keine Vision, kein kühnes Projekt getrieben. Er war der
Verwalter des sozialdemokratischen Erbes; der Administrator des
Parteiwillens. Ollenhauer wirkte schon vom Körperbau her be-
häbig, klein, ein wenig dicklich, mit schlecht sitzenden Anzügen,
seine Zigarre oder ein Pfeifchen schmauchend, ein passionierter
Skatspieler, Herrchen von einem schwarzen Chou-Chou namens
»Blackie«.

Die Karikaturisten liebten Ollenhauer.[17] Denn mit ihm hatten
sie leichtes Spiel. Der SPD-Parteivorsitzende trug eine Hornbrille; und solche Brillen galten in jenem Jahrzehnt als Ausdruck
von Spießigkeit und Pedanterie. Ollenhauer mit Hornbrille, oft
gar noch in Frauenkleidern, der Muttchentyp – dieses Motiv beherrschte etliche Zeichnungen jener Jahre in der bundesdeutschen
Journaille. Und sehr beliebt war in diesem Jahrzehnt der keineswegs sonderlich originelle, aber offenkundig einleuchtende Witz:
»Ein leeres Taxi fährt vor dem Bundeshaus vor. Wer steigt heraus?
Erich Ollenhauer.«

Mit einem solchen Spitzenkandidaten war schwerlich etwas gegen den hochkarätigen Wahlkämpfer und bereits amtierenden
Bundeskanzler aus Rhöndorf zu bestellen. Aber lag es allein an
Ollenhauer, dass die SPD in den 1950er Jahren in Bonn so traurig am Katzentisch saß? Reicht es, allein auf dessen Behäbigkeit,
rednerische Schwächen, Traditionstümeleien hinzuweisen, um die
Depression der Partei hinlänglich zu erklären? Gegen eine solche
Zuspitzung auf die Person Ollenhauers spricht allein schon, dass
der komplementären Gegenfigur zu ihm, dem donnernden Rhe-

---

16 Vgl. Gaus, Günter 1963, »Ollenhauer – der erste Diener seiner Partei«, in: *Süddeutsche Zeitung* (16. Dezember 1963).
17 Vgl. Brühl, Fritz 1957, *Ollenhauer in der Karikatur*, Berlin: Dietz.

toren und expressiven Charismatiker Schumacher, auch keine anderen Ergebnisse gelungen sind. Wichtig war: Die Christliche Union hatte beträchtliches historisches Glück auf ihrer Seite. Dank ihres knappen Wahlsieges 1949 wurde sie zur Gründerpartei einer Republik und Gesellschaft, die reüssierten, aufgrund etlicher günstiger Voraussetzungen im Unterschied zu 1918/19 auch reüssieren konnten. Boomende Volkswirtschaften gab es nach Weltkrieg und Depressionsperioden in den 1950er und 1960er Jahren nahezu überall im westlichen, nördlichen und mittleren Europa. Aber die Westdeutschen goutierten es nach drei Jahrzehnten von Kriegen, Bürgerkriegen, Zerstörungen und fundamentalen Bevölkerungsverschiebungen am stärksten. Sie erlebten den Wiederaufbau staunend fast als »Wirtschaftswunder« – und vergaben die politische Prämie dafür noch auf Jahrzehnte den damals regierenden Christdemokraten. Die sozialen und ökonomischen Vorgänge während der 1950er Jahre lassen sich dabei tatsächlich, wie es Historiker oft genug auch getan haben, als »beispiellos« bezeichnen. Beispiellos war in der modernen Wirtschaftsgeschichte die Steigerung des Bruttosozialproduktes um das Dreifache innerhalb eines Jahrzehnts; beispiellos war der Anstieg der Löhne und Kaufkraft um das Doppelte; beispiellos war ebenfalls der Zuwachs an Wohnraum und Wohnqualität bis 1960. Höhere Wachstumsraten für eine Politik weit gestreuter Gefälligkeiten hat es in der deutschen Sozialgeschichte des 20. Jahrhunderts jedenfalls nicht gegeben. Und Adenauer nutzte dies gerade in Wahlkampfzeiten für Gratifikationen aller Art hemmungslos aus.[18]
Überdies lagen beim Kanzler alle Möglichkeiten der Außen-

---

18 Abelshauser, Werner 1987, *Die langen fünfziger Jahre: Wirtschaft und Gesellschaft der Bundesrepublik Deutschland 1949-1966*, Düsseldorf: Schwann, S. 50 ff.; Schwarz, Hans-Peter 1981, *Die Ära Adenauer. Gründerjahre der Republik 1949-1957*, Stuttgart: Deutsche Verlags-Anstalt, S. 192 ff.; Mooser, Josef 1983, »Auflösung der proletarischen Milieus«, in: *Soziale Welt* 34/H. 3, S. 270 ff.; Schildt, Axel 1989, »Zur Entwicklung der westdeutschen Gesellschaft in der ›Ära Adenauer‹«, in: *Blätter für deutsche und internationale Politik* 34/H. 1, S. 22 ff.

politik. Auf diesem Feld kam in den 1950er Jahren bei Adenauer
alles zusammen, was ein erfolgreicher Politiker wohl benötigt: Geschick, Zähigkeit, Zielstrebigkeit – und Fortune im rechten Moment. Im Unterschied zum ersten Mann der Opposition konnte
der Regierungschef die Gunst von Staatsbesuchen und Empfängen nutzen. Das gab schöne Bilder und Berichte in der Presse.
Die niedergedrückten Deutschen lechzten gerade in jenen Jahren
nach solchen Ereignissen, die ihnen Anerkennung und Gleichberechtigung versprachen. Und Adenauer konnte sich in schöner
Regelmäßigkeit auf die Sowjetunion verlassen. Die Kommunisten
im Osten Deutschlands und Europas waren der Kitt für die bürgerliche Integrationspartei im Westen; und sie lieferten den Stoff
für die Akzeptanz der Sicherheitspolitik des Kanzlers. Am 17. Juni
1953 erstickten sowjetische Panzer den Volksaufstand zwischen
Rostock und Plauen; im Oktober 1956 schlug die Rote Armee
die Emeute der Ungarn mit unverhüllter Brutalität nieder. Bei-
des veränderte die Stimmung im deutschen Volk jäh und weit-
reichend. Die Zustimmung zur Militär- und Bündnispolitik der
Bundesregierung wuchs sprunghaft an; die sozialdemokratische
Alternative büßte ebenso jäh an Plausibilität und Unterstützung
ein.

Außerdem war Ollenhauer Adenauer eben in Skrupellosigkeit
und Bedenkenlosigkeit nie gewachsen. Ollenhauer war zu jeder
Demagogie, ja selbst zu rhetorischen Zuspitzung unfähig.[19] Im
Grunde taugte Ollenhauer weder zum Wahlkampf noch zur Kanzlerkandidatur. Konrad Adenauer liebte die Wochen der intensi-
ven Wahlkampfphase. Sie vitalisierten ihn, waren ihm ein Jung-
brunnen. Erich Ollenhauer dagegen litt, wenn er um die Gunst
der Menschen buhlen musste. Er verhielt sich gehemmt, linkisch,
verklemmt im spontanen Zusammentreffen mit der Bevölkerung, bemerkenswerterweise auch im Umgang mit dem »kleinen

19 Vgl. Strobel, Robert 1952, »Schuhmachers Nachfolger«, in: *Die Zeit* (18. September 1952).

Mann«.[20] Ein Reporter schilderte seinerzeit, wie er mit Ollenhauer im Mercedes von Wahlveranstaltung zu Wahlveranstaltung
fuhr. Einmal hielt der Wagen vor einer Bahnschranke; Passan-
ten schauten neugierig hinein. Ollenhauer aber blieb stocksteif
und stumm im Fond sitzen, öffnete nicht das Fenster, wechselte
keinen einzigen Satz mit den potentiellen Wählern.[21]

Und so verschaffte sich die große Partei des bürgerlich-konfes-
sionellen Lagers zweimal in Folge die absolute Mehrheit der Par-
lamentssitze, was seither keiner Formation jemals mehr gelang.
Erich Ollenhauer, der Doppelverlierer, blieb bis zu seinem Tod
1963 Parteivorsitzender. Loyalität galt damals noch einiges bei
den Sozialdemokraten. Doch als Kanzlerkandidat kam er für die
mit dem Godesberger Programm allmählich reformierte Partei
1960/61 nicht mehr in Frage.

20 Köhler, Henning, *Adenauer*, S. 962.
21 Vgl. Kempski, Hans Ulrich 1957, »Erich Ollenhauer scheut allen Wirbel«, in:
Süddeutsche Zeitung (28. September 1957).

Die neuen Reformisten:
Jahre des Übergangs (1963-1974)

1. Die CDU nach Adenauer:
Suche nach Offenheit und Zuwendung

Der gescheiterte Volkskanzler und ein Double als Berater

Auch in der CDU rumorte es Anfang der 1960er Jahre kräftig. Die Union, ebenso wie die deutsche Gesellschaft am Anfang des neuen Jahrzehnts, war des »Alten« überdrüssig. Man hatte genug vom Patriarchen, wollte weg von den autoritären Strukturen, von den finessenreichen Kniffen und Interessen des großen Machtpolitikers.[1] Nach Adenauers Abgang im Jahr 1963 gab es ein weitverbreitetes Bedürfnis nach mehr Offenheit, mehr Debatte, mehr Demokratie.

Für all das stand in jenen Jahren der Wirtschaftsminister Ludwig Erhard. Von ihm wusste man, wie schlimm er unter Adenauer gelitten hatte. Von ihm war bekannt, wie sehr er die ganze Parteipolitik verachtete. Von ihm hieß es, er ziehe den direkten Kontakt zum Volk auf den Marktplätzen der Republik den Kungelrunden mit Funktionären und Verbandsvertretern in verborgenen Hinterzimmern vor. Von Erhard war zu hören, dass er als Nachfolger Adenauers mehr Kollegialität und Teamarbeit in Partei und Regierung anstrebte, dass er Visionen hatte und Ziele verfolgte, dass es ihm nicht allein um die Macht als solche ging. »Ich weiß«, formulierte Erhard sein alternatives politisches Bekenntnis, »dass viele glauben, der Politiker müsste in allen Schlichen bewandert sein.

1 Vgl. Koerfer, Daniel 1987, *Kampf ums Kanzleramt. Erhard und Adenauer*, Stuttgart: Deutsche Verlags-Anstalt.

Das ist nicht mein Stil, ich sage es ganz offen, und ich glaube, wir werden auch in Zukunft damit nicht mehr zurechtkommen. Jedenfalls, ich werde es nicht tun, und wenn ich weiter wirke, dann wird sich vor allen Dingen dieser Stil wandeln.«[2] Das alles kam prächtig an in den Frühsechzigern. Erhard blieb die große Wählerlokomotive. Er war der Held der Öffentlichkeit, der Liebling der deutschen Presse.[3] Man liebte ihn dafür, dass er sich zornig über borniere Interessenvertreter äußerte, dass es ihm erklärtermaßen stets um »die Sache«, das »übergeordnete Allgemeine«, das »fachlich Gebotene« ging. Ein Kabinett von unabhängigen, hochkompetenten, den parteipolitischen Niederungen enthobenen Herren – das war Erhards Ideal einer guten Regierung in einer guten Gesellschaft.

Weit kam er nicht mit diesem Projekt einer plebiszitär gestützten Fachmännerdemokratie. Das Volkskanzlertum hält, solange die öffentliche Meinung mitspielt. Entzieht sie ihre Gunst, dann aber steht der demokratische Kaiser tatsächlich nackt in der Landschaft, ohne den Rückhalt der zuvor desavouierten Institutionen des Parlamentarismus und des Parteienstaats.[4] Ebenso erging es Ludwig Erhard Mitte der 1960er Jahre. Anfangs waren auch die christdemokratischen Führungsleute froh, dass sie nicht mehr den ausschweifenden Monologen ihres ersten Kanzlers folgen mussten, sondern selbst zu Debattenbeiträgen ermuntert wurden. Das liberale Deutschland klatschte in den ersten Monaten der Erhard-Regierung Beifall für den neuen diskursiven Stil.

Doch dann, verblüffend rasch, schlug die Stimmung um. Die Granden der CDU/CSU waren bald genervt von den langen, oft

2 Zit. in Gaus, Günter 1965, »Wie regiert Ludwig Erhard?«, in: *Die Zeit* (16. April 1965).
3 Niclauß, Karlheinz 2004, *Kanzlerdemokratie. Regierungsführung von Konrad Adenauer bis Gerhard Schröder*, aktualisierte Ausg., Paderborn u. a.: Schöningh, S. 101-124.
4 Hierzu schon Wagner, Wolfgang 1964, »Der erste parteilose Minister in Bonn«, in: *Der Tagesspiegel* (23. Juni 1964).

ergebnislosen Diskussionen im Kabinett.[5] Die Medien spotteten
jetzt über die Entscheidungsschwäche des zuvor so gepriesenen
Kanzlers. Allein im Wahlvolk wirkte noch die Aura des Künders
vom Wohlstand für alle. Und da dessen sozialdemokratischer Konkurrent um das Kanzleramt, Willy Brandt, in jenem Wahljahr
1965 denkbar unpopulär war, konnte Erhard noch einmal mit
Erfolg Wahllokomotive spielen. Sofort darauf aber verfiel die
Autorität Erhards rasant und gründlich. Er sah sich unmittelbar
umstellt von Rivalen in den eigenen Reihen. Zum eigentlichen
Machtzentrum der Union avancierte die Führung der Bundestagsfraktion unter Rainer Barzel und Franz Josef Strauß, beide
mit mächtigen Ambitionen auf die Position ganz oben in der deutschen Politik. Auch auf die Entscheidungsbildung der CDU konnte der Kanzler kaum einwirken, da bis 1966 nicht er, sondern weiterhin sein großer und erbitterter Gegner Konrad Adenauer die
Funktion des ersten Vorsitzenden innehatte. Gerade die institutio-
nendistanzierte Attitüde Erhards förderte den Polyzentrismus, die
Bildung von rivalisierenden Cliquen, die Fragmentierung der
Macht. Erhard versuchte Interessengruppen zu ignorieren und
überließ ihnen dadurch den Raum, ihren Einfluss auf den Rest
der Ministermannschaft und der Parteiführer auszudehnen. Kurzum: Erhard war ein politischer Feldherr ohne Truppen. Dazu
zeigte sich, dass Adenauer recht behalten hatte, als er die politischen Künste und administrativen Fertigkeiten seines Nachfolgers
bezweifelte. Aus »Mr. Wirtschaftswunder« war im Palais Schaumburg »Mr. Desorganisation« geworden. 1966 hatte Erhard jede
Ausstrahlung, alle Vitalität verloren. Er wirkte gebrochen, kraft-
und mutlos. Das Charisma von ehedem war verblasst, die plebiszitäre Ressource dadurch versiegt. Und in den Gremien der Parteiendemokratie hatten sich die Gegner – die ein virtuoser Mann
der Macht, der Erhard nun einmal nicht war, mit kalter Raf-

5 Vgl. Gaus, Günter 1965, »Der zweite Mann im Kanzleramt«, in: *Süddeutsche
Zeitung* (10. Februar 1965).

finesse gegeneinander hätte ausspielen können – formiert. Nach drei Jahren war die Episode Erhard vorbei.[6]

Kurz vor ihm warf sein engster Vertrauter hin, der neben Hans Globke als Lehrbeispiel für die Handhabe politischer Macht in Deutschland taugt, auch dessen Nachfolger im Amt und Chef der Regierungszentrale unter Ludwig Erhard war: der heute weithin vergessene Ludger Westrick. Er zeigte den politischen Ehrgeiz, den Globke aufgrund seiner Vergangenheit nie demonstrieren durfte. Und Westrick begriff Politik so, wie auch viele Bürger das nach wie vor gern sehen würden: parteiübergreifend, als Sache von in bürgerlichen Berufen ausgewiesenen Experten, dem Gezänk der Interessengruppen entzogen. Indes: Gerade eben deshalb scheiterte Westrick im Jahr 1966; deshalb stürzte bald danach auch Ludwig Erhard; deshalb endete auf längere Zeit hin die Ära rein bürgerlicher Bundesregierungen. Darum lohnt es sich, auf die Person und das Wirken Ludger Westricks einzugehen.

Als Konrad Adenauer 1963 die politische Bühne verließ, trat auch sein Globke ab. Und mit Ludwig Erhard kam der langjährige Staatssekretär aus dem Wirtschaftsministerium, Ludger Westrick, ins Kanzleramt. Ein Generationswechsel, gar eine Verjüngung im Amt bedeutete dies nicht. Im Gegenteil: Westrick war noch vier Jahre älter als sein Vorgänger. Westrick war 1894 im tiefschwarzen Münster zur Welt gekommen. Die Westricks waren strenggläubige Katholiken. Sohn Ludger hegte als Jugendlicher gar die Ambitionen, Priester seiner Kirche zu werden. Doch von dieser Lebensplanung rückte er als junger Erwachsener ab, studierte vielmehr Jura und Handelswissenschaften, kam in dieser Zeit in enge Berührung zu dem charismatischen Sozialreformer und katholischen Geistlichen Carl Sonnenschein,[7] der die so genannte »sozialstu-

---

6 Mierzejewski, Alfred C. 2005, *Ludwig Erhard. Der Wegbereiter der sozialen Marktwirtschaft. Biographie*, aus dem Englischen von Anne Emmert und Norbert Juraschitz, München: Pantheon, S. 279 ff.

7 Vgl. Grothmann, Detlef, »Sonnenschein, Carl«, online verfügbar unter: ⟨http://www.bautz.de/bbkl/s/sonnenschein_c.shtml⟩ (Stand: 3. Dezember 2008).

dentische Bewegung« initiiert hatte.[8] Westrick also war ganz und
gar im Katholizismus und dessen Soziallehre groß geworden. Die
Ehe, die er mit einer Ärztin einging, war überaus kinderreich,
gleichwohl nahmen die Westricks noch zwei weitere Kinder aus
dem Waisenhaus in Pflege, sodass die Familie – sein »einziges
Hobby«, wie Westrick gern zu sagen pflegte – zehnköpfig war.[9]
Solcherlei Familienumstände fand man nicht ganz selten auch
in den Lebensläufen christdemokratischer Politiker. Insofern hätte
Westrick sich in die CDU von Typ und Habitus wohl eingefügt.
Aber Westrick ging nicht in die Politik; es zog ihn in die Wirtschaft. Genauer: Er trat in die Dienste der Vereinigten Stahlwer-
ke, wo er bis 1933 als Verkaufsleiter blieb, ab 1930 in erster Linie
die Geschäfte auf dem Balkan pflegend. Rasant verlief sein weiterer Aufstieg in den Jahren des Nationalsozialismus, vor allem
während des Zweiten Weltkriegs.[10] 1933 gelangte er dann in die
Geschäftsleitung der »Vereinigten Industrie-Unternehmen AG«
(VIAG), einem Konzern, der die Kontrolle über die Stromerzeu-
gung, den Bergbau und die Eisenhüttenindustrie besaß.[11] 1939
rückte Westrick schließlich zum Vorstandsvorsitzenden der »Vereinigten Aluminiumwerke« auf. Da Aluminium als Werkstoff
unverzichtbar für die Kriegsführung, insbesondere für den Flug-
zeugbau war, geriet Westrick immer mehr in die Spitzenkreise
der nationalsozialistischen »Wirtschaftsführung«. Er selbst trug
den Titel des »Führers« der Wirtschaftsgruppe Aluminium, wurde zum »Feindvermögensverwalter« in Norwegen und Frankreich

---

8 Vgl. Koerfer, Daniel 1987, *Kampf ums Kanzleramt. Erhard und Adenauer*, Stuttgart: Deutsche Verlags-Anstalt, S. 102 f.
9 Siehe Driesch, Karlheinz von den 1964, »Ludger Westrick 70 Jahre«, in: *dpa*
(21. Oktober 1964).
10 Vgl. hierzu insbesondere Löffler, Bernhard 2002, »Soziale Marktwirtschaft und
administrative Praxis«, in: *Vierteljahresschrift für Sozial- und Wirtschaftsgeschichte*,
Beihefte Nr. 162, S. 181 ff.
11 Vgl. hierzu und im folgenden Pohl, Manfred 1998, *VIAG Aktiengesellschaft. Vom
Staatsunternehmen zum internationalen Konzern*, München/Zürich: Piper, S. 170 ff.

eingesetzt und gehörte zum engeren Umfeld des Stabs von Hermann Göring.

Ein eifernder oder expliziter Nationalsozialist war Westrick in diesen Jahren gleichwohl nicht. Die Mitgliedschaft in der Hitler-Partei hatte er nicht angestrebt, sein katholischer Glaube sperrte sich gegen die nationalsozialistische Ideologie. Persönliches Fehlverhalten gegen die in seinen Werken in großer Zahl beschäftigten osteuropäischen Zwangsarbeiter konnte ihm ebenfalls niemand vorwerfen. Doch gehörte Westrick – wie sein Vorgänger im Amt des Chefs der Bundeskanzlei in der Bonner Demokratie – zu den nichtfaschistischen Eliten, ohne deren Mitwirkung der Nationalsozialismus nicht hätte funktionieren, der Krieg nicht sechs Jahre geführt werden können. Kühl formuliert könnte man überdies an dieser Stelle anmerken, dass Ökonomie und Politik in den nationalsozialistischen Jahren stark verschmolzen waren, sodass der »Wirtschaftsführer« Westrick – zumal als Manager in reichseigenen Konzernen – doch essentielle Erfahrungen, nicht zuletzt in Bezug auf Aushandlungstechniken mit Repräsentanten des Politischen, hat sammeln können und infolgedessen als Seiteneinsteiger in die Politik der Bundesrepublik doch einiges an nützlichem Handwerkszeug mitbrachte.

Zumal: Westrick setzte nach 1945, fast ohne Unterbrechung, seine Tätigkeit als Großorganisator der deutschen Wirtschaft fort. Er war zwar in sowjetische Gefangenschaft geraten, doch schon nach kurzer Zeit daraus wieder entlassen worden. Fortan galt er als »politisch unbelastet«. Die britische Militärregierung bestellte ihn zum Treuhänder für die im Westen angesiedelten Unternehmen der alten VIAG. Hernach sammelte Westrick fleißig weitere Vorstands- und Aufsichtsratsposten, vor allem im Bergbau und im Montansektor, die in jenen Jahren noch als Schlüsselindustrien firmierten. Man nannte Westrick seinerzeit den »Generalstäbler der deutschen Wirtschaft«.

Einen solchen umsichtigen, führungsstarken »Generalstäbler«

wollte Konrad Adenauer 1951 im Wirtschaftsministerium platzieren, dort also, wo sein Intimfeind Ludwig Erhard residierte.[12] Schon zu diesem Zeitpunkt traute Adenauer dem Professor und Theoretiker der Sozialen Marktwirtschaft nicht viel zu, jedenfalls nicht die akkurate Leitung einer großen Behörde, wie sie das Ministerium für Wirtschaft nun einmal war. So sollte Westrick, der bewährte Organisator hochverflochtener Staatskonzerne, Ordnung in das Erhard-Ministerium bringen und dem offiziellen Ressortchef die dogmatischen Flausen einer staatsfreien Wirtschaftsliberalität austreiben.[13] Der »Herr Westrick«, raunte Adenauer damals Vertrauten zu, möge »den eigentlichen Minister« machen, während der »Herr Erhard« im Lande propagandistisch nützliche, aber politisch ungefährliche Reden halte.[14] Thomas Dehler, Justizminister im ersten Kabinett Adenauers, lancierte gar das Gerücht, dass Westrick dazu auserkoren war, Erhard bei nächster Gelegenheit als Minister abzulösen.[15]

Zunächst sträubte sich Westrick allerdings, dem Angebot des Bundeskanzlers zu folgen. Schließlich ging er allmählich auf die 60 Jahre zu. Das glitschige Bonner Gelände war ihm fremd, und vor allem hätte der exponierte Wirtschaftskapitän mit dem Gehalt eines Staatssekretärs materiell erhebliche Abstriche machen müssen, was dem Vorsteher einer immerhin zehnköpfigen Familie sehr missfiel.

Doch in solchen Fällen waren Adenauer und sein treuer Gehilfe Globke findige Menschen, die sich auch um Konventionen und Überlieferungen nicht scherten. Also vereinbarten sie mit Westrick, dass er zunächst lediglich »mit der Wahrnehmung der Ge-

12 Zu Erhard generell Mierzejewski, Alfred C., *Erhard*; Laitenberger, Volkhard 1986, *Ludwig Erhard. Der Nationalökonom als Politiker*, Göttingen: Muster-Schmidt.
13 Vgl. o.V., »Ludger Westrick«, in: *Frankfurter Allgemeine Zeitung* (18. Oktober 1963).
14 Schreiber, Hermann 1966, »Den Kanzler in den Griff genommen«, in: *Der Spiegel* (6. Juni 1966).
15 Vgl. Wengst, Udo 1984, *Staatsaufbau und Regierungspraxis 1848-1953*, Düsseldorf: Droste, S. 267.

schäfte des Staatssekretärs beauftragt« wurde, damit also nicht
dem Beamtenrecht unterlag. Westrick erhielt so weiter die üppigen
Gehälter von der VIAG und dem Aluminiumwerk.[16] Umgekehrt
überwies die Staatskasse das bescheidene Staatssekretärsgehalt
an das Unternehmen. Allein der Politikwissenschaftler Theodor
Eschenburg fand das seinerzeit anstößig. Noch in seinen Erinnerungen empörte er sich: »Einer der höchsten Staatsdiener war damit weiter Angestellter der Industrie.«[17]

1955 wurde Westrick, der offiziell nie der CDU beitreten sollte,
dann aber auch ganz förmlich verbeamtet. Denn inzwischen hatte
er ersichtlich Passion für seinen Job im Ministerium entwickelt.
Vor allem: Erhard und Westrick »konnten miteinander«. Das war
nicht unbedingt Plan und Absicht Adenauers gewesen. Aber über
zehn Jahre hinweg musste man die Zusammenarbeit von Erhard
und Westrick als bemerkenswerte Erfolgsgeschichte schreiben.
Die anfängliche Distanz zwischen den beiden wurde rasch ab-
gebaut. Denn Westrick, der harte Praktiker, war fasziniert von
den visionären Ideen seines neuen Chefs. Er bewunderte ihn dafür, wie er auf Marktplätzen oder in Stadthallen das Volk, dessen
Kenntnisse von den wirtschaftlichen Vorgängen gering waren,
durch seine Sprachbilder und inneren Überzeugungen in den
Bann schlug, ja: mitriss. Westrick wurde zum – wie er es selbst
bezeichnete – »glühenden Verehrer« Erhards, weil dieser über Fähigkeiten verfügte, die dem Staatssekretär abgingen, denen er aber
hohe Bedeutung beimaß.

Im Grunde war das eine ideale Konstellation für eine synergeti-
sche, komplementär angelegte Zusammenarbeit. Beide waren sich
in den Grundmaximen einig, beide konnten in Verfolgung dieses Projekts unterschiedliche, sich notwendigerweise ergänzende
Begabungen einbringen.[18] Erhard war der Theoretiker, Westrick

16 Löffler, Bernhard, *Soziale Marktwirtschaft*, S. 222.
17 Eschenburg, Theodor 2000, *Letzten Endes meine ich doch. Erinnerungen 1933-
1999*, Berlin: Siedler, S. 178.
18 Vgl. Strobel, Robert 1956, »Westrick: Erhards rechte Hand«, in: *Die Zeit* (5. Januar 1956); o.V., »Westrick«, in: *Wirtschaftszeitung* (11. April 1951).

der Praktiker. Erhard dachte in großen Zukunftsvorstellungen, Westrick machte sich Gedanken über realistische Wege der operativen Umsetzung. Träumer und Macher, Denker und Organisator, Tribun und Mittler – so wurde das Duo von vielen gesehen. Und im politischen Bonn hielt man bis in die frühen 1960er Jahre den Minister und seinen Staatssekretär für »ein glänzend eingefahrenes Gespann«.[19] Schon äußerlich war es eine faszinierende, auf den ersten Blick allerdings auch wunderliche Symbiose zwischen dem Katholiken, der wie ein Asket wirkte, und dem fränkischen Protestanten, der das Wirtschaftswunder mit seiner beachtlichen körperlichen Fülle geradezu inkarnierte.[20] Erhard kam mit Menschen nur dann gut zurecht, wenn er sie vom Rednerpult aus in Massen ansprechen konnte; in kleiner Runde war er scheu, unsicher. Westrick demgegenüber fehlte jedes oratorische Talent für Kundgebungen und Versammlungen. Dafür lief er in kleinräumigen Verhandlungen zu großer Form auf, bestach durch Charme, setzte sich – wo es nötig wurde – aber auch mit eiserner Härte durch.[21] Die beiden so unterschiedlichen Charaktere vertrauten einander, zumindest bis 1965. Mürrisch beschwerte sich Adenauer daher beim Bundespräsidenten, dass Westrick – für den er doch einen anderen Plan ausgeheckt hatte – »Herrn Erhard« blind folge. Am liebsten hätte der Kanzler den Staatssekretär des Wirtschaftsministeriums nach Moskau auf den Botschafterposten abgeschoben. Aber Westrick blieb in Treue zu Erhard in der kleinen Stadt am Rhein.

Dort formierte er die so genannte »Brigade Erhard«, einen Beraterkreis im Wirtschaftsministerium, der aus ihm, dem zweiten

19 Ihlefeld, Heli: »Starke Nerven und viele Ärzte«, in: *Kölner Stadt-Anzeiger* (11. September 1963).
20 Vgl. hierzu und insgesamt über Westrick den scharfsinnigen Essay von Schreiber, Hermann 1966, »Den Kanzler in den Griff genommen«, in: *Der Spiegel* (6. Juni 1966).
21 Vgl. Höpker, Wolfgang 1964, »Verhandelt mit Charme und Härte«, in: *Bonner Rundschau* (23. Oktober 1964); Simon, Kurt 1963, »Mit Erhard ins Bundeskanzleramt«, in: *Süddeutsche Zeitung* (17. Oktober 1963).

Staatssekretär Alfred Müller-Armack, dem Pressechef Karl Hohmann und einigen Erhard politisch zugetanen Bundestagsabgeordneten – darunter zunächst Rainer Barzel und der Verleger Gerd Bucerius – bestand. Das Kernziel dieses Kreises war über all die Jahre, Ludwig Erhard trotz des erbitterten Widerstandes Adenauers ins Kanzleramt zu hieven. Da sich das Gros der Bundestagsabgeordneten der CDU/CSU von der erfolgreichen Wahllokomotive Erhard 1962/63 bessere Ergebnisse versprach als zuletzt unter dem Alten aus Rhöndorf, hatte die »Brigade« am Ende Erfolg. Erhard, den nicht nur Adenauer für das Kanzleramt als gänzlich ungeeignet empfand, wurde Regierungschef der Bundesrepublik Deutschland.

Aber Ludger Westrick wurde nicht Bundesminister für Wirtschaft. Mit diesem Posten jedoch hatte er über Monate fest gerechnet, gewiss auch rechnen dürfen. Denn Ludwig Erhard hatte Westrick mehrere Male versichert, dass er ihm die Nachfolge seiner selbst antragen würde, sollte er in das Palais Schaumburg ziehen. Westrick befand sich für seinen Kanzler auf Dienstreise in den USA, als er überraschend die Nachricht erhielt, dass nicht er, sondern der Abgeordnete Kurt Schmücker das Wirtschaftsressort leiten würde.[22] Der nach wie vor verschnupfte Adenauer hatte schon früher gestreut, dass Westrick einfach nicht das »Gesamtgebiet« der Wirtschaft beherrsche.[23] Und rund vier Fünftel der Bundestagsabgeordneten von CDU/CSU, so schätzte jedenfalls das Nachrichtenmagazin *Der Spiegel*, wollten den notorisch parteilosen Staatssekretär ebenfalls nicht im Kabinett sehen.

Dank des plebiszitären Fundaments seiner Kanzlerschaft konnte Erhard dann doch als Mentor für den ansonsten an Unterstützung armen Ludger Westrick protegierend fungieren – zumal er ihn und seine anderen Getreuen aus dem Wirtschaftsministerium

22 Vgl. o.V., »Wohlstand für alle«, in: *Der Spiegel* (16. Oktober 1964).
23 Adenauer, Konrad 1967, *Erinnerungen 1955-1959*, Stuttgart: Deutsche Verlags-Anstalt, S. 526.

brauchte, um in der neuen, ihm fremden Umgebung der Regierungszentrale zu bestehen.[24] Kurzum: Er machte Westrick zum Staatssekretär und Chef des Kanzleramtes.

Westrick wurde also zum Nachfolger des schon damals legendären Hans Globke. Sofort stieß Westrick auf Bedenken, gerade bei den Größen mit eigenem Ehrgeiz in der CDU und im Bundeskabinett. Sie wussten von Anfang an, wie schwach der neue Kanzler war. Sie betrachteten mit Verdruss, wie sehr Erhard sich seit eh und je auf Westrick verlassen hatte, ihn eigentlich als einzigen ganz nahe an sich heranließ. Westrick war seit den frühen 1950er Jahren der politische Souffleur Erhards gewesen.[25] Er genoss aufgrund dessen eine Sonderstellung, führte sich zuweilen wie ein Überkanzler auf. Er kokettierte mit der Rolle des eigentlichen Premierministers, der die Entscheidungen fällte, die der Kanzler lediglich verkündete. Jedenfalls war Westrick im Umfeld des Regierungschefs allgegenwärtig. Er war bei allen wesentlichen Gesprächen des Kanzlers im In- und Ausland dabei und konnte jederzeit und ohne Anmeldung in Erhards Büro hereinplatzen. Und Westrick tat das auch. Selbst Minister und prominente CDU-Politiker kamen nur durch das westricksche Nadelöhr an den Kanzler heran. Meistens blieben sie jedoch bei Westrick hängen, der seinen Besuchern lange und ausschweifende Vorträge hielt, ein immer schlechterer Zuhörer wurde. Auch das unterschied ihn von Globke, der genau hinhörte, selber nur wenig sprach, dann aber knapp, präzise und pointiert formulierte.

Unwillen erregte ebenfalls, dass Westrick nicht – wie zuvor Globke – im Rang eines beamteten Staatssekretärs stand, sondern ein Ministeramt innehatte. Doch anders konnte Erhard seinen Kompagnon und Ratgeber nicht ins Amt bekommen. Denn

24 Vgl. o. V., »Des neuen Kanzlers rechter Arm«, in: *Christ und Welt* (18. Oktober 1963).
25 Vgl. Gaus, Günter 1965, »Der zweite Mann im Kanzleramt«, in: *Süddeutsche Zeitung* (10. Februar 1965).

Westrick stand bei seiner Inthronisierung zum Kanzleramtschef schon kurz vor dem 70. Geburtstag; es gab folglich nach dem Beamtengesetz keine Möglichkeit mehr, ihn vor der Pensionierung zu bewahren. Es half allein die Ernennung zum Minister. Doch das schuf Missgunst und Misstrauen in der christdemokratischen Partei und Fraktion, die Westrick ohnehin nicht als verlässlichen Kampfgenossen betrachteten. Denn der neue Kanzleramtsminister gehörte schließlich weder der Partei noch der Fraktion an. Westrick gefiel das. Und auch Erhard mochte es. Denn so verstanden und schätzten die beiden Politik: als sachverständiges Entscheiden unabhängiger Experten über alle Niederungen des Parteienzwistes hinweg.

Aber diese Niederungen waren doch die wirkungsmächtige Realität im bundesdeutschen Parlamentarismus. Und an dieser Realität scheiterten der Volkskanzler und sein Amtschef. Als die Regierung ins Wanken geriet, bot die Partei, die von Erhard und Westrick so geringschätzig behandelt worden war, keinen Halt. Im Gegenteil: Die Christdemokratische Partei half beim Sturz der beiden kräftig mit. Westrick war von Beginn der Regierungskrise an die Hauptzielscheibe der Kritik aus Fraktion und Unionsparteien.[26] Es rächte sich, dass Westrick weder hier noch dort Fundament und Rückhalt besaß. Und es rächte sich auch, dass Westrick anders als Globke darauf verzichtet hatte, über personelle Netzwerke Einfluss auf die politisch-parlamentarischen Institutionen zu nehmen. Globke war immer auch eine Art Parteimanager, der gerade in der Personalpolitik tief in die CDU hineinwirkte, durch Patronage Treue und Gefolgschaft herstellte.[27] Doch solcherlei Personalpolitik der Begünstigung hatte Westrick stets

26 Vgl. John, Antonius 1964, »Das Kanzleramt und sein mächtiger Minister«, in: *Handelsblatt* (30. Oktober 1964); Purwin, Hilde 1966, »Viele gegen Westrick als Kanzler-Berater«, in: *Neue Rhein-Ruhr Zeitung* (28. Februar 1966); Schröder, Georg 1965, »Ludwig Erhards zweites Ich«, in: *Die Welt* (30. November 1965).
27 W.H. 1964, »Entscheidungsgehilfe«, in: *Christ und Welt* (23. Oktober 1964); Bösch, Frank 2001, *Die Adenauer-CDU*, S. 365.

widerstrebt. Und nun fehlten ihm die Truppen zu einem Zeitpunkt, da die andere Quelle der Kanzlermacht, die plebiszitäre Welle der unmittelbaren Wählersympathien, mehr und mehr versiegte. Die erste größere Rezession in der bundesdeutschen Geschichte bahnte sich an. Das Verhältnis zu den Amerikanern kühlte sich gleichzeitig ab. Und im größten Bundesland, Nordrhein-Westfalen, verlor die CDU trotz des massiven Rednereinsatzes von Erhard am 10. Juli 1966 die Regierungsmacht – ein Schock, ja eine Zäsur in der Innenpolitik der Bonner Republik.[28] Selbst die jungen, neu herangezogenen Berater in der »Brigade Erhard« – allen voran der Publizist Johannes Gross – schossen nun ihre Pfeile gegen Westrick, machten ihn für den Popularitätsverfall des Kanzlers verantwortlich.

Doch die Kritik intellektueller Individualisten hätte Westrick noch aushalten, politisch überstehen können. Weit folgenreicher war, dass innerhalb der CDU/CSU, insbesondere in deren Bundestagsfraktion, das Anti-Westrick-Lager raschen Zulauf fand. Dessen parteipolitische Abstinenz wurde ihm nun allenthalben endgültig und offen zum Vorwurf gemacht.[29] In seiner Not hatte Westrick schon Monate zuvor das Angebot des Berliner Landesverbandes akzeptiert, ihn zum Ehrenmitglied der Partei in der Frontstadt zu machen.[30] Doch damit konnte der Minister nun die Gemüter nicht mehr beruhigen. Im Gegenteil, die nach der Landtagswahlniederlage hoch empfindlichen Christdemokraten zwischen Rhein und Ruhr empörten sich lauthals, dass der in Bonn wohnhafte Bundesminister nicht bei ihnen um eine ordentliche Mitgliedschaft nachgekommen war.

Der Vorsitzende der rheinischen CDU, Konrad Grundmann,

28 Vgl. Finckenstein, H. W. Graf von 1966, »Des Kanzlers lächelnder Schatten«, in: *Die Welt* (16. September 1966).
29 Vgl. Purwin, Hilde 1966, »Viele gegen Westrick als Kanzler-Berater«, in: *Neue Ruhr Zeitung* (28. Februar 1966).
30 Vgl. o. V., »Westrick wurde Ehrenmitglied der Berliner CDU«, in: *dpa* (9. Oktober 1964).

drängte daher auch energisch auf die Entlassung Westricks durch den Bundeskanzler.[31] Sekundiert wurde ihm dabei insbesondere aus der Jungen Union, vor allem von Seiten des Bundesvorsitzenden der Nachwuchsorganisation, Egon Klepsch, welcher zugleich Sprecher der so genannten »Gruppe 46« war, einer Vereinigung von jungen christdemokratischen Bundestagsabgeordneten mit erheblichen Karriereambitionen.[32] Westrick sei kein Politiker, sondern ein »Wirtschaftler«, rügte Klepsch in Radiointerviews.[33] In diesen späten Erhard-Jahren tribalisierte die Christliche Union gleichsam. Sie zerfiel in Diadochenkämpfe, in die Konkurrenz von oft schwer durchschaubaren Machtcliquen.[34] Westrick gehörte keinem dieser Zirkel an, besaß vielmehr Feinde auf allen Seiten. Franz Josef Strauß und Gerhard Schröder etwa waren einander herzlich abgeneigt.[35] Doch eins einte sie: die Kritik an Westrick. Als auch im Fraktionsvorstand und in der Fraktionssitzung der Union die Rufe nach Ablösung Westricks immer schriller wurden,[36] ohne dass der Bundeskanzler oder irgendein anderer Minister dem attackierten Chef der Regierungszentrale beisprang, warf der fast 72-jährige Nestor des Kabinetts verbittert das Handtuch.[37] Über Erhard, den er so lange in Treue gedient hatte, äußerte sich Westrick nun auch in der Öffentlichkeit ent-

---

31 Michel, Siegfried 1966, »Man nannte ihn den heimlichen Kanzler«, in: *Kölner Stadt-Anzeiger* (17. September 1966).

32 Vgl. Neumaier, Eduard 1966, »Der gute Mensch im Palais Schaumburg«, in: *Rheinische Post* (16. September 1966); Schröder, Georg 1965, »Ludwig Erhards zweites Ich«, in: *Die Welt* (29. November 1965).

33 Dr. Egon Klepsch zum Rücktrittsgesuch von BM Westrick, in: *BPA/Abt. Nachrichten DFS* (16. September 1966/20.15/Hr).

34 Vgl. Schuster, Hans 1966, »Westricks Abschied«, in: *Süddeutsche Zeitung* (16. September 1966); Dechamps, Bruno 1966, »Westricks plötzlicher Entschluss«, in: *Frankfurter Allgemeine Zeitung* (17. September 1966).

35 Vgl. Hentschel, Volker 1996, *Ludwig Erhard. Ein Politikerleben*, München: Olzog, S. 544.

36 O.V., »Westricks Gegner formieren sich«, in: *Handelsblatt* (3. August 1966); o.V., »Regierung auf Abruf«, in: *Der Spiegel* (19. September 1966).

37 O.V., »Westrick: Ich will nicht mehr«, in: *Die Welt* (16. September 1966).

täuscht.[38] Am 15. September 1966 übergab Westrick dem Kanzler sein Rücktrittsgesuch. Erhard bat ihn, die Dienstgeschäfte einstweilen – bis zur Ernennung eines Nachfolgers – weiterzuführen. Doch fand sich niemand, der sich in dieser Kanzlerdämmerung noch im Palais Schaumburg verbrauchen lassen wollte. Westrick wurde infolgedessen von den Dienstpflichten erst erlöst, als die Union ihren Parteivorsitzenden und Bundeskanzler in die Wüste schickte.

Erhard und Westrick gingen gemeinsam. Ihre Mission – den Deutschen das Volkskanzlertum beizubringen, die Politik frei von Funktionären und Interessenvertretern zu machen, ein Kabinett von unabhängigen Herren höchster fachlicher Kompetenz anzustreben – war gescheitert.[39]

Christdemokratische Diadochen: Helmut Kohl und Rainer Barzel

Für Helmut Kohl waren das wichtige Jahre, in dieser Zeit lernte er das politische Geschäft. Er hatte genau beobachtet, mit welchen Methoden Konrad Adenauer zäh und lange die Macht festgehalten hatte. Er hatte ebenso scharf registriert, wie rasch und erbarmungslos dessen Nachfolger, der zuvor so populäre Volkskanzler und Verächter der Partei- und Machtpolitik, vom Thron gestürzt wurde. Und schließlich hatte Kohl auch verfolgt, warum die beiden herausragenden politischen Begabungen der Union in den 1960er Jahren, die Herren Gerstenmaier und Schröder, ihr großes Ziel, die Kanzlerschaft, nicht erreichten. Sie waren sehr weltläufige Männer, sehr intelligent und sehr gebildet. Aber sie wärm-

38 Hentschel, Volker, *Ludwig Erhard*, S. 590.
39 Vgl. hierzu auch Schreiber, Hermann 1966, »Alle haben sie mich enttäuscht, alle«, in: *Der Spiegel* (7. November 1966); Gaus, Günter 1965, »Wie regiert Ludwig Erhard«, in: *Die Zeit* (16. April 1965); ders. 1965, »Der zweite Mann im Kanzleramt«, in: *Süddeutsche Zeitung* (10. Februar 1965).

ten ihre Partei nicht. Eugen Gerstenmaier war dem Fußvolk der
CDU zu intellektuell, zu unverständlich, zu theoretisch; Gerhard
Schröder war einfach zu kalt, zu arrogant, zu gescheit. Sie konnten mit der CDU nicht Kanzler werden. Kohl begriff schon in
jenen 60er Jahren, dass da seine Chancen weitaus besser standen.[40]

Doch noch war seine Zeit nicht gekommen, im Hintergrund jedoch zog er schon damals die Strippen. Kurt Georg Kiesinger
wäre 1966 wohl nicht Kanzler geworden, hätte Kohl nicht eine
Südschiene aus den CDU-Landesverbänden von Hessen, Rheinland-Pfalz, Saarland und Baden-Württemberg gelegt, über die
der schwäbische Ministerpräsident an die Spitze des Bonner Kabinetts gelangte. Für Kohl war Kiesinger der Mann, der Zukunfts-
chancen nicht verbaute. Das wäre bei Schröder und vor allem bei
Barzel anders gewesen. Kiesinger taugte nur für die kurze Ära der
Großen Koalition. Er amtierte präsidentiell, hielt gebildete Mo-
nologe, tauschte mit dem Professor Carlo Schmid, seinem Bun-
desratsminister von der SPD, interessante Tocqueville-Zitate aus,
während die Kraftnaturen unter den SPD- und CDU-Ministern
die eigentliche Politik machten. Auch um die Partei kümmerte
sich Kiesinger nicht; den Parteivorsitz übernahm er 1967 eher
auf Drängen anderer als aus eigenem Willen; die Parteizentrale
betrat er nicht ein einziges Mal.[41] Entscheidend aber war, dass
er seine Partei 1969 nicht rechtzeitig und energisch in eine neu-
alte Koalition mit den Liberalen führte und dadurch unfreiwillig Willy Brandt den Vortritt ließ. So landete die CDU in der
Opposition, und so ging die Karriere eines weiteren CDU-Kanz-
lers und Parteivorsitzenden, dem es an Machtinstinkt und Par-
teiverankerung fehlte, ziemlich abrupt zu Ende. Helmut Kohl erfasste das alles sehr aufmerksam.

40 Vgl. Zolleis, Udo 2008, *Die CDU. Das politische Leitbild im Wandel der Zeit*,
Wiesbaden: VS Verlag für Sozialwissenschaften.
41 Vgl. Gassert, Philipp 2006, *Kurt Georg Kiesinger 1904-1988. Kanzler zwischen
den Zeiten*, München: Deutsche Verlags-Anstalt.

Doch bevor er selbst zum Zuge kam, musste in dieser langen Interimszeit der Post-Adenauer-Ära erst noch Rainer Barzel scheitern. Barzel war ein durchaus gefährlicher Konkurrent für Kohl. Er war aus anderem Holz geschnitzt als Erhard und Kiesinger; er hatte im Grunde das Zeug zu einem umsichtigen Parteivorsitzenden und tüchtigen Bundeskanzler. Barzel als Kanzler hätte – da im Wahljahr 1972 gerade mal 48 Jahre alt – wie ein Felsblock der Karriere Kohls im Wege liegen können. Rainer Barzel jedenfalls war ein ähnlich guter Integrator und Moderator wie der Pfälzer. Auch in ihrer pragmatischen Flexibilität, in ihrer taktischen Raffinesse unterschieden sich die beiden nicht.[42] Barzel war noch jung und doch bereits erfahren. Die Bundestagsfraktion führte er seit 1964. Und er galt als glänzender Fraktionschef. Johannes Gross bezeichnete ihn damals als den »effizientesten Fraktionsvorsitzenden« in der Geschichte der Bundesrepublik schlechthin.[43] Er war also im Grunde genommen der wichtigste Mann der Union in der Erhard-Zeit. Er zog zusammen mit dem Fraktionschef der Sozialdemokraten, Helmut Schmidt, die Fäden in den drei Jahren der großen Koalition. Und als die CDU/CSU sich überraschend auf die Bänke der Opposition strafversetzt sah und depressiv ihre Wunden leckte, da war Barzel der erste aus den christdemokratischen Reihen, der die Situation realistisch erfasste, der die Bundestagsabgeordneten aus Lethargie und Selbstmitleid riss, um sie geschlossen und aggressiv gegen das neue Kabinett Brandt-Scheel in Stellung zu bringen. Zwei Jahre später,

---

42 Zu Barzel allgemein vgl. Hacke, Christian 1982, »Rainer Barzel«, in: Bernecker, Walter L./Volker Dotterweich (Hg.), *Persönlichkeit und Politik in der Bundesrepublik Deutschland. Politische Porträts*, Bd. 1, Göttingen: Vandenhoeck & Ruprecht, S. 40-49; Forkmann, Daniela 2007, »Rainer Barzel. Der tragische Held«, in: dies./Saskia Richter (Hg.), *Gescheiterte Kanzlerkandidaten. Von Kurt Schumacher bis Edmund Stoiber*, Wiesbaden: VS Verlag für Sozialwissenschaften, S. 140-173; auch: Barzel, Rainer 2001, *Ein gewagtes Leben. Erinnerungen*, Stuttgart/Leipzig: Hohenheim.

43 Gross, Johannes 1970, »Die Schwäche Rainer Barzels«, in: *Publik* (17. Juni 1970).

im Oktober 1971, wurde diese Leistung Barzels zusätzlich prämiert. Die CDU machte ihn – trotz des erbitterten Widerstandes
von Kurt Kiesinger und der Gegenkandidatur von Helmut Kohl –
zum Vorsitzenden der Partei. In dieser Doppelfunktion ging er
1972 als Kanzlerkandidat gegen Willy Brandt ins Rennen.

Barzel verfügte insofern unzweifelhaft über beachtliche Talente
und Fertigkeiten. Kaum jemand konnte im Bonn jener Jahre so
virtuos Kompromisse formulieren wie er.[44] Nur wenige waren
auf so vielen Gebieten der Politik gleichermaßen präsent wie der
Spitzenmann der Union. Sein Fleiß war sprichwörtlich, ebenso
seine stete Selbstbeherrschung, seine Arbeitsdisziplin, lange auch
seine in der Fraktion bis 1970 bewährte Fähigkeit, die verschiedenen Flügel, Gruppen, Konfessionen, Generationen zusammenzu-
binden.[45] Es hatte schon seinen Grund, dass Helmut Schmidt und
er bestens miteinander harmonierten. Sie waren beide Perfektio-
nisten, gründliche Studierende der Akten, präzise und verlässlich
in ihren Absprachen.

Gewiss jedenfalls war Barzel erheblich fleißiger, in den Details
der Politik sehr viel kenntnisreicher als der Genussmensch Kohl.
Dadurch wirkte Barzel allerdings auch immer etwas streberhaft,
ein wenig zu ehrgeizig, zu beflissen. Die Zahl seiner Freunde in
der Christlichen Union blieb daher begrenzt. An der Basis des
sozialdemokratischen Lagers war er sogar geradezu verachtet.[46]
Auch in der Welt der Medien fand sich kaum ein Journalist, der
mit Verve für ihn gesprochen hätte. Mediencharisma jedenfalls
trug Barzel nicht.[47] Er fürchtete Auftritte vor der Kamera, ließ
sich meist nur dann darauf ein, wenn er die Fragen schon vorher
kannte und die Antworten akribisch präparieren konnte.

44 Vgl. Zundel, Rolf 1972, »Das Risiko des Rainer Barzel«, in: *Die Zeit* (19. Mai
1972).
45 Siehe Kempski, Hans Ulrich 1971, »Zwei Rivalen rüsten sich zum Endkampf«,
in: *Süddeutsche Zeitung* (1. Oktober 1971).
46 Vgl. Neumaier, Eduard 1972, »Aus der Krise an die Macht?«, in: *Die Zeit*
(28. April 1972).
47 Vgl. etwa Henkels, Walter 1972, »Candidus Barzel – eine Name wurde zum Programm«, in: *General-Anzeiger* (Bonn) (4. Mai 1972).

Aber dadurch sank sein Ansehen noch weiter. Barzel, der es perfekt wollte, wirkte wie ein Schauspieler, der eine Rolle mimte,
aber nicht er selber war.[48] Heute würde man wohl sagen: Barzel
mangelte es an Authentizität. Er galt als opportunistisch, aalglatt,
unecht. Kein Attribut fiel häufiger, sobald von ihm die Rede war,
als dieses: ölig.[49] Der »ölige Barzel«, damit ließ sich schlecht reüssieren, zumal es nicht allein ein stigmatisierendes Etikett der
feindlichen Sozialisten war. In der CDU sah man ihn kaum anders. Schon 1966 hatte Barzel Adenauer im Amt des Parteichefs
folgen wollen. Doch die Christdemokraten sträubten sich. Am
Ende des gleichen Jahres zog es Barzel mit Macht ins Kanzleramt; er vor allem gab den Brutus in der Fronde gegen Erhard.
Doch in der ganzen großen Bundestagsfraktion der CDU/CSU,
die er immerhin anführte, sprachen sich lediglich 26 von 245 Abgeordneten für ihn aus.[50]
Barzel fehlte es kurzum an allem, was in der Parteiendemokratie
konstitutiv ist: An Hausmacht, an Netzwerken, an Loyalitäten.[51]
Im Grunde war Barzel zu sehr Einzelgänger.[52] Selbst auf eine
Gruppe von Beratern verzichtete er, da er es nicht ertrug – hier
ganz anders als der junge Kohl –, Menschen um sich zu sammeln,
die ihm offenkundig intellektuell überlegen waren.[53] Allein mit
dem Pressesprecher der Unionsfraktion, Eduard Ackermann, hielt

48 Vgl. Henkels, Walter 1970, »Das Image des Rainer Candidus Barzel«, in: *Frankfurter Allgemeine Zeitung* (9. September 1970), auch: Kremp, Herbert 1973, »Wie
meint es Barzel?«, in: *Die Welt* (10. Mai 1973).
49 Siehe hierzu u. a. Appel, Reinhard 1971, »Das Fernsehen ist Barzels Chance«,
in: *Christ und Welt* (07. Mai 1971).
50 Vgl. auch Schenk, Willy 1972, »Rainer Barzel: In eleganten Schleifen nach
oben«, in: *Tages-Anzeiger* (Zürich) (27. April 1972).
51 Vgl. Bösch, Frank/Ina Brandes 2005, »Die Vorsitzenden der CDU. Sozialisation
und Führungsstil«, in: Forkmann, Daniela/Michael Schlieben (Hg.), *Die Parteivorsitzenden in der Bundesrepublik Deutschland 1949-2005*, Wiesbaden: VS Verlag für
Sozialwissenschaften, S. 37 ff.
52 Vgl. Meyer, Thomas 1972, »Rainer Barzel ist immer allein«, in: *Frankfurter Allgemeine Zeitung* (11. November 1972).
53 Vgl. Kaiser, Carl-Christian 1972, »Viel Takt, wenig Führung«, in: *Die Zeit*
(11. Februar 1972).

er es vertraulich aus. Besonders nachteilig aber war sein ausge-
prägtes Ruhebedürfnis. Nach Mitternacht durfte niemand mehr
mit Barzel rechnen. In der Regel war er spätestens um 22 Uhr
im Bett, mochte sich dann auch partout nicht mehr stören lassen,
stellte die Hausklingel ab, legte den Telefonhörer neben den Apparat. Wenn Willy Brandt und Walter Scheel oft genug erst damit begannen, Politik zu machen, lag die Opposition in Bonn
im tiefen Schlaf.[54] Und niemand in der CDU durfte sich erlau-
ben, den Chef aufzuwecken.

Auch auf CDU-Parteiveranstaltungen sprang der Funken nur
selten über, wenn Barzel dort vortrug. Es ging keine Wärme von
ihm aus.[55] Doch war ihm die Partei auch nicht sonderlich wichtig, in sie investierte er wenig Kraft. Seine Aufmerksamkeit richtete sich nahezu vollständig auf die Bundestagsfraktion, seit 1964
seine primäre Machtbastion. Und im Übrigen ging er, wie die
meisten Christdemokraten, davon aus, dass der Regierungswechsel 1969 nur ein Ausrutscher, gleichsam ein Versehen war, das
sich innerhalb der Legislaturperiode noch rasch korrigieren ließ.
Rundum abstrus war diese Perzeption nicht. Schließlich schmolz
die Machtbasis der Sozialliberalen durch Übertritte von Abgeordneten aus dem Regierungslager in die Opposition zunehmend ab.
Die Wirtschaftsminister Möller und Schiller waren frustriert de-
missioniert. Das Volk fürchtete sich vor Inflation und Terrorismus. Zumindest in den Bundesländern profitierte von alledem
die Union, recht kräftig sogar, da sie in Baden-Württemberg und
Rheinland-Pfalz Anfang der 1970er Jahre absolute Mehrheiten
erzielte.

Insofern schien es wenig Grund zu geben, die Parteiorganisation
zu modernisieren, um sie für eine anstrengend lange Strecke kon-

---

54 Vgl. Blank, Ulrich 1972, »Opposition ohne Adresse«, in: *Die Weltwoche* (Zürich)
(17. Mai 1972).
55 Vgl. Kempski, Hans Ulrich 1972, »»Wenn ich der nächste Kanzler werde ...««,
in: *Süddeutsche Zeitung* (14. November 1972); Kaiser, Carl-Christian 1972, »Barzel.
Gesammelt zum Sprung«, in: *Die Zeit* (17. November 1972).

tinuierlicher Oppositionsarbeit in Form zu bringen. Barzel wollte den Wechsel in Bonn möglichst früh realisieren. Doch damit begab er sich in die Abhängigkeit der gerade in diesem Jahrzehnt denkbar machtbewussten, aber auch denkbar destruktiven CSU-Landesgruppe, die der ebenso auf die Kanzlerschaft schielende Franz Josef Strauß anführte. Die Ansprüche der CSU hatten ein solides Fundament. Schließlich hatte sie bei den Bundestagswahlen 1969 in Bayern weit über 50 Prozent erreicht, während die CDU im übrigen Bundesgebiet nicht einmal auf 40 Prozent der Wählerstimmen gekommen war. Da die CDU nach dem Gang in die Opposition den disziplinierenden Leim der Macht verloren hatte, zerfiel sie in Gruppen und Grüppchen. Je stärker diese Desintegration voranschritt, desto markanter verstärkte sich der Einfluss der demonstrativ geschlossen agierenden CSU im Bonner Parlament. Und Barzel wurde so mehr und mehr zum Getriebenen des Franz Josef Strauß.

So musste es politisch unweigerlich zu Ende gehen mit Rainer Barzel. Denn der Respekt, den man ihm – auch wenn die Zuneigung gering war – in der Union entgegenbrachte, beruhte auf seiner Fähigkeit zur Organisation und Integration der chronisch heterogenen Unionsfraktion. Als ihm auch das nicht mehr gelang, stand er ohne Kompetenz und Bonus da. Truppen und Solidaritäten, die ihn in der Krise der Parlamentsfraktion hätten stabilisieren können, besaß er ohnehin nicht. Barzel war nicht in der Lage, die Bundestagsfraktion der CDU/CSU zu einem einheitlichen Abstimmungsverhalten über die Ostverträge zu bewegen. Er scheiterte mit dem Misstrauensvotum gegen Willy Brandt. Und 1973 konnte er sich mit seiner Haltung zum UNO-Beitritt ebenfalls in den eigenen Reihen nicht durchsetzen. In diesem Jahr war Barzel, der in den 1960er Jahren einen rasanten Aufstieg erlebt hatte, endgültig ein politisch gebrochener Mann.

2. Die Sozialdemokraten: Arbeitsteilung im Triumvirat und neue Wendigkeit

Während die Union sich in den Ablösungs- und Nachfolgekämpfen Adenauers aufrieb, verband sich zwischen 1960 und 1966 die neue Tugend der volksparteilichen Modernisierung mit dem alten sozialdemokratischen Ethos der Disziplin und Geschlossenheit noch nahezu konfliktfrei. Das war vor allem das Werk des Triumvirats an der Spitze der Partei. Wehner, Erler und Brandt – alle drei hatten genug von der Opposition, alle drei steuerten entschlossen die Regierung an. Dabei gingen sie arbeitsteilig vor. Willy Brandt war der medienwirksame Repräsentant der jungen, fortschrittlichen, modernen und ideologiefreien SPD, die auf Zugewinne in den neuen Mittelschichten zielte.[1] Fritz Erler war der kühl-intelligente, rhetorisch geschliffene und durch hohe Sachkompetenz beeindruckende Vorsitzende der Bundestagsfraktion.[2] Herbert Wehner schließlich war der Mann, der die Fundamente der Machtstrategie mauerte.[3] Er war der Dompteur der Partei, der die SPD disziplinierte, sie kommandierte, ihr den neuen Kurs nachgerade einprügelte.

Seit 1958 galt Herbert Wehner als der eigentliche Parteivorsitzende der deutschen Sozialdemokraten. Er, nicht Erich Ollenhauer und zunächst auch nicht Willy Brandt, dirigierte die Partei. Bis 1965 dauerte seine informelle, aber von kaum jemandem in und außerhalb der Partei angefochtene Parteiführung an. Mit extrem

---

1 Schöllgen, Gregor 2001, *Willy Brandt, Die Biographie*, 2. Aufl., München: Propyläen, S. 108 ff.
2 Soell, Hartmut 1976, *Fritz Erler – Eine politische Biographie*, Berlin u. a.: Dietz.
3 Zu Wehner vgl. Meyer, Christoph 2006, *Herbert Wehner. Biographie*, 3. Aufl., München: Deutscher Taschenbuch Verlag, S. 212 ff.; Leugers-Scherzberg, August 2002, *Die Wandlungen des Herbert Wehner. Von der Volksfront bis zur Großen Koalition*, Berlin: Propyläen.

autoritären Methoden und mithilfe von etwa zwei Dutzend ihm bedingungslos ergebener Parteisekretäre erstickte Wehner jeden ernsthaften Widerstand gegen den neuen politischen Weg der SPD. Die Parteiführung trennte sich in den frühen sechziger Jahren kühl und unsentimental von allen Axiomen und Zielsetzungen der Schumacher-SPD, aber eine nennenswerte Opposition artikulierte sich auf den Parteitagen nicht dagegen. Innerparteiliche Frondeure wurden vom Wehner-Apparat schon im Vorfeld ausgegrenzt, denunziert, kaltgestellt. Auf den Parteitagen selbst schrie Wehner die wenigen Kritiker, die noch übriggeblieben waren, persönlich nieder. Der Parteitagsredner Wehner tobte und geiferte; er spie Gift und Galle; er verletzte und erniedrigte all diejenigen, die anders dachten als er.[4] Die Partei fürchtete ihn. Aber sie bewunderte ihn auch. Es hatte in der sozialdemokratischen Geschichte selten einen Mann gegeben, der seine Partei so rüde und rücksichtslos zur Macht trieb wie Wehner. Dabei trat er auf wie ein sozialistischer Revolutionär, wie ein Agitator auf der Straßenbarrikade, wie ein Tribun der proletarischen Umwälzung. Diese rhetorische Attitüde, dieser klassenkämpferische Habitus zog auch linke Gewerkschafter und sozialistische Traditionalisten mit, als Wehner die SPD an die Seite der Union in die Bonner Regierung schob und stieß. Wehner führte durch radikale Rhetorik, bedenkenlose taktische Winkelzüge und die zentralistische Beherrschung des Parteiapparats.

Das machte ihn bis Mitte der 1960er Jahre zum wirklichen Führer der SPD.[5] Aber offiziell konnte er nicht erster Mann der Partei werden. Das ließ seine kommunistische Vergangenheit nicht zu. Wehner war ein Wählerschreck. Wähler aber waren wichtig,

4 Vgl. Dowe, Dieter 1996 (Hg.): *Herbert Wehner (1906-1990) und die deutsche Sozialdemokratie. Referat und Podiumsdiskussion eines Kolloquiums des Gesprächskreises Geschichte der Friedrich-Ebert-Stiftung in Bonn am 23. September 1996*, Bonn: Historisches Forschungszentrum, S. 51.

5 Gaus, Günter 2006, *Staatserhaltende Opposition oder Hat die SPD kapituliert? Gespräche mit Herbert Wehner*, Berlin: Edition Ost, S. 138 ff.

um an die Macht zu kommen, was Wehner mehr als jeder andere Sozialdemokrat mit brutaler Entschlossenheit anstrebte. Wehners Weg war nicht mit Wehner selbst an der Spitze zu gehen. Deshalb erkor die Wehner-SPD dafür den Regierenden Bürgermeister von Berlin, Willy Brandt. Der folgte 1964 dem verstorbenen Erich Ollenhauer im Vorsitz der Partei nach. Das war nicht ganz unumstritten, da in weiten Kreisen der Partei Fritz Erler als der klügere, fleißigere und beständigere Politiker galt. Aber eine ernsthafte Chance hatte Erler nicht. Denn das Medienzeitalter war angebrochen und Brandt machte im Fernsehen eine gute Figur; Erler dagegen wirkte spröde, immer ein wenig besserwisserisch, von kühler Intellektualität und abschreckender Humorlosigkeit. Er war schwer zu popularisieren und musste daher hinter Brandt zurückstehen.

Die SPD hatte sich verändert. Telegene Ausstrahlung wog nun schwerer als politische Gediegenheit oder gar programmatische Verlässlichkeit. Überdies hatte Brandt 1961 und 1965 als Kanzlerkandidat immer wieder deutlich gemacht, dass er sich nicht als Vollstrecker des Parteiwillens begriff und sich somit nicht an Parteitagsbeschlüsse gebunden fühlte.[6] Die Sozialdemokraten nahmen das ohne Proteste hin, obschon Brandt damit die bis dahin sakrosankte Priorität der Partei und ihrer politischen Prinzipien zurückgewiesen hatte. Die alte programmfixierte SPD trat ab. Die neue SPD und ihre Führung gingen nun weitaus legerer mit ideologischen Bekenntnissen und Postulaten um. Sie wechselte das alles je nach Bedarf, Konstellation und vor allem: nach dem demoskopisch ermittelten Mehrheitswillen der Wähler. Das sozialdemokratische Triumvirat unterstellte politische Überzeugungen den Imperativen der Machtstrategie. Das war neu in der SPD. Doch es war am Ende erfolgreich.

---

6 Vgl. Zundel, Rolf 1960, »Eine neue SPD«, in: *Die Zeit* (2. Dezember 1960).

Der lange Weg zum sozialdemokratischen Charismatiker: Willy Brandt

Aber einige Probleme hatte die neue Führung schon zu bewältigen. Vor allem Willy Brandt hatte es anfangs schwer, sich Autorität zu verschaffen. Er war zunächst keineswegs der große Parteiführer, als der er heute den meisten in Erinnerung geblieben ist. Brandt brauchte Jahre, um sich durchzusetzen, um von der Partei vollauf akzeptiert zu werden.[7] Wie viel Zurückhaltung ihm gegenüber in der SPD anfangs bestand, zeigte sich schon auf dem Hannoveraner Parteitag 1960. Dort nominierten ihn die Delegierten offiziell zum Kanzlerkandidaten der deutschen Sozialdemokratie. Zugleich aber statteten sie ihn bei den Wahlen für den Parteivorstand mit nur so wenig Stimmen aus, dass er lediglich auf dem 21. Platz rangierte.[8] Der innerparteiliche Rückhalt Willy Brandts also war zu Beginn seiner bundespolitischen Karriere denkbar gering. Er war schließlich nicht durch die Partei groß geworden, sondern durch sein Amt als Regierender Bürgermeister. Ihm fehlten die Ochsentour, die Kontakte zu maßgeblichen Funktionären und Delegierten der SPD. Das machte ihn in den ersten Jahren abhängig von Herbert Wehner, dem Organisator. Wehner galt bis Mitte der sechziger Jahre als der Königsmacher in der SPD, Brandt dagegen galt als politisches Leichtgewicht. Daher wählten die Sozialdemokraten Brandt 1964 mit nicht gerade überschwänglicher Begeisterung zum Parteivorsitzenden. Die Skepsis über den neuen Mann an der Spitze war in der Partei weit verbreitet. Zweifel herrschten insbesondere darüber, ob Brandt mit der Doppelbelastung von Regierungsamt in Berlin und lei-

---

7 Vgl. Zundel, Rolf 1970, »Der neue Kanzler«, in: Harpprecht, Klaus (Hg.), *Willy Brandt. Porträt und Selbstporträt*, Berlin: Kindler, S. 15-26; Harpprecht, Klaus 1970, »Mass und Wert«, in: ders. (Hg.), *Willy Brandt*, S. 49-75.
8 Vgl. Kempski, Hans Ulrich 1960, »Willy Brandt richtet den Kongreß der SPD«, in: *Süddeutsche Zeitung* (27. November 1960).

tender Parteifunktion in Bonn fertig werden würde.[9] Sozialdemokratische Parteitradition jedenfalls war das nicht. Sozialdemokratische Parteiführer hatten sich bis dahin nur um Partei und Fraktion gekümmert und sich zuallererst auf oppositionelle Rhetorik beschränkt. Doch dieses Image wollten die neuen Strategen der Macht hinter sich lassen. Die SPD sollte nicht mehr als die Partei der Opposition, des Neinsagens, des Nörgelns wahrgenommen werden. Sie sollte daher einen Mann an der Spitze haben, der mit der Würde und Autorität eines herausragenden Regierungsamts seine Partei in der Öffentlichkeit gouvernemental repräsentierte. Deshalb fiel die Wahl auf Brandt. Über ein halbes Jahrzehnt blieb die Grundlage seiner Führungsstellung in der SPD das Regierungsamt, nicht die Partei in der Fläche.

Anfangs schienen die Kritiker Brandts tatsächlich recht zu behalten. Brandt hatte Mühe, den Spagat zwischen Berlin und Bonn zu bewerkstelligen. Er bekam weder die Partei richtig in den Griff, noch hielt er 1964 den Berliner Senat zusammen. Durch die Doppelbelastung wirkte er ausgebrannt und erschöpft. Er war nicht mehr der jugendlich frische Kandidat, der 1961 den greisen Bundeskanzler Adenauer selbstbewusst herausgefordert hatte. Brandt war 1964/65 eher eine Belastung für seine Partei.[10] Er war keine Zugmaschine mehr, kein ernsthafter Konkurrent für die Wahllokomotive Ludwig Erhard. Als es diesem bei den Bundestagswahlen 1965 gelang, die Stimmen der Union wieder um 2,3 Prozentpunkte zu steigern, schien Brandts bundespolitische Karriere bereits beendet. Für die Öffentlichkeit war er ein Mann ohne Fortune, ein Verlierer. Brandt selbst war psychisch angeschlagen, von Depressionen befallen, resigniert. Er erklärte nach den Wahlen, als Kanzlerkandidat künftig nicht mehr zur Verfügung

9 Vgl. Kempski, Hans Ulrich 1964, »Willy Brandt pflanzt sein Siegbanner auf«, in: *Süddeutsche Zeitung* (18. Februar 1964).

10 Vgl. Heilmann, Sigmar 1964, »Die SPD bleibt den Nachweis schuldig«, in: *Handelsblatt* (27. November 1964); Allemann, Fritz René 1964, »Die Damen und Herren von Karlsruhe«, in: *Die Weltwoche* (Zürich) (4. Dezember 1964).

zu stehen. Und sofort zirkulierten neue Kandidatennamen: Helmut Schmidt wurde am häufigsten genannt, aber auch Georg Leber hatte gewichtige Fürsprecher, und selbst der junge Münchner Oberbürgermeister Hans-Jochen Vogel fuhr auf dem Kandidatenkarussell mit.

Dann aber erlebten Partei und Republik die überraschende Renaissance des Willy Brandt: Von 1966 bis 1969 wurde er zum unumstrittenen Vorsitzenden der deutschen Sozialdemokratie, kraft eigener Autorität und nicht durch das machtstrategische Kalkül von Herbert Wehner. Dafür gab es mehrere Gründe. Zum Führer der SPD und zum Kanzler der Republik wurde Brandt paradoxerweise deshalb, weil er nicht mehr Kanzlerkandidat sein wollte. Der Verzicht auf die Kandidatur befreite ihn von einer Bürde, die ihn gehemmt und belastet hatte. Danach trat er gelöst und befreit auf, sehr viel offener als in den Jahren zuvor. Er stilisierte sich nicht mehr, gab die gespreizte Würde der frühsechziger Jahre auf, stolzierte nicht mehr wie der deutsche Kennedy über die politische Bühne. Brandt spielte jetzt keine der ihm vom politischen Marketing zugewiesenen Rollen mehr. Brandt war jetzt er selbst.[11]

Er hatte seine politische Mission gefunden, die ihn authentisch und stark machte und ihm eine politisch ergebene Gefolgschaft verschaffte. Willy Brandt wurde zum kühnen Protagonisten einer neuen Deutschland- und Ostpolitik. Die betrieb er ab 1966 ähnlich entschlossen wie Konrad Adenauer in den frühen 1950er Jahren seine Westpolitik. Das war dann auch bei ihm Quelle der Führungskraft, der Treibstoff seines Charismas.[12] Willy Brandt brachte mit seiner außenpolitischen Konzeption nun endlich auch die Parteiaktivisten der mittleren und unteren Ebene hinter sich.

---

11 Vgl. Kempski, Hans Ulrich 1966, »Auf roter Erde im Kampf mit sich selbst«, in: *Süddeutsche Zeitung* (6. Juni 1966); Zundel, Rolf 1966, »Willy Brandts Wiederkehr«, in: *Die Zeit* (10. Juni 1966).
12 Kieseritzky, Wolther von 2004, »›Wie eine Art Pfingsten . . .‹ [. . .]«.

Die Sozialdemokraten hatten im Laufe der sechziger Jahre schließlich viele Zumutungen ihrer Führung ertragen müssen. Sie hatten den drastischen Anpassungskurs der Parteispitze an die Politik der Union zwar hingenommen, aber ideologisch nicht wirklich nachvollzogen und tatsächlich auch nicht akzeptiert. In der zweiten Hälfte der sechziger Jahre lechzten die sozialdemokratischen Funktionäre unterhalb der Spitzenebene nachgerade nach einer Politik des Kontrasts zu den Christdemokraten, nach einer scharfen sozialdemokratischen Alternative. Willy Brandt gab ihnen jetzt das, wonach sie verlangten. Mithilfe seiner klar formulierten innen- und außenpolitischen Perspektiven konnten sich die Sozialdemokraten kämpferisch identifizieren und von der ungeliebten Union absetzen. Auch in der Großen Koalition, die für viele sozialdemokratische Aktivisten nur schwer auszuhalten war, verfolgte Brandt seine außenpolitische Linie weiter und geriet darüber in ständigen Konflikt mit Bundeskanzler Kiesinger. Das festigte das sozialdemokratische Profil stärker als in den oppositionellen Jahren vor 1966 und somit mehr denn je die Position Brandts in seiner Partei. Er wurde nun zum Helden der sozialdemokratischen Funktionäre und Delegierten. Sein außenpolitischer Entwurf schnitt sich trefflich mit den friedenspolitischen Sehnsüchten der sozialdemokratischen Basis. Reale Außenpolitik und sozialdemokratische Entspannungsvisionen gingen selten zusammen. In dieser Situation schienen sie sich zu treffen. Davon profitierte Brandt.[13]

Vor allem aber nutzte es ihm, dass sich die Sozialdemokraten schon in diesen endsechziger Jahren sozial wie normativ verbreiterten und politisch wieder schärfer untereinander stritten. Die SPD wurde erst jetzt eine wirkliche Volkspartei mit heterogenen Interessen, divergierenden Kulturen und disparaten Zielvorstellungen. Und sie reideologisierte sich jetzt, ab 1966, und nicht erst

13 Vgl. Zundel, Rolf 1969, »Mit der Macht auf Du und Du«, in: *Die Zeit* (25. April 1969).

in den frühen siebziger Jahren, wie häufig zu lesen ist. Schon 1966 zerbrach die autoritäre Kommandostruktur Wehners; jetzt hielten sich oppositionelle Stimmen auf Parteitagen nicht mehr zurück; die Debatten bekamen emotionalere Töne. Es ging wieder gesinnungsethisch zu, prinzipienorientiert und moralisierend. Das sozialistische Vokabular wurde erneut mobilisiert, die zuvor aufgegebene Anrede »Genosse« reaktiviert. Die Zeit der disziplinierten Geschlossenheit jedenfalls war vorbei. Die Partei brauchte dringend eine Klammer, den großen einheitsstiftenden Integrator an der Spitze. Das konnte nach 1966 nur noch Willy Brandt sein.[14] Ihm vertrauten die alten Godesberger SPD-Rechten, auf ihn setzten aber auch die neuen linken Rebellen ihre Hoffnungen.[15] Brandt selbst hatte biographisch in jungen Jahren die Visionen und Utopien, die Aufbrüche und Irrwege des linken Sozialismus mitgemacht. Ihm war daher nicht fremd, was nun auf die Partei zukam; er reagierte verständnisvoll und zeigte Geduld. Damit war er jetzt der passende Integrator der SPD.[16]

Helmut Schmidt, den 1966 schon viele Kommentatoren als Nachfolger Brandts ausgerufen hatten, konnte diese integrative Stellung nicht einnehmen. Ihm fehlte da ein Stück Lebensgeschichte. Schmidt war der Mann nur einer Kultur, nur einer politischen Richtung, nur einer Generation. Das machte ihn Brandt in dieser Situation deutlich unterlegen. Je stärker sich die SPD in diesen Jahren ausdifferenzierte, je größer der Ansturm jugendlicher Neumitglieder wurde, je schwerer die Balance zwischen den innerparteilichen Fragmenten herzustellen war, desto mehr festigten sich die Grundlagen der Position Brandts. Sein Führungsanspruch war nun unumstritten. Die Macht Brandts basierte in den späten sechziger Jahren auf seiner politischen Mission, der die Mitglie-

14 Vgl. Zundel, Rolf 1968, »Parteitag mit Gift und Galle«, in: *Die Zeit* (22. März 1968).
15 Vgl. Stein, Maria 1971, »Abschied von Godesberg«, in: *Deutsche Zeitung* (26. November 1971).
16 Vgl. Lösche, Peter/Franz Walter, *Die SPD*, S. 118.

der bereitwillig folgten, auf seiner Fähigkeit zur Moderation zwischen den neuen Flügeln, Gruppen und Erfahrungskohorten und sicher auch auf seiner Präsenz in Bonn, seinem nun stärkeren Rückhalt in der Parteizentrale und seinem Rückgriff auf den Apparat und das Personal des Außenministeriums. So wurde Brandt am Ende Kanzler, nachdem er Kanzlerkandidat nicht mehr hatte sein wollen.

Der Hofstaat des Kanzlers der Demokratisierung

Zudem gelang es Brandt in dieser Zeit, auch außerhalb der Partei den aufkommenden Zeitgeist rhetorisch und personell adäquat für sich zu vereinnahmen. Denn etwa ein halbes Jahrzehnt lang – vom Ausgang der Kanzlerschaft Erhard bis in die frühe Ära Brandt – galt es bei bundesdeutschen Intellektuellen und Künstlern als très chic, sich parteipolitisch öffentlich zu bekennen. Diejenigen, die davon in erster Linie profitierten, waren die Sozialdemokraten. Indem Brandt eine beträchtliche Anzahl der bundesdeutschen kulturellen Avantgarde und Künstlerszene für die Sozialdemokraten gewinnen konnte, avancierte die bis dahin eher biedere Partei der Arbeiter und kleinen Angestellten einen historischen Moment lang zur angebeteten politischen Dame der kulturellen Schickeria. Der Flirt begann himmelhochjauchzend. Am Ende jedoch stand zunächst Enttäuschung, dann Bitternis, schließlich Gleichgültigkeit.[17]

Nach 1945 hatten sich Schriftsteller, Dichter und Regisseure zunächst von den Niederungen der Parteipolitik sorgsam ferngehal-

---

17 Vgl. Schönhoven, Klaus 2004, »Intellektuelle und ihr politisches Engagement für die Sozialdemokratie. Szenen einer schwierigen Beziehung in der frühen Bundesrepublik«, in: Kaiser, André/Thomas Zittel (Hg.), *Demokratietheorie und Demokratieentwicklung. Festschrift für Peter Graf Kielmansegg*, Wiesbaden: VS Verlag für Sozialwissenschaften, S. 279-298.

ten.[18] Die früheren politischen Extreme, ob völkisch oder kommunistisch begründet, denen die Sympathien gerade von Intellektuellen zugeflogen waren, hatten sich bekanntlich zuvor gründlich diskreditiert. Und so stand Politik ganz generell nicht hoch im Kurs bei den Denkern in der deutschen Gesellschaft. Doch Anfang der 1960er Jahre mehrte sich die Kritik aus dem Feuilleton an der Kanzlerschaft Adenauers, an der Hegemonie der »Schwarzen«, an der »Politik der Restauration«.[19] Aus der Distanz zur strukturellen Staatspartei entwickelte sich peu à peu Nähe zur chronischen Oppositionspartei – eben zu den Sozialdemokraten.

Der Mann, der diese Annäherung stärker als jeder andere betrieb, war der Dichter der *Blechtrommel*, Günter Grass. Seit Mitte der 1960er Jahre rief der frühere Danziger bei Bundestagswahlen – politische Skrupel hin, programmatische Differenzen her – in schöner Regelmäßigkeit zum Votum für die SPD auf.[20] Er wurde zu einem nimmermüden Wahlkämpfer, reiste über Wochen, ja Monate landauf, landab, um für die Partei seiner ebenso intimen wie schwierigen Zuneigung die Trommel zu schlagen. Auf seinen Einfall ging auch die in der deutschen Geschichte wohl erste Wahlhelfergruppe von Literaten für eine politische Partei zurück: das »Wahlkontor deutscher Schriftsteller«.[21] Ausgeheckt hatte Grass diese Idee mit dem Patron der »Gruppe 47«, Hans Werner Richter, und dem jungen Berliner Verleger Klaus Wagenbach. Eine Truppe von professionellen Schreibern sollte den Funk-

---

18 Krüger, Horst 1972, »Der Staat und die Intellektuellen. Autobiographie eines Verhältnisses«, in: *Frankfurter Hefte* 27/H. 7, S. 488-495, hier S. 490 f.
19 Vgl. Walser, Martin (Hg.) 1961, *Die Alternative oder Brauchen wir eine neue Regierung?*, 2. Aufl., Reinbek bei Hamburg: Rowohlt; Richter, Hans Werner (Hg.) 1965, *Plädoyer für eine neue Regierung oder Keine Alternative*, Reinbek bei Hamburg: Rowohlt.
20 Jürgs, Michael 2002, *Bürger Grass. Biographie eines deutschen Dichters*, München: Bertelsmann, S. 171 ff.
21 Röhler, Klaus/Rainer Nitsche/Friedrich Delius (Hg.) 1990, *Das Wahlkontor deutscher Schriftsteller in Berlin 1965. Versuch einer Parteinahme*, Berlin: Transit, S. 16.

tionärsjargon und die Propagandafloskeln aus der Wähleransprache der SPD verbannen und für neuen stilistischen Esprit sorgen. Mitte Juni 1965 ging es in einigen kurzfristig angemieteten Büroräumen nahe der Gedächtniskirche in Berlin los. Das »Wahlkontor deutscher Schriftsteller« begann seine Arbeit, sinnierte über Slogans, feilte an Metaphern, bastelte an Polemiken gegen die Christlichen Unionisten.

17 Literaten zählten zum Kontor, überwiegend vielversprechende Begabungen, weniger die großen, etablierten Stars des westdeutschen Kulturbetriebes. Nicolas Born, Peter Härtling, Hubert Fichte schrieben polittaugliche Verse für die alte Arbeiterpartei, auch Hermann Peter Piwitt, Günter Herburger, Hans Christoph Buch und Peter Schneider machten mit. Das Geld, das die SPD allerdings eher spärlich fließen ließ, verwaltete Klaus Wagenbach. Mitglied der Sozialdemokratie war niemand aus dieser Runde. Zusammen verband sie die gemeinsame Antipathie gegenüber der CDU.

Am helllichten Tage standen die Büroräume leer; auf die Tasten ihrer Schreibmaschinen hämmerten die Härtlings und Schneiders während der finsteren Nachtstunden. Doch hatte dies nichts mit dem genreüblichen bohemehaften Lebenswandel von Poeten und Belletristen zu tun, die ungewöhnlichen Arbeitszeiten waren schlicht den Zwängen des Wahlkampfes geschuldet. Denn kurz vor Mitternacht liefen die jeweils neuesten Parolen der »bürgerlichen Parteien« über den Ticker, auf welche die »Kontoristen« dann klug, witzig und geistreich, vor allem aber postwendend zu replizieren hatten. Erfreulich gut harmonierte der Zirkel mit Karl Schiller, dem Professor für Wirtschaftstheorie und späteren Bundeswirtschaftsminister. Überraschend friktionsfrei soll ebenfalls die Zusammenarbeit zwischen Wagenbach und dem im Prinzip intellektuellenskeptischen Helmut Schmidt verlaufen sein. Dagegen ging mit Herbert Wehner so gut wie nichts. Der Exkommunist und harte Haudegen des Apparats hatte für die politisch

unzuverlässigen »Kaffeehausliteraten« kaum mehr als tiefes Misstrauen, ja kalte Verachtung übrig.

Natürlich, die wahlkämpfenden Sozialdemokraten empfingen keineswegs alles mit offenen Armen, was ihnen die Kreativabteilung
des Schriftstellerkontors in den frühen Morgenstunden anbot.
»Der Frau treu bleiben, die Partei wechseln – SPD« – zu diesem
munteren Motto fehlten den auf Ernsthaftigkeit bedachten Sozialdemokraten des Jahres 1965 beispielsweise jede Courage.[22]
Man wollte partout keine bürgerlichen Wähler verschrecken; man
wollte vielmehr um alles in der Welt die Pose staatsmännischer
Seriosität einnehmen. So landeten etliche provokante Schlagzei-
lenentwürfe der Kontoristen in den Schubläden der von Wehner
scharf kontrollierten Parteizentrale.

Der erstrebte Machtwechsel blieb 1965 bekanntlich noch aus.
Als die Sozialdemokraten dann im Jahr darauf nach dem Rückzug der Freien Demokraten aus der Regierungsverantwortung kur-
zerhand in die Große Koalition mit den alten Feinden von der
CDU/CSU hineinsprangen, reagierten die schriftstellerischen Unterstützer empört und zornig. Man resolutionierte und telegra-
phierte wütende Protestmanifeste, ohne dass dies die Architekten
des neuen Bündnisses indes im Geringsten berührte. Die meisten
Aktivisten aus dem Kontor machten danach keinen Finger mehr
für die SPD. Grass – ebenfalls alles andere als ein Freund
des Kabinetts Kiesinger/Brandt – bildete auch hier (fast) eine
Ausnahme.

Schon 1968 begann er abermals damit, für den Bundestagswahlkampf 1969 Bündnisgenossen in der intellektuellen Szene zu sammeln. In seinem Haus in Berlin-Friedenau kamen der Publizist

22 Siehe auch: Münkel, Daniela 2001, »»Hör auf deine Frau, wähl SPD!«. Frauen in
der Wahlwerbung der SPD«, in: Grebing, Helga/Karin Junker (Hg.), *Frau. Macht.
Zukunft. Festschrift für Inge Wettig-Danielmeier.* Marburg: Schüren, S. 249-264.
Vgl. ferner: Münkel, Daniela 2000, »Intellektuelle für die SPD. Die sozialdemokratische Wählerinitiative«, in: Hertfelder, Thomas/Gangolf Hübinger (Hg.), *Kritik
und Mandat,* S. 222-238.

Günter Gaus, der Historiker Eberhard Jäckel, die beiden Politologen und Zeitgeschichtler Kurt Sontheimer und Arnulf Baring
zusammen, um eine sozialdemokratische Wählerinitiative aus der
Taufe zu heben.[23] Doch schien es sich dabei um ein totgeborenes
Kind zu handeln. Intellektuelle Promis wie Peter Weiss, Martin
Walser und Heinrich Böll, von Grass um Mitwirkung gebeten, er-
teilten den sozialdemokratischen Wahlhelfern eine unmissverständlich kühle Abfuhr. Insgesamt war die Reputation von Grass
in linksintellektuellen Kreisen Ende der 1960er Jahre nicht durchweg glänzend. Grass lag in dieser Zeit in polemischer Fehde mit
den studentenbewegten Rebellen der Republik, die er rüde als
»Faschisten im Marxpelz« qualifizierte. Infolgedessen stand Grass
daher bei all denen, die sich damals revolutionär kostümierten,
im Ruf des verdammenswerten sozialdemokratischen Konterrevo-
lutionärs.

Aber man darf die Zahl der SDSler, maoistischen Parteigründer,
Marcusisten, Leninisten und Bakunisten auch im Nachhinein
nicht überschätzen. Das neue urbane Bürgertum war vielmehr
moderat und modisch linksliberal, rümpfte ein wenig blasiert die
Nase über die Konservativen und schwärmte für Willy Brandt.
Und in diesem linkslibertären Umfeld gehörte es nun, zwischen
1969 und 1972, zum guten Ton, sich parteipolitisch demonstrativ
zu bekennen – durch Mitgliedschaften in Wählerinitiativen, durch
Plaketten, Buttons, Zeitungsinserate, Aufkleber et cetera pp. Wie
Pilze in feuchtwarmen Spätsommernächten schossen die sozialdemokratischen Kultur- und Intellektuelleninitiativen überall in
der Bundesrepublik aus dem Boden. Aus der ursprünglich pro-
jektierten Schriftsteller- und Professoreninitiative entwickelte sich

23 Vgl. Lösche, Peter/Franz Walter, *Die SPD*, S. 285 ff.; Löer, Wigbert 1999, »Aus-
flug zur Macht, noch nicht wiederholt: Die Sozialdemokratische Wählerinitiative und ihre Rudimente im Bundestagswahlkampf 1998«, in: Dürr, Tobias/Franz
Walter (Hg.), *Solidargemeinschaft und fragmentierte Gesellschaft. Parteien, Milieus
und Verbände im Vergleich. Festschrift zum 60. Geburtstag von Peter Lösche*, Opladen: Leske + Budrich, S. 379-393.

eine breite sozialdemokratische Prominentenrunde mit den seinerzeit gefeierten Stars aus Funk und Fernsehen, unter ihnen der »Alte« Siegfried Lowitz, der Derrick-Darsteller Horst Tappert, die Quiz- und Showmaster Kuhlenkampf und Frankenfeld, die Mutter der Nation, Inge Meysel, usw. Das kulturelle Deutschland lag im politischen Outing-Fieber. Unter denjenigen, die in den frühen 1970er Jahren ihr Geld durch Belletristik, Musik, Unterhaltung, Malerei, Regieführung oder Schauspielerei einstrichen, gab es in der frühen Ära kaum jemanden, von denen der halbwegs interessierte Bundesdeutsche nicht wusste, für welche Partei sein oder ihr Herz schlug. In der Regel war es die Partei des lübischen »Friedenskanzlers«. Die Hautevolee in den westdeutschen Metropolen führte auf Vernissagen, Empfängen, Premieren stolz die Plakette »Bürger für Brandt« auf den Revers sündhaft teurer Jacketts und Blazers vor.

Aber dann, schon ein Jahr später, war alles wieder vorbei. Es war eben lediglich »eine Partyattitüde«, wie Martin Walser mit bissigem Spott kommentierte, »es war von Grünewald bis Blankenese alles nicht so gemeint«. Das hatte mit Enttäuschungen über den rumpeligen Regierungsalltag der sozialliberalen Koalition nach Abschluss der großen ostpolitischen Vertragswerke zu tun. Im Übrigen war es wie auch sonst im Showgeschäft: Was gerade noch als *dernier cri* gefeiert wurde, rief wenig später nur noch gähnende Langeweile hervor. Der Reiz des Neuen flaute rasch ab. Man wusste 1973 hinlänglich, wer von den TV-Stars rot, wer schwarz, wer blau-gelb gesinnt war. Bald galt es dann überdies ganz und gar als degoutant, sich mit einer der sowieso »visionslosen« Parteien zu »identifizieren«.

An der leicht linksliberal gefärbten Affinität zahlreicher Schriftsteller und Kulturmenschen, im Alter mittlerweile von 40 ff., zu Sozialdemokraten und Grünen, jetzt auch zur Linkspartei hat sich bis heute natürlich prinzipiell kaum etwas geändert. Wenn es bei Wahlen darauf ankam, waren auch die treuen Literaten eines sozialen Reformismus verlässlich zur Stelle – Günter Grass stets vorneweg. Doch ist die Passion der Dichter, Denker und Unterhaltungskünstler Anfang der 1970er Jahre für die Partei Willy Brandts mindestens ambivalent zu bewerten. Die schwärmerische Begeisterung zahlreicher Intellektueller für das pompöse sozialliberale Aufbruchsversprechen entbehrte nicht irrationaler Züge. Der Überschwang der Literaten überfrachtete die Regenten nachgerade mit transzendentalen Erwartungen, welche von diesseitiger Politik unweigerlich enttäuscht werden mussten. Die merkwürdig exaltierten Frustrationen und zynischen Nihilismen der Post-Brandt-Jahre haben mit diesem jähen Sturz aus allen Träumen zu tun. Im Übrigen hat die voluntaristische Politisierung der Prosa jener Jahre das Niveau der bundesdeutschen Literatur gewiss nicht gehoben, da holzschnittartige Parteinahme und skurriler Gesinnungskitsch mitunter stärker ins Gewicht fielen als Imagination, Fantasie, Kreativität, sprachliche Expressivität.

Zuweilen zirkuliert das Verlangen nach einer Synthese von Geist und Politik. Doch ernsthaft wünschen sollte man sich ein solch unverträgliches Amalgam nicht. Von einer dezenten Distanz haben beide Seiten einfach mehr.

Intellektueller, Diplomat und Kommunikator: Egon Bahr

Einer, der weit entfernt von transzendentalen Erwartungen seine Intellektualität in den Dienst diesseitiger Politik stellte, war Egon Bahr. Er war der »konzeptionell fähigste meiner Mitarbeiter«,[24] schrieb Willy Brandt 1989 in seinen *Erinnerungen*. In der Tat: Vielleicht keinem anderen Menschen hatte Brandt für sein politisches Renommee so viel zu verdanken wie Bahr. Die historische

---

24 Brandt, Willy 1989, *Erinnerungen*, Frankfurt am Main: Propyläen, S. 73.

Größe Brandts hing an der Ostpolitik. Die Architektur dieser Politik, ihre Begründung und Zielperspektive, dann auch ihr präziser Bau waren primär Idee und Werk von Egon Bahr.

Bahr, 1922 geboren, stammte aus Thüringen. Die deutsche Frage, die Einheit von West und Ost, war sein großes Lebensthema. Über dieses Thema dachte er seit den 1950er Jahren unentwegt nach. Darüber kam er zur SPD; hier bestand für den Sohn aus eher bürgerlichem Haus sein unüberbrückbarer Dissens zu Adenauer. Rastlos schmiedete Bahr Pläne, wie man aus der deutschlandpolitischen Sackgasse einer einseitigen Westpolitik herauskommen könnte. Und so war es für Bahr ein wahres Glück, als ihn Willy Brandt, der den früheren RIAS-Journalisten schon 1960 zu seinem Presse- und Informationschef gemacht hatte, 1966 mit nach Bonn in das Auswärtige Amt nahm und ihn dort nach kurzer Zeit zum Leiter der Planungsabteilung ernannte.[25]

Die folgenden sechs Jahre, zunächst im Außenministerium, dann im Kanzleramt, wurden zur wohl ergiebigsten Zeit im Leben des Egon Bahr. Während der ersten drei Jahre konnte er in unzähligen Diskussionen mit den klugen Beamten des Auswärtigen Amtes an seinen ostpolitischen Projekten basteln und feilen. Zunächst blieben das hochanspruchsvolle theoretische Diskurse ohne große realpolitische Wirksamkeit. Aber Bahr hatte seine Freude daran. Doch blieben diese Debatten keineswegs luftige und versponnene Sandkastenspiele. Am Ende, als die Große Koalition auseinanderging, stand das Plateau der sozialliberalen Ost- und Deutschlandpolitik schon. Als das Kabinett Brandt-Scheel zusammenkam, lagen alle Pläne für die Außenpolitik fertig und akkurat durchkomponiert bereits in den Schubläden. Dergleichen findet man selten in der wirklichen Politik, beim Wechsel von Regierungen, wo in der Regel die bewegliche Improvisation statt des langfristig choreographierten Konzepts herrscht.

25 Vgl. Koch, Peter 1988, *Willy Brandt. Eine politische Biographie*, Berlin: Ullstein, S. 295.

So hatte Bahr sich während der großkoalitionären Jahre in aller Ruhe vorbereiten können. Im Herbst 1969 zog er mit seinem neuen Kanzler in das Palais Schaumburg, in das Büro von Hans Globke im Übrigen,[26] wo er nun als Staatssekretär seine Arbeit im Auswärtigen Amt im Grunde lediglich fortsetzte – mit dem entscheidenden Unterschied indes: Jetzt konnte er realisieren, was er zuvor an Gedanken, Konzepten, Plänen allein reflexiv zusammengestellt hatte. Es war eine ideale, ganz ungewöhnliche Situation für einen politischen Intellektuellen. Und niemals auch ist ein politischer Intellektueller in der Bundesrepublik so weit gekommen wie Bahr. Im Grunde funktioniert die Politik nicht so, dass man politische Leitvorstellungen entwickelt, ein Programm entwirft und dieses dann Zug um Zug in politische Wirklichkeit übersetzt. So stellt man sich das oft eher laienhaft vor; so wäre es vielleicht auch wünschenswert; so ist es aber in den seltensten Fällen. Erfahrene politische Praktiker halten dergleichen für eine verblasene Illusion. Die Bahr'sche Ostpolitik aber verlief nach diesem Muster: konzeptionelle Planung, dann systematischer Transfer – Schritt für Schritt.

Natürlich und in erster Linie: Bahr hatte das Glück einer historisch einzigartigen Konstellation. Es war gleichsam der Kairos, der ihn begünstigte. Einige Jahre zuvor oder wenige Jahre später hätte das alles nicht gelingen können. Und der Politiker Bahr hatte auch nach 1972 nicht mehr viel Fortune, obwohl er weiterhin ein unermüdlicher Konzeptionalist blieb. Zunächst einmal sind in der Außenpolitik die Spielräume größer als in der Innenpolitik, zumal in Deutschland. Die Zahl der Vetomächte ist auf diesem Feld weit geringer. 1969/1970/1971 kam hinzu, dass die Weichen der internationalen Beziehungen neu gestellt wurden, dass die klassische Adenauer'sche Westpolitik ostpolitisch flankiert werden musste. Eben dorthin gingen auch die beiden Supermächte.

26 Vgl. Bahr, Egon 1996, *Zu meiner Zeit*, München: Blessing, S. 274.

Insofern bewegten sich die Ideen Bahrs im richtigen Moment in die richtige, auch machtgestützte Richtung der Weltpolitik. Bahr besaß unter diesen Rahmenbedingungen den nötigen Handlungsraum. Dass er ihn auch besetzen und nutzen konnte, dafür wiederum sorgte Willy Brandt. Im Unterschied zu anderen Kanzlern war Brandt fähig, seinen engsten Mitarbeitern Eigenständigkeit zu gewähren, Bewegungsraum zu lassen, ihnen zu vertrauen. Brandts Eifersucht auf andere öffentliche Akteure in den eigenen Reihen hielt sich in bemerkenswerten Grenzen.

Dabei ging es Bahr auch gar nicht um die öffentliche Schaustellung seiner politischen Operation. Bahr war vielmehr darauf aus, als der große Geheimdiplomat zu gelten, der geheimnisvolle und geheimnisumwitterte Strippenzieher, der trickreiche Diener seines Herrn. Aber um den Herrn ging es ihm tatsächlich. Er verehrte, ja liebte Brandt wirklich. Bahr wollte gar nicht die Lorbeeren, die öffentlichen Preise einer erfolgreichen Ostpolitik. Das gönnte er ganz selbstlos dem Kanzler, dem er, wie Herbert Wehner ein wenig neidisch urteilte, durch »bedingungslose Loyalität« ergeben war. Dass man ihn in der deutschen Öffentlichkeit für einen großen Strategen im Hintergrund hielt, war Bahr nicht unrecht. Aber der Repräsentant und das Symbol für die neue Politik gegenüber dem Osten war Brandt, auch und gerade für Bahr.

So ließ ihn der Kanzler machen. Und in einer für Bahr typischen Mischung aus kühler, ja kalter Rationalität und heftiger Leidenschaft, aus taktischer Raffinesse und ungeduldigem Temperament war er der richtige Mann für die Verhandlungen mit den ihm darin wesensähnlichen Russen. Man kam jedenfalls gut miteinander zurecht. So, nochmals, setzte Bahr sein politisches Projekt Zug um Zug um. Er erwies sich dabei als Meister der Geheimdiplomatie, wie es sie in den auswärtigen staatlichen Geschäften seit ewigen Zeiten gab. Aber er war auch ein Virtuose der politischen Kommunikation, wofür elementarer Bedarf erst seit den Zeiten der Massen- und Mediendemokratie existiert. Bahr war ein großer Schweiger, der »wichtige Nachrichten sogar vor sich selbst geheim hielt«,[27] doch lancierte er in den richtigen Momenten auch einprägsame Schlüsselbegriffe, Begründungen für Ziel und Richtung seiner Politik. Diese Doppelbegabung aus Diplomatie und Kommunikation nutzte der Ostpolitik, war keineswegs unentscheidend für ihren Erfolg, ihre Mehrheitsfähigkeit in den frühen 1970er Jahren, schließlich: für den sozialdemokratischen Triumph bei den Bundestagswahlen 1972. Sie bedeuteten somit nicht nur einen Sieg für Willy Brandt, sondern auch ein ganz ungewöhnliches Plebiszit für die Leistungen eines politischen Intellektuellen.

Danach allerdings wandelten sich die Konstellationen, veränderten sich die nationalen und internationalen Rahmenbedingungen. Bahr verlor die Voraussetzungen für seine Wirksamkeit. Viel gelang ihm nun nicht mehr. Seine Konzepte gingen nicht mehr auf, wirkten später dann, im Laufe der 1980er Jahre, eigensinnig und undurchschaubar zugleich. Ein unermüdlicher, kreativer Konzeptionalist, Interpret und Impulsgeber blieb er gleichwohl.

Hemdsärmelig und vitalistisch: Horst Ehmke

Seine politisch schönsten Jahre dürften in der Frühlingszeit des Sozialliberalismus gelegen haben. Hier war er der Hansdampf in allen Gassen, der mit seiner politischen Kraft, Lust und Energie kongenial in jene Ära hochoptimistischer Machbarkeit und zielgenauer Veränderungspläne hineinpasste, mehr noch: sie gewissermaßen verkörperte. Die Rede ist von Horst Ehmke, Willy Brandts damaligem Kanzleramtschef.

Ein Kind der klassischen Arbeiterbewegung war Ehmke nicht. Seine Wiege stand in Danzig, in einer durch und durch bürger-

27 Glotz, Peter 1992, »Egon Bahr – ein Mann, der Linie hielt«, in: *Bonner Generalanzeiger* (18. März 1992).

lichen Arztfamilie. Mit 17 Jahren legte Ehmke sein Notabitur ab, nach Kriegsende studierte er in Göttingen Recht und Volkswirtschaft, zwischenzeitlich auch Geschichte und politische Wissenschaft in Princeton. 1952 wurde er bei Rudolf Smend über das Thema »Grenzen der Verfassungsänderung« promoviert, einige Jahre später legte er seine Habilitationsschrift zum Thema »Wirtschaft und Verfassung« vor. Mit 34 Jahren erhielt er seinen ersten Ruf als Professor für Öffentliches Recht nach Freiburg, avancierte bald darauf ebendort zum Dekan. Zu Beginn der Großen Koalition wurde er, der schon Mitte der 1950er Jahre als Assistent beim damaligen juristischen Geschäftsführer der SPD-Fraktion, Adolf Arndt, gearbeitet hatte, Staatssekretär unter Gustav Heinemann, kurz darauf – als dieser zum Bundespräsidenten gewählt wurde – Bundesminister der Justiz.

Etlichen Traditionalisten in der SPD verlief diese Blitzkarriere entschieden zu schnell. Sie misstrauten dem kecken Bürgerssohn, der nichts richtig ernst nahm, sich zuweilen auch über die Heiligtümer des Sozialismus im schnodderigen Ton lustig machte, der heute links, morgen Mitte, übermorgen vielleicht rechts sein konnte, überhaupt: der noch nie in seinem Leben Parteibeiträge kassiert hatte.

Indes: Der sozialdemokratische Parteivorsitzende Willy Brandt erkannte die besondere Begabung Ehmkes – »Horst ist unser Spezialist für alles«,[28] pflegte er zu sagen – und machte ihn 1969 als Regierungschef der neuen sozialliberalen Koalition zum Chef seines Kanzleramts. Binnen weniger Monate wurde Ehmke sodann zum Enfant terrible der Bonner Politik. Auch im eigenen politischen Lager wimmelte es von Feinden des forschen Kanzleramtsministers. Helmut Schmidt pflegte eine heftige Abneigung gegen den ihm in vielem durchaus wesensähnlichen Vorsteher des Palais Schaumburg. Aber auch Außenminister Scheel vom freidemokra-

28 Zit. nach Sobotta, Joachim 1968, »Der kommende Mann der SPD«, in: *Rheinische Post* (16. März 1968).

tischen Koalitionspartner mochte Ehmke nicht. Der SPD-Fraktionschef Herbert Wehner war ebenfalls ein Gegner. Und in den Bundestagsfraktionen von SPD und FDP fanden sich ebenso nur wenige Freunde und Sympathisanten Ehmkes. Etliche Historiker geben dieser zeitgenössischen Ehmke-Fronde auch in der Rückschau zumeist recht. Ehmke sei, so kann man in zahlreichen Abhandlungen nachlesen, nicht der richtige Mann am richtigen Platz gewesen.

Aber wie hätte der richtige Mann sein, was genau hätte er machen müssen? In aller Regel bekommt man auf diese Frage von kundigen Interpreten des Politischen zu hören, dass ein guter Kanzleramtschef seine Funktion still und unauffällig ausfüllen müsse. Dass er ohne Eitelkeit und Ruhmsucht zu Werke zu gehen habe. Dass er allein dem Kanzler die Inszenierung des Politischen in der Öffentlichkeit überlassen solle. An diesem Maßstab gemessen war Ehmke seinerzeit in der Tat eine glatte Fehlbesetzung. Ehmke war alles andere als zurückhaltend, geräuschlos, öffentlichkeitsscheu. Brandts Kanzleramtsleiter liebte vielmehr die Präsentation, die Resonanz, den Applaus, die Aufmerksamkeit des großen Publikums. Ehmke hat gewiss keine Sekunde gegen seinen Kanzler intrigiert, hat sich nicht ernsthaft als ein Rivale zu ihm aufgebaut. Aber dass er irgendwann später, sollte Brandt einmal amtsmüde werden, einen durchaus exzellenten Kanzler der Deutschen Bundesrepublik abgeben würde, davon dürfte Ehmke felsenfest überzeugt gewesen sein. Und einen Hehl machte er aus diesem überbordenden Selbstbewusstsein nicht.

So war Ehmke nun einmal. Er war ein Kraftpaket, ein Draufgänger, unaufhörlich nach vorne stürmend, dabei eine schillernd vieldeutige, man kann auch freundlicher sagen: multitalentierte Gestalt. Er war zwar ein Ordinarius, aber er war nicht professoral. Dafür wirkte er zu vitalistisch, zu hemdsärmelig, zu kraftstrotzend mit seinem amerikanischen Bürstenhaarschnitt. Er genoss – anders als viele zaudernde Professoren und Intellektuelle, die es in die Politik verschlagen hatte – die Möglichkeiten der realen Macht. Doch fehlten ihm die mitunter nötigen opportunistischen Rücksichtnahmen, die Anpassungsgeschmeidigkeit zahlreicher Politiker. Ehmke war in vielerlei Hinsicht zu intelligent für dieses Geschäft, zu schnell, zu scharfsinnig – und letztlich dadurch zu scharfzüngig. Mit langsamer denkenden Kollegen – und wer dachte nicht langsamer als der »flotte Hotte« – zeigte er wenig Geduld. Er fiel ihnen ins Wort, wies sie zurecht. Er konnte einfach eine gelungene süffisante Pointe auf Kosten anderer nicht unterdrücken.[29] Man hat es oft geschrieben: Es fehlte Ehmke mitunter an Dezenz und Diskretion. So gesehen war es tatsächlich heikel, ihn auf den Stuhl des Kanzleramtschefs zu platzieren. Denn es war ja richtig, dass der Leiter der Regierungszentrale Konflikte zwischen den Ressorts dämpfen musste, dass er zu moderieren, zu koordinieren, auszugleichen und zusammenzufügen hatte.

Und dennoch schossen die polemischen Urteile über Ehmkes Hoppla-jetzt-komm-ich-Stil weit über das Ziel hinaus, ja: sie wurden ihm nie gerecht. Es reicht nicht, wenn man sich nur auf seine unzweifelhafte Egozentrik fixiert. Egon Bahr lag schließlich nicht daneben, als er sich in seinen Memoiren bewundernd erinnerte, dass er vor und nach Ehmke niemanden kennengelernt habe, der mehr Papier bearbeitet, mehr vom Tisch geschafft hätte. Gewiss, Ehmke hatte sich in der Regierungszentrale viel vorgenommen. Dabei scheiterte sein seinerzeit berüchtigter »Planungsverbund«, mit dem er die Reformvorhaben der Ministerien und des Kanzleramts verklammern und synchronisieren wollte, am Widerstand der Einzelressorts, vor allem an der notorischen Eifersucht Helmut Schmidts, auch an der Gleichgültigkeit des Kanzlers in diesen Dingen. Aber sonst hatte Ehmke das Amt gut und fest im Griff. Ehmke war kein weltabgewandter Professor, aber auch nicht

29 Vgl. o.V., »Anderes Türschild«, in: *Der Spiegel* (24. März 1969); Frank-Planitz, Ulrich 1969, »Premierminister Ehmke«, in: *Christ und Welt* (19. Dezember 1969).

lediglich ein schnodderiger Vielredner. Er war ein durchaus harter Arbeiter, der sich, wenn nötig, 20 Stunden am Tag durch Akten fressen konnte. Er administrierte akkurat und kompetent,
entlastete damit seinen Kanzler von viel Alltagsroutine. Dass viele
altgediente Ministerialbürokraten Ehmke nicht leiden konnten,
zeigte nur, wie sehr er ihnen Leistungen und ungewohntes Tempo
abforderte. Schließlich war das Kanzleramt in den 1960er Jahren,
seit dem Abgang von Adenauer, ziemlich heruntergekommen.
Ehmke führte wieder die nützliche Personalrotation zwischen
Kanzleramt und Ministerien ein, die seit 1963 geruht hatte. Und
er modernisierte das verstaubte Amt, sorgte für moderne Kommunikationstechniken.

Aber auch das überschäumende Temperament Ehmkes war nicht
nur von Nachteil. Der Kanzler jedenfalls, um den es schließlich
ging, zog daraus mehr Nutzen als Schaden. Horst Ehmke selbst
sprach später in seinen Memoiren von einer »kompensatorischen
Arbeitsteilung«,[30] die er mit Willy Brandt gepflegt habe. In der
Tat: Kanzleramtschefs und Kanzlerberater müssen in vielfacher
Hinsicht komplementär zu ihren Chefs stehen; sie sollten über
Fähigkeiten verfügen, die jenen fehlen. Willy Brandt besaß ein
eher grüblerisches Wesen, wich Konflikten gern aus. Ehmke hingegen liebte die Rauferei, das Kampfgetümmel, den Schlagabtausch. Er war infolgedessen zugleich Bodyguard und Blitzableiter für Brandt.

Doch nach den Bundestagswahlen 1972 musste Ehmke, auf Druck
von Wehner und Schmidt, aus dem Kanzleramt verschwinden.
Und nicht zufällig begann nun der stetige Abstieg Brandts. Ehmke
selbst übernahm das Ministerium für Forschung, Technologie
und Post, schied aber dort nach der Demission Brandts ebenfalls
aus. Ab 1977 war er noch für knapp 15 Jahre ein wichtiger Mann
in der SPD-Fraktion, Experte für Außenpolitik, aber auch weiter-

30 Ehmke, Horst 1994, *Mittendrin. Von der Großen Koalition zur deutschen Einheit*, Berlin: Rowohlt, S. 201.

hin brillant extemporierender Redner zu allen Fragen der Politik. Nach den Bundestagswahlen 1990 überwarf er sich als dezidierter Lafontainist mit dem Partei- und Fraktionsvorsitzenden Hans-Jochen Vogel, was ihn fortan die wichtigsten Ämter in der Partei und im Bundestag kostete. Ab 1994 gehörte er dem Parlament nicht mehr an. Seither schrieb er, bevorzugt in seinem Ferienhaus in der Eifel, Kriminalromane. Sex spielt darin eine vorzügliche Rolle. Auch geheimdienstliche Machenschaften. Natürlich Politik. Erfahrungen eben aus einem prallen Leben.

Schnodderig und unabhängig: Conrad Ahlers

Er war die Stimme der Regierung Brandt. Doch ging sein Ehrgeiz immer auch ein bisschen weiter. Er wollte schließlich mehr sein als lediglich Lautsprecher der Exekutive. Er wollte immer auch gerne an den Stellschrauben der Politik mitdrehen: Conrad Ahlers.

Die Ambition jedenfalls hatte Ahlers, die politische Intelligenz dafür auch – insofern passte er brillant zum *inner circle* im Kanzleramt der Jahre 1969 bis 1972, zu den Vollblutintellektuellen und Vollpolitikern: Egon Bahr und Horst Ehmke. Im Übrigen komplettierte er gewissermaßen die bürgerliche Substanz der unmittelbaren Entourage des ersten sozialdemokratischen Kanzlers. Sein Vater war Kaufmann, die Mutter entstammte einem protestantischen Pfarrhaus. Ahlers selbst hatte als junger Mann in Hamburg die Junge Union mitbegründet.[31] Allein das hatte bei vielen Sozialdemokraten natürlich höchsten Argwohn erregt. Es war ein anderer Stallgeruch, der Ahlers umwehte. Er trat besonders großbürgerlich, hanseatisch, zuweilen gar ein wenig arrogant auf. Die Zahl seiner Fans in der SPD hielt sich demzufolge in bescheide-

31 Vgl. Bell, Wolf J. 1972, »Brücken, die auch Wahlkämpfe überdauern«, in: *Darmstädter Echo* (12. Oktober 1972).

nen Grenzen. Doch Ahlers genoss die Gunst des Kanzlers. Und auch bei den meisten Journalisten im Bonner Korrespondenten-corps war er durchaus beliebt, zumindest angesehen.

Schließlich hatte er eine lupenreine journalistische Karriere hinter sich. Gelernt hatte er bei Bischof Liljes *Sonntagsblatt*, gereift war er bei der *Frankfurter Rundschau* und geadelt hatte ihn schließlich, dass er als *Spiegel*-Redakteur im Herbst 1962 infolge seines mittlerweile historisch gewordenen Artikels »Bedingt abwehrbereit« auf Initiative des Verteidigungsministers Franz Josef Strauß zusammen mit seiner Ehefrau im spanischen Malaga verhaftet wurde und dann mehrere Wochen im Gefängnis in Euskirchen verbringen musste. Das war gewissermaßen der Ritterschlag für unbedingte journalistische Unabhängigkeit, hatte ihm auch bei den argwöhnischen Sozialdemokraten einigen Kredit verschafft, von dem er nun, in den ersten drei sozialliberalen Jahren, zehren konnte.

Anfangs hatte er sogar die Protektion Herbert Wehners, des wohl mächtigsten Mannes in der deutschen Sozialdemokratie der 1960er Jahre. Wehner war Pate bei einem der Ahlers-Kinder. Und Wehner war Ahlers dankbar dafür, dass er zwischen ihm und dem CSU-Bundestagsabgeordneten Karl Theodor Freiherr von und zu Guttenberg vermittelte, um so allmählich eine Große Koalition der beiden Volksparteien in Deutschland zu installieren. Als diese Koalition 1966 dann tatsächlich zustande kam, wurde Ahlers für seine Vorleistungen belohnt und erhielt das Amt des zweiten Regierungssprechers. Schon während dieser Regierungszeit fiel er durch eine mitunter verstörende Flapsigkeit auf. Ahlers kreierte auch die Charakterisierung »wandelnder Vermittlungsausschuss« für den Kanzler der Großen Koalition, Kurt Georg Kiesinger, als dessen Liebling er anfangs durchaus galt.

Unter Brandt stieg Ahlers dann 1969 vom Stellvertreter zum Chef auf. Das hatte gewiss auch damit zu tun, dass Ahlers sechs Wochen vor der Bundestagswahl öffentlich erklärte, er könne sich einen

Bundeskanzler Brandt sehr gut vorstellen.[32] Kiesinger schäumte damals. Brandt feixte – und prämierte den Coup mit dem Chefposten des Bundespresseamtes.

Die Funktion des Regierungssprechers ist, wie bereits angedeutet, alles andere als eine leichte Aufgabe. Auch Ahlers hatte seine liebe Mühe damit. Die meisten Mächtigen der SPD jedenfalls waren chronisch unzufrieden mit ihm. Auch die einstige Vaterfigur Wehner schleuderte nun zornige Blitze gegen ihn. Gallig sprach Wehner von der »miesen Art«, in der Ahlers die Politik der Regierung begleiten würde. Der Regierungssprecher – einer der wenigen in der Chefetage der SPD, der sich vor Wehner nicht fürchtete und duckte – zahlte mit gleicher Münze zurück: »Wehner war einmal ein bedeutender Mann. Heute schimpft er nur noch herum.«

Freunde und Loyalitäten verschaffte er sich damit in der SPD nicht. Helmut Schmidt war ein Gegner des Regierungssprechers, auch der SPD-Bundesgeschäftsführer Hans-Jürgen Wischnewski. Und dem linken Parteiflügel, insbesondere den damals noch bemerkenswert einflussreichen Jusos, stand Ahlers sowieso zu weit rechts. Die Sozialdemokraten hätten gerne einen dezidierten Chefpropagandisten für Entspannungs- und Sozialpolitik an der Spitze des Bundespresseamtes gesehen, der das Volk tagtäglich über die Segen sozialdemokratischer Fortschrittlichkeit aufklärte. Auch missfiel ihnen, dass er das Bundespresseamt nicht systematisch von Parteigängern der christlichen Union säuberte. Aber so war Ahlers nicht. Oft zeigte er einen wenig ironischen Abstand zur Politik der eigenen Regierung. Er verkörperte nicht das Pathos des sozialdemokratischen Reformismus. Wenn er vor die Bundespressekonferenz trat, gab er sich schnodderig, lässig, ja unabhängig.[33]

32 Vgl. Besser, Joachim 1969, »Der Herr Staatssekretär«, in: *Kölner Stadt-Anzeiger* (07. November 1969).
33 Vgl. Krumm, Karl-Heinz 1970, »Sonnyboy im politischen Geschäft«, in: *Frankfurter Rundschau* (23. Mai 1970); Brauswetter, Hartmut K. 1976, *Kanzlerprinzip,*

So entfernte er sich von den Mächtigen, denen er doch dienen
sollte. Dadurch aber blieb er nahe bei den Journalisten, die von
ihm Information erwarteten – und sie auch bekamen. Ahlers war
sehr offen, nicht geheimniskrämerisch oder ängstlich, wie viele
Regierungssprecher vor und nach ihm. Infolgedessen war der
Rückhalt für Ahlers – für »Conny«, wie ihn die alten Kollegen
aus den Medien in Bonn vertraulich nannten – unter den Journalisten groß und gewichtig.[34] Aber entscheidend war, dass ihn
Willy Brandt in den ersten drei Jahren hielt. Ahlers war neben
Ehmke Brandts zweiter Experte für öffentliche Ärgernisse. »Trou-
ble is my business« – das hing als Sinnspruch auch im Büro
von Ahlers.[35] Brandt hatte angesichts eigener Zaudereien Bedarf
nach einem solchen Typus. Auch in seinen *Erinnerungen* schrieb
Brandt wohlwollend: »Beiden, Ehmke wie Ahlers, war die gleiche
Art eigen, Können und unkonventionelles Vorgehen zu verbinden.«[36] Ahlers war, wie Ehmke, für Brandt Blitzableiter, Prellbock, Minenhund, Provokateur. Ahlers und Ehmke nahmen dadurch Druck von Brandt, was gerade für diesen oft gehemmten,
introvertierten Kanzler enorm bedeutsam war. Sie kompensier-
ten mit ihrem Draufgängertum, was Brandt an Rauflust fehlte.
Als es dem intrigenreichen Wehner und dem notorisch eifersüchtigen Schmidt gelang, diese beiden Prätorianer des Kanzlers nach
dem Wahlsieg 1972 aus der Herzkammer der Macht zu entfernen, ging es mit Willy Brandt als Regierungschef kontinuierlich bergab. Kanzler brauchen eben die zu ihnen passenden Souffleure, Ideengeber und auch kampfpolitischen Ausputzer. Fehlen
sie, dann wird der Chef des Kabinetts schwerlich reüssieren.

Ressortprinzip und Kabinettsprinzip in der ersten Regierung Brandt 1969-1972, Bonn:
Eichholz, S. 56.
34 Vgl. Fromme, Friedrich Karl 1973, »Conrad Ahlers beim Abschminken«, in:
Frankfurter Allgemeine Zeitung (3. Januar 1973); Lorenz, Jürgen 1972, »Markenzeichen für Unabhängigkeit«, in: *Frankfurter Rundschau* (5. Dezember 1972).
35 Vgl. o.V., »Anständig auseinander«, in: *Der Spiegel* (25. August 1969).
36 Brandt, Willy, *Erinnerungen*, S. 306.

3. National- oder sozialliberal?
Die Häutung der Freien Demokraten

Erich Mende: Der Liberale aus dem Schützengraben

Auch die Freidemokraten standen am Beginn der 1960er Jahre vor wichtigen Weichenstellungen. Nach der Konsolidierung der Partei unter Maier strebten sie wieder nach Höherem, zurück in ihre in der Bonner Republik dereinst klassische Rolle als Regierungspartei schlechthin. Der Mann, der die Liberalen im Herbst der Ära Adenauer wieder dorthin, ins bürgerliche Regierungslager, führte, war Erich Mende.[1] Doch für einen Wechsel über dieses Lager hinaus, der zum Ende der 1960er Jahre anstand, taugte er wiederum nicht. Und so schied der lange durchaus erfolgreiche Vorsitzende der Freien Demokraten 1970 schließlich verbittert von seiner Partei.

1960 hatte es Erich Mende, bereits Fraktionsvorsitzender im Deutschen Bundestag, endlich geschafft: Die FDP kürte ihn zum Vorsitzenden. Ein gutes Jahrzehnt hatte Mende zielbewusst und zäh auf dieses Ziel hingearbeitet. Ehrgeiz, Geduld und Zielstrebigkeit – diese Tugenden zeichneten den neuen Parteichef der Liberalen aus.[2] Mende war gewiss keine schillernde, keine charismatische Gestalt. Aber einen veränderten Typus in der Geschichte

---

1 Zu diesem Kapitel über Mende vgl. Baring, Arnulf/Daniel Koerfer 1982, »Erich Mende«, in: Bernecker, Walter L./Volker Dotterweich (Hg.), *Persönlichkeit und Politik*, Bd. 1, Göttingen: Vandenhoeck & Ruprecht, S. 80 ff.; Jansen, Hans-Heinrich 1999, »Erich Mende (1916-1998)«, in: Oppelland, Torsten (Hg.), *Deutsche Politiker 1949-1969. 16 biographische Skizzen aus Ost und West*, Bd. 2, Darmstadt: Primus-Verlag, S. 132 ff.; Mende, Erich 1986, *Die Neue Freiheit: Zeuge der Zeit 1945-1961*, Bergisch-Gladbach: Lübbe; Siekmeier, Matthias, *Restauration oder Reform*.
2 Vgl. auch Appel, Reinhard 1960, »Von Maier zu Mende«, in: *Stuttgarter Zeitung* (28. Januar 1960).

der liberalen Spitzenfiguren verkörperte er doch. Die Garde der großen, alten, klassischen Liberalen in der FDP, von Reinhold Maier bis Theodor Heuss, hatte noch tief im kommunalen und regionalen Liberalismus gewurzelt, in den Honoratiorenmilieus des gebildeten, demokratischen, humanistischen Bürgertums. Viele von ihnen besaßen, selbst als Abgeordnete im Bundestag oder Landtag, noch ein zweites Standbein in einem bürgerlichen Beruf. Das war ihnen wichtig, galt ihnen als Voraussetzung für Ehrbarkeit und Unabhängigkeit.

Mende hingegen war Berufs- und Bundespolitiker, gewissermaßen einer der ersten unter den Liberalen. Mit ihm rückte die Frontgeneration des Zweiten Weltkrieges – zu denen ebenfalls die so genannten »Jungtürken« wie Willy Weyer und Wolfgang Döring zählten – nach vorn. Der prägende Erfahrungsort dieser Generation war nicht mehr das Honoratiorenmilieu, sondern der Schützengraben und das Offizierskasino. Den Kasinoton wurden sie nie vollständig los, ein schneidiger Habitus blieb ihnen ein Leben lang zu eigen. Mende war zudem stets stolz auf seine soldatische Vergangenheit, seine Tapferkeitsauszeichnungen.[3] Bei offiziellen Festivitäten pflegte er demonstrativ sein Ritterkreuz zu tragen. Das kam in der deutschen Gesellschaft der späten 1950er und frühen 1960er Jahre nicht schlecht an, denn schließlich machte sich die Frontgeneration zum Ausgang der Adenauer-Ära überall im Land breit, bildete die Achse und den Mittelpunkt im Berufsleben der Republik. Und die FDP war die erste Partei im Land, die diesen Generationswandel in ihrer Führungsstruktur mitvollzog. Etliche hunderttausende Bundesbürger mittleren Alters und mittlerer Schicht konnten sich so mit dem ersten Mann der FDP identifizieren. In den Stationen seiner Biographie – Schule, Wehrmacht, Front, Verwundung, Gefangenschaft, Heimkehr, Aufstiegs-

---

3 Vgl. Luchsinger, Fred 1960, »Der Parteitag der FDP in Stuttgart«, in: *Neue Zürcher Zeitung* (23. Januar 1960).

anstrengung, Karriere – sahen sie auch ihre eigene Lebensgeschichte gespiegelt.[4]

Kurzum: Die FDP und ihr Vorsitzender waren ein Teil des Justemilieus der neuen bundesdeutschen Republik. Die meisten Anhänger der Liberalen hatten in ihren Berufen leitende Funktionen inne; sie bildeten in den Städten und Gemeinden, in denen sie wohnten, die führende Schicht, belegten gleichsam die Beletage der Lokalgesellschaft. Und deswegen passte die Rolle der Opposition im Bundestag seit 1965 nicht zur sozialen Lage und zum Selbstbild der Liberalen. Sie fühlten sich schließlich als neue Elite, die Entscheidungen traf, nicht als Randständige, die sich verweigerten. Sie schätzten es nicht, Opposition zu sein. Auch und gerade Mende fühlte sich unwohl als Oppositioneller. Sein ganzer Habitus war bürgerlich.[5] Er liebte es, mit lateinischen Zitaten zu brillieren; er liebte den Lebensstil bürgerlicher Repräsentation und Feierlichkeiten. Habitus transferierte sich bei Mende unmittelbar in Politik. Die »bürgerliche Zugehörigkeit« der Liberalen übersetzte er in das strategische Paradigma von der »bürgerlichen Zusammenarbeit« der Freien Demokraten mit der CDU und CSU. Mit dieser Formel führte er die FDP schließlich wieder zurück in das Bündnis mit den Unionsparteien. Dabei empfahlen sich die Freien Demokraten mit Mende an der Spitze als behutsames Korrektiv im festen bürgerlichen Bündnis. An der prinzipiellen bürgerlichen Zugehörigkeit ließen sie folglich keinen Zweifel mehr zu. Aber sie warben jetzt mit der zusätzlichen Funktion, in einer Regierungsallianz mit den Unionsparteien die sozialpolitischen Übertreibungen und katholischen Dogmatismus des Koalitionspartners begrenzen und zurückdrängen zu wollen. Damit trafen sie exakt den Nerv und die Stimmungen der liberalen Klien-

---

4 Vgl. Schröder, Dieter 1960, »Mende im Wahlschaufenster der FDP«, in: *Süddeutsche Zeitung* (24. Dezember 1960).
5 Vgl. Schreiber, Hermann 1961, »Der Dritte von der Mitte«, in: *Stuttgarter Zeitung* (14. September 1961).

tel, dem gerade der Sozialkatholizismus nicht geheuer, dem aber doch die politische Einheit des Bürgertums Herzenssache war. Noch etwas missfiel dieser liberalen Klientel zu Beginn der 1960er Jahre an der Union: Konrad Adenauer. Er galt ihnen als unzeitgemäß, als Mann von gestern, als verstockt und unmodern. Deswegen erfand die Mende-FDP die Wahlkampfparole, in der sich ihre neue Strategie pointiert bündelte: »Mit der CDU ohne Adenauer«.

Dieser Slogan wurde zum Erfolgsschlager. 12,8 Prozent der Stimmen erzielten die Freien Demokraten bei den Bundestagswahlen 1961 – mehr erreichten sie nie wieder in ihrer Geschichte. Doch der große Sieg war schnell verspielt. Und im Grunde begann damit der allmähliche Fall und Abstieg des Erich Mende.[6] Denn die Freien Demokraten nahmen es zugunsten der eigenen Regierungsbeteiligung hin, dass Adenauer für weitere zwei Jahre in das Kanzleramt zog. Gerade die liberale Öffentlichkeit aber, gerade derjenige Teil der neumittelschichtigen Wähler, der 1961 erstmals für die FDP votiert hatte, war empört. Die Mende-FDP hatte ihr Wahlversprechen – »mit der CDU ohne Adenauer« – gebrochen, galt fortan als »Umfallerpartei«. Von diesem Odium konnten sich die Freien Demokraten noch Jahrzehnte später nicht recht befreien. Und dieses Odium wurde nach 1961 zuallererst mit Erich Mende verbunden.

Mende fand nun die Fortune nicht mehr, die ihm in den 1950er Jahren ganz selbstverständlich zugefallen war. Im Grunde waren die 1960er Jahre auch nicht das Jahrzehnt für den Major a. D. Die Gesellschaft liberalisierte sich wirklich; aber die neuen Formen kultureller und sozialer Liberalität waren Mende fremd, er verstand sie nicht. Für die soziologischen Veränderungen in der Mitte besaß er überhaupt kein Sensorium. Auch die Wandlun-

---

6 Vgl. Gaus, Günter 1963, »Mende hebt den Zeigefinger«, in: *Süddeutsche Zeitung* (3. Juli 1963); Meyer, Claus Heinrich 1963, »Erich Mende zeichnet das Bild einer Volkspartei«, in: *Stuttgarter Zeitung* (3. Juli 1963).

gen in den beiden Volksparteien – die Sozialdemokraten waren nicht mehr so rot wie ehedem, die Christdemokraten blieben nicht mehr so schwarz wie noch zuvor – ignorierte er. So ließ er seine Partei, wie sie bis dahin war, bereitete sie auf die anstehenden Veränderungen nicht vor. Dafür fehlten Mende Fantasie, Kreativität, Courage, auch Härte und Konfliktbereitschaft. Infolgedessen landete die FDP Ende 1966 dort wieder, von wo Mende sie doch einige Jahre zuvor erst herausgeholt hatte: in der Opposition. Ihn traf das vollkommen unvorbereitet. Er hätte nun in eine neue Rolle schlüpfen müssen, in die Rolle des forschen Oppositionspolitikers. Doch dafür taugte er partout nicht. Mende konnte keine konfrontativen Reden halten, konnte nicht aggressiv die Regierenden von der Rednertribüne aus attackieren und jagen. Dafür war er selbst zu sehr Würdenträger, Honoratior, Repräsentant des bürgerlichen Staates. Alle Welt konnte beobachten, wie Mende getroffen war, wie er gleichsam taumelte, als ihm die Insignien staatlicher Macht – er hatte seit 1963 (und das keineswegs schlecht) als Gesamtdeutscher Minister amtiert – verloren gingen.

Und wie so oft zeigten die Freien Demokraten gewohnheitsmäßig nicht sehr viel Erbarmen mit Parteichefs, denen ganz offensichtlich das Glück abhandenkommt. Alles, was die Liberalen anfangs an Mende noch geschätzt hatten, war ihnen nun regelrecht zuwider. Von Hamburg bis Stuttgart lästerten die Freien Demokraten jetzt höhnisch über die aalglatte, lavierende Art Mendes, die sie anfangs noch als hohe Kunst politischer Vermittlung und Moderation gepriesen hatten.[7] Vor allem die selbstbewusst und laut agierenden Jungdemokraten wählten sich Mende als Zielscheibe ihrer ätzenden Kritik am Altliberalismus aus. Wenn Mende auf Parteitagen sprach, zischelten und spotteten die jungen Liberalen. Für sie war er ein nationalistisches Fossil, das weg-

7 Vgl. Kempski, Hans Ulrich 1961, »Die Liberalen polieren die alten Werte auf«, in: *Süddeutsche Zeitung* (27. März 1961).

musste. Mende kam schwer mit dieser Form der Kritik, der rebellischen, ja unbürgerlichen Pose zurecht. Er verstand es nicht, auf den provokativen Gestus der Jungen mit Gelassenheit, subtilem Humor und der ihn bis dahin auszeichnenden Kompromissfähigkeit zu reagieren. Aus dem früheren Mittler wurde nun innerparteilich ein verbohrter Dogmatiker, ein uneinsichtiger Mann des rechten, nationalen Flügels.[8]

Anfang 1968 verzichtete Mende, als er erkannte, wie isoliert er nun in seiner Partei dastand, auf eine neuerliche Kandidatur für den Parteivorsitz. Er war gerade 52 Jahre alt. Lange war seine Karriere geradlinig verlaufen; nun war sie faktisch zu Ende. Mende war ungeheuer verbittert, verließ Anfang der 1970er Jahre seine Partei in bösem Unfrieden und wechselte zur CDU, für die er dann bis 1980 als Abgeordneter im Bundestag saß. Somit war Mende nach Franz Blücher, der den Liberalen zwischen 1949 und 1954 vorstand, schon der zweite Parteivorsitzende der FDP, der sich im Streit von der Partei trennte, die er doch mehrere Jahre nicht ohne Erfolg geführt hatte.

Walter Scheel: Fröhlicher Realist mit Fortune

Wie schon zuvor in der Geschichte der FDP drängte, nachdem man des letzten Vorsitzenden Erich Mende überdrüssig geworden war, nicht sofort ein Rivale aus der Kulisse hervor. Auch wenn die Liberalen sich zum Jahreswechsel 1967/68 auf Walter Scheel für den Parteivorsitz geeinigt hatten,[9] waren sie – wie der Kan-

8 Vgl. Kempski, Hans Ulrich 1967, »Am Rande des Abgrundes im Kampf mit sich selbst«, in: *Süddeutsche Zeitung* (6. April 1967); Appel, Reinhard 1967, »Partei auf Bewährung«, in: *Stuttgarter Zeitung* (6. April 1967); Flach, Karl-Hermann 1967, »Im Hintergrund geht es um die nächste Koalition«, in: *Frankfurter Rundschau*, (5. April 1967).

9 Zum Kapitel über Scheel vgl. allgemein Baring, Arnulf/Daniel Koerfer 1982, »Walter Scheel«, in: Bernecker, Walter L./Volker Dotterweich (Hg.), *Persönlichkeit und Politik in der Bundesrepublik Deutschland. Politische Porträts*, Bd. 2, Göttingen:

didat selbst – keineswegs rundum überzeugt von ihrer Entscheidung.[10]

Gewiss, für Scheel sprach, dass sich mit ihm die beiden Parteiflügel arrangieren konnten, die sich gerade zum Ende der 1960er Jahre in der FDP konfrontativ gegenüberstanden. Scheel, im Zweiten Weltkrieg Oberleutnant der Luftwaffe, war auf der einen Seite mindestens habituell ein Mann des Altliberalismus, der bürgerlichen Gemeinsamkeit und Zusammenarbeit, da er als Bundesminister im Entwicklungsministerium zwischen 1961 und 1966 den Kabinetten der CDU-Kanzler Adenauer und Erhard angehört hatte. Doch auch die neuen Freidemokraten, die eher linksliberalen Strömungen, selbst die jungen Radikaldemokraten aus den universitären Hörsälen konnten sich mit Scheel anfreunden. Innerhalb des ministeriellen Establishments der FDP war er schließlich am wenigsten (deutsch)national. Überdies hatte man Scheel in den Jahren zuvor als einen bemerkenswert toleranten Menschen kennengelernt. Er zeigte sich neuen Entwicklungen gegenüber aufgeschlossen, konnte gut zuhören, igelte sich nicht verstockt rechtsliberal ein.

Von allen Seiten hörte man gleichwohl skeptische Stimmen. Besonders vernehmlich rumorte es aus dem württembergischen Remstal, der Heimat seines Vor-Vorgängers Reinhold Maier, der befand, Scheel fehle es an allem: an Substanz, Format, Profil und Persönlichkeit. Nicht wenige sahen das ähnlich.[11] Weithin wurden Zweifel an Scheels Standhaftigkeit laut.[12] Er sei kein Kämp-

Vandenhoeck & Ruprecht, S. 132 ff.; Thränhardt, Dietrich 1999, »Walter Scheel«, in: Sarkowicz, Hans (Hg.), *Sie prägten Deutschland. Eine Geschichte der Bundesrepublik in politischen Portraits*, München: Beck, S. 184 ff.; Siekmeier, Matthias, »Walter Scheel«, in: Oppelland, Torsten (Hg.), *Deutsche Politiker 1949-1969*, Bd. 2, S. 155 ff.

10 Vgl. Kempski, Hans Ulrich 1968, »Dieser Mann hat Ellbogen aus Eisen«, in: *Süddeutsche Zeitung* (1. Februar 1968).

11 Vgl. Schröder, Georg 1969, »Ein leichtfüßiger Kombattant betritt die große Süddeutsche Zeitung«, in: *Die Welt* (15. Oktober 1969).

12 Vgl. Murrmann, Heinz 1969, »Heiter und beharrlich«, in: *Handelsblatt* (5. November 1969).

fer, hieß es vielerorts in der Partei. Man störte sich an seiner chronisch guten Laune, seinem steten Frohsinn, seiner konstanten Heiterkeit, dergleichen galt als oberflächlich.[13] Argwöhnisch beobachteten viele Liberale, aber auch etliche Journalisten Scheels Hang zum genussreichen Leben, seine Vorliebe für teure Zigarren, exquisite Küche, exklusive Mode, weite Reisen, für die Jagd, das Golfspiel. Ob ein solcher Bruder Leichtfuß wirklich geeignet sein würde, eine so schwierige, launische, neuerdings auch tief zerrissene Partei wie die FDP zu führen? Das fragten sich in den Anfangsmonaten des unruhigen Jahres 1968 viele innerhalb der FDP und auch außerhalb davon.

Sie alle übersahen die Härte, die Zähigkeit und Zielstrebigkeit, die sich hinter der Gute-Laune-Attitüde Scheels verbarg. Scheel war gewiss einer der freundlichsten, höflichsten Politiker jener Jahre. Aber er war ganz unsentimental, kühl, emotionsfrei – beinhart, wenn es darauf ankam. Und er hatte eiserne Nerven.[14] Selten hatten die anfänglichen Skeptiker und Nörgler in der FDP so Unrecht wie in diesem Fall. Scheel wurde ein ganz hervorragender Parteivorsitzender, seine vermeintlichen Schwächen erwiesen sich als Vorzug. Dass er kein Visionär war, kein Mann einer glasklaren politischen Richtung, kein pointierter Meinungsführer, das war im Fall der Liberalen, die sich gegen allzu massive Führungsansprüche meist hartnäckig sträubten, überwiegend ein Vorzug. In der FDP der späten 1960er Jahre war es gar überlebenswichtig. Die FDP war in dieser Zeit so zerstritten wie seit 15 Jahren nicht mehr. Die alten Nationalliberalen und die neuen Sozialliberalen lagen in einem nahezu unversöhnlichen Clinch miteinander. Hier hätte ein Vorsitzender mit prononcierten politischen Positionen und Vorlieben nur Öl ins Feuer gegossen. Scheel

13 Vgl. Strauch, Rudolf 1968, »Walter Scheel – Mann der Mitte«, in: *Die Welt* (19. Januar 1968).
14 Vgl. auch Gaus, Günter 2006, *Widersprüche. Erinnerungen eines linken Konservativen*, Berlin: Ullstein, S. 293.

aber glich mit seinen weithin gerühmten diplomatischen Fähigkeiten, seiner unerschöpflichen Geduld aus, hielt die hochfragile FDP in diesen schwierigen Übergangsjahren zusammen. Doch war er dabei kein lediglich schwacher und blasser Moderator. Scheel hatte einen untrüglichen Instinkt für die richtige politische Situation. Wenn er den Eindruck gewann, dass der politisch passende Moment gekommen war, riskierte er auch den Sprung nach vorn. Dann riss er seine Partei aus alten Lagern, drängte sie auf neues Gelände, auch das gehörte zum Charakterbild von Scheel. Er hatte zuweilen etwas von einem Abenteurer; er liebte es zu pokern, zu zocken – und hatte fast immer Glück.[15] Scheel war ein Gewinnertyp, aber es war mehr als nur Fortune, was ihm zufiel. Wann immer Scheel in ein neues Amt kam, bereitete ihm der Start Schwierigkeiten, musste er regelmäßig viel Kritik einstecken. Doch hielt er das aus und durch. Scheel dachte und handelte in langen Linien.

Wahrscheinlich gab ihm das die innere Kraft zum Risiko. Ein Wagnis jedenfalls war es, als er die Freien Demokraten im März 1968 auf die Wahl Gustav Heinemanns zum Bundespräsidenten festlegte. Das hätte gut danebengehen können, da der christdemokratische Gegenkandidat, der Verteidigungsminister und nationale Protestant Gerhard Schröder, ein Mann ganz nach dem Geschmack der Nationalliberalen war. Doch zeigte Scheel hier erstmals als Parteivorsitzender, wie viel Energie, Härte und Ausdauer, aber eben auch Umsicht, Menschenkenntnis und psychologisches Feingefühl in ihm steckten. Die Wahl Heinemanns wurde zu Scheels Meisterstück.[16] Er bewies damit, dass er die individualistischen Freien Demokraten zu einem verlässlichen politischen Körper zusammenfügen konnte. Und er machte deutlich, dass

15 Vgl. auch Fromme, Friedrich Karl 1994, »Im Wind der Veränderung«, in: *Frankfurter Allgemeine Zeitung* (8. Juli 1994).
16 Vgl. Baring, Arnulf 1982, *Machtwechsel. Die Ära Brandt-Scheel*, Stuttgart: Deutsche Verlags-Anstalt, S. 114 ff.; auch Zundel, Rolf 1969, »Die Signale der Liberalen«, in: *Die Zeit* (5. September 1969).

die Liberalen auch zu einer neuen politischen Bündnisoption fähig und bereit waren. Es war in der Tat – auch wenn Scheel das aus taktischen Gründen in den Monaten darauf eher unter den Teppich kehrte – das Signal zum »Machtwechsel«, der sich ein halbes Jahr später in Bonn vollziehen sollte.

Ein Selbstläufer war der Regierungswechsel indes nicht. Auch hier musste Scheel im September 1969 zwar nicht Kopf und Kragen, so aber doch Amt, Karriere, ja den Erhalt der Partei riskieren. Eigentlich wollte die FDP im Wahlkampf keine Koalitionsaussage treffen, so hatte es der Vorstand beschlossen. Und so wollte es vor allem Hans-Dietrich Genscher, schon damals der starke Mann im Hintergrund. Im Grunde entsprach es auch der Auffassung Scheels, ließ man damit doch die Türen zu beiden Parteien offen. Aber die Wähler schätzten es nicht, wenn unklar blieb, was mit ihrer Stimme politisch geschah. In der letzten Woche vor den Bundestagswahlen taxierten die Demoskopen die FDP schon unter 4 Prozent. Nun riss Scheel im Alleingang das Ruder herum. Gegen den Vorstandsbeschluss seiner Partei machte er öffentlich deutlich, dass die Freien Demokraten eine Präferenz für eine Koalition mit der SPD hatten. Scheel sicherte durch diese Aktion seiner Partei das einzige funktionale Gewicht, was sie in dieser Situation noch besaß: Mehrheitsbeschafferin zu sein. Und wahrscheinlich sicherte er dadurch auch die parlamentarische Präsenz der Liberalen. Knapp, mit dem schlechtesten Ergebnis ihrer Geschichte – nämlich 5,8 Prozent der Wählerstimmen –, schafften sie gerade noch den Einzug in den Bundestag. Doch damit hatte Scheel der Mut nicht schon verlassen. Trotz der schmalen Mehrheitsbasis für eine Koalition von SPD und FDP einigten er und Brandt sich noch in der Wahlnacht darauf, das Abenteuer einer Regierungsbildung zu wagen.

Und für die FDP wurde es zunächst wirklich zu einem Abenteuer. Sie flog 1970 aus dem saarländischen und niedersächsischen Landtag, die Nationalliberalen verließen die Partei, Bundestagsabgeordnete konvertierten zur Union, alte kommunale und regionale Hochburgen des Liberalismus fielen in sich zusammen.[17] Auch hatte Scheel – wie stets zu Beginn einer Amtszeit – anfänglich Probleme, die Führung des Außenministeriums in den Griff zu bekommen.[18] Doch allmählich fand er seine Rolle, baute die FDP im Kabinett geschickt zur Korrektivpartei gegenüber dem großen sozialdemokratischen Partner und vor allem dessen linken Flügel auf. Das machte die FDP wieder für wirtschaftsbürgerliche Kreise interessant, die sich zunächst noch, nach dem Machtwechsel, empört von der FPD abgewandt hatten. Auch auf die neuen urbanen, stärker akademischen Mittelschichten – und nur deren Existenz und Ausdehnung ermöglichten die Husarenstreiche von Scheels Koalitions- und Lagerwechsel – übte die FDP einigen Reiz aus. Scheel ließ mehrere linksliberale Intellektuelle programmatisch gewähren, was 1971 zu den »Freiburger Thesen« führte, welche schick in die geistige Landschaft passten. Überdies bestellte er Karl-Hermann Flach zum Generalsekretär, der ein gewiefter Organisator, weitsichtiger Stratege und kluger Intellektueller in einem war.[19] Auch Flach strahlte auf die linkslibertären Szenen der bundesdeutschen Gesellschaft der frühen 1970er Jahre aus. Scheel verschaffte ihm dabei den innerparteilichen Raum, den der Parteivorsitzende, dem jede Intellektualität abging, selbst, wie er wohl wusste, nicht besetzen konnte.

So regenerierten sich die angeschlagenen Freien Demokraten, steigerten schließlich bei den Bundestagswahlen 1972 ihren Stimmenanteil wieder um 2,6 Prozentpunkte. Scheel war ein angesehener Außenminister und Parteivorsitzender, doch plagten ihn

---

17 Vgl. o.V., »Die FDP auf der Talsohle«, in: *Süddeutsche Zeitung* (10. Dezember 1969); o.V., »Rücken zur Wand«, in: *Der Spiegel* (22. Juni 1970).
18 Vgl. Zundel, Rolf 1969, »Überlebt die liberale Partei?«, in: *Die Zeit* (19. Dezember 1969).
19 Vgl. Meyer, Claus Heinrich 1971, »Die FDP kann nicht zurück«, in: *Süddeutsche Zeitung* (27. Mai 1971); Diederichs, Werner 1971, »Der ›geschundene Haufen‹ sucht den Weg des Heils«, in: *Die Welt* (27. Oktober 1971).

gesundheitliche Probleme. Überdies machte sich der große Realist keine Illusionen, dass es in Partei und Regierung für ihn nicht mehr stärker bergauf gehen konnte. So nahm er nun das Bundespräsidialamt – und das abermals mit kühler Zielstrebigkeit – ins Visier. Und so war am Ende Scheel nach Theodor Heuss der zweite FDP-Vorsitzende, der freiwillig und in der warmen Sonne beifälliger Anerkennung die Parteiführung abgeben durfte, der nicht von seinen eigenen Parteifreunden wütend oder höhnend aus dem Amt gejagt wurde.

Etatisten, Enkel und Alternative.
Die Schmidt-Kohl-Jahre (1974-1998)

1. Der Weg der Sozialdemokratie:
Von der Plan- zur Machbarkeit

Kanzler des Notfalls und der Berechenbarkeit:
Helmut Schmidt

Als sich Brandt und bald darauf Scheel aus der Regierungsverantwortung zurückzogen, war bereits ein Prozess im Gange, der viel von dem in Frage stellte, was den ersten sozialdemokratischen Kanzler noch getragen hatte. Der Glaube an die Planbarkeit und Machbarkeit der Politik, die große Vision der Zukunft war bereits 1972 mit Horst Ehmke aus dem Bundeskanzleramt ausgezogen und durch den ersten Ölpreisschock und dessen Folgen heftig erschüttert. Brandts Nachfolger Helmut Schmidt hatte ohnedies nie an die Verheißungen der Planungsvisionäre aus dem Kanzleramt geglaubt. Vielmehr galt er als exzellenter Technokrat, er administrierte umsichtig, ergebnisorientiert und entscheidungsfreudig. Das alles hatte er als Kanzler seinem Vorgänger Brandt weit voraus. Aber anders als dieser erreichte Schmidt nicht die Befindlichkeiten der Sozialdemokraten. Schmidt weckte bei ihnen keine positiven Emotionen; er konnte sie nicht begeistern, sie nicht für seine Politik mobilisieren. Schmidt und das Gros der Sozialdemokraten funkten damals auf unterschiedlichen Wellen. Schmidt verachtete Emotionen. Ihn schreckten Utopien und politische Träume. Ihm lag auch nichts an weitreichenden programmatischen Entwürfen. Und die sozialen Bewegungen der 1970er Jahre, für die das Herz vieler Sozialdemokraten schlug, verstand er gar nicht.

Deshalb aber konnte er nicht an der Spitze der Partei stehen. Die Sozialdemokraten wollten damals – so seltsam es heute klingen mag – visionär und programmatisch integriert werden, nicht durch die disziplinierenden Gebote der Regierungsstabilität.[1]

Schmidt war Geschöpf, Gewinner, am Ende aber auch – wenngleich er das nie hat wahrhaben wollen – Kreateur und zuletzt Verlierer der Krise. Das Land rief nach ihm, als es den großen Krisenmanager herbeiwünschte; es wandte sich von ihm ab, als die Krisensymptome sich verdoppelten und verdreifachten.

Zunächst waren Krisen ein Motor für den Aufstieg Schmidts. Der SPD-Politiker aus Hamburg war der Politiker des Notfalls. In Zeiten des Ausnahmezustands brillierte er; dann durfte er zeigen, was ihm zu eigen war: ein scharfer Verstand, hohe Konzentration, Beharrlichkeit, kühl abwägende Entscheidungskraft, Mut und doch auch Besonnenheit. Schmidt glänzte, als in Hamburg 1962 die Flutkatastrophe ausbrach. Er war die entscheidende Figur, die 1968 trotz wütender Studentenproteste die Notstandsgesetze über die parlamentarischen Hürden brachte. Er war 1974 zur Stelle, als die sozialliberale Regierung durch die Kanzlerkrise während der Guillaume-Affäre taumelte. Und er dirigierte 1977 das verbarrikadierte Bonn im Kampf gegen den Linksterrorismus. In all diesen Situationen konnte Schmidt seine Führungsfähigkeiten voll ausspielen, da in Krisenzeiten die Zahl der Vetomächte zusammenschmolz, weil im Notfall exekutive Instrumente zur Verfügung standen, die es sonst für die Politiker im semi-souveränen bundesdeutschen Zentralstaat nicht gab.

Schmidt schien für Krisen bestens gerüstet. Er verfügte über eine größere Palette an politischen Qualifikationen als jeder andere deutsche Kanzler in der bundesdeutschen Geschichte. Die meisten Regierungschefs waren passionierte Außenpolitiker, verstanden

---

1 Vgl. Rupps, Martin 2002, *Helmut Schmidt. Eine politische Biographie*, Stuttgart: Hohenheim, S. 281 ff.; Schwelien, Michael 2003, *Helmut Schmidt. Ein Leben für den Frieden*, Hamburg: Hoffmann und Campe, S. 202 ff.

dagegen wenig von Fragen der Wirtschaft und Finanzen. Allein bei Erhard war es umgekehrt; er kannte sich wohl – doch selbst das ist umstritten – in Dingen der Ökonomie aus, war aber auf dem Gebiet der Außenpolitik gänzlich ahnungslos. Schmidt hingegen war Experte für alles, gerierte sich zumindest gerne so: als Fachmann für Außen- und Sicherheitspolitik, für Währungs- und Finanzfragen, für Probleme der Weltwirtschaftspolitik. Schmidt war ein beinharter Rationalist. Sein Vorgänger im Amt, der strahlungsfähige Charismatiker Willy Brandt, hatte die politischen Strömungen eher intuitiv erfasst, gewittert, herausgespürt. Schmidt dagegen analysierte Konstellationen, kühl, emotionsfrei, mit präzisen Begriffen. Schmidt schaute auf die Gegebenheiten, wie sie existierten. Er machte sich nie Illusionen darüber, dass dem Handlungsraum von Politik innerhalb dieser Gegebenheiten lediglich enge Grenzen gesetzt waren. Schmidts Aufmerksamkeit richtete sich allein auf diesen empirischen Raum, nicht auf ferne Möglichkeiten jenseits davon. Darin bestand sein pragmatischer, diesseitiger Politikansatz, mit dem sich die Sozialdemokratie jener Jahre durchaus schwertat.

Zudem verstand er Menschen nicht – erst recht nicht, wenn sie noch dazu als Politiker in der Verantwortung standen –, die zum Pathos, zum gefühlsschweren Bekennertum, zur extrovertierten Emotionalität neigten. Deshalb kam er mit den neuen jungen Leuten in der SPD, mit der ganzen jungen Alternativgeneration seiner Kanzlerjahre partout nicht zurecht. Schmidt war schließlich Teil der so genannten skeptischen Generation, die nach Kriegsende die Nase gestrichen voll von heilsversprechenden Großerzählungen hatte. Außerdem war Schmidt ein norddeutscher Protestant. Da trug man nicht fröhlich nach außen, was einem im Inneren bewegte. Schmidt mochte überdies keine intellektuellen Paradoxien und dialektischen Konstruktionen. Er reagierte darauf aggressiv. Auch deshalb konnte er Theoretiker partout nicht ausstehen. Er verbannte gern, was sich ihm nicht sofort rational und unmittelbar logisch erschloss.

Tatsächlich war das Bild von Politik und Gesellschaft, von dem Schmidt sich leiten ließ, recht prosaisch. Sein Axiom war, dass die Menschen von Regierungen zuallererst erwarten, dass sie die klassischen Staatsfunktionen ordentlich und verlässlich ausfüllen, dass sie also für äußere und innere Sicherheit sorgen, wirtschaftlichen Wohlstand ermöglichen. Nur mit materiell zufriedenen Menschen ließ sich Demokratie machen, darin war sich Schmidt sicher; und das war der zentrale Orientierungspunkt seines Kabinetts. Nun: Schmidt war populär in seiner Amtszeit als Kanzler. So wie er, so dachte unzweifelhaft ebenfalls die Mehrheit der Deutschen.

Und deshalb dauerte die Kanzlerschaft Schmidts auch achteinhalb Jahre. Schmidt hatte damit weit länger im Kanzleramt zugebracht als Erhard, Kiesinger, Brandt oder später auch Schröder. Dabei hatte kaum ein bundesdeutscher Kanzler bis dahin mit derart vielen Problemen zu tun bekommen wie er, vom Einbruch der Konjunktur über den Terrorismus bis zum Ende der außenpolitischen Detente. Aber gerade das Problembündel war anfangs das Elixier für das politische Management von Schmidt. Der Kanzler glänzte als Ingenieur im störungsanfälligen Maschinenraum der Politik, sicherte sich so zunächst das Vertrauen der meisten Bundesbürger, stabilisierte dadurch zwischenzeitlich die Bundesregierung, obwohl gesellschaftlich und in den Länderparlamenten spätestens seit Mitte der siebziger Jahre ein deutlicher Rutsch nach rechts, hin zur christlichen Union, unübersehbar war.

Sein Problem war gewiss die eigene Partei. Wenn überhaupt, dann bot sich Helmut Schmidt zwischen 1977 und 1979 die Chance, die Partei zu übernehmen und sie vom Kanzleramt aus nach seinen politischen Maßstäben zu dirigieren und zu formen. In diesen endsiebziger Jahren stand Schmidt auf dem Höhepunkt seiner Macht und Popularität. Er hatte die terroristische Herausforderung bravourös gemeistert; auf den Weltwirtschaftsgipfeln setzte er sich virtuos in Szene; und allein er schien zur Vermittlung zwi-

schen Washington und Moskau noch fähig. Von Schmidts Ansehen profitierte damals auch die SPD, die 1978/79 wieder Landtagswahlen gewann. Die antikapitalistischen Energien der neuen
Parteiaktivisten hatten sich erschöpft; ihre Leidenschaft für In-
vestitionsplanungsämter hatte sich abgeschwächt. Die SPD schien
wieder pragmatischer zu werden. Der große Visionär Brandt wirkte schon fast ein wenig anachronistisch. Er zog sich in diesen für
ihn so wenig günstigen Jahren auch aus der deutschen Innenpolitik etwas zurück und widmete sich stärker der Sozialistischen Internationale und der Nord-Süd-Problematik. 1979 war der Raum
also ziemlich frei für Schmidt. Er gab den Ton vor. Er, und nicht
Brandt, beherrschte den Berliner Parteitag von 1979. Er begründete offensiv die Politik der Regierung, prägte die Entschließun-
gen und setzte sie durch. Bei den Parteivorstandswahlen gab es
einen Rutsch nach rechts. Schließlich wurde auch noch der getreue Eckart von Schmidt, Hans-Jürgen Wischnewski, zum stellvertretenden Vorsitzenden der Partei gewählt. Zumindest über
Wischnewski sollte die Parteizentrale an das Kanzleramt angebun-
den werden. Erstmals schrieben die Kommentatoren der Medien
von der SPD als »Kanzlerwahlverein«.[2]
Drei Jahre später aber hatte Wischnewski schon das Handtuch
geworfen. Er trat nicht mehr für den stellvertretenden Parteivorsitz an. Die Partei hatte sich nicht an die Kandare des Kanzlers
nehmen lassen. Die Aktivisten hatten sich nicht auf die Regierung zubewegt, sondern sie marschierten mit den Demonstran-
ten der Ökologie- und Friedensbewegung und damit gegen die
Politik des sozialdemokratisch geführten Bundeskabinetts. Die frühen 1980er Jahre waren die Zeit der außerparlamentarischen Bewegungen, der Zivilisationsängste und apokalyptischen Szenarien
und Friedensvisionen. Das war erneut die Zeit des Willy Brandt,

---

2 Müchler, Günter 1979, »Im Reich der Sachzwänge«, in: *Deutsche Zeitung* (30. November 1979); Reifenrath, Roderich 1979, »Die Kanzlerpartei«, in: *Frankfurter
Rundschau* (8. Dezember 1979).

der innerparteilich eine regelrechte Renaissance erlebte, der mit dem Anschwellen der Friedensdemonstrationen aus seiner Lethargie erwachte und sich wieder mit kraftvoller Lust in das politische Getümmel der Bundesrepublik stürzte. Willy Brandt war nun wieder der Anführer der Sozialdemokraten, die Autorität auch beim regierungskritischen Flügel. Schmidt hingegen stand für große Teile der nachgewachsenen SPD-Eliten auf der anderen Seite der Barrikade, bei den Aufrüstern und Atomindustriellen. Was hätte Schmidt in solchen Zeiten schon als Parteivorsitzender ausrichten können? Er hätte die neue Funktionärsschicht in der SPD nicht mehr domestizieren können. Er hätte sie aber auch nicht aus der Partei werfen können. Die 68er Kohorten bildeten inzwischen das Rückgrat der Partei, verkörperten deren Zukunft. Für einen harten Schnitt, für eine Trennung von dieser Gruppe war es zu diesem Zeitpunkt längst zu spät. Im Übrigen war die Stammtruppe des Kanzlers, die so genannte Kanalarbeiterriege, politisch zu substanzlos, um die SPD allein oder auch nur hauptsächlich noch tragen zu können. Die »Kanaler« waren unfähig, sich in Diskussionen mit der neuen SPD-Linken intellektuell zu behaupten. Sie hatten ihren jüngeren Kontrahenten in den großen Kontroversen der Partei rhetorisch und konzeptionell kaum etwas entgegenzusetzen. Auf Parteitagen schwiegen sie meist, stimmten lediglich diszipliniert ab. Auch deshalb gab es für einen Führungsanspruch Schmidts keine tragfähige innerparteiliche Plattform. Es war wohl die Tragödie des Helmut Schmidt, dass er, der bekennende Rationalist und Pragmatiker, zu einer Zeit sozialdemokratischer Kanzler war, als seine Partei von einer ganz anderen politischen Ethik bewegt wurde. 1982 passte Schmidt als Kanzler der Sozialdemokraten nicht in die Landschaft seiner eigenen Partei. 15 Jahre zuvor wäre es anders gewesen, 15 Jahre danach wohl ebenfalls wieder.

Insofern war die Ämtertrennung von Parteivorsitz und Regierungsführung wahrscheinlich tatsächlich alternativlos. Über eine erstaunlich lange Zeit funktionierte diese Arbeitsteilung auch immerhin so, dass die Partei nicht zerfiel und Schmidt ein souveräner und hochgeachteter Kanzler sein konnte. Willy Brandt hielt dem Kanzler über Jahre den Rücken frei, aber er achtete auch darauf, dass die Partei ihr Eigengewicht behielt. Prallten die Gegensätze zwischen den Positionen der Partei und der Politik der Regierung zu sehr aufeinander, dann bastelte Brandt an Kompromisspapieren, mit denen beide Seiten leben konnten. Doch je polarisierender sich die gesellschaftlichen Konflikte um Kernenergie und Nachrüstung zuspitzten, desto weniger und kürzer hielten die Formelkompromisse. Keine der beiden Seiten fühlte sich wirklich daran gebunden.[3] Beide verfolgten ihre politische Linie weiter und forcierten dadurch die Polarisierung.[4] Dadurch aber gerieten auch Schmidt und Brandt in ihren gegensätzlichen Rollen und Aufgaben immer weiter auseinander.[5] 1981/82 dachte Brandt schon über die Regierung Schmidt hinaus. Er gab der Zukunft und dem Zusammenhalt der Partei jetzt den Vorrang vor dem Erhalt des Kabinetts. Brandt ließ nun oft genug durchblicken, dass er die Raketenpolitik des Kanzlers nur halbherzig mittrug und dass seine eigentlichen Sympathien den Gegnern einer Stationierung von Mittelstreckenraketen in Europa gehörten. Am Ende war Brandt nicht mehr willens, die SPD mit der Regierungspolitik zu identifizieren.[6] Zum Schluss strebte er eine neue Politik, neue Allianzen an. Für Schmidt bedeutete dies für gut zehn Jahre das Aus. Als der Kanzler stürzte, setzte sich die Partei in Windeseile von seiner Politik ab. Schon 1983 war Schmidt ein Außenseiter in der SPD, ohne die geringste Chance, auch nur eine qualifi-

3 Vgl. Schwan, Alexander 1982, »Zwei Welten verkraftet die SPD nicht«, in: *Christ und Welt* (16. April 1982).
4 Schmidt, Helmut 1996, *Weggefährten. Erinnerungen und Reflexionen*, Berlin: Siedler, S. 440 ff.
5 Vgl. Rudolph, Hermann 1982, »Neuanfang oder Anfang vom Ende«, in: *Die Zeit* (16. April 1982).
6 Vgl. Jäger, Wolfgang/Werner Link 1987, *Republik im Wandel 1974-1982. Die Ära Schmidt*, Stuttgart: Deutsche Verlags-Anstalt, S. 205 ff.

zierte Minderheit für seine sicherheitspolitischen Vorstellungen zu gewinnen. 1983 gab die Partei dem angesehensten Politiker, den sie in ihren Reihen hatte, kalt und hochmütig den Laufpass. Schmidt also hätte in jenen Jahren Vorsitzender dieser Partei nicht sein können. Es hätte die SPD wahrscheinlich zerrüttet, vielleicht sogar gespalten. Die Ämtertrennung und die kollektive Führung entsprach der Zerrissenheit der SPD, berücksichtigte auch die Spannung, die nun einmal zwischen der reformistisch ambitionierten Partei und der technokratisch ausgerichteten Regierung bestand. Allein die kollektive Führung konnte diese Widersprüche und Gegensätze eine Zeit lang ausgleichen. Aber sie funktioniert nur so lange, wie die einzelnen Führungsakteure kooperativ zusammenwirken. Ist ihr Verhältnis menschlich gestört, dann wird es problematisch. Noch schwieriger wird es, wenn die Rollen in der Führung sich verselbständigen und auseinandertreiben, wenn Partei und Regierung in zentralen politischen Fragen gegeneinander, in konträren gesellschaftlichen Konfliktlagern stehen. Dann scheitert auch die kollektive Führung. So scheiterte 1982 die SPD, so ging die sozialliberale Koalition in die Brüche.

Denn seit 1980 gelang Schmidt nicht mehr viel. Die Regierung tapste von Panne zu Panne, einigte sich in quälend langen Auseinandersetzungen auf Kompromissformeln, die schon wenige Wochen darauf nichts mehr trugen, betrieb nur noch Stückwerk und Flickschusterei. Große konzeptionelle Diskussionen fanden nicht mehr statt.

Es waren düstere Jahre zum Ausgang der Ära Schmidt. Weit über 10 000 Firmen gingen in Konkurs. Die Arbeitslosigkeit kletterte bald über die Zwei-Millionen-Grenze.[7] Die Staatsverschuldung war bedrohlich angewachsen, die Investitionsquote der deutschen Volkswirtschaft ebenso alarmierend zurückgegangen. Aus den Schulen und Universitäten kamen massenhaft die Zugehörigen

7 Rödder, Andreas 2004, *Die Bundesrepublik Deutschland 1969-1990*, München: Oldenburg, S. 70 ff.

der Baby-Boom-Jahrgänge und fanden nicht die erwünschte An-
stellung, vor allem nicht mehr im öffentlichen Dienst. Die jungen Menschen zogen nun parlamentskritisch durch die Straßen,
fürchteten sich vor Umweltkatastrophen und dem großen atoma-
ren Krieg. Apokalyptische Szenarien vagabundierten in dieser ago-
nalen Phase der sozialliberalen Koalition durch die bundesdeutsche Gesellschaft. Die Republik wirkte paralysiert, wie in einem
schwarzen Loch, depressiv. Die sozialliberale Koalition hatte
mit einem ungeheuren Optimismus begonnen, mit einer enthu-
siastischen Glücksverheißung, mit einem dionysischen Aufbruchs-
taumel. Am Ende standen Enttäuschungen, Frustrationen und
Verbitterungen. Und Schmidt war nicht der rechte Mann dafür,
neue Lichter anzuzünden, Hoffnungen zu wecken, Rationalität
und Empathie miteinander zu verbinden. Als die Sozialliberalen abtraten, lag das Land in Schwermut; die eigenen Leute und
Anhänger waren entmutigt und zermürbt. Kein Zufall auch, dass
der Begriff »Politikverdrossenheit« in diesen düsteren Schmidt-
Jahren aufkam und der Republik erhalten blieb. Nicht zuletzt
deshalb dauerte die Ära Kohl so lange an, darum brauchten die
Sozialdemokraten 16 Jahre, bis ihnen die Wahlbürger Regierungsfähigkeit wieder zutrauten. Mit den Problemen der Schmidt-
Ära – Massenarbeitslosigkeit, Staatsverschuldung, Unterfinanzie-
rung der Hochschulen, Renten- und Gesundheitsreform – aber
quält sich die deutsche Gesellschaft auch noch nach dem Ende
des Sozialliberalismus gleichermaßen mühevoll herum.

Der kalkulierende Administrator der Macht:
Manfred Schüler

Auch von den Beratern, die Schmidt umgaben, war eine verhei-
ßungsvolle Idee, eine Aufbruch signalisierende Formel nicht zu
erwarten, da glichen die Administratoren an seiner Seite zu sehr

dem Technokraten Schmidt. Das traf im Besonderen auf seinen
Vorsteher im Kanzleramt, den Diplomvolkswirt Manfred Schüler
zu. »Alle sagen, er wäre sehr tüchtig, aber niemand hat ihn je zu
Gesicht bekommen.«[8] Das gab Schmidt selbst über seinen Gehilfen zu Protokoll. Und Schüler passte zu Schmidt; er war ein
Mann ganz nach dem Geschmack des Bundeskanzlers: verschwiegen, mit enormer Selbstdisziplin, pflichtbewusst und organisa-
tionsstark. Im Übrigen frönte er dem gleichen Laster wie sein
Chef: dem Schnupftabak. Schmidt wollte Ordnung in die Regie-
rungszentrale hineinbringen. Die Zustände, wie sie unter Willy
Brandt geherrscht hatten, waren dem akribischen Hamburger
ein Gräuel. Ihn schüttelte es geradezu, wenn er an die vielen Intellektuellen und Schönredner dachte, die in den frühen 1970er
Jahren um Brandt herumscharwenzelt waren. Diesen Stall sollte
Schüler gründlich ausmisten. Statt Schreibstube und Denkerzim-
mer endlich wieder reibungslose Administration – so lautete die
Maxime Schmidts, und Schüler folgte ihm darin ganz.[9]
Er war unzweifelhaft der richtige Mann dafür, das Kanzleramt
wieder den Maßstäben, die Hans Globke vorgegeben hatte, anzu-
nähern. Schmidt hatte Schüler schon als Finanzminister zu seinem Staatssekretär gemacht. Schüler war durch und durch Verwaltungsbeamter, hatte das Geschäft der Administration von der
Pike auf gelernt. Er kam über den zweiten Bildungsweg. Das war
ein mühsamer Umweg zum Abitur und zum Studium, den man
nur dann mit Erfolg zurücklegen konnte, wenn man mit einiger
Askese, zielstrebig, ausdauernd, bei Verzicht auf jeglichen Hedonismus zu Werke ging. Nur mit diesem Typus konnte Kanzler
Schmidt Tag für Tag auskommen. Schüler hatte zu Beginn der
1950er Jahre seine Ausbildung als Verwaltungsbeamter in der Düs-
seldorfer Stadtverwaltung absolviert. Im Abendgymnasium holte

8 Zitiert bei Carr, Jonathan 1985, *Helmut Schmidt*, Düsseldorf: Econ-Verlag, S. 141.
9 Vgl. das Interview mit ihm: o. V. 1976: »Ich bin kein Oberminister««, in: *Der Spiegel* (9. August 1976).

er das Abitur – die »Sonderreifeprüfung«, wie es damals hieß –
nach. Nach seinem Diplom in Volkswirtschaft wurde er Assistent
an der Universität Köln. Sodann folgten Referentenstellen bei der
Friedrich-Ebert-Stiftung und beim Deutschen Städtetag. Von
1963 bis 1967 arbeitete er wieder als Assistent, nun bei einem Vor-
ständler von Hösch. Dann entdeckte ihn der Abgeordnete Alex
Möller, der ihn als wissenschaftlichen Gehilfen in die SPD-Bun-
destagsfraktion holte und später mit ins Finanzministerium nahm,
wo zu guter Letzt eben Schmidt auf ihn aufmerksam wurde
und ihn ab 1974 zum ersten Organisator des Palais Schaumburg
machte.[10]

So also sah die Karrierefolge von Schüler aus. Er war stets der Gehilfe, der Assistent, der Zuarbeiter, im besten Fall der Bürochef,
immer: der Diener eines anderen Herren. Schüler zeigte nirgendwo den Ehrgeiz, selbst einmal ganz oben auf dem Chefstuhl der
Politik zu sitzen. Das, gerade das verlieh ihm großen Einfluss
und gab ihm viel Raum bei den Chefs, die ihn als Rivalen oder
gar jungen Wolf nie fürchten mussten. Man konnte ihm daher
viele Freiheiten und große Verantwortung übertragen, da jederzeit erkennbar war, dass er die großzügigen Möglichkeiten allein
zu Stützung und Absicherung seiner Chefs, jetzt: seines Kanzlers, nutzte, nicht hingegen für eigene Ambitionen missbrauchte.
Schmidt baute ganz auf ihn, weil Schüler über diejenigen Sekundärtugenden verfügte, über die andere sich zuweilen mokierten,
die der zweite sozialdemokratische Bundeskanzler indes seinen
Mitarbeitern kompromisslos abverlangte: absolute Diskretion, eisernen Leistungswillen, die Bereitschaft, ebenso lange am Schreib-

10 Vgl. o.V. 1974, »Mit Schmidt ins Kanzleramt«, in: *Frankfurter Allgemeine Zeitung* (15. Mai 1974); Zencke, Hans-Henning 1974, »Der Mann am Schalthebel
im Kanzleramt«, in: *Rheinische Post* (17. Mai 1974); Henkels, Walter 1974, »Ganz
oben in der Kanzleramts-Spinne«, in: *Frankfurter Allgemeine Zeitung* (7. Oktober
1974); Brower Rabinowitsch, Axel 1975, »Ein Koordinator kommt«, in: *Frankfurter
Rundschau* (1. Februar 1975).

tisch auszuharren wie der Regierungchef selber: also meist bis nach Mitternacht.[11]

In der Tat: Das Kanzleramt verschwand aus den Schlagzeilen, in denen es bis 1974 oft genug und dann immer fast negativ vorkam. Die soliden Handwerker der Bürokratie ersetzten jetzt die schillernden Intellektuellen der Brandt-Ära. Und richtig war auch, dass man Schüler in der Bonner Gesellschaft nicht zu Gesicht bekam. Ehmke konnte bei allem Fleiß durchaus auch ein berüchtigter Partylöwe sein. Schüler sah man bei dergleichen Geselligkeit nicht. Zwar galt er als eine der politisch bestinformierten Figuren in Bonn, aber andere wussten nichts über ihn. Privates schottete er sowieso vor der neugierigen medialen Öffentlichkeit ab. Für Hobbys besaß er keine Zeit, hatte wohl auch nie die rechte Muße und Neigung entwickelt.

Freunde und Feinde der sozialliberalen Koalition jedenfalls waren sich einig, wenn es um ihn, den Chef des Kanzleramts, ging: seit Globke hatte die Regierungszentrale nicht mehr so perfekt funktioniert.[12] Alles lief geräuschlos, dabei hoch effizient, wie es im Beamtenapparat zu sein hat.[13]

Das »Kleeblatt«: Vier allzu Gleiche

Doch war es Schüler nicht allein, dem gutzuschreiben ist, dass man die Jahre 1974 bis 1980 als eine Zeit der gut geölten Regierungsmaschinerie erinnert. Die Fäden im Kanzleramt hielt ein so genanntes Kleeblatt in den Händen. Dazu gehörten der Bun-

---

11 Vgl. hierzu und insgesamt Neumaier, Eduard 1975, »Erster Zuarbeiter seines Kanzlers«, in: *Die Zeit* (7. Februar 1975).

12 Vgl. Kaiser, Carl-Christian 1979, »Die Seele des Computers«, in: *Die Zeit* (2. November 1979).

13 Vgl. Nayhauß, Mainhardt Graf von 1977, »Schüler hat die meiste Macht im Haus«, in: *Die Welt* (19. März 1977); auch Schmidt, Helmut 1998 *Weggefährten – Erinnerungen und Reflexionen*, 2. Aufl., Berlin: Siedler-Verlag, S. 489.

deskanzler selber, eben Manfred Schüler und Klaus Bölling, der Regierungssprecher, sowie Hans-Jürgen Wischnewski. Bölling, Wischnewski, Schüler trafen sich jeden Tag in aller Frühe zur »Kleinen Lage«, noch ohne Schmidt, der wie die beiden anderen sozialdemokratischen Kanzler in der bundesdeutschen Geschichte auch – Brandt und Schröder – ein veritabler Morgenmuffel war. Wischnewski, einst Bundesgeschäftsführer der SPD und Bundestagsabgeordneter seit 1957, war Brücke zur und Dolmetscher der Regierungspolitik in der sozialdemokratischen Fraktion und Partei. Und er war der Troubleshooter des Kanzleramts, der Feuerwehrmann Schmidts in Krisenfällen und für Sonderaufgaben. Seine Mission bei der Befreiung der Lufthansapassagiere in Mogadischu bekam historische Dimensionen. Bölling, zuvor Korrespondent beim RIAS und beim NDR, war ein selbst in seinem Beruf außergewöhnlich formulierungsgewandter Journalist, mit besten Kontakten zu seinen früheren Berufskollegen und mit der nötigen Sensibilität, um das wieder zu reparieren, was Schmidt in seinem oft aufbrausenden, unwirschen Umgang mit den Vertretern der Medien zerbrach. Nicht zuletzt seiner Kommunikationsbegabung hatte Schmidt es zu verdanken, dass er bis heute noch als großer Macher, Weltökonom und Krisenlöser mindestens der deutschen Politik gilt.[14]

Andere Kanzler hatten größere Beratungszirkel. Aber Schmidt wollte das nicht. Vor allem lehnte er es ab, noch einen weiteren Kreis von Ratgebern aus Intellektuellen, Professoren, Kommunikationsexperten zu installieren. Auf diese Berufsgruppen reagierte er nachgerade allergisch. Deren Zugehörige hielt er fast ausnahmslos für unpraktische Schwadroneure, mit denen reale Politik nicht zu machen war.[15] Selbst Debatten über langfristige Entwürfe, über

14 Vgl. Müller, Kay/Franz Walter 2004, *Graue Eminenzen der Macht, Küchenkabinette in der deutschen Kanzlerdemokratie von Adenauer bis Schröder*, Wiesbaden: VS-Verlag für Sozialwissenschaften, S. 120.
15 Vgl. Rupps, Martin 2003, *Helmut Schmidt – Eine politische Biographie*, 2. Aufl., Stuttgart: Hohenheim, S. 183.

Ideen jenseits der unmittelbar anliegenden Politikagenda ließ er in seiner engsten Runde nicht zu. Doch wären seine Vertrauten dazu auch kaum in der Lage gewesen. Wischnewski war kein Mann irgendeines intellektuellen Diskurses. Und Schüler war der Kärrner der Administration, gewiss auch ein Kenner volkswirtschaftlicher Expertisen. Darüber hinaus aber maß er sich originelle Überlegungen nicht an, war auch niemand, der einen Begriff für kulturell-gesellschaftliche Veränderungen in den Tiefenschichten der Republik besaß.[16] Schmidt ging diese Fähigkeit ebenfalls ab. So war das Kleeblatt eine recht homogene Kleingemeinschaft in der Bonner Regierungszentrale, doch fehlten dort komplementäre Personen, Fähigkeiten und Eigenschaften. In Schmidts Kreis war niemand, der das ergänzte oder ausglich, was es beim Kanzler an Defiziten gab: So etwa in der empfindsamen Interpretation der Einstellungsänderungen bei den neuen akademischen Schichten der Mittelklasse seit Ende der 1960er Jahre. Die sozialen Bewegungen, die daraus entstanden, begriff Schmidt nicht, hielt sie lediglich für eine Modetorheit gelangweilter, verwöhnter Bürgerkinder. Und da sich ihm deren Beweggründe nicht erschlossen, denunzierte er sie – und trug in der Konsequenz dazu bei, dass sich aus den amorphen Bewegungsformen eine neue Partei herauskristallisierte und sich schließlich dauerhaft etablierte.

Dies ereignete sich insbesondere in den frühen 1980er Jahren, in den letzten beiden Jahren der Kanzlerschaft Schmidts. Vielleicht waren dies überhaupt die düstersten Jahre in der bundesdeutschen Geschichte, angefüllt mit Pessimismus, Krisenfurcht und Depressionen. Schmidt war niemand, der in solchen Momenten neue Lichter der Zuversicht hätte entzünden können. Nicht mal als »Macher« taugte er, der später mit selbstgerechter Strenge seine Nachfolger gerne herablassend rügte, in diesem tristen Finale der ausgelaugten sozialliberalen Koalition. Kaum eine Absprache im

16 Vgl. auch o.V. 1977, »Manfred Schüler«, in: *Stuttgarter Zeitung* (26. März 1977).

Kabinett oder in den diversen Koalitionsrunden hielt auch nur
für Wochen. Alles im Regierungshandeln blieb Stückwerk, nichts
trug mehr, kaum etwas überzeugte noch. Schmidt war in dieser
Zeit ein unglücklicher, fast einsamer Mann. Sein Kleeblatt existierte nach der Bundestagswahl nicht mehr.[17] Wischnewski war
schon 1979 gegangen. Bölling hatte ebenfalls eine berufliche Veränderung vorgezogen, Schüler war am Ende seiner Kräfte; gesund-
heitlich schwer angeschlagen verließ er die Regierungszentrale.
Wieder einmal hatte der aufreibende Job im Kanzleramt seinen
Tribut gefordert. Und abermals zeigte es sich, dass selbst nüchterne und kühle Technokraten angewiesen waren auf ein Perso-
nenumfeld, in dem sie sich sicher, aufgehoben fühlten.[18] Ohne
Schüler, Wischnewski und Bölling gelang Schmidt kaum noch
etwas. Verzweifelt geradezu startete der Kanzler in den letzten,
schier trostlosen Wochen seiner Regierungszeit noch eine Rück-
holaktion, durch die er Bölling und Wischnewski wieder an sich
zog. Aber da war es längst zu spät. Wahrscheinlich waren sie auch
gar nicht mehr die richtigen Figuren für die Probleme, die nun
anlagen. Der Sozialliberalismus hatte 1982 jede Idee und Perspektive seiner selbst verloren, hatte entscheidende Kerngruppen der
früheren Anhängerschaft eingebüßt, und neue Impulse konnte
Helmut Schmidt nicht geben.

17 Müller, Kay/Franz Walter 2004, *Graue Eminenzen*, S. 128 ff.
18 Zu dieser Phase auch Thies, Jochen 1988, *Helmut Schmidts Rückzug von der
Macht. Das Ende der Ära Schmidt aus nächster Nähe*, Stuttgart-Bonn: Bonn-Aktuell.

2. Männerfreunde in der Dauerfehde
um die Führung des Bürgertums

Helmut Kohl: In Symbiose mit Partei und Volk

Dies nun wurde zur Stunde des Helmut Kohl. Dem ausgelaugten Sozialliberalismus stellte er seine geistig-moralische Wende entgegen und ebnete der gewendeten und willigen FDP den Weg zurück ins altbürgerliche Lager. Vorher allerdings hatte er der Union endgültig seinen Stempel aufgedrückt – sich unabdingbar mit ihr verbunden. Schließlich hatte er seine Lektion aus dem schnellen Scheitern seiner drei Vorgänger gezogen. Kohl setzte auf die Partei. Mit ihr war er groß geworden.[1] Hier hatte er seine wichtigsten Freunde gefunden – und dabei blieb es in den folgenden Jahrzehnten. Die Partei war Kohls Leben, weit stärker als bei Adenauer oder auch Kiesinger, erst recht bei Erhard. Kohl lebte in Symbiose mit seiner Partei, wie er sich später mit der Mehrheit der Deutschen symbiotisch verbunden fühlte, sodass für ihn im Laufe der 1990er Jahre er selbst, die christdemokratische Familie, die Nation miteinander verschmolzen, eins wurden. Kohl – und das machte ebenfalls seine innere Stärke und psychische Stabilität aus – glaubte an sich, plagte sich nicht mit nagenden inneren Zweifeln, war nicht gepeinigt durch Zwiespalt oder Zerrissenheit. Kohl war keine ambivalente Figur, kein Mensch voller Widersprüche, weder schweifend noch ruhelos suchend. Sein Weltbild war schlicht, dabei prägnant; und es war früh gezimmert, seitdem stabil. Und früh schon stand für ihn ebenfalls fest, dass er politisch hoch hinaus wollte, unbeirrt und mit großer Freude daran. Auch das hielt sich so im Fortgang seiner Biographie: Kohl stöhnte nicht

---

1 Dreher, Klaus 1998, *Helmut Kohl. Leben mit Macht*, Stuttgart: Deutsche Verlags-Anstalt, S. 38 ff.

unter der Last der politischen Verantwortung, er litt nicht an der
Bürde der Kanzlerschaft – er liebte die Macht.

In seinem Verhältnis zur Partei war er nahezu »sozialdemokratisch«. Und damit eröffnete er eine neue Ära bürgerlicher Politik.
Bis dahin war den bürgerlichen Honoratioren die Partei eher ein
lästiges Übel, nicht aber Heimat, nicht der Primus unter allen Organisationen der eigenen Lebenswelt, wie das bei den Sozialisten
der Fall war. Doch war Kohls Präferenz für die Partei nicht nur
sentimental bedingt. Als er 1973 Bundesvorsitzender der CDU
wurde, brauchte er sie als Rückhalt und Machtressource, da er
der Bundestagsfraktion nicht angehörte.[2] Hier lag die große Differenz zwischen Kohl und seinem großen Vorbild Adenauer, mit
dem ihn sonst durchaus einige Eigenarten verbanden: Beide waren ungemein zäh und arbeiteten so beharrlich wie geduldig auf
ihr Ziel hin; beide kannten nicht den intellektuellen Zweifel an
den Grundaxiomen ihrer Politik; sie waren beide ideologisch
gleichgültig und daher große bewegliche Pragmatiker; sie trauten
beide den Wählern nicht allzu viel Altruismus, Solidarismus oder
auch bürgerliche Selbstständigkeit zu und achteten daher darauf,
dass die materiellen Alimentationen zur Pazifizierung des Souve-
räns flossen.[3]

Doch entbürgerlichte Kohl dann in seiner Amtszeit die CDU
in einem Maße, wie das unter dem ersten deutschen Bundeskanzler noch ganz unvorstellbar gewesen wäre. Dabei halfen ihm
seine späteren Hauptrivalen, Kurt Biedenkopf und Heiner Geiß-
ler, auch einige kluge und unkonventionelle Köpfe aus der Jungen Union bzw. dem Ring Christlich-Demokratischer Studenten
(RCDS), tüchtig mit. Denn sie transformierten die CDU von
einer Sammlung bürgerlicher Honoratiorenwelten zu einer Mit-

2 Langguth, Gerd 2001, *Das Innenleben der Macht. Krise und Zukunft der CDU*,
Berlin: Ullstein.
3 Vgl. hierzu und auch im Folgenden Clough, Patricia 1998, *Helmut Kohl. Ein Porträt der Macht*, München: Deutscher Taschenbuch-Verlag.

glieder-, Apparat- und Funktionärspartei.[4] Sie »versozialdemo-
kratisierten« die CDU organisatorisch. Für die alte sozialdemokratische Facharbeiterbewegung war dieser Organisationstypus zuvor durchaus angemessen. Er gab einer zunächst randständigen,
politisch benachteiligten Bewegung Schlagkraft, und er vermittelte
über Funktionärspositionen begabten Kadern der unteren Schichten Aufstiegsmöglichkeiten zumindest im eigenen Subsystem. Das
Bürgertum dagegen hatte das alles nicht nötig. Für das Bürgertum bedeutete ein schlecht bezahlter Funktionärsposten eher
den sozialen Abstieg. So entfernten und entfremdeten sich seit
den 1970er Jahren gerade die bürgerlichen Eliten von der neuen
Funktionärsschicht der großen bürgerlichen Partei. Aber eben
diese Schicht der Parteibürokratie wurde zum Fundament der
innerparteilichen Herrschaft Kohls. Eine großartige bürgerliche
Karriere jenseits der Parteistrukturen hatten die meisten aus dieser Gruppe nicht zu erwarten. Gerade das machte sie – wenngleich natürlich nicht alle – abhängig von der Gunst des Vorsitzenden, deshalb waren sie ihm loyal ergeben, versorgten ihn mit
Informationen über Freund und Feind, sammelten für ihn Stimmen und Truppen, setzten seine Order an der Basis um. Die
CDU unter Kohl »wehnerisierte«. Denn exakt so, nach dem Muster der Apparatherrschaft, gestützt auf einige Hundertschaften bedingungslos folgsamer Sekretäre hatte Herbert Wehner die SPD
in den 1960er Jahren mit harter, zuweilen brutaler Hand kom-
mandiert. Wehner'sche Organisationspolitik und Adenauer'sche
Anthropologie, versüßt mit dem Sahnehäubchen kumpelhaften
Menschelns – das in etwa war das »System Kohl«.
Dass Kohl in den ersten drei Jahren seines Parteivorsitzes nicht
zugleich – wie zuvor Barzel – Chef oder zumindest Angehöriger
der Bundestagsfraktion war, minderte seine Machtbasis, machte
ihn aber auch unabhängiger vom Einfluss der CSU, die ihr Stör-

---

4 Vgl. Bösch, Frank 2002, *Macht und Machtverlust. Die Geschichte der CDU*, Stutt-
gart/München: Deutsche Verlags-Anstalt, S. 73 ff.

potential in den Barzel-Jahren mit manchmal destruktiver Lust ausgespielt hatte. Das lag nicht zuletzt an Franz Josef Strauß, mit dessen Energie wie Egozentrik indes auch Kohl rasch und über eine weite Strecke seiner politischen Laufbahn zu tun bekam. Und Ende der 1970er Jahre schien es zunächst so, als wäre auch Kohl an Strauß gescheitert, da der CDU-Vorsitzende als Kanzlerkandidat im Bundestagswahlkampf 1980 nicht mehr in Frage kam. Das Rennen innerhalb der Union hatte stattdessen der CSU-Chef gemacht, der mittlerweile als Ministerpräsident in der Münchner Staatskanzlei residierte.

Von München aus schickte Strauß während des ganzen Jahres 1978 Suaden an herablassenden Urteilen über Kohl und dessen politische Führungskompetenz Richtung Bonn, was am Ende in der Tat seine Wirkung nicht verfehlte.[5] 1979 übertrug die Mehrheit der CDU/CSU-Fraktion – die Abgeordneten der CSU stellten allein nur rund ein Fünftel der hier formierten Mandatsträger – Strauß die Kandidatur für das Kanzleramt, was einen Hinweis darauf gab, wie geschlossen die CSU seinerzeit im Vergleich zur CDU auftrat und über welch starke Bataillone der frühere langjährige Bundestagsabgeordnete Strauß in der Gesamtfraktion der Union, eben auch in Teilen der Schwesterpartei verfügte. Schon im Wahljahr 1976 hatte Strauß es kaum ertragen, sich hinter dem Kanzlerkandidaten Kohl in das zweite Glied der Union einfügen zu müssen. Als CDU/CSU gemeinsam die Kandidatur des pfälzischen Ministerpräsidenten öffentlich bekannt gaben, wurde ebenfalls der auf seinen Druck hin aufgenommenen Passus der CSU publik, dass die bayerische Landespartei der Union eigentlich ihn, Strauß, für geeigneter hielt – womit Kohl schon zu Beginn der Kampagnen einen dicken Knüppel zwischen die Beine geworfen bekam. Wie sehr es Strauß wurmte, dass nicht er, der in weltpolitischen Dimensionen dachte, sondern der mediokre

5 Vgl. Jäger, Wolfgang/Werner Link 1987, *Republik im Wandel 1974-1982, Die Ära Schmidt*, Stuttgart: Deutsche Verlags-Anstalt, S. 134.

Mann aus der Provinz für Christdemokraten und Christsoziale das Kanzleramt ansteuern durfte, machte er in einer Ansprache vor dem Landesausschuss der bayerischen Jungen Union im November 1976 unmissverständlich deutlich: »Ich halte Herrn Kohl, den ich trotz meines Wissens um seine Unzulänglichkeit um des lieben Friedens willen als Kanzlerkandidat unterstützt habe, für total unfähig, ihm fehlen die charakterlichen und geistigen Voraussetzungen. Ihm fehlt alles dafür.«[6]

Franz Josef Strauß: Egozentriker zwischen Hybris und Kleinmütigkeit

So war Strauß. Niemand – mit Ausnahme vielleicht des Sozialdemokraten und ehemaligen Kommunisten Herbert Wehner – hat die politische Landschaft derart schroff in polarisierte Heerlager geteilt wie er. Die einen liebten, verehrten, vergötterten ihn, die anderen fürchteten, misstrauten, ja hassten ihn. Gleichgültig ließ er keinen politisch interessierten Menschen in der Republik. Strauß gehörte unzweifelhaft zu den zunehmend rareren Gestalten in der Politik, die nicht im Grau eines soliden Durchschnitts aufgingen. Er brachte Farbe, durchaus auch Individualität und eine riesige Portion Egozentrik in die Politik hinein. Schon als junger Mann, bereits in den 1950er Jahren, war er das Enfant terrible im Bonner Parlamentarismus, für die einen die Großbegabung, der ganz nach vorne wollte und dorthin auch gehörte, für die anderen der Mephisto schlechthin, dem man – koste es was es wolle – niemals den Platz oben überlassen durfte. Strauß hatte in der Adenauer-Ära als Atom- und Verteidigungsminister das alles andere als populäre Projekt der Neuformierung bundesdeutscher Streitkräfte durchgesetzt, mit Verve, mit Chuzpe, mit exzes-

6 Zitiert bei Langguth, Gerd 2001, *Das Innenleben der Macht. Krise und Zukunft der CDU 2001*, München: Ullstein Verlag, S. 249.

siver Freude auch an militärischen Strategiefragen und: an moderner Technik. Der Konservative Strauß war zeitlebens ein Avantgardist der technischen Moderne. Und er war in der zweiten Hälfte der 1950er Jahre Lieblingsfeind des *Spiegel*. Beide lebten voneinander. Die Angriffe im *Spiegel* schweißten die Truppen des Bayern zusammen; und die wütenden Invektiven von Strauß gegen das Hamburger Magazin ließen deren Auflagenzahl rasant nach oben schnellen, ließen das Blatt von Rudolf Augstein gleichsam zum Zentralorgan der linksliberalen Intelligenz in der Bundesrepublik wachsen. Als Strauß im Zuge der fortan nach dem *Spiegel* bezeichneten Affären 1962 dafür sorgte, dass Augstein und der leitende Redakteur Ahlers einige Nächte in spanischen Gefängnissen zubringen mussten, war das wie eine Initialzündung für eine außerparlamentarische Sammlungsbewegung – längst vor 1968. 1962 entschied sich vieles, nicht nur für die Republik, auch für Strauß. Die Affäre jener Monate verstärkte etliche Eigenschaften, die bei ihm bereits angelegt waren, nun aber bestimmend und handlungsleitend wurden. Seither fühlte sich Strauß verfolgt und verraten; sein Misstrauen, auch sein Selbstmitleid war jetzt chronisch.[7] Der Feind schlechthin waren Linksintellektuelle, Magazinschreiber aus dem Norden Deutschlands – und, nicht zuletzt, die Freien Demokraten, die den Ausschlag dafür gegeben hatten, dass er das Kabinett verlassen musste. Strauß ging hernach lieber aufs Ganze, strebte auch in der Bundespolitik stets die absolute Mehrheit an, zog Koalitionen lieber gar mit den Sozialdemokraten vor, als den Freien Demokraten irgendeine Konzession zu machen. Neben allen Unterschieden im Charakter und im Temperament bildete dies eine entscheidende politische Differenz zwischen ihm und Helmut Kohl.

Strauß kam aus kleinen, aber nicht unterschichtigen Verhältnis-

---

7 Vgl. Leinemann, Jürgen 1983, »Überlebensgroß Herr Strauß«, in: Augstein, Rudolf (Hg.): *Überlebensgroß Herr Strauß*, Reinbek bei Hamburg: Rowohlt, S. 43 ff.

sen.[8] Sein Vater war Metzger, führte in München-Schwabing einen Fleischereiladen. Zum Trauma der Familie gehörte, wie bei vielen Menschen des selbstständigen Mittelstands seinerzeit, der Verlust aller Ersparnisse während der Hyperinflation 1923. Franz Josef war der einzige Sohn und sollte das Geschäft später übernehmen. Doch überredete ein Religionslehrer den sich zunächst sträubenden Vater dazu, den Jungen aufs Gymnasium zu schicken. Dort war Franz Josef Strauß Primus, von der ersten bis zur letzten Klasse, am Ende mit dem seit langer Zeit bayernweit besten Abitur. Strauß wollte, ja musste es seinem skeptischen Vater beweisen.[9] Das blieb ein Leben lang so. Strauß war hochintelligent, von blitzschneller Auffassungsgabe, mit einem – wie man zu sagen pflegt – fotografischen Gedächtnis. Doch dazu war er von einem furiosen Ehrgeiz, nach Geltung und Anerkennung ringend, sicher auch ungemein eitel. Natürlich: Bei welchem Politiker wäre das anders? Doch bei Strauß gab es von all diesen Wesenszügen eine gehörige Portion mehr. Strauß wirkte stets getrieben, oft maßlos, in etlichen Situationen fast unbeherrscht. Denn Strauß, der in der familiären Dauersorge vor Verlust des Vermögens, vor der Erschütterung aller mühsam errichteten bürgerlichen Existenz aufgewachsen war, trug erhebliche Ängste und tiefe Unsicherheiten mit sich.[10] Er raffte häufig gierig, weil er zu verlieren fürchtete. Auch politisch zögerte und zauderte er vor wirklich weichenstellenden Entscheidungen, da er sich ängstigte, aus den Schie-

---

8 Zur Biographie generell: Biermann, Werner 2006, *Strauß. Aufstieg und Fall einer Familie*, Berlin: Rowohlt; Schuler, Thomas 2006, *Strauß. Die Biographie einer Familie*, Frankfurt am Main: Scherz.

9 Vgl. Richter, Saskia 2007, »Franz Josef Strauß. Das Scheitern eines Siegers«, in Forkmann, Daniela/Saskia Richter (Hg.): *Gescheiterte Kanzlerkandidaten, Von Kurt Schumacher bis Edmund Stoiber*, Wiesbaden: VS-Verlag für Sozialwissenschaften, S. 202-235, hier S. 206.

10 Vgl. Löwenstern, Otto von 1963, »Von Schongau bis Bonn«, in: Kuby, Erich (Hg.), *Franz Josef Strauß. Ein Typus unserer Zeit*, Wien: Desch, S. 112; Krieger, Wolfgang 1995, *Franz Josef Strauß – Der barocke Demokrat aus Bayern*, Göttingen/Zürich: Muster-Schmidt, S. 10.

nen zu geraten.[11] Es war diese explosive Mischung aus Bangigkeit und Hybris, aus Großmannssucht und Kleinmütigkeit, die ihn zur Sphinx der deutschen Politik von Adenauer bis Kohl machte.

Allein in der Großen Koalition, zwischen 1966 und 1969, ging es ruhiger zu, mit und um Strauß. Dieser war froh, nachdem er 1962 schmachvoll seinen Kabinettsposten verloren hatte, im Pakt mit den Sozialdemokraten politische Rehabilitation zu erfahren. Und der große Modernisierer unter den Konservativen kam gut mit ihnen zurecht, die ja ebenfalls damals ohne alle ideologischen Versatzstücke von ehedem das Land nach Maßgabe neuer Techniken in Wissenschaft, Wirtschaft, Bildung und Administration ummodellieren wollten. Mit Karl Schiller, dem sozialdemokratischen Wirtschaftsminister, bildete er das publikumswirksame Gespann »Plisch und Plum«. Doch ganz erfreuen konnte sich Strauß daran nicht. Denn letztlich galt stets Schiller als der entscheidende Magier einer erfolgreichen Wirtschaftspolitik. Und so zeigten schon die großkoalitionären Jahre an, wie es weiter fortging mit Strauß, der es aber nicht wahrhaben wollte: Bundespolitisch war seine große Zeit im Grunde schon abgelaufen, stets blieb er künftig nur noch zweiter Sieger, oft nicht einmal mehr das.

Strauß, mit seiner brisanten Zwiespältigkeit, stand sich viel zu sehr selbst im Wege. Zunächst, als die Große Koalition zu Ende und die CDU/CSU in die Opposition ging, radikalisierte er sich, da er Feuerreden gegen die neue Ostpolitik schwang und die von Barzel formal geführte Fraktion anfangs auf Fundamentalgegnerschaft zur Bundesregierung trimmte. Dabei hatte man von ihm in den drei Jahren zuvor, als der Bundesaußenminister Brandt das Plateau bereits für einen veränderten Kurs gegenüber dem Osten legte, kein energisches Wort des Widerspruchs gehört. Und es gab genügend Kenner seiner Psyche auch in der Union, die schon damals fest davon überzeugt waren, dass er selbst nur zu gerne

11 Grunenberg, Nina 1988, »Der letzte Olympier«, in: *Die Zeit* (22. Januar 1988).

seinen Namen unter ein historisches Dokument wie eben die der Verträge mit Moskau und Warschau gesetzt hätte. Dass Strauß in solchen Dingen kein wirklicher Doktrinär, sondern ein hochflexibler Künstler der Rochade war, konnte man ein gutes Jahrzehnt später verfolgen, als er für Kanzler Kohl die Milliardenkredite mit der DDR abwickelte, zum Entsetzen seiner getreuen antikommunistischen Anhänger, die in all den Jahren fest daran geglaubt hatten, was der eifernde Rhetor gegen die Linksdespotien Jahr für Jahr in die Versammlungssäle hineindonnerte.[12]

Ein guter Rhetor war er zweifelsohne.[13] Man setzte sich in den 1970er Jahren nicht ungern vor den Bildschirm, wenn eine Plenardebatte des Bundestag im Fernsehen übertragen wurde und man zuschauen konnte, wie Strauß tobte, Gift und Galle spie, derbe, bildreiche, sarkastische Metaphern herausschleuderte – und damit den keineswegs weniger ätzenden Herbert Wehner zu bitterbösen Zwischenrufen provozierte. Der Topos »Politikverdrossenheit« war in diesen Zeiten parlamentarischer Feldschlachten weitgehend unbekannt. Strauß war überdies ein außerordentlich anpassungsfähiger Redner, derb im Bierzelt, zahlenmächtig bei Wirtschaftsverbänden, ein zitatensicherer Lateinkenner bei Philologen und Professoren. Und richtig war wohl auch, dass Strauß weit mehr wusste als das Gros seiner politischen Kollegen, viel analytischer dachte, rascher in der Durchdringung von Problemen war, kompetent in Fragen der Ökonomie, der Außenpolitik, in Sicherheitsfragen. Daher hielt er sich für den berufenen Staatslenker, geeigneter jedenfalls als die verachteten Erhard, Kiesinger, Barzel oder Kohl, auch als Brandt, selbst als Schmidt, vor dem

---

12 Benz, Wolfgang 1999, »Franz Josef Strauß (1915-1988)«, in: Sarkowicz, Hans (Hg.): *Sie prägten Deutschland. Geschichte der Bundesrepublik in politischen Portraits*, München: Beck, S. 108.
13 Hierzu vgl. besonders Maier, Hans 1980, »Strauß als Rhetor. Redekunst und Parlamentarismus heute«, in: Zimmermann, Friedrich (Hg.): *Anspruch und Leistung. Widmung für Franz Josef Strauß zum 65. Geburtstag*, Stuttgart-Degerloch: Seewald, S. 262 ff.

er zumindest Respekt besaß. Gegen ihn, Schmidt, bekam Strauß dann auch 1980 die Chance, auf welche er seit den 1950er Jahren bereits lauerte. Eigentlich waren die Zeiten, die politische Stimmung in der deutschen Gesellschaft gar nicht schlecht für eine Politik des politischen Konservatismus. Seit 1973 hatten sich die inneren und äußeren Krisen vervielfältigt, ob ökonomisch oder auch ökologisch. Der Honeymoon der Entspannungspolitik war längst verdämmert. Die Sowjets waren in Afghanistan einmarschiert, Deutschland spürte noch die Nachbeben des RAF-Terrorismus. Kurz: Der Mehrheit der Deutschen stand der Sinn nicht nach weiteren Reformen, Emanzipationsschüben und interessanten Experimenten. Angesagt waren vielmehr Stabilität, Sicherheit, Ruhe. Doch eben diese Qualitätsmerkmale verbanden die meisten Wähler mit dem konservativen, etatistischen Sozialdemokraten Schmidt, nicht mit dem immer wieder unberechenbar, emotional, manchmal geradezu abenteuerlich agierenden Strauß. Strauß scheiterte 1980 auch, weil die Stimmung im Land wirklich konservativ geprägt war.[14] Doch zugleich legte Strauß 1980 ungewollt den Grundstein für einen langfristigen Trend gegen den Altkonservatismus der Union. Erstmals verzeichnete die CDU/CSU 1980 überdurchschnittliche Verluste bei den Frauen; und der geburtenstarke Neuwahljahrgang 1962 stimmte seither konstant mit signifikant großer Mehrheit für Parteien links von der Union.

Als Strauß stolperte, lag der Ball – was 1978/79 wohl niemand mehr für möglich gehalten hätte – wieder bei Kohl, der als Chef der CDU und der CDU/CSU-Fraktion gewissermaßen der natürliche Herausforderer des sozialdemokratischen Bundeskanzlers während der laufenden Legislaturperiode war, vor allem dann, wenn dieser ins Trudeln geriet. Gewiss, Kohl war längst nicht so klug, auch nicht so gebildet, politisch nicht so weiträumig wie

14 Richter, Saskia, »Franz Josef Strauß«, S. 221 ff.

Strauß. Aber Kohl verfügte über bessere Menschenkenntnis, konnte zumindest in den Jahren seines Aufstiegs auch ihm geistig überlegene Figuren im eigenen engeren Umfeld aushalten, was Strauß für sich nie erduldete. Und Kohl war ein wirklicher Mensch der Macht, was Strauß auf barocke Weise gern gewesen und ausgekostet hätte, aber eben nie in letzter Entschlossenheit und praktischer Raffinesse war. Kohl war ihm da gründlich überlegen. Er durchschaute seinen Kontrahenten, er kannte dessen Schwächen, nutzte sie virtuos. Ein Medium, um die destruktiven Kräfte von Strauß abzudämpfen, waren stundenlange Wanderungen, zu denen die beiden sich regelmäßig trafen.[15] Strauß monologisierte, dozierte dabei; und Kohl hörte geduldig zu. Tags darauf fasste Strauß alles noch einmal in seitenlange, akribische Memoranden zusammen und sandte das fernschriftlich in das Bonner Kanzleramt. Kohl nahm die Gedankendossiers zur Kenntnis, kümmerte sich aber nicht darum. Und wenn Strauß hoch erregt in der Regierungszentrale aufmarschierte, um dem Kanzler die Leviten zu lesen, dann ließ Kohl dem innerlich brodelnden Strauß eine halbe Stunde Zeit, damit er Dampf ablassen konnte. Meist war dann der Zorn des Bajuwaren tatsächlich verraucht. Kohl ließ noch eine Flasche Wein kommen, die beide zusammen austranken – und Strauß fuhr fürs Erste wieder besänftigt nach München zurück. Im Übrigen band Kohl Strauß, wenn möglich, gerade in schwierige politische Händel mit ein, so insbesondere in die Kontakte zu den osteuropäischen Potentaten vor 1989. Dergleichen schmeichelte Strauß, der sich ja selbst für einen herausragenden Außenpolitiker hielt. Mit Honecker soll er sich hervorragend verstanden haben; zu dessen 75. Geburtstag schickte die bayerische Staatsregierung 50 Flaschen fränkischen Spitzenweins an den Generalsekretär des Zentralkomitees der Sozialistischen Einheitspartei Deutschlands.

15 Sehr plastisch geschildert bei Ackermann, Eduard 1996, *Politiker. Vom richtigen und falschen Handeln*, Bergisch-Gladbach: Lübbe, S. 126 ff.

Kurz: Kohl war im Spiel geblieben, weil er über einige Eigenschaften verfügte, die vielen oft weitaus begabteren Rivalen um die Macht abgingen. Kohl konnte warten. Er war geduldig, zäh, resignierte nicht vorschnell, saß schwierige Zeiten mit langem Atem aus, steckte Rückschläge weg, ohne in Depressionen zu verfallen. Kohl war ein robuster Politiker, weit robuster als seine vier Vorgänger, Erhard, Kiesinger, Brandt, aber auch Helmut Schmidt. In Kohls Vorstellungswelt existierten keine großen Ziele oder gar Utopien; er konnte daher nicht schnell enttäuscht oder frustriert werden. Kohl war kein Intellektueller, der grüblerisch über Aporien nachdachte, dialektisch in Komplexitäten reflektierte.[16] Kohl hielt sich eben für »normal«, im Einklang mit dem ganz alltäglichen Denken einfacher Menschen, die fleißig arbeiteten, aber auch fröhlich feierten, die in ihrer Heimat wurzelten, in ihren Familien geborgen waren, im Glauben Halt fanden.[17] So lebte – dies die unerschütterliche Überzeugung Kohls – das Gros der Menschen in der Mitte der Gesellschaft; so war er selbst auch groß geworden; und so wollte er Politik machen: für die Mehrheit der Menschen in der Mitte – und nicht für Ideologien, Bürokratien oder Strukturen.

Dass Kohl etliche Krisen politisch überlebte, dass er länger Kanzler blieb als jeder andere in den deutschen Demokratien, dies führte Kohl auf seine Erdung zurück. Und die ungewöhnliche Dauer seiner Laufbahn reproduzierte seine Selbstsicherheit, politisch mit dieser Wahrnehmung richtigzuliegen. Auch das Staatsgeschäft, die auswärtigen Angelegenheiten betrieb er so, von Mensch zu Mensch, wenn er mit Mitterrand, mit Gorbatschow oder Bush zusammentraf. Nur Maggie Thatcher mochte das partout nicht lei-

---

16 Vgl. auch Bahners, Patrick 1998, *Im Mantel der Geschichte. Helmut Kohl oder die Unersetzlichkeit*, Berlin: Siedler Verlag, S. 111.
17 Vgl. auch Krause-Burger, Sybille 1984, *Wer uns jetzt regiert: Die Bonner Szene nach der Wende*, Stuttgart: Deutsche Verlags-Anstalt, S. 21; Neander, Joachim 1990, »Helmut Kohl – Geschichts- und Menschenverständnis«, in: Appel, Reinhard (Hg.), *Helmut Kohl im Spiegel seiner Macht*, Bonn: Bouvier: S. 33 ff.

den; und deshalb mochte Kohl sie nicht. Kohl ging an Politik nicht analytisch heran wie Helmut Schmidt. Er sah sich nicht als kühler Manager des politischen Prozedere, folgte nicht der Reihe: Problemdiagnose – Lösungsoptionen – Handlungsstrategie. Kohl urteilte nach praktischen Erfahrungsmaßstäben, auch nach Instinkt und Intuition, wie später Gerhard Schröder. Gern versuchte Kohl auch Krisen ganz zu leugnen, gar nicht erst darüber zu sprechen, jedenfalls den verstörenden Begriff zu vermeiden. Seine häufig kitschige Sprache, seine Sentimentalität, seine menschelnde Kleinbürgerlichkeit sollten den Alarmismus schriller Reaktionen dämpfen, die Erregung mildern. »Es kommt nicht so schlimm, wie man anfangs denkt« – diese Attitüde war eine mentalitätskonservierende Führungstechnik von Kohl, die gerade in den wahldominierenden älteren Kohorten der 1980er Jahre gut ankam, welche in ihrer Kindheit und Jugend genug erschreckende Dramen erlebt hatten und das beruhigende Sicherheitsversprechen Kohls gerne goutierten.

Das war gewissermaßen die plebiszitäre Seite der Kohl-Herrschaft. Aber allein damit hätte er wohl keine dritte Legislaturperiode als Kanzler erlebt. Denn in der neuen Generation der bundesdeutschen Wahlbürgerschaft kam die nuschelnde Bodenständigkeit des Pfälzers nicht gleichermaßen positiv an. Insgesamt war Kohl bis 1989 der unbeliebteste Kanzler in der bundesdeutschen Geschichte. Seine Popularitätswerte lagen durchweg unter denen seiner eigenen Partei; über einen Kanzlerbonus verfügte Kohl in den ersten sieben Jahren seiner Regierungszeit nicht.

Aber es war gleich, dass er kein brillanter Redner war, kein großer Denker, kein glamouröser Schauspieler der Macht. Kohl hatte seine Partei. Was Erhard oder Barzel fehlte, das hatte er sich zielstrebig geschaffen: eine treue Prätorianergarde von Parteileuten, die ihm die Stange hielten, wenn die Gewitter der Medienkritik wieder einmal über das Kanzleramt zogen. Auch hier menschelte es, wenngleich es weniger harmlos zuging, als es die gemütliche

Pose der Kanzlerrunden mit Riesling aus Wachenheim, Schweinebraten auf Toast und Bergen von Bratkartoffeln insinuierten.[18] Es ist dies hinreichend oft beschrieben worden: Kohl pflegte Männerfreundschaften seit den Tagen der jungen Union.[19] Er half und ihm wurde geholfen; er machte Karriere und zog die Getreuen nach. Er bewies Loyalität denen, die ihm treu ergeben waren. Wer irgendwann ausscherte oder sich gar widersetzte, den allerdings trafen Bann und Fluch. Hass, Ächtung, Feindschaft – auch das war Bestandteil des »Menschelns« im System Kohl. Am Ende, schon nach Ablauf der Kanzlerschaft, wurden während des Parteispendenskandals 1999/2000 all die problematischen Züge grell offenbar, als Kohl unversöhnlich das Band zerschnitt, das ihn lange mit Wolfgang Schäuble und noch länger mit Norbert Blüm verknüpft hatte. Sie waren ihm nun Verräter.

Der Unglücksrabe: Waldemar Schreckenberger

Die lange und loyale Verbundenheit Kohls zu seinen Getreuen zeigte sich anfangs auch in der Auswahl seines ersten Kanzleramtschefs Waldemar Schreckenberger, wenngleich unter den vielen Souffleuren der deutschen Kanzler Kohls Schulfreund besonders unglücklich agierte. Die Ernennung Schreckenbergers zum Kanzleramtsvorsteher im Oktober 1982 war eine ganz typische Helmut-Kohl-Entscheidung. Das politische Bonn war überrascht und ein wenig ratlos, als es den Namen des neuen Kanzleramtschefs erfuhr. Kaum jemand kannte ihn. Doch bald sprach sich herum, dass Schreckenberger ein alter Schulfreund aus den frühen Mainzer Tagen des neuen Kanzlers war. Solche alten Ver-

18 Vgl. Lambeck, Martin S. 2000, »Die CDU-Führung wird ihren Übervater Kohl nicht los«, in: *Die Welt* (10. Juli 2000).
19 Explizit positiv gedeutet bei Werz, Nikolaus 2000, »Helmut Kohl: Auf dem Weg zum Mythos?«, in: Bizeul, Yves (Hg.): *Politische Mythen und Rituale in Deutschland, Frankreich und Polen*, Berlin: Duncker und Humblot, S. 219 ff.

bundenheiten und Freundschaften hatten bekanntlich Gewicht
bei Kohl. Nun war Schreckenberger durchaus kein Greenhorn
in Politik und Verwaltung.[20] Seit 1969 war er Leiter der Abteilung Gesetzgebung und Verwaltung in der Mainzer Staatskanzlei, zu deren Chef er 1976 avancierte. Fünf weitere Jahre danach
ernannte ihn der Ministerpräsident von Rheinland-Pfalz zum Justizminister des Landes. Zudem lehrte Schreckenberger seit 1978
als Professor für Rechts- und Staatsphilosophie an der Verwal-
tungshochschule in Speyer. Das waren keine rundum schlechten
Grundlagen für die Arbeit in der Bonner Regierungszentrale.

Daher reagierte die mediale Öffentlichkeit zwar nicht enthusias-
tisch auf die Kür Schreckenbergers zum Kanzleramtschef, aber
auch nicht sonderlich unfreundlich. Schließlich benahm sich der
neue Mann wohl ein wenig zurückhaltend, im Ganzen aber doch
recht freundlich und höflich, zuweilen geradezu liebenswürdig,
in jedem Fall angenehm bescheiden. Auch war er erkennbar fleißig, da man ihn jeden Morgen um acht Uhr in das Amt schreiten
sah, das er meist erst kurz vor Mitternacht wieder verließ, um sich
in schöner Regelmäßigkeit, mitunter in der Ratlosigkeit des zer-
streuten Intellektuellen, auf die Suche nach seinem Auto zu begeben.

Eine Anfangschance gab es für Schreckenberger schon. Aber viel
Geduld hatten die politischen Kommentatoren, hatten auch seine
politischen Freunde dann doch nicht mit ihm. Ein Jahr nach
dem Kanzlerwechsel von Schmidt zu Kohl wurde Schreckenberger gleichsam das personifizierte Symbol für alle Pannen, Miss-
griffe und Konfusionen in der neuen Regierung. Ganz gerecht
war das nicht. Denn im Grunde widerfuhr Schreckenberger das,
was jedem ersten Kanzleramtschef einer neuen, bis dahin lange
oppositionellen Regierungspartei passierte: Sie wurden durchgän-
gig die Sündenböcke für all das, was einfach schiefgehen muss,

20 Vgl. Rudolph, Hermann 1984, »Der Musterschüler als Sündenbock«, in: *Die Zeit*
(24. August 1984).

wenn man politisch-administrativ gleichsam von der Regional-
liga in die Champions League katapultiert wird. Schließlich muss
sich eine neue Regierung im Amt erst finden, muss zunächst
Strukturen aufbauen, muss sich mit dem alten Beamtencorps zu-
sammenraufen, muss die optimale Koordination zwischen dem
Amt, den Ressorts, der Bundestagsfraktion und den Regierungs-
parteien erst lernen, muss ganz unvermeidliche Störungen, Frik-
tionen, Disharmonien allmählich abbauen. In den ersten Monaten nach einem Regierungswechsel kann es im Grunde gar nicht
reibungslos laufen. Doch die politische Öffentlichkeit ist gerade
in mediengesellschaftlichen Zeiten nicht sehr nachsichtig und
schon gar nicht gerecht.

Andererseits gab es bei Schreckenberger tatsächlich einige struk-
turelle Mängel. Ein Manko war in jedem Fall, dass das politische
Parkett in Bonn für Schreckenberger weitgehend unbekannter Boden war. Schreckenberger kannte und sah nicht die vielen Fallgruben von Missgunst, Intrigen und Zynismen, die sich in Bonn
weit auftaten. Der parteilose Schreckenberger kannte nur wenige aus der christlichen Bundestagsfraktion; ihm fehlten ebenfalls die Kontakte zur CDU-Bundeszentrale. Er hatte in Bonn
keine Mannschaft, die sich für ihn in schwierigen Lagen schlug.
Er hatte keine Wasserträger, keine Zuarbeiter und Informanten,
die ihn mit Stimmungsberichten oder gar Personaldossiers aus
den politisch relevanten Gremien und Institutionen versorgten,
die Verbindungen herstellten, Koordination erleichterten, die Moderation von Konflikten möglich machten, Kontrolle erlaubten.
Schreckenberger fehlten, kurzum, die personellen Netzwerke, die
ein Kanzleramtschef braucht, um früh Bescheid zu wissen und
rechtzeitig Einfluss zu nehmen.

In einer gewissen Weise erinnerte Schreckenberger an Ludger
Westrick, den Schattenmann Ludwig Erhards. Auch Schrecken-
berger hatte eine Abneigung gegen den Parteienbetrieb, gegen die
Kungeleien, Tricks und Händel in den parlamentarischen Kom-

missionen. Kohls erster Kanzleramtsminister war mehr Wissen-
schaftler als Politiker. Er wünschte sich die Politik wie die Wis-
senschaft, streng logisch, systematisch und konsistent. Doch die
Politik spielte sich anders ab, war oft Trick, Kuhhandel oder auch
Täuschung, im Ergebnis jedenfalls meist nur ein Kompromiss.
Das war nicht Schreckenbergers Welt. Aber er steckte mittendrin,
stand im Zentrum und an der Spitze – und wirkte auf traurige
Weise fehl am Platz.

Schreckenberger war wohl auch zu exakt für den politischen Posten, den er zwischen 1982 und 1984 bekleidete. Er wollte alle Vorgänge und Angelegenheiten, die sich im Kanzleramt sammelten,
analytisch gründlich durchdringen. Das kostete ungeheuer viel
Zeit. Und auf Schreckenbergers Arbeitsplatz türmten sich die Akten, Vermerke und Schreiben. Kohls Amtschef mühte und plagte
sich, saß bis weit in die Nacht tief gebeugt über dem Schreibtisch
und kam doch den Eingängen nicht mehr hinterher.[21] Die Beamten im Kanzleramt sprachen nun spöttisch vom »Bermuda-
dreieck«, das da im Büro Schreckenbergers existiere, denn die Akten gelangten wohl in das Arbeitszimmer des Staatssekretärs, aber
sie tauchten dann nicht wieder auf. So erzählte man sich das jedenfalls im redseligen Bonn dieser frühen Kohl-Jahre.[22]

Im Übrigen litt Schreckenberger an Kohl selbst. Präziser: Er litt
an dessen Arbeitsweise, die sich nicht in das bürokratische Regelwerk des Apparats im Kanzleramt einpassen wollte.[23] Kohl war
bekanntlich ein großer Telefonierer, ein Meister des Vier-Augen-
Gesprächs, Liebhaber spontaner Ad-hoc-Entscheidungen, ein Po-

---

21 Vgl. Dreher, Klaus 1984, »Geräuschloser Aufstieg aus dem Hintergrund«, in:
Süddeutsche Zeitung (12. November 1984); Fromme, Friedrich Karl 1984, »Staatssekretär Schreckenberger geht den Dingen auf den Grund«, in: *Frankfurter Allgemeine Zeitung* (27. November 1984).
22 Vgl. Blechschmidt, Peter/Peter Pagral 1983, »Der ›Schrecki‹ der Nation«, in:
Stern (3. November 1983).
23 Vgl. hier besonders Finke, Heinz-Peter 1984, »Nicht alle Pannen gehen auf das
Konto ›Schreckis‹«, in: *Stuttgarter Nachrichten* (18. August 1984); Leicht, Robert
1984, »In Kohls Kanzlei«, in: *Süddeutsche Zeitung* (21. August 1984).

litiker personenorientierter Improvisation, nicht aber – wie sein Vorgänger Helmut Schmidt – ein Manager des rationalen, geregelten Verfahrens. Was immer Kohl bei seinen Kontakten in kleinen Kreisen oder am Telefon aushandelte, Schreckenberger erfuhr es nur von Fall zu Fall. Kohls politische Entscheidungen in interpersonaler Kommunikation flossen zumindest in dieser Anfangszeit seiner Regierung nur selten in den administrativen Verarbeitungsprozess des Kanzleramts ein. Es gab andere, die zum Kummer Schreckenbergers einen privilegierteren und intimeren Zugang zum Kanzler hatten. Schreckenberger bekam infolgedessen oft genug nicht mit, was wirklich lief im engsten Zirkel der Regierungsmacht. Das Amt stand bei wichtigen politischen Debatten, die in Kohls Küchenkabinett geführt wurden, außen vor. So schmolz die Autorität des Kanzleramtschef dahin. Und deshalb nutzte es Schreckenberger auch nichts, dass er durchaus Kompetenzen und Eigenschaften besaß, die sonst einen guten Kanzleramtschef ausmachten. Schreckenberger war loyal, er hatte auch unbestreitbar administrative Fähigkeiten; er agierte lieber im Hintergrund der Politik als auf der offenen Bühne. Aber an der Aura der Hintergründigkeit fehlte es ihm. Man traute ihm nicht zu, dass er im Hintergrund die Strippen zog, dass er graue Eminenz war, dass er vieles wusste, was anderen schaden konnte, dass er kühl und selbstbewusst Regie führte. Kanzleramtschefs sollten schon ein bisschen gefürchtet, zumindest respektiert werden. Das ist wohl nötig, um in der politischen Schlangengrube der Bundeshauptstadt die Handlungsfähigkeit an der Schaltstelle der Macht zu behalten. Schreckenberger war nicht der Typus dafür. So ging die Leitung der Regierungszentrale 1984 auf Wolfgang Schäuble über.

Experten für Problemfälle: Wolfgang Schäuble, Rudolf Seiters und Friedrich Bohl

Nachdem das Experiment mit dem Wissenschaftler Waldemar Schreckenberger als Chef des Kanzleramts während der Jahre 1982 bis 1984 unglücklich verlief, versuchte es der damalige Bundeskanzler Helmut Kohl also mit einem parlamentarisch erfahrenen Geschäftsführer der Politik. Das funktionierte prächtig, und so blieb Kohl bei dieser Lösung.

Wolfgang Schäuble, der nach den Turbulenzen, Krisen und Pannen der ersten beiden Jahre der Kohl-Ära die administrative Leitung in der Regierungszentrale übernahm, war »Kohls letzte Patrone«, wie der *Spiegel* seinerzeit titelte. Und in der Tat wurde Schäuble zum Chefarchitekten des Kohl'schen Machtsystems. Seine beiden Nachfolger, Rudolf Seiters und Friedrich Bohl, hielten als Ingenieure der Macht das Betriebssystem intakt.

Schäuble, Seiters, Bohl waren vom gleichen Typ. Sie hatten unisono, bevor sie als Chef im Ministerrang ins Kanzleramt gingen, als Parlamentarische Geschäftsführer die Unionsfraktion gemanagt.[24] Das war neu in der Geschichte der Kanzleramtschefs, stellte sich aber als bemerkenswert erfolgreich heraus. Im Übrigen war in der Tat verblüffend, wie ähnlich sich diese drei Kanzleramtschefs auch sonst waren – in Herkunft und Habitus, in Biographie und Bildungsqualifikation, in Politik und Profil. Alle drei gehörten, zwischen 1937 und 1945 geboren, gewissermaßen der 68er Generation an, hatten aber natürlich mit den bärtigen

---

24 Zum Typus parlamentarischer Geschäftsführer generell: Schüttemeyer, Suzanne S. 1997, »Manager des Parlaments zwischen Effizienz und Offenheit. Parlamentarische Geschäftsführer im Deutschen Bundestag«, in: *Aus Politik und Zeitgeschichte*, H. 36-37/1997, S. 8 ff.; Petersen, Sönke 2000, *Manager des Parlaments. Parlamentarische Geschäftsführer im Deutschen Bundestag. Status, Funktionen, Arbeitsweise*, Opladen: Leske + Budrich; Neumaier, Eduard 1984, »Kohls neuer Amtschef ist kein Superstar«, in: *Stuttgarter Zeitung* (13. November 1984).

Rebellen, bohemehaften Kulturrevolutionären oder eifernden Radikalreformern ihrer Kohorte nichts zu schaffen, waren auch lebensweltlich mit dem akademisch-jugendlichen Protest kaum in Berührung gekommen. Sie hatten weder gekifft noch rebelliert; sie hatten weder für Che noch für Uschi Obermaier geschwärmt; sie hatten sich – vermutlich – weder die Platten der Doors noch die Frank Zappas zugelegt. Sie waren vielmehr die Vertreter der konservativen Provinz, Repräsentanten der alten bürgerlichen und religiösen Werte innerhalb ihrer Jahrgangsgruppe. Die 1960er Jahre waren auch für ihre politische Sozialisation entscheidend, nur vollzog die sich nicht auf Demonstrationen, Teach-ins oder Happenings, sondern im wohlgeordneten organisatorischen Rahmen der Jungen Union. Alle drei späteren Kanzleramtschefs starteten ihre politische Karriere in diesem Jahrzehnt mit dem Vorsitz eines Bezirks des CDU-Jugendverbandes. Schäuble, Seiters und Bohl lernten also – alle drei im Übrigen als junge Juristen – die Politik von der Pike, durchliefen mit Glanz die so oft belächelte Ochsentour.

Sie alle kamen während der Zeit der sozialliberalen Koalition in die Parlamente. Sie alle spielten dort keine auffällige Rolle. Außerhalb Bonns und ihrer Wahlkreise kannte sie kaum jemand. Nur sehr gut beobachtenden Insidern der politischen Szenerie Bonns fielen sie dadurch auf, dass sie bei aller Zurückhaltung in den Parlamentsausschüssen doch immer ein Stückchen fleißiger, zäher, beharrlicher werkelten als der Rest. So robbten sie sich still, aber kontinuierlich in ihrer Fraktion nach vorn. Mit der Zeit kannten sie alle Kniffe und Tricks des parlamentarischen Alltags; im Laufe der Jahre avancierten sie zu Experten der parlamentarischen Geschäftsordnung.[25] Kurzum: Sie waren die politischen Figuren, die ein in administrativen Dingen ganz nonchalanter Mann

---

25 Vgl. Lölhöffel, Helmut 1991, »Vom Sprungbrett ins Zentrum der Macht gehüpft«, in: *Frankfurter Rundschau* (26. November 1991).

wie Kohl dringend brauchte, um seine Macht zu halten. So stiegen sie, einer nach dem anderen, ins Amt des Parlamentarischen Geschäftsführers und ins Kanzleramt auf. Für den Kanzler waren sie und ihre politisch-parlamentarischen Erfahrungen Gold wert. Schäuble, Seiters und Bohl hatten all das, was ihrem Vorgänger, dem unglücklich platzierten Waldemar Schreckenberger, fehlte. Sie verfügten über die Verbindungen, die Netzwerke und die Strukturen, um die verschiedenen Machtzentren im Regierungslager zu versäulen, um die Interessen von Fraktion, Partei, Kabinett und Kanzler stärker zu synchronisieren, die Spannungen jedenfalls nach innen zu entschärfen, nach außen zu verwischen.

Der besondere Wert, den sie für den Kanzler hatten, lag außerdem darin, dass sie nicht nur die Politik gut kannten, sondern auch die Technik der Administration und Bürokratie sicher beherrschten. Sie machten dadurch wett, woran es Kohl besonders mangelte. Der Kanzler verstand nichts vom modernen Verwaltungsmanagement; er verließ sich lieber auf seine kleinen Zettelchen, seine menschelnden Gesprächskontakte, auf Kumpaneien, gelegentliche Drohungen, auf sentimentale Kameradschaften und brüskierenden Liebesentzug. Was dabei an politischen Grundentscheidungen zustande kam, transferierten Schäuble, Seiters und Bohl nun in die professionell-administrativen Abarbeitungsprozesse und Koordinationsstrukturen des an Kompetenz und Sachverstand anspruchsvollen Amtes. Dadurch reduzierten sich allmählich die Widersprüche und Konfusionen, die bis dahin aus dem Kohl'schen Stil weithin improvisierter und intuitiver Politik entsprangen. Die drei parlamentarischen Geschäftsführer im Kanzleramt leisteten das, wozu Kohl nicht imstande war. Sie kannten die Details, wofür sich der Kanzler nicht interessierte. Sie lasen die Akten, was dem Kanzler lästig war. Sie formulierten präzise, wo der Kanzler weit ins Leere schweifte. Sie waren sachlich, wenn der Kanzler gern in Emotionen ertrank. Und sie arbeiteten hart, während der Kanzler es lieber gemütlich mochte.

Fürchten musste der Kanzler keinen der drei, anfangs durchaus auch Schäuble nicht.[26] Sie alle waren als Kanzleramtschefs loyal. Eben das sicherte ihre Stellung. Und sie liebten diesen Ort, die operative Macht im Hintergrund.[27] Sie strebten nicht in den Mittelpunkt, ins Scheinwerferlicht, vor die Mikrofone, auf die offene Bühne der Selbstdarstellung. Auch Schäuble tat dies zunächst nicht, Seiters und Bohl erst recht nicht. Sie wirkten grau, aber sie waren doch graue Eminenzen. Sie eben besaßen die Aura einflussreicher, strippenziehender Hintergründigkeit, die dem ersten Amtschef unter Kohl nicht zur Verfügung stand. Das politische Bonn kannte, schätzte, respektierte, fürchtete sie als Experten für schwierige Problemfälle. Keiner der drei war ein großer Programmatiker, wiederum: auch Schäuble nicht. Sie dachten nicht in langen Linien, in weiten Zukunftsentwürfen oder gar in großen Visionen. Keiner von ihnen hatte je in der CDU einem weltanschaulichen Flügel angehört. Sie waren wendige Zentristen, gewandte Pragmatiker.

Darin fanden sie gleichsam die Substanz des politischen Geschäfts: immer wieder und ohne jede ideologische Festlegung – die sie als Einengung empfunden hätten – die je aktuellen Schwierigkeiten zu überwinden, aus dem Verborgenen heraus, geräuschlos und doch oder gerade deshalb hocheffektiv. Ihnen reichte, dass sie stets aufs Neue komplexe Situationen meisterten, dass es ihnen gelang, all die vielen Krisen, die sich im Regierungslager mit den multiplen Meinungs- und Interessenchören anbahnten, rechtzeitig zu entdecken, einzudämmen und vor der Öffentlichkeit zu verhüllen. Das war der Eros, den sie vermutlich brauchten: den Spannungswert nichtinszenierter, dafür aber durchaus realer Macht. Dass man sie außerhalb Bonns kaum wahrnahm,

26 Vgl. Deupmann, Ulrich 1992, *Wolfgang Schäuble. Ein Porträt*, München: Heyne, S. 20 ff.; Reitz, Ulrich 1996, *Wolfgang Schäuble. Die Biographie*, Bergisch Gladbach: Lübbe.
27 Vgl. hierzu auch Kaiser, Carl-Christian 1984, »Der Hausmeister des Kanzlers«, in: *Die Zeit* (16. November 1984).

dürfte ihnen demgegenüber gleichgültig gewesen sein. Mit diesem kühlen Pragmatismus, mit diesem kühlen Machtverständnis waren sie typische Repräsentanten der Ära Kohl. Nicht zuletzt an ihnen lag es, dass die Ära Kohl sich so ungewöhnlich viele Jahre hinzog.

3. Wendige Liberale

Hans-Dietrich Genscher: Offenheit nach allen Seiten

Der Dritte im Bunde, der – wie Schmidt und Kohl in den Jahren 1973/74 schon lange drängend – endlich an die Spitze der eigenen Partei bzw. der Regierung aufstieg, war Hans-Dietrich Genscher. Während Walter Scheel noch ins Amt des Vorsitzenden der FDP geschoben werden musste, war man sich bei den Liberalen bereits seit geraumer Zeit Hans-Dietrich Genschers Aspirantur auf Scheels Amt bewusst.[1] Doch erinnert man heute Hans-Dietrich Genscher, so hat man in der Regel nur noch den einst allseits beliebten Außenminister der Deutschen vor Augen. Infolgedessen verbucht man ihn rückwirkend automatisch als erfolgreichen und geachteten Parteivorsitzenden der Freien Demokraten mit. Das ist natürlich nicht rundum verkehrt, schließlich stand Genscher gut elf Jahre an der Spitze der FDP. Das hatte vor ihm kein Liberaler sonst geschafft; und das machte ihm auch später niemand nach. Kurzum: Dass Genscher ein ganzes Jahrzehnt und zunächst lange unangefochten die Parteiführung in der FDP halten konnte, war ungewöhnlich genug. Genscher verfügte also über spezifische Eigenschaften und Fähigkeiten, die für die Führung der Liberalen hilfreich und nützlich waren.

1 Zu Genscher vgl. für dieses Kapitel: Filmer, Werner/Heribert Schwan 1988, *Hans-Dietrich Genscher*, Düsseldorf: Econ; Schulze, Helmut R./Richard Kiessler 1990, *Hans-Dietrich Genscher: Ein deutscher Außenminister*, München: Bertelsmann; Bade, Klaus J., »Hans-Dietrich Genscher«, in: Bernecker, Walter L./Volker Dotterweich (Hg.), *Persönlichkeit und Politik*, Bd. 1, S. 144 ff.; Leicht, Robert 1999, »Hans-Dietrich Genscher«, in: Sarkowicz, Hans (Hg.), *Sie prägten Deutschland*, S. 239 ff.; Furtok, Robert K. 2001, »Genscher, Hans-Dietrich«, in: Kempf, Udo/Hans-Georg Merz (Hg.), *Kanzler und Minister 1949-1998. Biographisches Lexikon der deutschen Bundesregierungen*, Wiesbaden: Westdeutscher Verlag, S. 267 ff.; Genscher, Hans-Dietrich 1995, *Erinnerungen*, Berlin: Siedler; Krug, Gerhard 1991, *Hans-Dietrich Genscher*, Hamburg: Ellert und Richter.

Von Gewinn war gewiss die Generationenprägung. Genscher gehörte zur so genannten Flakhelfer-Generation. Viele darunter wurden ganz zuletzt am Ende des Krieges von den NS-Potentanten
zynisch verheizt. Diejenigen, die überlebten, hatten dann nach
1945 für Ideologien, Weltanschauungen, große Erzählungen nichts
mehr übrig. Man sagt jedenfalls von diesen Jahrgängen, dass sie
ganz und gar pragmatisch gewesen seien, nüchtern, prosaisch, leistungsorientiert – keine schlechten Tugenden für bürgerliche Liberale, die sich seit jeher begrifflich ebenso definierten und deu-
teten. Doch dieser Grundzug war bei Genscher nicht nur Folge
einer kollektiv umspannenden Generationsprägung. Genschers
nüchterne Leistungsorientierung, sein Ehrgeiz, sein Aktivitäts-
drang, ja seine Arbeitswut waren weit mehr noch Konsequenz
eines schwierigen, aber ganz individuell verlaufenen Lebenswe-
ges in jungen Jahren. Als Genscher zehn Jahre alt war, starb sein
Vater. Er musste, ob er wollte oder nicht, früh erwachsen werden,
den Vater gewissermaßen ersetzen. Diese Rolle einzunehmen fiel
schwer, zumal Genscher als Jugendlicher an Tuberkulose erkrank-
te. Rund dreieinhalb Jahre brachte er zwischen seinem 20. und
30. Lebensjahr in Krankenhäusern und Sanatorien zu. Als er seine
Krankheit endlich besiegt hatte, stand Genscher jedenfalls unter dem enormen Druck, den Vorsprung einzuholen, den andere
aus seiner Altersgruppe ihm gegenüber bereits besaßen.[2] Daher
arbeitete er länger und härter als der Rest, nahm mehr Aufgaben an, hetzte von Termin zu Termin. Genscher wirkte kaum einmal entspannt, auch und erst recht als Außenminister nicht.[3] Immer wollte er es allen anderen beweisen; aber er fürchtete zugleich,
all das zu verlieren, was er sich inzwischen – verspätet – durch

---

2 Vgl. hierzu und im Folgenden auch Leinemann, Jürgen 1982, »›Ich muß doch
die Sozis bändigen‹«, in: *Der Spiegel* (31. Mai 1982).
3 Vgl. Bertram, Christoph 1992, »Das eigene Denken verlernt«, in: *Die Zeit* (8. Mai
1992); Fromme, Friedrich Karl 1987, »Der heimliche Erste«, in: *Frankfurter Allgemeine Zeitung* (21. März 1987).

ungeheure Anstrengungen aufgebaut, entbehrungsreich erworben hatte. Das bestimmte die Persönlichkeit Genschers, auch die des Parteivorsitzenden – im Guten wie im Schlechten. Genscher war ein unermüdlicher Arbeiter. Aber er war kein verwegener Abenteurer, kein kühner Vorstürmer. Er agierte lieber aus dem Hintergrund, vorsichtig, taktisch abwägend, auf seine Chance lauernd, sich nie dem Risiko aussetzend, zu früh und ungeschützt aus der Deckung zu kommen. Und er besaß den Gefahreninstinkt derjenigen, die sich mit Härte und Zähigkeit gegen alle Widerstände nach oben kämpfen müssen. Er hatte wie viele, denen der Aufstieg nicht leicht gemacht wurde, den unerbittlich scharfen Blick für die Schwächen seiner Gegner. Erfahrungsgemäß sind es in der Tat nicht die schlechtesten Parteiführer, die darüber verfügen: über taktische Umsicht, die Witterung für Fallgruben, das Auge für die Blößen der Rivalen und Feinde.

Im Übrigen hatte Genscher die Politik wie ein Handwerk gelernt. Er hatte als wissenschaftlicher Assistent von Thomas Dehler begonnen, stieg dann zum Fraktionsgeschäftsführer unter Erich Mende auf, leitete schließlich ab 1962 gleichzeitig noch die Bundesgeschäftsstelle der Partei. In den Jahren der Großen Koalition war er Parlamentarischer Geschäftsführer der FDP-Bundestagsfraktion. Schritt für Schritt eignete sich Genscher die Fertigkeiten und Kniffe des politischen und parlamentarischen Alltags an. Wie Helmut Kohl wurde er ein Meister des Telefonats. Vor wichtigen politischen Entscheidungen holte er sich die Meinungen aus allen Teilen der Partei – von links bis rechts, von Bremen bis Freiburg – ein. Am Ende hatte er dann ein ziemlich sicheres Gespür dafür, was wohl gehen konnte, was sicher scheitern musste. Und wenn die Lager und Flügel sich gegenseitig blockierten, dann trat Genscher aus den Kulissen hervor und löste den Knoten durch einige passende Konsensformulierungen. Die virtuose Fähigkeit zum Kompromisstext wurde zum Markenzeichen in den Aufstiegsjahren des Hans-Dietrich Genscher. Zum einen war das politische Kunst, in vielen Jahren erlernt und zur Meisterschaft gebracht. Aber zum anderen entsprach es auch Genschers Naturell, war Ausfluss seiner Lebensgeschichte. Genscher war ein vorsichtiger Mensch, kein Spieler. Was er unter großen Mühen hart erarbeitet hatte, war er nicht bereit zu riskieren. Das galt für ihn persönlich, das galt für ihn – den Berufspolitiker – aber genauso auch für das politische Geschäft.

Er wollte durch Ausgleich, Moderation und Kompromiss zusammenhalten, was oft schwer genug errichtet worden war. Nach diesem Prinzip, dem Ertrag seiner Lebenserfahrungen, führte er als Vorsitzender auch seine Partei. Und das war für die FDP, besonders in den 1970er Jahren, kein schlechtes Muster. Die Partei war seinerzeit aufgespalten in zwei – wie es lange aussah – etwa gleich starke Flügel, den wirtschafts- und den sozialliberalen. Das bedeutete für die Führung des politischen Liberalismus, dass nur derjenige im Parteivorsitz reüssieren konnte, der von beiden Flügeln akzeptiert wurde, zum Brückenschlag fähig war. Und das nun war Genschers Spezialität. Von ihm waren Einseitigkeiten, programmatische Absolutheiten, politische Verhärtungen nicht zu befürchten. Genschers Parteitagsreden waren von einer berüchtigten Unschärfe, die noch dem willigsten Delegierten die aufmerksame Rezeption nahezu unmöglich machte. Für seine Interviews besaß er einen Bausteinkasten von rhetorischen Allgemeinheiten. Nie geriet Genscher in die Versuchung, konzeptionell zuzuspitzen, nur selten war er zu bewegen, im politischen Streit Farbe zu bekennen, in Konflikten unmissverständlich Stellung zu beziehen. Stets achtete er darauf, mehrere Eisen im Feuer zu behalten, Wendemöglichkeiten auch in eine andere Richtung nicht zu verbauen. Genscher hielt nichts von schroffen Festlegungen. Beweglichkeit aus der Mitte heraus – das war sein politischer Kompass. Lange hielt Genscher mit diesem Prinzip die FDP gut beieinander; und in den ersten Jahren seines Vorsitzes sammelte er, getreu dem Konzept, nach allen Seiten offen zu blei-

ben, zusätzliche Wähler.[4] Er vermochte es, die FDP als eine wähl-
bare Partei für Wähler aus den Grenzschichten zu den Sozialdemokraten ganz genauso wie zu den Christdemokraten darzu-
stellen. Und wenn es dann zur Koalitionsbildung kam, sollte an
der FDP kein Weg vorbeiführen. Daher wollte sich Genscher
auch, wenn irgend möglich, nicht auf eine starre Koalitions-
variante – gar ein »historisches Bündnis« – fixieren. Es ging ihm
darum, koalitionspolitisch zwei Karten in der Hand zu behalten,
eben mit den Christdemokraten so gut wie mit den Sozialdemokraten zusammengehen zu können. Das verstand er unter »Eigenständigkeit der Liberalen«.

Doch die Schattenseiten dieser politischen Methode wurden ebenfalls sichtbar. Genscher übertrieb seinen Ansatz, kultivierte diese
Attitüde der Schlitzohrigkeit und des raffinierten Taktizismus, die
allerdings gerade unter liberalen Bildungsbürgern zunehmend
auf Ablehnung stieß.[5] Genscher hatte nie eine bürgerrechtliche,
gar libertäre Kernwählerschaft vor Augen. Eben das wurde zur
Chance des Grünen Joschka Fischer, der ihm nicht zufällig später
im Amt des Außenministers folgte. Hans-Dietrich Genscher richtete seine Politik an die Wechsel- und Interessenwähler des Bürgertums. Aber dadurch legte Genscher die Latte für die Freien
Demokraten enorm hoch, denn die Wechselwähler in der Mitte
waren ein launisches, verwöhntes, prätentiöses Völkchen.[6] Und
später, als der Meister taktischer Wendigkeiten abdankte, sollte
sich zeigen, dass die Liberalen oft genug nicht mehr in der Lage
waren, dieses Maß zu nehmen. Als Genscher die Bühne verließ,[7]
durchschritten die Freidemokraten tiefe Täler. Den meisten sei-

4 Vgl. Dreher, Klaus 1975, »Ein Landschaftsbild von Genscher«, in: *Süddeutsche
Zeitung* (29. Oktober 1975).
5 Vgl. o.V., »FDP: ›Jeder hat mal seine Talfahrt‹«, in: *Der Spiegel* (12. Juni 1976).
6 Vgl. hierzu auch Rudolph, Hermann 1976, »Die Unentwegten und die Situations-
wähler«, in: *Frankfurter Allgemeine Zeitung* (28. August 1976).
7 Vgl. Zundel, Rolf 1984, »Das Ende der Ära Genscher«, in: *Die Zeit* (18. Mai
1984).

ner Nachfolger fehlte die Begabung, virtuos zu lavieren und instinktsicher zu changieren. Insofern hinterließ Genscher seiner Partei kein leichtes Erbe.

Ein Teil des schwierigen Vermächtnisses des Genscher'schen Taktizismus waren die Folgen der Wende von 1982. Ein letztes Mal versuchten die Sozialliberalen auf dem Bundesparteitag der FDP, der vom 5. bis zum 7. November 1982 in Berlin stattfand, verzweifelt kämpfend die geschaffenen Realitäten, das Ende des Sozialliberalismus aufzuhalten.[8] Doch am Ende flossen die Tränen, die Sozialliberalen in Deutschland waren gescheitert und die FDP besiegelte auf ihrem Parteitag, was bereits fünf Wochen zuvor durch ein konstruktives Misstrauensvotum vollzogen worden war.[9]

Helmut Schmidt war längst gestürzt, im Kanzleramt residierte an seiner statt nun Helmut Kohl. Das Land hatte wieder eine bürgerliche Regierung; die Ära des Sozialliberalismus war am 1. Oktober 1982 nach 13 Jahren abgelaufen – weil die FDP-Führung um Genscher und Otto Graf Lambsdorff in der Mitte der Legislaturperiode den Partner wechselte. Doch die Linksliberalen in der Partei hatten sich in den Sommermonaten 1982 vehement gegen die Wende rückwärts aufgelehnt. Die meisten von ihnen waren in den Aufbruchsjahren des libertären Mentalitätswechsels im deutschen Bürgertum zwischen 1967 und 1972 der FDP beigetreten. In dieser Zeit brach die FDP mit der eigenen, langen und dominanten nationalliberalen Vergangenheit. In diesen Jahren schien sich der Liberalismus neu zu definieren – stärker radikaldemokratisch, mehr sozialliberal, nun im historischen Bündnis mit den lange verfemten Sozialdemokraten. Als Höhepunkt des sozialliberalen Frühlingserwachens galten die so genannten »Freiburger Thesen« von 1971, mit denen die FDP sich programmatisch der bis dahin vernachlässigten Gesellschaftspolitik zu-

---

8 Hierzu und im Folgenden: Lösche, Peter/Franz Walter 1996, *Die FDP*, S. 104 ff.
9 Hierzu insgesamt: Verheugen, Günter 1984, *Der Ausverkauf. Macht und Verfall der FDP*, Reinbek bei Hamburg: Rowohlt, S. 151-163.

wandte, die »Reform des Kapitalismus« auf ihr Panier schrieb und für die »Demokratisierung der Gesellschaft« eintrat. »Freiburg« wurde nachgerade zum Mythos dieser Generation von Linksliberalen. Der wirtschaftsliberale Rest der Partei ging nüchterner an die Politik und den Verfolg eigener Interessen heran. Die »Freiburger Thesen« waren ihnen nicht mehr als ein Sammelsurium weltfremder Phrasen unerfahrener Akademiker, denen man dummerweise in der Regierungszeit Willy Brandts ein wenig zu viel Programmspielwiese überlassen hatte. Doch in der realen Politik kümmerte sich das FDP-Establishment nicht um die Freiburger Maximen, sondern betrieb knochenharte Interessenpolitik für die klassisch-bürgerliche Klientel. Insofern hatten die Sozialliberalen in der FDP die entscheidenden Schlachten schon in den 1970er Jahren verloren, nicht erst auf dem denkwürdigen Berliner Parteitag Anfang November 1982. Denkwürdig aber war dieser Parteitag schon. Bitterer ist es jedenfalls auf einer bundesdeutschen Parteikonferenz, gleich welcher Formation, nie wieder zugegangen. Voller Hass prallten die Fraktionen aufeinander. Weder Wendegegner noch Wendebefürworter wollten Versöhnung, Ausgleich, Kompromiss, es ging allein um Sieg oder Niederlage. Auch Genscher, sonst unzweifelhaft ein begnadeter Integrator, schmiedete keine Vermittlungsresolutionen mehr, trat seinen Kontrahenten vielmehr rüde und verletzend entgegen.

Denn Genscher persönlich spielte im Stück der Sozialliberalen den Schurken schlechthin. Ihn, den Parteivorsitzenden, wollten sie abstrafen, aus dem Amt jagen, vom politischen Feld katapultieren.[10] »Die FDP braucht wieder ein ehrliches Gesicht«, lautete die linksliberale Parole in diesen Herbstwochen 1982. Ihr Kandidat, mit dem sie gegen Genscher und die Wendebetreiber antraten, war Uwe Ronneburger, stellvertretender Vorsitzender der Bundespartei und Bundestagsfraktion. Allein diese Nominierung

10 Vgl. Reifenrath, Roderich 1982, »Warum Genscher zurücktreten muss«, in: *Frankfurter Rundschau* (28. September 1982).

warf ein gleißendes Licht auf ein Hauptproblem des linken Liberalismus in Deutschland jener Jahre: Es fehlte ihm, nachdem Ralf
Dahrendorf, Karl-Hermann Flach und Werner Maihofer aus unterschiedlichen Gründen nicht mehr zur Verfügung standen, an
einer allseits anerkannten Autorität, an einem strahlungsfähigen
Repräsentanten. Ronneburger war weder ein Linksliberaler noch
gar eine charismatische Figur.[11] Der frühere Landwirt von der
nordfriesischen Halbinsel Eiderstedt besaß eher konservativ-protestantische Wurzeln, war in den späten 1950er Jahren über die
rechtsgewirkte Deutsche Partei zu den Freien Demokraten gekommen. Doch hatte er 1982 den fliegenden Wechsel seiner Partei zur Union aus prinzipiellen Gründen nicht gutheißen mögen.
Und so wurde er für einen kurzen Moment und ganz gegen sein
eher sprödes politisches Temperament zum Gladiator der innerparteilichen Opposition. Immerhin gaben ihm 169 Delegierte
bei der Vorsitzendenwahl die Stimme, auf Genscher fielen auch
nur 222. Die Entscheidung, die den Koalitionswechsel billigte,
fiel mit 210 zu 181 gar noch ein wenig knapper aus. Doch knapp
oder nicht – die neue Regierung Kohl-Genscher hatte nun den
parteioffiziellen Segen der Freien Demokraten. Der Sozialliber a-
lismus in der FDP war gescheitert. Und so trat gegen Mitternacht
die frühere Chefin der Jungdemokraten, Ingrid Matthäus-Maier,
ans Mikrofon und erklärte, dass die Freidemokratische Partei
nicht mehr ihre politische Heimat sei, sie daher die Partei jetzt
und sofort verlasse; andere schlossen sich an. Und die Dämme gegen die emotionalen Erschütterungen brachen, überall sah man
schluchzende, fassungslose, hier und dort aber auch feixende, tri-
umphierende Delegierte.

Der Parteivorsitzende Genscher war hernach erleichtert, ließ sich

---

11 Zu Ronneburger vgl. Goos, Diethart 2000, »Ronneburger wird Ehrenbürger
von Schleswig-Holstein«, in: *Die Welt* (18. Dezember 2000); Christen, Ulf B. 2000,
»Ein Pflichtmensch und Ehrenmann«, in: *Hamburger Abendblatt* (21. November
2000).

aber erst in späteren Jahren gern als Vater der »Wende«, als umsichtiger, gerissener Stratege des Koalitionswechsels feiern, obwohl er zu verantworten hatte, dass der Wert der freidemokratischen Aktien Ende 1982 nahezu in den Keller gestürzt war. Dabei hatte er im Vorfeld der Wende lange übervorsichtig gezaudert, war zum Schluss eigentlich eher Getriebener denn zielstrebiger Antreiber. Vor allem fürchtete Genscher das Votum eines Parteitages, dem eigentlichen Forum der Linksliberalen.

Im Fußvolk der Partei, in den bürgerlichen Quartieren der Republik, war im Zuge der wirtschaftlichen Krise der Verdruss an der Koalition mit der SPD in der Tat stark angewachsen. Auch in der Bundestagsfraktion der FDP verfügten die Sympathisanten eines Politik- und Koalitionswechsels hin zur Union seit den Bundestagswahlen 1980 über eine deutliche Mehrheit.[12] Denn die oft reichlich naiven Linksliberalen – mehr an donnernder Freiheitsrhetorik als an kalter Machtpolitik interessiert – hatten im Vorfeld nicht aufgepasst. Sie hatten sich beim Gerangel um die Bundestagswahllisten selbst in ihren Hochburgen allein auf die ersten Plätze konzentriert. Doch dank des opulenten Wahlergebnisses – die Partei erhielt 10,6 Prozent der Stimmen – kamen auch nachgeordnete Kandidaten zum Zuge, die sich dann durchweg beim gut organisierten rechten Flügel ansiedelten.

Die Linksliberalen konzentrierten sich hingegen vielmehr auf den Parteitag. Parteitage bildeten die Aktionsbühnen der Radikaldemokraten. Hier kam es auf rhetorische Fertigkeiten an, auf die Fähigkeit zu Kommunikation und Resolution. Und man musste, um an Parteikonferenzen teilnehmen zu können, über viel freie Zeit verfügen, beruflich abkömmlich sein. Für selbständige Mittelständler – die den rechten Flügel des Liberalismus bildeten – bedeutete dies stets eine Hürde, für öffentlich Bedienstete – die eher der Linken in der FDP zuneigten – stellte dies hingegen kein

12 Vgl. o.V., »Scheel denkt zu laut nach: Scheitert die Koalition?«, in: *Die Welt* (16. April 1981).

Problem dar. Daher hatte es die FDP-Führung nie ganz leicht auf Parteitagen; daher versuchte Genscher, die Entscheidung für den Koalitionswechsel von den schwer berechenbaren Auseinandersetzungen eines Parteitages abzutrennen. Insofern hatten die Sozialliberalen auf dem Berliner Parteitag auch keine ernsthafte Chance. Denn die Würfel waren ja längst gefallen. Die Wende lag einige Wochen zurück. Eine Wende der Wende hätte ein beispielloses innenpolitisches Chaos verursacht, wäre angesichts der Mehrheitsverhältnisse in der FDP-Bundestagsfraktion auch schwer denkbar gewesen, hätte die FDP andernfalls wohl auf Dauer zerstört. Den Linksliberalen also fehlte im November 1982 die politische Formel für die Zukunft, ihnen mangelte es an einer zugkräftigen konstruktiven Alternative.

Und im Übrigen waren die Linksliberalen seit jeher eine Ansammlung von Individualisten, ziemlich undiszipliniert, schwer zu organisieren, ohne Struktur und Führung. Nach dem Berliner FDP-Parteitag zerfiel diese Strömung des Liberalismus daher rasch. Einige versuchten drei Wochen nach dem Berliner Debakel eine neue Partei – die Liberalen Demokraten – zu etablieren. Aber der Zulauf von Wählern und Mitgliedern blieb denkbar gering; die politische Bedeutung des Vereins war gleich null.[13] Andere Gegner der Wende – wie der frühere Bundesinnenminister Gerhart R. Baum oder die Staatsministerin im Außenministerium Hildegard Hamm-Brücher – harrten in der FDP auf weitgehend verlorenem Posten aus; 2002 verließ schließlich auch Frau Hamm-Brücher die Partei, der sie zuvor über ein halbes Jahrhundert angehört hatte. Eine Gruppe prominenter Sozialliberaler trat zur SPD über, so Ingrid Matthäus-Maier, die in ihrer neuen Partei für mehrere Jahre zur Stellvertretenden Fraktionsvorsitzenden avancierte; dann der frühere Staatssekretär Andreas

---

13 Gutleben, Burkhard, »Die Liberalen Demokraten. Meine unglücklichste Liebe …«, online verfügbar unter: ⟨http://www.uni-essen.de/~by0258/ld.pdf⟩ (Stand: 15. Dezember 2008).

von Schoeler, der zwischen 1991 und 1995 als sozialdemokratischer Oberbürgermeister in Frankfurt amtierte; schließlich Günter Verheugen, zunächst Adlatus von Genscher und einige Jahre FDP-Generalsekretär, später dann Bundesgeschäftsführer der SPD, Staatsminister im Auswärtigem Amt, danach EU-Kommissar. Zu den Grünen zog niemand aus der ersten Reihe der deutschen Liberalen. Das mag an der Basis anders gewesen sein; insgesamt jedenfalls haben rund 20 000 der 68 000 FDP-Mitglieder ihre Partei 1982 aus Protest verlassen. Der FDP ging durch diesen Aderlass jedenfalls für rund zwei Jahrzehnte – gewissermaßen bis zum Aufstieg von Guido Westerwelle – der Führungsnachwuchs verloren. Vor allem verengte sich der Liberalismus ganz auf die Ökonomie, die FDP wurde am Ende zur monothematischen Steuersenkungspartei.

Zugegeben, auch den Sozialliberalen fehlten Führungsbegabungen mit politischen Urinstinkten, mit rhetorischer Brillanz und drängendem Machtwillen. Etliche aus der linksliberalen Prominenz der 1970er Jahre waren früh an den Widrigkeiten täglicher Realpolitik gescheitert. Besonders jugendfrisch wirkte der Sozialliberalismus folglich nicht, als er 1982 das freidemokratische Abonnement aufkündigte. Doch besaßen die Linksliberalen für die FDP einen unschätzbaren Wert, den das wirtschaftsliberale Pendant damals nicht recht begriff. Die Wirtschaftsliberalen fühlten sich einfach nur genervt vom zuweilen fraglos doktrinären und eifernden Politikstil ihrer radikaldemokratischen Parteikollegen. Doch das, was die Steuersenkungsliberalen in jahrelangen Querelen um Radikalenerlasse und Anti-Terror-Gesetze als ideologisch verbohrt wahrnahmen, beeindruckte akademisch-libertäre Wähler oft als prinzipienfester Liberalismus.[14] Solange die Linksliberalen noch in der Partei waren und trotzig auf strenge Rechtsstaatlichkeit achteten, so lange geriet die FDP nicht vol-

14 Vgl. Dönhoff, Marion Gräfin 1982, »Genug des liberalen Lamentierens«, in: *Die Zeit* (4. November 1982).

lends in den Verruf, lediglich eine politische Agentur zur Durchsetzung von Privilegien der wohlhabenden Schichten zu sein. Die Linksliberalen camouflierten gewissermaßen den ökonomischen Kern aller FDP-Politik. Sie hielten die Verachtung, die den Freien Demokraten bei den Wählern damals häufig genug entgegenschlug, noch in erträglichen Grenzen.

Und allein über die Linksliberalen beteiligte sich die FDP noch an den kulturellen Debatten der Gesellschaft. Nach dem Exodus der Radikaldemokraten hörte das unmittelbar auf. Die FDP war fortan für ein Vierteljahrhundert bei allen großen Diskursen der Zeit stumm. Sicher, den Linksliberalen fehlte es an vielem, doch mehr noch fehlten sie der FDP. Sie hatten für muntere Diskussionen und substanzielle Kontroversen gesorgt, gaben der Partei dadurch Würze, Farbe, Spannung, verschafften ihr eine spezifische Note, ein authentisch liberales Fluidum. Nach dem Berliner Parteitag 1982 war es mit alledem jäh zu Ende.

Martin Bangemann: Lässiger Optimist von außerhalb

Von den Turbulenzen um die Wende sollte sich die FDP und mit ihr Hans-Dietrich Genscher lange Zeit nicht erholen. Zwei Jahre nach dem Wende-Parteitag und etlichen verlorenen Landtagswahlen musste Genscher den Parteivorsitz räumen.[15] Er hatte die Macht der FDP als Scharnierpartei ausdehnen und optimieren wollen; eine »Partei ohne Unterleib« hatte er bekommen. Die FDP war zum Zeitpunkt von Genschers Rücktritt geschwächt wie nie, sozialkulturell ausgeblutet, ohne eine Idee von sich selbst, nur noch an zwei Länderregierungen beteiligt.[16] Und im Grunde

---

15 Vgl. o. V., »Stimme des Herzens«, in: *Der Spiegel* (21. März 1983); Rudolph, Hermann 1983, »Keine Idee, kaum ein Programm«, in: *Die Zeit* (19. August 1983).

16 Vgl. Müchler, Günter 1984, »Rückkehr aus der Tauchstation«, in: *Christ und Welt* (9. März 1984); Spörl, Gerhard 1984, »Hauptsache es wird anders«, in: *Die Zeit* (1. Juni 1984); Kempski, Hans Ulrich 1984, »Der Übervater gerät aus der Balance«, in: *Süddeutsche Zeitung* (4. Juni 1984).

war 1984 das gesamte Bonner Parteiestablishment der FDP diskreditiert, man litt noch immer unter der »Wende« und zudem unter dem Sumpf des Skandals um die Parteienspenden. So sah man sich in der Partei nach jemanden um, der in den turbulenten wie quälenden frühen 1980er Jahren weit weg von der Bundeshauptstadt geweilt hatte. So kam man auf Martin Bangemann. Das war zweifellos eine wunderliche Entscheidung. Denn in der Vergangenheit hatte Bangemann nicht gerade durch Erfolge geglänzt. Auch als Spitzenkandidat der FDP für die Europawahlen 1984 war er – wie so oft in seiner Karriere – gescheitert,[17] aber die Freien Demokraten hatten niemand anderes mehr.

Bangemanns entscheidende Ressource war, dass er in der Bundespolitik keinerlei Plattformen mehr hatte, genauer: dass er vor allem 1982 bei den erbitterten innerparteilichen Kämpfen um die Wende einfach nicht zugegen war. Der Koalitionswechsel hatte die FDP enorm zermürbt, hatte schlimme Wunden geschlagen, die Stimmung in der Partei vergiftet. Die freidemokratische Basis hatte ein tiefes Misstrauen gegen das Bonner Establishment, nicht nur wegen der Wende, sondern auch wegen der Parteispendenaffäre. Bangemann war weder hier noch dort dabei gewesen. Er wirkte fröhlich unbeteiligt, in strahlender Harmonie mit sich selbst.[18] Bangemann hatte nichts von der Übellaunigkeit, dem Missmut und dem Argwohn vieler anderer Granden aus der FDP in der Bundeshauptstadt. Daher war Bangemann, dessen bundespolitische Karriere im Grunde schon abgelaufen war, 1984 plötzlich der richtige Mann zur richtigen Zeit. Und Bangemann tat der FDP überraschend gut. Er hatte ein bisschen etwas von Walter Scheel, war wie dieser ebenfalls stets heiter, immer fröhlich, gleichbleibend optimistisch. Das verscheuchte allmählich die De-

---

17 Vgl. Bajohr, Walter 1984, »Ein liberales Hoch nicht in Sicht«, in: *Christ und Welt* (22. Juni 1984).
18 Vgl. Zundel, Rolf 1985, »Die Lust an Ecken und Kanten«, in: *Die Zeit* (22. Februar 1985).

pressionen und die Selbstzweifel, welche die FDP in jenen frühen Jahren der Ära Kohl plagten. Im Übrigen führte Bangemann seine Partei lässig, ließ viel Raum für Diskussionen, die unter Genscher zuletzt verkümmert waren. Wieder einmal erholte sich die FDP im Stadium der Führungslosigkeit. Sie kehrte in fast alle Landtage zurück, auch in mehrere Länderkabinette.[19] Man sprach schon in diesen Bangemann-Jahren etwas erstaunt von einer »Renaissance des Liberalismus«.

Aber Freie Demokraten waren nie lange zufrieden; und auch Bangemann blieb nicht lange im Amt. Es gab viel Kritik an seiner Amtsführung als Chef des Wirtschaftsministeriums. Dort hielt man seine Nonchalance und Nachlässigkeit für unangebracht. Er kam, hieß es, in Sitzungen oft unvorbereitet, galt als wenig fleißig und nachlässig. Man hatte das ja schon früher bei ihm erlebt: Vieles blieb unstetig und ziellos, was er betrieb. Oft erweckte er den Eindruck, als nehme er seine ministerielle Tätigkeit gar nicht sonderlich ernst. Man lästerte über ihn, er lese lieber spannende Belletristik als spröde Aktenvermerke.[20] In Wirtschaftskreisen wurde erzählt, er sei der schwächste Wirtschaftsminister, den die Republik nach 1945 je gesehen habe.[21] Seine demoskopischen Werte lagen tief, sogar im Minusbereich.

Auch hatte Bangemann keine Hausmacht in der Fraktion. Schließlich war er ja von außen gekommen, verfügte daher nicht über irgendwelche nützlichen Seilschaften in der Bundestagsfraktion. Vor allem aber saßen ihm die alternden Primadonnen der FDP, die Herren Genscher und Lambsdorff, besserwisserisch im Nacken. Und insgesamt war man in der FDP nach einiger Zeit damit unzufrieden, allein durch Heiterkeit und Frohsinn repräsentiert zu werden; man wünschte nun wieder mehr Inhalte und

19 Vgl. Rudolph, Hermann 1987, »Die FDP – gerettet und gefährdet«, in: *Süddeutsche Zeitung* (27. August 1987).
20 Vgl. Brandes, Ada 1985, »»Wir haben eine Figur wie Bangemann gebraucht««, in: *Stuttgarter Zeitung* (13. Dezember 1985).
21 Vgl. o.V., »Hase und Igel«, in: *Der Spiegel* (2. Dezember 1985).

schärferes Profil. Dafür war Bangemann nicht der rechte Mann. So trat er 1988 ab.

Otto Graf Lambsdorff: Feldherr des Wirtschaftsbürgertums

Den deutschen Liberalen fehlte es in ihrer Geschichte stets an Organisation. Daher kam es bei ihnen mehr noch als in den anderen Parteien auf die Autorität origineller, kraftvoller, strahlungsfähiger liberaler Persönlichkeiten an. War dieser Typus rar, dann standen die Zeichen meist nicht gut für die Liberalen in Deutschland. Und das kam oft genug vor im 19. und 20. Jahrhundert. Die Liberalen waren nun einmal nicht üppig mit Führungstalenten, gar Charismatikern oder politischen Heroen ausgestattet. Der Typus Eugen Richter, Friedrich Naumann und Gustav Stresemann trat eher selten auf im Club der Honoratioren.

Und gerade bei den Freien Demokraten überwogen an der Spitze eher die blassen Moderatoren, die aber immerhin den Vorzug besaßen, den chronischen Streit im Lager des Liberalismus behutsam integrativ zu schlichten. Doch von Fall zu Fall reichte der umsichtige, im öffentlichen Disput jedoch blass bleibende Moderator den Freidemokraten nicht mehr aus. Dann verlangte es ihnen nach vorpreschender, zielscharfer, weithin vernehmlicher politischer Führung. Ein solcher Moment stellte sich auch zum Ausgang der 1980er Jahre, gewissermaßen im Winter der alten Bonner Republik ein, als die Freien Demokraten den Grafen Lambsdorff an die Spitze ihrer Parteiorganisation hievten.

Lambsdorff war ein in vielen Schlachten bewährter Haudegen des bundesdeutschen Wirtschaftsbürgertums gegen die Sozialpolitiker aller Volksparteien. Wirtschaftspolitisch war er in der Tat ein ganz anderes Kaliber als die meisten seiner Vorgänger. Streng und schneidig in der Sache, argumentierte er mit einer glasklaren, oft harten, immer stringenten Rhetorik. In den Rededuellen des Bundestages, aber auch auf den Konferenzen seiner eigenen Partei trat Lambsdorff als Polarisierer, als Mann einer bestimmten Richtung, eines kohärenten Konzepts auf. Als Integrator hingegen hatte man Lambsdorff nie erlebt, dazu taugte er schon durch seine Persönlichkeit nicht. Kompromissformulierungen, Beschwichtigungen, säuselnde Schmeicheleien, ausgleichende Versöhnlichkeit – nichts davon lag ihm. Den Freien Demokraten des Jahres 1988 war das durchaus recht, wollten sie doch, nachdem sie sich in den ersten Jahren der Ära Kohl fast ängstlich versteckt hatten, nun wieder Richtung und Ziel gewiesen bekommen. Sie lechzten geradezu nach kernigen und kämpferischen Parolen und erkoren eben daher, mehrheitlich, Lambsdorff,[22] einen immerhin wegen Steuerhinterziehung verurteilten Politiker.

Dabei gab es durchaus eine Alternative zu ihm. Denn gegen Lambsdorff war seinerzeit die Staatsministerin im Auswärtigen Amt, Irmgard Adam-Schwaetzer, angetreten. Sie gab sich thematisch offener, breiter, aufgeschlossener als Lambsdorff, warf auch die eine oder andere bürgerrechtliche Frage auf, bekundete ökologische Sensibilitäten, sandte zudem einige Ergebenheitsadressen an die Frauen- und Friedensbewegten in der Bonner Republik ab. Vieles davon klang ein bisschen beflissen, modisch, zeitgeistig, eher oberflächlich. Aber immerhin, mit der Wahl von Frau Schwaetzer hätten die Liberalen insofern ein Zeichen gesetzt, da sie damals als erste der bundesdeutschen Altparteien den Generationswechsel – die Kandidatin war 43 Jahre und damit fast 20 Jahre jünger als ihr männlicher Rivale – vollzogen und überdies erstmals eine Frau an die Spitze gewählt hätten. Doch dazu fehlte den Freien Demokraten der Mut, zumal es ihnen darum in ihrer Mehrheit auch gar nicht ging. Sie wollten vielmehr eine andere Flagge hissen, nämlich die der marktwirtschaftlichen Orthodoxie gegen die »verschwenderischen Sozialbeglücker« in den

22 Vgl. Kohl, Hans-Helmut 1988, »Ein Graf – kein Lagerinsasse, kein Blockwart«, in: *Frankfurter Rundschau* (10. Oktober 1988).

Unionsparteien, in der SPD und nicht zuletzt bei den Grünen, die mehr und mehr zur entscheidenden Konkurrenz für die FDP wurden. Die Majorität der FDP war gar nicht mehr interessiert an der traditionellen, wohlaustarierten Balance von Rechtsstaats- und Wirtschaftsliberalen. Ihnen stand längst nicht mehr der Sinn nach einem weiten Panorama liberaler Themen. Sie hatten ihre Zauberformeln längst gefunden, die allesamt im Feld der wirtschaftlichen Liberalität siedelten: Markt, Leistung, Eigenvorsorge, Steuersenkung. Und der Feldherr des entschiedenen Marktliberalismus war nun mal Otto Graf Lambsdorff. Mit ihm – der unzweifelhaft auch ein höchst engagierter Menschenrechtler war – wollten die Freien Demokraten jetzt ohne taktisches Geplänkel und defensive Furchtsamkeiten in die Schlacht gegen die Wohlfahrtsstaatsapostel in der bundesdeutschen Gesellschaft ziehen.[23]

Viel wurde daraus allerdings nicht, schon bald sang niemand mehr das Heldenepos vom kühnen marktwirtschaftlichen Ritter. Vielmehr machten Spottlieder über den Parteichef die Runde. Denn die Methode Lambsdorff konnte in einer Koalitionsregierung nicht aufgehen, eher nährte sie in der öffentlichen Wahrnehmung das negative Image der FDP als opportunistische Umfallerpartei. Denn Lambsdorff forderte noch radikaler und apodiktischer als frühere Parteichefs, musste aber am Ende doch stets kleinlaut einen verwaschenen Kompromiss mit der CDU/CSU schlucken. Lambsdorff blies stets forsch in die Trompete, doch in den entscheidenden Momenten führte er seine kleine Truppe nicht in die stürmische Attacke, sondern in den ungeordneten Rückzug. So schwand die Autorität des Grafen Lambsdorff, dem seine Kritiker gar einen »Schmusekurs« vorwarfen, dahin.[24]

Die Bundestagswahl 1990 wurde dabei zum historischen Punkt,

23 Vgl. Rosenzweig, Luc 1988, »Un revenant, le comte Lambsdorff, est élu président du parti libéral«, in: *Le Monde* (11. Oktober 1988).
24 Vgl. Meyer, Thomas 1989, »Keine Panik trotz der vielen Narben«, in: *Kölner Stadt-Anzeiger* (25. Februar 1989); o.V., »Löwe als Bettvorleger«, in: *Der Spiegel* (8. April 1991).

ab dem es unzweifelhaft bergab ging mit ihm. Die Freien Demokraten hatten zwar mit elf Prozent der Wählerstimmen einen schönen Wahlsieg errungen. Und Graf Lambsdorff verkündete nach dem Wahlausgang herrisch, die Liberalen würden Helmut Kohl nur dann zum Kanzler machen, wenn der neue Osten Deutschlands zum Niedrigsteuergebiet werde. Doch bekanntermaßen blieb Kohl Regierungschef, der Osten aber wurde keine Steuersonderzone. Und so ging das in den folgenden Jahren weiter. Immer wieder warf sich Lambsdorff als strenger Marktwirtschaftler ordnungspolitisch in Pose, die Bundesregierung mit einem freidemokratischen Wirtschaftsminister aber sündigte fortwährend gegen die marktorthodoxen Regeln. Das Kabinett erhöhte die Steuern, erweiterte die Subventionen, beschloss die Pflegeversicherung, kurzum: Es ging reichlich staatsinterventionistisch zu in der Regierung des bürgerlichen Lagers, während Lambsdorff unverdrossen wirtschaftsliberale Dogmen verkündete. Lambsdorffs Autoritätsverfall war infolgedessen beträchtlich.

Überdies hatte Lambsdorff noch Jürgen W. Möllemann im Nacken, der ihn lustvoll trieb und reizte. Lambsdorff wurde der erste – zwei weitere sollten folgen – Parteivorsitzende der FDP, den Möllemann zur Strecke brachte. 1990 kündigte Möllemann ohne Absprache mit Lambsdorff an, dass er selber 1993 Parteivorsitzender werde, es jedenfalls anstrebe. Von da an war Lambsdorff in der Partei und in der Öffentlichkeit nur noch ein »Vorsitzender auf Abruf«, ein »Übergangschef«, schlimmer noch: eine *lame duck*. Zwischen Möllemann und Lambsdorff brach eine erbitterte Feindschaft aus. Immer zog Lambsdorff den Kürzeren, ob es nach der Bundestagswahl um die Besetzung der Ministerien oder ob es 1992 um die Nachfolge Genschers an der Spitze des Auswärtigen Amtes ging. Stets scheiterte Lambsdorff mit seinen Personaltableaus,[25] nie war er der Boshaftigkeit und den Winkel-

25 Vgl. Gennrich, Claus 1991, »Graf Lambsdorff ist mit seinem Personalkonzept gescheitert«, in: *Frankfurter Allgemeine Zeitung* (12. Januar 1991); Sottorf, Hans

zügen Möllemanns gewachsen. Die Freien Demokraten hatten sich gerade von Lambsdorff potente und robuste Führungskraft versprochen; aber sie bekamen überraschenderweise eher das Gegenteil.

1992 war gewiss ein schlimmes Jahr in der politischen Karriere von Otto Graf Lambsdorff. Er überlebte das an der Spitze der FDP wohl nur, weil das Lager seiner Gegner – es reichte von den Rechtsstaatsliberalen Baum und Hirsch über Genscher und Möllemann bis zu den Jungliberalen – so heterogen war. Auf einen allseits akzeptierten Kandidaten hätte sich die uneinige Lambsdorff-Fronde nicht verständigen können. Gerade Möllemann spürte das und warf daher auch nicht, wie erst avisiert, seinen Hut in den Ring.[26] Doch eine schöne Zeit war es für Lambsdorff nicht. Er musste nun feststellen, dass er wenig treue Anhänger hatte, die sich für ihn in seiner Not schlugen. Dafür hatte Lambsdorff den Freien Demokraten, die politisch auf seiner Linie standen, in der Vergangenheit einfach zu wenig gegeben. Lambsdorff erfuhr das Schicksal von vielen Politikern mit kühlem Scharfsinn und überdurchschnittlicher Intelligenz. Sie sind häufig zu emotionalen Zuwendungen nicht fähig und erhalten daher Treue und Loyalität nicht zurück.[27] Oft waren sie in der Vergangenheit zu arrogant aufgetreten, zu barsch und ungeduldig. Ihre derart gedemütigten innerparteilichen Opfer pflegten sich das zu merken.

Kurzum: Lambsdorff wurde nicht zum Glücksfall für die FDP. Die Liberalen hatten überhaupt meist wenig Fortune mit den Po-

---

Jörg 1991, »Lambsdorffs Autorität hat gelitten«, in: *Handelsblatt* (14. Januar 1991); Hartwig, Gunter 1991, »Der Durchhänger des Grafen sorgt für Irritation«, in: *Stuttgarter Nachrichten* (20. Februar 1991); Bergdoll, Udo/Ulrich Deupmann 1992, »Suche nach dem Drahtzieher im Chaos«, in: *Süddeutsche Zeitung* (30. April 1992); o.V., »Krisenstimmung in der Bonner Koalition«, in: *Neue Zürcher Zeitung* (1. Mai 1992).
26 Vgl. Bergdoll, Udo 1992, »Sehnsucht nach dem neuen Superstar«, in: *Süddeutsche Zeitung* (10. Juni 1992).
27 Vgl. auch o.V., »Jederzeit bereit«, in: *Der Spiegel* (4. Juni 1990).

larisierern und ideologisch Entschiedenen an ihrer Spitze. Gerade sie schafften nicht die Balance, auf die es für die Freien Demokraten in den langen Jahrzehnten der Regierungsbeteiligung ankam: Verlässlicher Koalitionspartner zu sein, aber dabei doch als eigenständige Partei kenntlich zu bleiben, also Profil zu demonstrieren, ohne damit indes die Regierung zu sprengen. Es war eine veritable politische Kunst, diese Spannung auszubalancieren. Ein Künstler auf diesem Gebiet war Lambsdorff allerdings nicht – und daran sollte er letztlich scheitern.

Klaus Kinkel: Populärer Außenminister – gescheiterter Parteipolitiker

1993 war die Führungsreserve der FDP buchstäblich aufgebraucht. Die alten Schlachtrösser der Partei, Genscher und Lambsdorff, hatten das Feld geräumt. Und nahezu brutal wurde in dem Moment deutlich, dass in der Freidemokratischen Partei über Jahre niemand nachgewachsen war, der hinreichend erfahren, strategisch beschlagen und integrativ genug war, um das Zeug zur Führung einer schwierigen, durch innerparteiliche Kabalen waidwunden Partei zu besitzen. Natürlich bot sich in dieser Situation mit großem Eifer und nie versiegenden PR-Einfällen Jürgen Möllemann selbst an, der ohne Zweifel ein Politiker von weit überdurchschnittlicher Begabung und Energie war, vital, ideenreich, dynamisch, gerissen, skrupellos. Aber eben diese Skrupellosigkeit, der nimmermüde Hang zur Kabale, die periodischen selbstdestruktiven Ausfälle, all dies bereitete der Partei nicht unberechtigterweise veritable Angst. Genau diese Melange – der Mangel an parteieigenem Nachwuchs und der Überdruss an skandalträchtigen Intrigen – bildete sodann den Humus für den erstaunlichen Aufstieg des Klaus Kinkel.[28] Für ihn sprach vor allem die Unfä-

---

28 Hierzu und im Folgenden: Lösche, Peter/Franz Walter, *Die FDP*, S. 207 f.

higkeit zur Intrige, der Ruf, anständig, redlich, ehrenhaft, geradeaus zu sein, eilte quasi vor ihm her. Und solcherlei Charakterzüge standen im Jahr 1993 nicht nur in der FDP hoch im Kurs. Republikweit grassierte die damals vielzitierte Parteien- und Politikverdrossenheit. Und in dieser Kultur der Anti-Parteienstaatlichkeit war der Nicht-Politiker Kinkel bei den Bürgern anfangs außerordentlich populär – weil sie ihn, im Gegensatz zu vielen anderen Funktionären des Politischen, für aufrichtig, integer und glaubwürdig hielten. Das war die Quelle für den steilen Aufstieg Kinkels. Man konnte in der individualistischen FDP immer schon erheblich rascher emporklettern als in einer der beiden Großparteien, aber die Blitzkarriere von Kinkel bildete selbst bei den Liberalen eine Ausnahme. 1991 erst war Kinkel der FDP beigetreten, 1993 schon hatte er die wichtigsten Funktionen und Ämter inne, die über die Partei zu erhalten waren: Er war Bundesvorsitzender der Liberalen, Vizekanzler im Bundeskabinett und Chef des Auswärtigen Amtes.

Natürlich zeichnete sich Kinkel nicht allein als guter Mensch aus, das wäre gewiss auch den bußfertigen Liberalen des Jahres 1993 zu wenig gewesen. Kinkel galt in der politischen Klasse der Bundeshauptstadt durchaus als hochkarätiger Profi. Für die Eingeweihten war er schon seit Jahren als Graue Eminenz der Extraklasse bekannt. In den frühen 1970er Jahre managte er bereits das Büro von Hans-Dietrich Genscher, wurde sodann Chef des Planungsstabes im Auswärtigen Amt. Von 1979 bis 1982 leitete er den Bundesnachrichtendienst, amtierte danach für neun Jahre als Staatssekretär im Bundesjustizministerium. Dort stand er im Ruf, der eigentliche Macher der Justizpolitik zu sein, weit bedeutender und mächtiger als der ihm formell übergeordnete Minister Hans A. Engelhard (FDP).[29]

Doch Kinkel war in diesem beruflichen Leben Beamter, kein Par-

29 Vgl. Woyke, Wichard, »Klaus Kinkel«, in: Kempf, Udo/Hans-Georg Merz (Hg.), *Kanzler und Minister*, S. 360.

teipolitiker. Und so fehlten ihm Erfahrungen, Kontakte, Netzwerke in die Parteiorganisation hinein und nach unten. Bald allerdings stellte sich heraus, dass ein Parteivorsitzender über dergleichen tunlichst verfügen sollte, wenn er in den ganz unvermeidlichen Machtkämpfen und Rankünen des politischen Haifischbeckens nicht untergehen wollte. Kinkel war als Beamter ein Experte der Spitzenklasse, als Parteipolitiker aber war er ein absolutes Greenhorn. Er durchschaute die verschlungenen Schlachtlinien innerparteilicher Gruppenauseinandersetzungen nicht hinreichend, war zu wenig in die Flechtwerke von Politik und Medien eingeweiht, verstand es – auch wegen seiner zunächst geschätzten Geradlinigkeit – nicht, über Bande mit Parteifreunden, politischen Gegnern und journalistischen Meinungsmachern zu spielen. Kinkel stieg schnell auf, rotierte dann aber umso mehr und zog sich schließlich schlimme Verletzungen zu – die ihm insbesondere die eigenen Parteifreunde einigermaßen herzlos zugefügt hatten. Es dauerte jedenfalls nur wenige Monate, da begann das politische Deutschland – Parteifreund Möllemann vorneweg – über Kinkel zu höhnen. Der neue FDP-Chef und Außenminister war in der Tat ein denkbar unglücklicher Parteiredner, häufig garnierte er seine Vorträge mit Stereotypen und Plattitüden. Je stärker darüber gelästert wurde, desto verunsicherter, auch selbstmitleidiger trat Kinkel im Folgenden auf, las mehr und mehr inspirationsfreie Sätze mutlos vom Papier ab. Kinkel, das zeigte sich rasch, hatte nichts von dem, was man landläufig von einem starken Parteivorsitzenden, von einem politischen Anführer erwartete. Es mangelte ihm an Statur und Souveränität im öffentlichen Auftritt, an politischem Instinkt und konzeptioneller Phantasie, an demonstrativer Durchsetzungskraft und beispielhaft belegter Härte. Den Liberalen wurde ihr erster Mann zunehmend peinlich.

Hinzu kamen etliche deprimierende Niederlagen bei Landtagswahlen. Am Ende des Superwahljahres 1994 hielten die frustrierten Freien Demokraten auf ihrem Parteitag in Gera ein unerbitt-

liches Scherbengericht über Klaus Kinkel ab.[30] Nicht einmal der
arme Erich Mende hatte als fraglos unzeitgemäß wirkender Parteichef Ende der sechziger Jahre einen solchen Schwall von Häme, Sarkasmus und Boshaftigkeit ertragen müssen. Die Liberalen in Deutschland waren, wenn sie ihrer Vorturner überdrüssig
wurden, mit diesen nie sehr gnädig umgesprungen, aber so erbarmungslos wie Kinkel wurde doch kein anderer seiner Vorgänger
jemals demontiert. Nach nicht einmal zwei Jahren im Parteivorsitz warf Kinkel resigniert, ratlos und wohl auch erschöpft das
Handtuch. Er blieb auch danach ein bemerkenswert angesehener
Außenminister der deutschen Bundesrepublik mit hohen Zustim-
mungswerten im Volk. Doch zeigt das Beispiel Kinkel, dass sich
diese Popularität keineswegs bruchlos in die Niederungen innen-
politischer Kämpfe transferieren lässt. Das plebiszitäre Wohlwollen für reisende, redende und repräsentierende Außenminister ver-
schleißt sich im Schützengraben rüder innerparteilicher Fehden
und rigider sozialpolitischer Feldschlachten mitunter in Windeseile.

Wolfgang Gerhardt: Liberaler klassischen Typus

Im Herbst der Ära Kohl durchlebten auch die deutschen Liberalen ihre dunklen Tage. Wieder einmal jedenfalls schien die FDP
in Auflösung, Medien und Politologen ließen die Sterbeglöckchen
laut erschallen. Unaufhaltsam im Vormarsch hingegen sah man
nach 1994 die Grünen, die mehr und mehr in die Quartiere der
Besserverdienenden, also in die klassischen Reviere der FDP hi-

---

30 Vgl. Hofmann, Gunter 1994, »Sie stürzten und sie stützten ihn«, in: *Die Zeit*
(16. Dezember 1994); Prantl, Heribert 1994, »Kinkel – wie von einem anderen
Stern«, in: *Süddeutsche Zeitung* (12. Dezember 1994); Pappenheim, Burkhard von
1994, »Kinkels Auftritt wird zur öffentlichen Hinrichtung«, in: *Stuttgarter Zeitung*
(12. Dezember 1994).

neindrangen und sich dort festsetzten. Die Grünen besaßen Mitte
der 1990er Jahre den Flair, den man bei den Freien Demokraten seit einiger Zeit bereits vermisste. Sie wirkten originell, krea-
tiv, ideenreich. Die Freien Demokraten hingegen erschienen farblos, langweilig, medioker. Die Grünen hatten Joschka Fischer, die
FDP hatte Wolfgang Gerhardt. In dieser personellen Alternative
manifestierte sich für die Öffentlichkeit die ganze Differenz zwischen den beiden Parteien der arrivierten bundesdeutschen Mitte, drückte sich die Trostlosigkeit des Zustandes der Liberalen
in der Schlussphase der Kohl-Ära aus.

Wolfgang Gerhardt lebte kontinuierlich mit mitleidig-verächt-
lichem Spott, seitdem er für den Vorsitz nominiert worden war.
Journalisten bezeichneten ihn süffisant als den »Erich Ribbeck
der deutschen Politik«;[31] der eigene Parteifreund Jürgen W. Möllemann qualifizierte ihn höhnisch als den »schnarchenden Löwen
von Wiesbaden«. Auf vehementen Widerspruch stießen sie mit
ihren unschönen Invektiven nicht. Denn in der Tat war Wolfgang Gerhardt nicht gerade ein rhetorischer Vulkan. Er war auch
kein programmatischer Olympier. Und seine telegene Ausstrahlung war höchst beschränkt.[32] In Talkshows trat er zunächst angespannt und verkrampft, unfroh auf. Im Übrigen erinnerten
die Kommentatoren im Vorfeld seiner Wahl hämisch daran, dass
Gerhardt bereits seit zehn Jahren als stellvertretender Bundesvorsitzender seiner Partei amtierte – aber niemand es recht bemerkt
hätte.[33] Und doch lag darin der entscheidende Unterschied zu
seinem Vorgänger Klaus Kinkel.

Gewiss, auch Gerhardt war alles andere als ein glanz- und kraftvoller Charismatiker. Aber er war kein Greenhorn, kein partei-

---

31 Vgl. Fahrenholz, Peter 2000, »Der Ribbeck der FDP«, in: *Die Woche* (16. Juni
2000).
32 Vgl. Fietz, Martina 1999, »Nicht telegen, nicht wortgewaltig: glückloser Wolfgang Gerhardt«, in: *Die Welt* (15. Juni 1999).
33 Vgl. Meyer, Thomas 1996, »Der Mann im grauen Flanell übt sich als liberaler
Goliath«, in: *Kölner Stadt-Anzeiger* (1. Juni 1996).

politischer Amateur. Gerhardt kannte seine Partei, war dort schon 1965 eingetreten, hatte bei den Jungdemokraten mitgemacht, war Landtagsabgeordneter gewesen, später auch Minister für Wissenschaft in Hessen.[34] Gerhardt wusste über die Stärken und Schwächen seiner Freunde und Feinde in der Partei Bescheid. Er hatte in seiner politischen Laufbahn schon Höhen und Tiefen erlebt, hatte derbe Niederlagen einstecken müssen. An Starqualitäten hat es ihm zwar fraglos gemangelt, aber er war dafür ein einigermaßen erfahrener, zäher Politiker. Immerhin hatte er bei seiner Wahl zum Bundesvorsitzenden Jürgen Möllemann, der ebenfalls antrat, aus dem Feld geschlagen. Dabei hatte Möllemann bei der Kandidatenpräsentation durchaus ein rhetorisches Bravourstück abgeliefert. Doch Gerhardt war es zuvor still und geduldig gelungen, die stärkeren Truppen zu sammeln und sich so am Ende durchzusetzen.

Mit Gerhardt kehrte dann auch ein wenig Gelassenheit in die Partei zurück. Klaus Kinkel hatte die FDP durch seine Ungeschicklichkeiten zum Schluss in helle Aufregung versetzt. Gerhardt beruhigte die Stimmung, wirkte geradezu wie eine Mixtur aus Baldrian und Johanniskraut auf das Gefühlsleben der Liberalen. Er verstand sich als Mittler und Makler, nicht als Programmatiker und Profileur des Liberalismus.[35] Wo Konflikte auftraten, schürte sie Gerhardt nicht weiter, sondern versuchte sie durch behutsame Gespräche einzudämmen. Auseinandersetzungen schob er aus der Arena der Öffentlichkeit in das Arkanum kleiner freidemokratischer Beratungszirkel.[36]

Was seine Kritiker als Harmoniesucht werteten, dämpfte aber doch vernünftigerweise die seinerzeit übererregten Hitzigkeiten bei den

---

34 Vgl. Schimmeck, Tom 1995, »Der blau-gelbe Strohhalm«, in: *Die Woche* (9. Juni 1995).
35 Vgl. Gennrich, Claus 1995, »Der Abschied des Vorsitzenden«, in: *Frankfurter Allgemeine Zeitung* (16. Juni 1995).
36 Vgl. Lambeck, Martin S. 1996, »Liberaler Leisetreter«, in: *Die Welt* (22. März 1996).

Liberalen.[37] Diese scheinbare Ruhe machte die FDP zwar nicht zu einer mitreißenden Partei, weder holte sie damit den Vorsprung der Grünen ein, noch stoppte sie die weiteren oft deprimierenden Wahlniederlagen. Doch schaffte es Gerhardt, die oft explosiven Emotionen der Liberalen unterhalb der Schwelle destruktiver Autoaggressionen zu halten. Das war in einer Partei wie der FDP damals keine ganz geringe Leistung. Auch dass Gerhardt in seinem Amt sechs Jahre überstand, war weit mehr, als den meisten seiner Vorgänger vergönnt gewesen war, diese hatten häufig eher und durchaus unfreiwillig ihren Hut nehmen müssen.

Eine Zeit lang war ihm dabei sicherlich sein quirliger Generalsekretär Guido Westerwelle von Nutzen. Die Freien Demokraten konnten Wahlen verlieren, wie sie wollten, ihr Generalsekretär stellte sich ohne Aufschub strahlend vor die Kameras und verkündete heiter, dass die FDP gleichwohl unzweifelhaft die politische Avantgarde der Gesellschaft bildete. Die Gesellschaft blieb zwar skeptisch, aber bei den freidemokratischen Mitgliedern zeigte der notorische, futuristische Optimismus des Generalsekretärs Wirkung. Sie glaubten mit Westerwelle an eine bessere Zukunft des Liberalismus. Daher hielten sich die Melancholien über die objektiv schlechte Gegenwart der FDP in Grenzen. Insofern also wirkte Westerwelle stabilisierend für seinen Parteivorsitzenden. Doch zugleich untergrub er seine Stellung. Denn Westerwelle veränderte zielstrebig die FDP, modellierte fast allein eine neue Partei, gab ihr neue Metaphern, ein neues Programm, ein neues Profil. Zu dieser neuen FDP aber passte Gerhardt nicht recht.[38] Und so war es lediglich eine Frage der Zeit, bis man in der Partei den Ruf nach einem Generationswechsel anstimmte, bis das Postulat aufkam, dass Botschaft und Personen übereinstimmen müss-

37 Vgl. Geis, Matthias 1995, »Zurück ins Chaos«, in: *Die Zeit* (15. Dezember 1995); Schütz, Hans Peter 1997, »Der Mann mit dem gewissen Nichts«, in: *Stern* (12. März 1997).
38 Vgl. Lölhöffel, Helmut 1997, »Zuversicht ist sein Programm«, in: *Frankfurter Rundschau* (12. Mai 1997).

ten. Westerwelle hatte sich in seiner Zeit als Generalsekretär die Partei so zugeschnitten, dass nur er sie kongenial noch repräsentieren konnte. Gerhardt, der in der Tat keine antriebsstarke Kämpfernatur war, hatte sich dem nahezu widerstandslos gebeugt. Er verkörperte eher den alten Typus des bedächtigen bürgerlich-liberalen Honoratioren, gebildet, ein bisschen distanziert, dezent und diskret im Auftreten. Für spaßgesellschaftliche Eskapaden war er nicht geschaffen. Aber das mochte auch der Grund gewesen sein, dass die Freien Demokraten bemerkenswert lang an ihm festhielten, ihn nicht mit Schimpf und Schande aus seinem Amt vertrieben. Gerhardt erinnerte sie in den Jahren krachender Tabubrüche und unmanierlicher Regelverstöße an die alte seriöse Kultur des Liberalismus. In Gerhardt erblickten sie noch die eigene, die gute, die vertraute Vergangenheit des liberalen Bürgertums in Deutschland.

Doch passte Gerhardt zunehmend weniger in die Landschaft der juvenilliberalen Generation neureicher Entrepreneurs, die nach der Jahrtausendwende zum historischen Subjekt für das Projekt entregelter Event- und Marktgesellschaften auserkoren wurde. Der Honoratior klassischen Typus trat 2001 vom leitenden Parteiamt ab. Die »Westerwellerisierung« der FDP nahm nun ihren freien Lauf. Das Drama des deutschen Liberalismus ging zunächst weiter – und steuerte unvermittelt auf seine nächste Tragödie, auf den Suizid des Populisten der Mitte, zu.

4. Der Verschleiß des Charismas und
der Stabswechsel zu den »Enkeln«

Abschied vom Amt – Aufstieg zur Legende: Willy Brandt

Wesentlich früher, bereits im Jahre 1987, endete, so schien es, die Ära der klassischen Sozialdemokratie. Zumindest endete damals die Ära Brandt. Denn am 23. März 1987 erklärte ein empörter, ja zutiefst verletzter Willy Brandt nach 23 langen Jahren im Vorsitz der SPD seine Demission. Vorbei war es fortan mit den langen Amtszeiten sozialdemokratischer Parteichefs. Jetzt lösten sich die Vorsitzenden nachgerade im Eiltempo ab. In 20 Jahren verbrauchte die SPD acht Parteivorsitzende, während sie sich zuvor von dem einen an der Spitze, Willy Brandt eben, ein Vierteljahrhundert konstant und kontinuierlich durch Oppositions- und Regierungszeiten, durch fundamentale Mitgliederwandlungen, durch vehemente Generations-, Kultur- und Flügelstreitigkeiten hatte führen lassen. So scheinen die Brandt-Jahre in den oft wehmütigen Rückblicken zahlreicher Sozialdemokraten als letzter Höhepunkt sozialdemokratischen Glanzes. Mit dem Abgang von Brandt begann die Krise, der Niedergang, die Erosion des klassischen stolzen demokratischen Sozialismus in Deutschland.
So wird es erinnert. Doch ganz richtig ist es so nun auch wieder nicht. Schon am Tag, als Willy Brandt seinen Rücktritt ankündigte, war die Befindlichkeit sozialdemokratischer Mitglieder und Funktionäre durchaus im Zwiespalt.[1] Natürlich waren sie geschockt, wohl auch bedrückt, aber ein wenig Erleichterung empfanden die meisten auch. Denn oft genug hatten sich die Sozialdemokraten zuletzt von ihrem Parteivorsitzenden allein gelassen

---

1 Vgl. o.V., »SPD: Ein spürbares Aufatmen««, in: *Der Spiegel* (30. März 1987).

gefühlt. Brandt zeigte sich zunehmend mehr vom politischen Alltag entrückt, genoss ersichtlich seinen Status als historische Legende, äußerte sich zu politischen Fragen eher raunend und kryptisch denn zielbewusst und präzise. Man wusste in der Partei vielfach einfach nicht, was »Willy will«, wohin er denn nun genau steuerte.[2]

Als Willy Brandt dann in den Märztagen 1987 eine neue Sprecherin für die SPD aus dem Hut zauberte, da entlud sich das latente Unbehagen in einen Sturm der Entrüstung. Denn Brandt präsentierte der verblüfften Öffentlichkeit eine parteilose, politisch bis dahin gänzlich unerfahrene Kandidatin: die 29-jährige Margarita Mathiopoulos, Tochter eines griechischen Journalisten und Gegners der früheren Junta in Athen.[3] Ganz untypisch war diese Entscheidung nicht für Brandt. Schließlich war er stets in Bewegung, um seine Partei zu erneuern, zu öffnen, aus der Enge ihres Milieus in die offene Gesellschaft zu drängen. Und so kam er eben auf die »schöne Griechin«, wie sie seinerzeit in der Presse gern genannt wurde. Frau, jung, ohne Parteibuch, südeuropäischer Herkunft, in vielen Sprachen und Ländern zu Hause, gebildet in alter Geschichte, italienischer Philologie, Politik- und Rechtswissenschaft, Psychologie – all das sollte nach Absicht Brandts die neue Weltläufigkeit der geläuterten alten Tante SPD symbolisieren und demonstrieren. In der Tat: Peter Glotz, der intellektuelle Bundesgeschäftsführer der SPD, war unmittelbar begeistert von diesem Personalvorschlag. Alle anderen waren es allerdings nicht. Selbst treue Brandt-Gefährten wie Horst Ehmke und Egon Bahr verstanden ihren Meister nicht mehr. Ehmke sprach gar von einer »Narretei«. Und das Lästermaul Hans Apel lancierte das flapsige Kürzel »BMW: Brandt-Muss-Weg«.[4]

2 Merseburger, Peter 2002, *Willy Brandt 1913-1992. Visionär und Realist*, Stuttgart: Deutsche Verlags-Anstalt, S. 798 ff.
3 Vgl. Ehmke, Horst, *Mittendrin*, S. 336.
4 Vgl. Apel, Hans 1990, *Der Abstieg. Politisches Tagebuch 1978-1988*, 2. Aufl., Stuttgart: Deutsche Verlags-Anstalt, S. 405 ff.

Brandt war tief getroffen und klagte bitter über den »Aufstand des Spießertums« in seiner Partei.[5] Dergleichen wird es in der Tat gegeben haben; aber den Kern der Sache traf das Verdikt nicht. Als Spießerei mag man nehmen, wie getratscht und getuschelt wurde, dass der Verlobte von Frau Mathiopoulos ein CDU-Mann sei, Friedbert Pflüger, damals Pressesprecher beim Bundespräsidenten von Weizsäcker. Legitimer waren gewiss die Hinweise, dass Brandts Favoritin ihr Studium durch ein Stipendium der FDP-nahen Friedrich-Naumann-Stiftung hatte finanzieren können. Ein guter und enger Studienkollege an der Bonner Universität war im Übrigen Guido Westerwelle, doch der war damals noch nicht als künftiger Kanzlerkandidat eines hochprozentigen Liberalismus identifiziert worden und fügte insofern seiner früheren Kommilitonin im März 1987 keinen weiteren Schaden zu. Eher stieß bei den Sozialdemokraten auf Argwohn, dass die Kandidatin des Parteivorsitzenden als Redenschreiberin im Dienste des Stuttgarter IBM-Chefs Hans-Olaf Henkel – des späteren Präsidenten des Bundesverbandes der Deutschen Industrie – stand. Und unzweifelhaft wogen die sorgenvollen Fragen schwer, ob jemand für eine Partei sprechen könne, von deren Gefühlswelt, Verfahren, Eigentümlichkeiten, ja Neurosen er oder sie einfach zu wenig verstehe – und dann noch dazu über keinerlei Erfahrungen im Dschungel der Bonner Politikjournaille verfüge.

À la longue konnten sich die Skeptiker jedenfalls bestätigt fühlen. Eine Sozialdemokratin war Frau Mathiopoulos, die auf ihren Job in der »Baracke« schließlich auch verzichtete, sicher nicht.[6] Später trat sie der FDP bei. Im Wahlkampf 2002 übte sie heftige Kritik am Kurs der Schröder-Regierung in der Irak-Politik. Gesellschaftspolitisch agierte sie als eifrige »Neoliberale«, machte sich für eine »Rosskur« zur Transformation des Wohlfahrtsstaates und für eine Regierungskoalition Merkel-Westerwelle stark.

5 O. V., »Am Herzen der Partei vorbei««, in: *Der Spiegel* (23. März 1987).
6 Vgl. auch Mathiopoulos, Margarita 1993, *Das Ende der Bonner Republik. Beobachtungen einer Europäerin*, Stuttgart: Deutsche Verlags-Anstalt.

Ein zwingender Grund für einen Rücktritt war die Querele um eine Parteisprecherin dennoch nicht. Aber so machte das Brandt. Schon 1974, als er das Kanzleramt wegen eines nicht unbedingt weltbewegenden Spions und allerlei Tratschereien über Frauengeschichten verließ, hätte man das Problem wohl auch aussitzen können. Andere Politiker hielten jedenfalls zäher, störrischer an ihren Führungsposten fest – auch dann noch, wenn ihre Zeit unverkennbar abgelaufen war. Dass Brandt stets rechtzeitig loslassen konnte, schützte ihn vor dem Verschleiß oder gar dem Verfall des Ansehens und der – amtsunabhängigen – Autorität, die er infolgedessen weiterhin genoss.

Dennoch: Viele Probleme der SPD aus den letzten Jahren haben ihren Ausgang in der Ära Brandt genommen, nicht erst danach. Unter Brandt begann die Großstadtkrise, zunächst von München über Frankfurt bis Hamburg. Schon in den frühen 1980er Jahren schaffte es die Hamburger und Berliner SPD nicht mehr, Spitzenkandidaten in den eigenen Reihen zu finden. Diese frühen und traditionsreichen Hochburgen der Sozialdemokratie zerfielen Stück für Stück schon in jenen letzten Jahren der Brandt-Führung. Zugleich verlor die Partei bereits in den 1970er Jahren die Zugewinne, welche die SPD im Jahrzehnt zuvor noch in einigen Wachstumsregionen der Republik zu erzielen vermocht hatte. Zudem hatte auch der Charismatiker Brandt die Entstehung, Stabilisierung und Ausdehnung der Grünen nicht verhindern können. Bei den Bundestagswahlen im Januar 1987 war die SPD wieder auf dem Stand der frühen 1960er Jahre, also beim Beginn des Brandt-Aufstiegs gelandet. Als Willy Brandt den Stab an Hans-Jochen Vogel weiterreichte, stellte die SPD nur noch in vier Bundesländern die Regierung.

Insofern war die Bilanz zum Schluss alles andere als berauschend. Dass Brandt gleichwohl auch als Parteivorsitzender, nicht nur als »Friedenskanzler« eine Legende blieb und wohl auch bleiben wird, hängt mit der historischen Fülle seiner Biographie und Persönlichkeit zusammen. Er verkörperte den letzten Parteivorsitzenden, der in der alten sozialistischen Arbeiterbewegung groß geworden war und zugleich doch als entscheidender Pionier neuer Wege und steter Veränderungen seiner Partei über Jahrzehnte regelmäßig voranging. Seine politischen Erfahrungen bargen und bündelten Gegensätze, schmerzhafte Lernprozesse, fortwährende Wandlungen durch die Erlebnisse in den späten Weimarer Fundamentalkonflikten, in der Emigration, im Berliner Frontstadtkampf. Brandt war kein monokulturell geprägter Akteur wie etwa Helmut Schmidt. Die lebensgeschichtliche Spannweite und Ambivalenz, aus der Brandt seine politischen Ideen und Antriebskräfte zog, gaben der SPD unter diesem Vorsitzenden Farbe, Substanz, Vitalität, einen wirklichen volksparteilichen Charakter. Langweilig war die SPD unter Brandt zumindest nicht. Auch wurden Diskussionen nicht mit schlichten Basta-Imperativen stranguliert. Brandt war immer auf der Suche nach neuen Bündnissen, Zäsuren, Anfängen, Wandlungen, die er in der Tat oft weit früher witterte als seine politischen Mitspieler. Den Sinn für weitgesteckte Perspektiven und ausstrahlungskräftige Empathie vermochte er – der oft genug auch zauderte, abtauchte und irrte – gegenüber seinen Nachfolgern im Amt als Parteivorsitzende jedenfalls erheblich besser zu verkörpern und nach außen zu vermitteln.

Schon 1986/87 tat sich erneut, wie zuvor schon beim Krisenkanzler Helmut Schmidt, die Diskrepanz zwischen einem sozialdemokratischen Spitzenkandidaten und den sozialdemokratischen Parteiaktivisten auf. Die SPD hatte den nordrhein-westfälischen Ministerpräsidenten Johannes Rau zu ihrem Kanzlerkandidaten nominiert. Rau hatte 1985 bei den Landtagswahlen im bevölkerungsreichsten Bundesland 52,1 Prozent der Stimmen geholt und war damit in der machtpolitischen Depression der SPD einer der wenigen noch verbliebenen Hoffnungsträger. Dieses Auswahlmuster galt von nun an in der SPD. Wann immer sich die Partei jetzt auf die Suche nach einem Kanzlerkandidaten begab, dann fielen demjenigen Sozialdemokraten die besten Chancen zu, der gerade zuvor einen spektakulären Sieg in einem Landtagswahlkampf vorweisen konnte, zumindest aber König in der Demoskopie war. Die Führungsauslese in der SPD verlief dadurch kurzatmig und situativ, diktiert allein vom Wählerplebiszit. Aber immerhin, die Partei orientierte sich stärker am Wählermarkt, nicht mehr allein an der introvertierten Befriedigung des eigenen Justemilieus.

Aber wichtig nahmen die Sozialdemokraten die Grundsatztreue ihrer Kandidaten auch weiterhin. Eben deshalb hatten sie mit Rau ziemliche Probleme.[7] Tatsächlich war der kein kongenialer Repräsentant der SPD in der Schlussära Willy Brandts. Die SPD hatte sich in diesen Jahren stärker nach links begeben; sie war sehr offen für postmaterialistische Kulturen, für ökologische Bedenken, für feministische und pazifistische Einstellungen. Und sie schrieb das alles auch wieder programmatisch fest. Die Welt von Johannes Rau aber war das nicht. Rau machte keinen Hehl daraus, dass er Bodenhaftung im Milieu der kleinen Leute für vordringlicher hielt als die Programmgenauigkeit der Lehrerfunktionäre in seiner Partei. Rau ließ politisch viel offen, wo seine Partei ihn gerne prinzipiell festgelegt hätte. So kam in der SPD das Schmidt-Trauma wieder hoch, das die Partei bis heute noch nicht ganz überwunden hat. Die sozialdemokratischen Aktivisten fürchteten sich vor einer neuerlichen Kluft zwischen einem sozialdemokratischen Kanzler und seiner Partei. Mit letzter Kraft jedenfalls kämpften sie nicht für ihren Kandidaten.[8] Allerdings hatte Rau die Wahlkämpfer seiner Partei auch dadurch demotiviert, dass er die gänzlich unrealistische Parole von der »eigenen Mehrheit« für die SPD ausgab und bis zum Schluss stur verfolgte.

7 Vgl. Buhl, Dieter 1986, »Wenn der Kandidat im Regen steht«, in: *Die Zeit* (15. August 1986).
8 Jörges, Hans-Ulrich 1986, »Eine Achse des Mißtrauens«, in: *Süddeutsche Zeitung* (19. Dezember 1986); Riehl-Heyse, Herbert 1987, »Winterreise zu einem fernen Ziel«, in: *Süddeutsche Zeitung* (20. Januar 1987).

Im Gespräch mit einem Journalisten aber erklärte der Parteivorsitzende Brandt dann etwas süffisant, auch 43 Prozent seien für die SPD ein »schönes Ergebnis«. Spätestens damit war die Marschroute Raus desavouiert, hatte der Kanzlerkandidat den entscheidenden Rückhalt verloren.[9]

Überhaupt machte es Willy Brandt seinen beiden Stellvertretern im Parteivorsitz, Hans-Jochen Vogel und Johannes Rau, nicht leicht. In dieser »kleinen Troika« war Brandt die Nummer eins. Er war derjenige, der die Programmdebatte an sich riss, neue Entwicklungen ertastete, politische Linien zog. Weder Rau noch Vogel machten ihm das streitig. Für beide war Brandt eine Art Vaterfigur, die sie bewunderten, mit der sie nicht rivalisierten. Und beide hielten Brandt, der nach wie vor gerne als entrückter Patriarch über den Niederungen des Parteialltags thronte, den Rücken frei. Vogel organisierte mit harter Hand die Fraktion; Rau lockerte mit seinen zahlreichen Anekdoten und seiner vermittelnden, dialogischen Diskussionsführung die in den frühen 1980er Jahren noch verhärtete und feindselige Atmosphäre in den Spitzengremien der SPD auf.

Aber keiner von beiden konnte den Eindruck verbreiten, dass sich in ihm die Zukunft der deutschen Sozialdemokratie verdichtete. Vogel und Rau wurden als Männer des Übergangs gehandelt, als Staffelträger für die eigentliche Führungsreserve der SPD: die so genannten Enkel. Die Formel von den »Enkeln« hatte Brandt selbst in die Welt gesetzt. Und unverkennbar war auch, dass Oskar Lafontaine zu Beginn Brandts Lieblingsenkel war, sein favorisierter Kandidat für die künftige SPD. Das aber unterminierte die Stellung von Rau und Vogel, das schwächte die Generation der 50- bis 60-Jährigen in der SPD.[10] Mit ihnen rechnete

---

9 Vgl. Leicht, Robert 1986, »Genosse Trend geht fremd«, in: *Die Zeit* (28. August 1986).
10 Vgl. Leicht, Robert 1984, »Die SPD auf der Suche nach sich selbst«, in: *Die Zeit* (21. Mai 1984).

die Öffentlichkeit nicht mehr; die Aufmerksamkeit richtete sich
früh auf die 40-Jährigen, auf Lafontaine, Gerhard Schröder, Dieter Spöri und Björn Engholm. Doch keiner von ihnen war zu diesem Zeitpunkt schon erfahren und durch Niederlagen gehärtet
genug, um eine so schwierige Partei wie die SPD wirklich führen
zu können.

Primus und Diener seiner Partei: Hans-Jochen Vogel

So entstand in der SPD Mitte der 1980er Jahre eine Art Führungs-
vakuum, da – wie gesehen – auch die Autorität Willy Brandts allmählich bröckelte. Dem Charismatiker folgte dann wieder der
Bürokrat. Insofern erinnerte der Übergang von Brandt auf Vogel
an den Wechsel von Schumacher auf Ollenhauer gut 30 Jahre zuvor. Auch später wurde Vogel den Vergleich mit Ollenhauer nicht
ganz los. Zwar waren beide aufgrund ihrer sozialen Herkunft
ganz unterschiedliche Menschen, auch war Vogel ein sicher noch
sehr viel disziplinierterer Arbeiter als Ollenhauer, aber beide galten doch als Figuren des Übergangs, mehr als Verwalter von Politik denn als kreative Erneuerer. Sie begriffen sich beide, und das
durchaus mit einigem Stolz, als Diener ihrer Partei, nicht als Künder neuer Zeiten.
Noch in einer anderen Hinsicht war Vogel Nachfolger Ollenhauers: Erstmals seit dem Tod Ollenhauers vereinte wieder ein Sozialdemokrat die Fraktions- und Parteiführung. Vogel bündelte
also Macht wie schon lange kein einzelner Sozialdemokrat mehr.
Seine entscheidende Machtressource für die Parteiführung war
die Bundestagsfraktion. Deren Vorsitz hatte er 1983 als Nachfolger von Herbert Wehner übernommen. Dabei hatte er sich bewährt. Die Aufgabe war schwierig genug gewesen, denn schon
zum Ausgang der sozialliberalen Ära hatte Wehner die Fraktion
nicht mehr zu organisieren vermocht. Sie war in Gruppen und

Strömungen zerfallen, demotiviert und lustlos. Viele rechneten damit, dass der Zerfallsprozess der Fraktion nach dem Verlust der
Regierungsmacht noch weiter fortschreiten würde. Schließlich
hatte auch die Unionsfraktion in den frühen 1970er Jahren erleben müssen, wie destruktiv die Rollenumstellung von den Regie-
rungs- auf den Oppositionsstatus verlaufen konnte. Doch Vogel
verhinderte die Erosion der sozialdemokratischen Bundestagsgruppe, indem er ihr strikte Disziplin und harte Arbeit verordnete.
Er leitete die Fraktion straff, führte auch zahlreiche Einzelgesprä-
che mit Fraktionsmitgliedern, wozu Wehner in den letzten Jahren
seiner Amtszeit weder Kraft noch Neigung besessen hatte. Im
Übrigen zogen mit Vogel verbindliche Verwaltungsstrukturen und
administrative Reglements in die Arbeitsweise der Fraktion ein.
So blieb das befürchtete Chaos und Zerwürfnis aus. Die Fraktion
wurde zum Ort verwalteter Ruhe.

Ganz so handhabe Hans-Jochen Vogel ab 1987 auch die Führung der Partei.[11] Vogel war gewissermaßen der Parteiprimus: immer pünktlich, stets präsent, fleißiger und informierter als alle
anderen. Politik wurde zum administrativen Vorgang, klar geordnet nach Zuständigkeiten, annotiert in zahlreichen Aktenvermer-
ken und vollendet in den überall im Erich-Ollenhauer-Haus berüchtigten Wiedervorlagen. Bürokratie und Disziplin waren das
Schmiermittel der Führungstechnik Vogels, die Klarsichthülle ihr
symbolisches Kennzeichen.

So stellte Vogel die Ordnung in der Partei her. Aber sein Führungsstil stieß auch viele Sozialdemokraten ab, hatte auch erhebliche dysfunktionale Seiten. Viele seiner Mitarbeiter hielten
es nicht lange mit dem arbeitswütigen, hochpedantischen Vorsitzenden der Sozialdemokraten aus. Seinen Anforderungen konnte
kaum jemand zufriedenstellend entsprechen. Vogel wusste alles

---

11 Vgl. Zundel, Rolf 1987, »Natürlich Vogel – wer denn sonst?«, in: *Die Zeit* (12. Juni
1987); Perger, Werner A. 1987, »Sisyphus in Bonn«, in: *Deutsches Allgemeines Sonntagsblatt* (21. Juni 1987).

besser, hatte die Akten gründlicher gelesen, kannte sich auch in Nebensächlichkeiten exakt aus. Und er zeigte das alles, rüffelte gern, tadelte und belehrte. Da er anderen nicht viel zutraute, riss er fast alle Aufgaben an sich, erledigte und überprüfte das meiste selbst. Die Fähigkeit, Arbeiten zu delegieren, anderen großzügig Raum für eigenständige Aktivitäten zu lassen, war Vogel nicht gegeben. Er zentrierte die sozialdemokratische Administration ganz auf sich und verlor dadurch die politischen Dimensionen oft aus den Augen. In den Leitungsgremien der SPD wurden unter der Führung von Vogel alle Punkte, die sich im Laufe der Woche angesammelt hatten, gleichgewichtig und streng der zeitlichen Abfolge entlang abgehandelt. Die ordnungsgemäße Erledigung der Tagesordnung rangierte vor der politischen Relevanz. Ordnung war für Vogel mehr als nur das halbe Leben. Solange er die Politik in »erstens, zweitens, drittens ...« zerlegen und durchgliedern konnte, war er mit der sozialdemokratischen Welt zufrieden.

Vogel verwaltete die Sozialdemokratische Partei im letzten Drittel der 1980er Jahre. Zwistigkeiten und Flügeldispute hegte er durch prompte Kompromissformeln ein. Das wirkte ohne Zweifel sedierend. Zu den ganz großen Kontroversen raffte sich die Partei nicht mehr auf. Im Ganzen ging es sogar etwas langweilig zu in der wenige Jahre zuvor noch so turbulenten und streitlustigen Partei. Vogel hielt die innerparteiliche Balance und den Parteifrieden durch administrative Strenge. Aber er löste die vielen Widersprüche in der SPD jener Jahre nicht auf. Er sorgte lediglich dafür, dass die Konflikte eingedämmt waren, unter sorgsamer Kontrolle blieben, keinen Lärm verursachten. Dadurch aber stagnierte die SPD. Sie zeigte sich nicht als eine Partei, die mit Volldampf, Lust und Phantasie, mit frischen Kräften und originellen Ideen an die Regierung strebte. Dazu war Vogel nicht der richtige Mann. Dazu fehlte es ihm an Instinkt, brennendem Ehrgeiz, machtpolitischer Bedenkenlosigkeit, Kreativität, Kühnheit und Courage. Vogel hatte einfach nicht den Eindruck, dass er ausersehen war, eine besondere politische Mission in der Republik erfüllen zu sollen. Herausragende politische Anführer aber müssen wahrscheinlich überzeugt davon sein, dass sie – und nur sie – diese exklusive historische Rolle spielen. Und herausragende politische Anführer dürfen sich in dieser Haltung weder beirren noch aufhalten lassen. Vogel war eine solche Sicht fremd. Er jedenfalls identifizierte sich damit nicht, er wollte lediglich der Partei dienen. Jedenfalls sagte er das häufig; und er meinte das wohl auch so. Doch nach vorn gelangen Parteien wohl tatsächlich nur mit solchen Anführern, die sie aus alten Stellungen reißen, Konventionen unsentimental überwinden, ihnen Reformen aufzwingen. Parteidienern fehlt dazu das Zeug.

Am Ende der Ära Vogel war die SPD zwar nicht aus den Fugen geraten, aber sie war auch nicht weitergekommen. Im Grunde steckte sie in einer tiefen Krise. Das neue Parteiprogramm, das sich die SPD 1989 gab, war schon zum Zeitpunkt seiner Verabschiedung überholt, war ein Reflex auf den Zeitgeist der frühen 1980er Jahre, kein Kompass für Politik im neu vereinten Deutschland. Die Bundestagswahl 1990 bedeutete einen historischen Tiefpunkt für die bundesrepublikanische SPD. Das Verhältnis zwischen den Generationen in der SPD war erneut außerordentlich belastet. Ihre neuen Länderchefs ließen sich nicht mehr in die bürokratische Führungsstruktur Vogels einbinden. Ein Mann wie Gerhard Schröder fuhr erst gar nicht mehr zu Präsidiumssitzungen, weil es ihm widerstrebte, dort lediglich die Belehrungen des Parteivorsitzenden und Beschlüsse der Bundestagsfraktion anhören zu müssen. Die sozialdemokratische Bundestagsfraktion und die sozialdemokratischen Ministerpräsidenten disharmonierten. Als Vogel abtrat, stimmte die Führungskoordination in der SPD nicht mehr. Seine bürokratische Führungstechnik hatte tatsächlich nur die Eigenschaft eines Beruhigungsmittels besessen. Neue Schwierigkeiten waren hinzugekommen und so hinterließ Vogel seiner Partei kein leichtes Erbe.

Diskursiver Anspruch und kommunikatives Defizit:
Die Engholm-Episode

In der ersten Hälfte der 1990er Jahre wurde die Führungskrise in der SPD daher chronisch. Es begann mit einem Parteivorsitzenden wider Willen: Björn Engholm. Die Spitzengenossen seiner Partei mussten ihn beknien, beschwören und bedrängen, bis er schließlich resigniert nachgab und sich in die Pflicht des Parteivorsitzes nehmen ließ. Engholm also war ein Parteivorsitzender, den man in sein Amt prügeln musste, und folglich ein Kanzlerkandidat, der sich nur zögernd und widerwillig zum Kampf gegen Helmut Kohl bereit erklärte. Gute Voraussetzungen für starke Führung waren das nicht. Aber auch der zweite Mann im Führungszentrum der SPD der frühen 1990er Jahre, der Fraktionsvorsitzende Hans-Ulrich Klose, war keine leidenschaftliche, aggressive und kämpferische Führungsnatur. Überhaupt war Klose eigentlich schon kein Mann der ersten Garnitur mehr, als die Fraktion ihn zu ihrem Vormann wählte. Klose war gewissermaßen eine taktische Lösung, der kleinste gemeinsame Nenner all derjenigen sozialdemokratischen Bundestagsabgeordneten, denen es vor allem darum ging, Herta Däubler-Gmelin, die ungeliebte Favoritin Hans-Jochen Vogels, zu verhindern.[12] So hatte die SPD in diesen Jahren in der Tat ein merkwürdiges Führungsduo: einen Vorsitzenden, der das gar nicht sein wollte, und einen Fraktionsvorsitzenden, dessen Karrierehoch im Grunde schon abgelaufen war und der weder in der Partei noch in der Fraktion über eine wirkliche Hausmacht verfügte.

Tatsächlich waren Engholm und Klose einander sehr ähnlich. Das war zu Zeiten der legendären Troika noch anders gewesen. Brandt, Wehner und Schmidt hatten unterschiedliche Lebenswege, hat-

---

12 Vgl. Martenson, Sten 1992, »Viel Licht und manche Schatten«, in: *Stuttgarter Zeitung* (12. November 1992).

ten gegensätzliche Charaktere, glichen sich weder im politischen Stil noch in der politischen Rhetorik. Sie deckten mit diesen Differenzen die ganze soziale und politische Spannbreite der sozialdemokratischen Anhängerschaft ab. Dazu waren Klose und Engholm nicht in der Lage. Beide kamen aus der gleichen sozialdemokratischen Lebenswelt; gehörten der gleichen Generation an, teilten die gleichen Erfahrungen und entsprachen sich im Habitus. Beide hatten ein bedächtiges, zögerliches Temperament. Beide liebten die nachdenkliche, die intellektuelle Pose. Beide kehrten gern bildungsbürgerliche Manieren und kunstsinnige Lebensart heraus. Beide gaben sich als Moderatoren der Politik, als Befürworter von Kommunikation und Teamarbeit. Beide ernteten dafür anfangs durchaus Sympathie und Zuspruch in und außerhalb der Partei.

Aber gerade innerhalb der SPD schwenkte diese Stimmung rasch um. Schon nach wenigen Monaten der Klose-Führung entstand in der Fraktion eine regelrechte Vogel-Renaissance. Die sozialdemokratischen Bundestagsabgeordneten konnten mit der langen Leine Kloses nichts anfangen. Ihnen verliefen die Aussprachen zu unstrukturiert, zu wenig ergebnisorientiert; sie sehnten sich zurück nach der harten Hand und den klar gegliederten Arbeitsstrukturen Vogels. Klose wurde jetzt allenthalben mit Chaos assoziiert. Engholms Reputation war innerparteilich kaum besser. Die Sozialdemokraten vermissten Machtwillen, Biss und Härte bei ihren beiden Chefs. Bis heute hat sich in der SPD weithin die Erinnerung gehalten, dass die Sozialdemokraten in ihrer Geschichte wohl nie so schwach geführt worden sind wie unter den beiden »Softies« Engholm und Klose.

Ganz treffend aber ist diese Interpretation nicht. Tatsächlich bewegte, veränderte und reformierte sich die SPD unter Engholm sogar etwas mehr als vorher unter Vogel und später unter Scharping. Engholm trat zwar nicht mit der Pose des starken, autoritären Mannes auf wie sein Vorgänger und Nachfolger, dennoch fällt seine Bilanz nicht in allen Bereichen schlechter aus. Er war kein politisches Leichtgewicht, als die Partei ihn zur Führung drängte. Er hatte eine gewichtige politische Biographie mit vielen Erfolgen, aber auch mit bitteren Rückschlägen. Er war 14 Jahre Bundestagsabgeordneter gewesen, viele Jahre parlamentarischer Staatssekretär und Bundesminister. Danach hatte er vier Jahre harte Oppositionsarbeit geleistet, bevor er 1987 Ministerpräsident in Schleswig-Holstein wurde. Engholm hatte seine politischen Ziele immer mit großer Zähigkeit und Ausdauer verfolgt, was oft übersehen wurde. Mit dieser Beharrlichkeit war es ihm auch gelungen, den ausgesprochen schwierigen, weit links stehenden schleswig-holsteinischen Landesverband der SPD auf seine Regierungspolitik der Mitte und des Pragmatismus einzuschwören. Die Partei stand geschlossen hinter ihm. Bis zu seinem Rücktritt war Engholm trotz seines sanften Führungsstils die unangefochtene Autorität in der SPD Schleswig-Holsteins. Seine Führungspraxis in der SPD und im Kabinett galt als diskursiv und dadurch motivierend. Engholm genoss zumindest in seinem Landesverband den Ruf, ein moderner Politikmanager zu sein, offen, dialogisch, dabei aber durchaus effizient und entscheidungsfähig.[13]

Die Modernisierung der politischen Kommunikation war das Grundanliegen Engholms. Sie wurde zumindest sein rhetorisches Markenzeichen. Hier hatte er eine Botschaft, für die er unaufhörlich warb. Öffnung, Dialog und Kooperation – so lautete die Grundmelodie aller Mahnungen Engholms an die Parteien und die politische Klasse in Deutschland. Aus diesem Grund richtete er in seiner Kieler Staatskanzlei eine »Denkfabrik« ein, in der Manager, Professoren, Literaten und Politiker über Zukunftsprobleme der Gesellschaft räsonierten. Solche Runden liebte Engholm. Zu einem solchen Bürgerforum des kultivierten, offenen Gesprächs hätte er wohl gern die Sozialdemokratie verwandelt,

13 Vgl. Burchardt, Rainer/Werner Krabbe 1993, *Björn Engholm. Die Geschichte einer gescheiterten Hoffnung*, Stuttgart: Deutsche Verlags-Anstalt, S. 329 ff.

jedenfalls »ein Stück weit«, wie das in seinem Jargon zuweilen hieß. Engholm litt stärker als seine übrigen Altersgenossen aus der Enkel-Generation an der organisatorischen und geistigen Verengung der SPD, in der seit den 1970er Jahren die gleichen Leute mit der gleichen Sprache und dem gleichen Habitus in zunehmend abgekapselten Zirkeln über die stets gleichen Themen stritten und ihre sich nur unwesentlich verändernden Personaltableaus aushandelten. Um dieser abgeschotteten Ritualisierung sozialdemokratischer Politik ein Ende zu bereiten, um die Partei zu öffnen und zu modernisieren, schuf Engholm gleich nach seinem Amtsantritt eine Kommission zur Reform der Parteiorganisation. Zwei Jahre brauchten die Experten der Kommission, um sich auf einige Strukturreformen zu verständigen, die den Vorstellungen des Parteivorsitzenden entsprachen, zugleich aber heftigen Widerstand im Funktionärs- und Delegiertenkörper der Partei hervorriefen. Die Partei sollte stärker demokratisiert werden, sollte der Mitgliederbasis mehr plebiszitäre Einflussmöglichkeiten bieten; sie sollte sich für Seiteneinsteiger öffnen, sollte Raum und Möglichkeiten auch für Nichtmitglieder bereitstellen. Vieles war vage geblieben, nur weniges verbindlich ausformuliert, einiges sicher auch problematisch, aber immerhin: Konsequent umgesetzt, hätte es die Partei ein wenig durchlüftet, in Bewegung versetzt, verändert. Das Meinungsmonopol und die subkulturelle Traditionsorientierung der mittleren Parteieliten aus der Kohorte der in den 1940er Jahren Geborenen jedenfalls waren durch die projektierte Organisationsreform in Frage gestellt.

Doch das war nicht das einzige Mal, dass sich Engholm mit großen Teilen seiner eigenen Generation und mit einflussreichen Parteiaktivisten anlegte. Seine bedeutendste Tat war die Revision der asylpolitischen Haltung der SPD. Im August 1992 hatte er in der SPD die Wende zu einer restriktiveren Asylpolitik nahezu im Alleingang eingeleitet (»Petersberger Beschlüsse«) und innerhalb eines Vierteljahres mit großer Energie und Hartnäckigkeit trotz erbitterter Opposition aus zahlreichen Landesverbänden in der Partei durchgesetzt.[14] Populär machte ihn das in der Partei nicht, denn er mutete ihr den schmerzhaften Verlust einer historisch geformten Basisidentität zu. Insofern führte Engholm in den Sommer- und Herbstmonaten 1992 seine Partei wirklich. Er redete ihr nicht nach dem Mund, zog sich nicht mit leeren und folgenlosen Kompromissformeln aus der Affäre, sondern trieb seine sich sträubende Partei aus einer unhaltbaren politischen Stellung. Hans-Jochen Vogel war dazu in seiner Amtszeit nicht in der Lage gewesen. Er hatte im Gegenteil die asylpolitischen Grundsätze der SPD dogmatisiert, seine Partei in dieser Frage unbeweglich gemacht und damit zur Entfremdung von der früheren Stammwählerschaft in den städtischen Arbeiterquartieren beigetragen.

Bei der asylpolitischen Kurskorrektur hatte Engholm Seite an Seite mit dem Fraktionsvorsitzenden Klose gefochten. Auch in anderen politischen Fragen versuchten der Partei- und der Fraktionschef der SPD Impulse für Neuerungen zu vermitteln. Beide strebten, gegen den pazifistischen Mainstream in ihrer Partei, Bundeswehreinsätze im Rahmen der Vereinten Nationen an; beide bevorzugten eine Politik der marktwirtschaftlichen Dynamik gegenüber den alten sozialetatistischen Rezepturen. Besonders erfolgreich waren sie dabei indessen nicht. Allein in der Asylpolitik brachten sie nach einem außergewöhnlichen Kraftakt eine Parteitagsmehrheit hinter sich. Ansonsten aber verpufften alle Initiativen. Die Organisationsreform wurde zwar noch nach der Demission Engholms verabschiedet, im Übrigen aber kaum mehr beachtet und nur geringfügig weiterverfolgt. Auch programmatisch und konzeptionell kam die SPD nicht von der Stelle. Klose und Engholm hatten tatsächlich einige interessante Ideen und Anregungen vorgelegt, auch war ihr politischer Ansatz trotz der von

14 Vgl. Walter, Franz 1995, »Die SPD nach der deutschen Vereinigung. Partei in der Krise oder bereit zur Regierungsübernahme?«, in: *Zeitschrift für Parlamentsfragen* 26/H. 1, S. 85-112.

beiden gern zur Schau gestellten verträumten Intellektualität bemerkenswert pragmatisch und undoktrinär. Aber beiden fehlte
die Härte und Brutalität, wohl auch die Schlitzohrigkeit und organisatorische Stringenz, nicht zuletzt auch eine straff formierte
Hausmacht, um die Partei erfolgreich mit neuen Vorstellungen
auf neues Terrain zu ziehen. Mit dem Gestus der pfeifenrauchen-
den Nachdenklichkeit und des reflexiven Dialogs machten sie
sich schon bald zum Gespött der Partei, deren Mehrheit unter
Führung eben immer noch straffe Hierarchie, disziplinierten Ar-
beitseinsatz und die souveräne Beherrschung der innerparteilichen
Intrige verstand. Der diskursive Führungsstil war nach Engholm
und Klose in der SPD erst einmal für einige Zeit gründlich diskreditiert.

Allerdings hatte Engholm die diskursive Politik auch mehr postuliert als praktiziert. Zumindest auf der Bundesebene der SPD
scheiterte er, weil er zu wenig Gespräche führte, zu wenig bündelte, zu wenig Teamarbeit organisierte, zu wenig Konsens herstellte. Er hatte das alles in vielen schönen Reden zwar als hohe
Tugend modernen Politikmanagements gepriesen, als Parteivorsitzender aber nur selten danach gehandelt. Es waren die kom-
munikativen Defizite des Bundesvorsitzenden Engholm, die zur
Erosion seiner Führungsposition beitrugen. Auf Kommunikation
und Vernetzung aber wäre es gerade in der SPD der frühen 1990er
Jahre angekommen. Denn die SPD fächerte sich in dieser Zeit
immer mehr in weit auseinander liegenden Machtzentren aus.[15]
Als Björn Engholm 1991 Vorsitzender seiner Partei wurde, re-
gierte die SPD in acht der zehn alten Bundesländer mit. Sie stellte
mehr mächtige Ministerpräsidenten als zuvor in ihrer Geschichte.
Bei einigen dieser Ministerpräsidenten beschränkte sich der politische Ehrgeiz keineswegs auf die Landespolitik. Vor allem Oskar
Lafontaine, Gerhard Schröder und Rudolf Scharping meldeten

---

15 Vgl. Walter, Franz 1995, »Partei der ewigen 70er. Zur Krise der SPD«, in: *Politische Vierteljahresschrift* 36/H. 4, S. 706-718.

bundespolitische Ansprüche an. Zusammen machten sie deutlich, dass sie einen Primat der Bundestagsfraktion, wie zu Zeiten Vogels, nicht anerkannten. Die Macht in der SPD fragmentierte sich dadurch. Das Gravitationszentrum lag nicht mehr allein in Bonn; die Partei hatte sich seit den späten 1980er Jahren föderalisiert und segmentiert. In der alten Führungstroika der Siebziger hatte es gewiss ebenfalls gefährliche Spannungen gegeben. Doch damals agierten sämtliche Troikaner noch in Bonn.

In den 1990er Jahren aber verteilten sich die einflussreichen Sozialdemokraten über die ganze Republik. Der Parteivorsitzende meldete sich von der Ostsee aus zu Wort; sein wichtigster Stellvertreter hockte nahe der Grenze zu Frankreich; die neuen Aufsteiger spielten ihr eigenes Spiel in Hannover und Mainz. Die Aufgabe des Parteivorsitzenden wäre es gewesen, die Ministerpräsidenten politisch zusammenzufassen. Zudem hätte er ihre Aktivitäten mit der Politik der Bundestagsfraktion abstimmen und koordinieren sollen. Und schließlich hätte er noch die Parteizentrale strategisch mit einbeziehen müssen. Ein Kommunikations- und Integrationsvirtuose war also in der Tat gefragt. Aber außerhalb Schleswig-Holsteins war Engholm das eben nicht. Es rächte sich, dass die Sozialdemokraten jemanden in den Parteivorsitz gedrängt hatten, der das niemals wollte. Engholm mied es, soweit es ging, die Bonner Parteizentrale aufzusuchen. Er mied es überhaupt, soweit nur möglich, in die Bundeshauptstadt zu reisen. Er telefonierte nicht einmal regelmäßig mit seinem jungen Bundesgeschäftsführer Karl-Heinz Blessing, der oft genug nicht wusste, was der Parteivorsitzende gerade dachte und machte. Meist mussten die Büroleiter aus den Staatskanzleien der Länder den Kontakt halten, den die Länderchefs unter sich nicht herstellten.

Engholm gelang es nicht, die verschiedenen Machtzentren der SPD miteinander zu verzahnen; er bemühte sich kaum darum. Dadurch lösten sich die Führungsstrukturen in der SPD auf. Die Partei verlor insgesamt an Geschlossenheit, an willensbildender

Kraft, sicher auch an Disziplin. Die Öffentlichkeit mokierte sich über den »vielstimmigen Chor«, über die »Gemeinschaft unabhängiger Sprecher«.[16] Das aber untergrub die Führungsautorität Engholms, der schon Anfang 1993 ziemlich erledigt war, noch bevor die neuen Erkenntnisse über die »Kieler Affäre« ihn zum Rücktritt und Ausstieg aus der Politik zwangen.

Parteiführer im falschen Jahrzehnt: Das Scharping-Desaster

Engholms Nachfolger, Rudolf Scharping, gehörte ebenfalls zu der Riege erfolgreicher Landespolitiker aus der Enkel-Generation. Er hatte 1991 den Regierungswechsel in einer traditionellen Hochburg der CDU geschafft. Allein das katapultierte ihn in den Kreis derjenigen, die in der Agonie der Engholm-Führung als mögliche Alternativen im Parteivorsitz genannt wurden. An die Spitze der Partei brachte ihn dann die Urwahl, die die deutschen Sozialdemokraten erstmals in ihrer Geschichte für die Bestellung des Parteivorsitzenden anwandten. Das innerparteiliche Plebiszit war das Fundament der Führungsstellung Scharpings. Allerdings war dieses Fundament von Beginn an brüchig, halbherzig konstruiert. Denn es fehlte der entscheidende zweite Wahlgang. Scharping hatte zwar mit 40,3 Prozent der Stimmen ein besseres Ergebnis erzielt als seine Konkurrenten Gerhard Schröder und Heidemarie Wieczorek-Zeul. Aber auf die absolute Mehrheit der votierenden Sozialdemokraten konnte sich Scharping nicht berufen, sodass sich auch sein Rivale Schröder keineswegs geschlagen gab. Schröder fühlte sich vielmehr ermutigt, den nicht hinreichend legitimierten Scharping weiter herauszufordern. Die Urwahl sollte zur Quelle vermehrter Führungslegitimation werden, so hatten es Engholms Organisationsreformer ursprünglich angestrebt, doch in

16 Handschuch, Konrad 1993, »Mit einer Stimme«, in: *Wirtschaftswoche* (12. März 1993).

ihrem rein taktisch ausgelegten Verfahren wurde sie zum Ausgangspunkt einer der schwersten Führungskrisen, die die deutschen Sozialdemokraten je erlebten.

Seine Legitimationsgrundlage war fragil, Scharpings Ehrgeiz aber war groß. Mit 45 Jahren war er der jüngste Parteivorsitzende in der Geschichte der Nachkriegssozialdemokratie. Zuvor war er lediglich Landespolitiker, gerade einmal zwei Jahre Ministerpräsident gewesen. Viel Erfahrung hatte er also noch nicht sammeln können. Das aber hielt Scharping nicht zurück. Er wollte Meister sein, auch wenn er vor allem in Bonn im Grunde nur ein Lehrling war. Der Mainzer Regierungschef griff 1993 nach den beiden wichtigsten Führungsfunktionen der SPD: dem Vorsitz und der Kanzlerkandidatur. Auch die Fraktion unterstellte er sich rasch; Klose hatte im letzten Jahr seines Fraktionsvorsitzes nicht mehr viel zu melden. Nach der verlorenen Bundestagswahl 1994 ging Scharping dann konsequent nach Bonn und übernahm auch formell die Fraktionsführung. Machtwillen also konnte man Scharping im Unterschied zu Engholm nicht absprechen. Die Voraussetzungen für eine starke Führungsposition Scharpings waren insofern nicht schlecht. Er vereinte die wichtigsten Ämter der SPD; er war ehrgeizig; er wollte ins Kanzleramt. Auch als das 1994 nicht im ersten Anlauf klappte, setzte er seinen Weg entschlossen, zäh und geduldig fort. Er hatte den langen Atem, der nötig ist, um in der Politik durchzuhalten. Er hatte Nehmerqualitäten und Disziplin. Er besaß durchaus wesentliche Eigenschaften eines erfolgreichen politischen Anführers.[17] Und anfangs beeindruckte er damit auch Partei und Öffentlichkeit.[18] Er gab der zuletzt lethargisch-depressiven SPD wieder eine Machtperspektive. Bis ins Frühjahr 1994 galt Scharping als starker Mann.[19] Dann

17 Vgl. Leif, Thomas/Joachim Raschke 1994, *Rudolf Scharping, die SPD und die Macht. Eine Partei wird besichtigt*, Reinbek bei Hamburg: Rowohlt, S. 24 ff.
18 Vgl. Wallow, Hans 1994 (Hg.), *Rudolf Scharping. Der Profi*, Düsseldorf: Econ.
19 Vgl. Perger, Werner A. 1994, »›Der Rudolf ist von der Rolle‹«, in: *Die Zeit* (17. Juni 1994).

aber schwand seine Autorität. Das vollzog sich schließlich 1995 in einem enormen Tempo, verlief stetig und endete schließlich für Scharping desaströs. Wie konnte das geschehen?

Zunächst waren da zahlreiche Rivalen. Die SPD stellte in den Neunzigern viele Ministerpräsidenten. Sie entstammten alle der gleichen Generation.[20] Und mehrere von ihnen hatten die Karriereplanung noch keineswegs abgeschlossen. Sie warteten nur auf einen Fehler Scharpings. Zudem belauerten und befehdeten sie sich alle gegenseitig schon seit den frühen 1970er Jahren, seit den parteilegendären Flügelkämpfen und Bundeskongress-Schlachten der Jungsozialisten. Seither stritten und rivalisierten sie; jeder kannte die Schwächen, Defizite und Verfehlungen des anderen. Diese intrigenhafte Konkurrenz aber unterhöhlte Führung und Geschlossenheit der Partei. Außerdem war Scharping unter all diesen Enkeln der jüngste. Als Schröder und Lafontaine schon begehrte Medienstars waren, ackerte er noch weitgehend unbekannt in den Parteigremien der Provinz. Für Lafontaine und Schröder war Scharping ein politisches Leichtgewicht, dessen Führungsanspruch sie nie akzeptierten. Anders als der reine Gremienpolitiker Scharping waren Schröder und Lafontaine nicht in erster Linie durch die Kommissionen der Partei nach oben gekommen. Schröders und Lafontaines prägende Erfahrung seit den 1980er Jahren war, dass ein provokativer Medienauftritt mehr brachte als eine mühselig zusammengezimmerte Resolution in einer Parteiarbeitsgemeinschaft. Sie waren Kinder und Akteure der Mediengesellschaft. Sie hatten gelernt, dass die Journalisten sich besonders dann auf sie stürzten, wenn sie mokante Sticheleien über die eigene Partei verbreiteten, wenn sie traditionelle sozialdemokratische Grundsätze locker beiseiteschoben. Diese Medienpose verlieh ihnen die Aura undogmatischer Beweglichkeit und kreativen Eigensinns. Die Partei und den Parteivorsitzenden aber stellte

---

20 Vgl. Micus, Matthias 2005, *Die »Enkel« Willy Brandts. Aufstieg und Politikstil einer SPD-Generation*, Frankfurt am Main/New York: Campus-Verlag.

das bloß. Scharping blieb allein die Rolle des knochentrockenen Funktionärs, des biederen, braven und inflexiblen Parteisoldaten.

Nach 1993 spielte vor allem Gerhard Schröder die Medienkarte
voll aus und ließ Scharping zunehmend schlecht aussehen. Oskar
Lafontaine hätte das alles sicher genauso perfekt inszenieren können. Aber in dieser Zeit stand er selbst schlecht mit den Medien,
denen er anlastete, dass sie Enthüllungen und lästerliche Kommentare über Saarbrücker Rotlicht- und Altersversorgungsskandale
brachten. Das hatte Lafontaines Ruf zwischenzeitlich beschädigt;
er musste also etwas seriöser und zurückhaltender agieren. Schröder hatte freie Bahn. Er kommunizierte über die Medien direkt
mit der Bevölkerung. Er präsentierte sich als Sozialdemokrat, den
Parteidogmen nicht kümmerten, der sich um Parteitagsbeschlüsse nicht scherte, der als unabhängiger Ministerpräsident eine moderne, ideologiefreie, pragmatische Politik betrieb. Durch seine
demonstrative Distanz zum unpopulären Parteibetrieb sammelte
er seine Punkte im Volk. Das alles ging zu Lasten von Rudolf
Scharping, der sich als Parteivorsitzender, selbst wenn er das Temperament dazu besessen hätte, die Attitüde Schröders gar nicht
leisten konnte. Wo Schröder frei und quirlig agierte, saß Scharping starr eingezwängt in Kommissionen und Gremien, zwischen
Parteiflügeln und Beschlusslagen. Je herausfordernder und of-
fensiver Schröder operierte, desto defensiver reagierte Scharping.
Während Schröder nach vorn preschte, wich Scharping zurück,
suchte Schutz im konservativen Funktionärsmilieu der Partei.
Dadurch versäumte er seine Führungsaufgabe. Er war nur noch
Teil des sozialdemokratischen Justemilieus, nicht mehr Anführer
und Aufrüttler der Partei. Im Grunde vertrat Schröder 1995 politische Vorstellungen, die mit denen Scharpings im Jahre 1993, als
dieser den Parteivorsitz übernahm, relativ identisch waren. Da
aber Schröder nun dieses Feld besetzte und mit dem Etikett der
Modernität versah, zog sich Scharping in die Reihen der sozial-

politischen Traditionskompanien zurück und wurde gleichsam zu deren Gefangenem.

Vor allem aber wurde er zu einem Gefangenen von Oskar Lafontaine. In dem Maße, in dem sich der Druck aus Hannover erhöhte, suchte Scharping Rückhalt in Saarbrücken. Um nicht auch noch Lafontaine gegen sich in Stellung zu bringen, gab Scharping dem Saarländer in den entscheidenden politischen Fragen nach. Insbesondere in der Außenpolitik beugte sich Scharping dem Diktat Lafontaines.[21] Anfangs hatte Scharping seine Partei moderat zur Befürwortung von Tornado-Einsätzen in Bosnien bewegen wollen, aber er gab dieses Vorhaben sofort auf, als Lafontaine öffentlich und hart sein Veto einlegte. Damit aber hatte Scharping alle maßgeblichen außenpolitischen Experten in der Bundestagsfraktion düpiert und überwiegend dauerhaft frustriert. Viele seiner ursprünglichen Anhänger waren enttäuscht. Sie hatten ihn auch gewählt, weil er eine Reform und Modernisierung der sozialdemokratischen Wirtschaftspolitik und eine Korrektur der überlieferten Außenpolitik der SPD versprach. Im Abwehrgefecht gegen Schröder war dies jedoch alles verlorengegangen. Da Scharping bei der Urwahl nicht die absolute Mehrheit der abstimmenden Mitglieder hinter sich gebracht hatte, da er als Gegner von Plebisziten auch im Folgenden die direktdemokratisch und unmittelbar hergestellte Legitimation seines Führungsanspruchs ablehnte, geriet er in die Geiselhaft parteiinterner Koalitionsgeflechte.[22] Seine Führungskraft litt darunter, sein politischer Spielraum engte sich ein. Überdies war Lafontaine kein verlässlicher Partner. Scharping hatte sich in die Abhängigkeit des Saarländers begeben und wurde von ihm gestürzt.

Am Ende kombinierte Scharping die schwachen Seiten im Füh-

21 Vgl. Bicher, Norbert 1995, »Im Brennglas der Eitelkeiten«, in: *Das Sonntagsblatt* (6. Oktober 1995).
22 Vgl. Mielke, Gerd 1997, »Mehr Demokratie wagen! SPD-Führung im partizipatorischen Zeitalter«, in: *Blätter für deutsche und internationale Politik* 42/H. 1, S. 38-47.

rungsstil von Hans-Jochen Vogel mit denen von Björn Engholm. Wie Vogel, so war auch Scharping zum Schluss seiner Amtszeit unfähig, vertrauensvoll zu delegieren. Auch Scharping übernahm zu viele Aufgaben selbst; verzettelte sich in unzähligen Einzelheiten, versäumte es darüber ebenfalls, die großen Linien sozialdemokratischer Politik öffentlichkeitswirksam zu ziehen. Ein zündendes Reformprojekt hatte auch Scharping nicht zu bieten. Charisma strahlte er nicht aus. Mit Engholm verband ihn in den letzten Monaten seiner Amtszeit das kommunikative Defizit. Anfangs war Scharping die kommunikative Vernetzung der verschiedenen Machtzentren in der SPD nicht schlecht gelungen, doch als er sich von den Medien und Schröder verfolgt fühlte, verschloss er sich immer mehr und stellte Gespräche und Telefonate ein. Mit Schröder redete er lange Monate überhaupt nicht. Aber auch seine Stellvertreter im Parteivorsitz und seine Bundesgeschäftsführer in der Parteizentrale weihte er nur selten in seine Pläne ein. So nannte ihn eine schleswig-holsteinische Enkelin und Ministerpräsidentin schließlich einen »Autisten«. Auch Engholm hatte man in der Partei am Ende seiner Karriere immer häufiger so bezeichnet.

Als Scharping 1993 gewählt wurde, hatten sich seine Anhänger die Rückkehr von Ruhe, Berechenbarkeit und Solidität in die Partei erhofft. Mit ihm sollte es wieder bergauf gehen für die SPD. Zwei Jahre später herrschten unter Mitgliedern und Aktivisten der Sozialdemokratie blankes Entsetzen und schiere Verzweiflung. Ohnmächtig und wütend verfolgten sie die Intrigen und Kabalen in der Führungsspitze, über die die Medien während der Sommer- und Herbstmonate 1995 nahezu täglich groß aufmachten. Die demoskopischen Werte für die SPD drifteten immer mehr nach unten. Die Partei machte einen aufgelösten Eindruck. So groß war die Depression und Ratlosigkeit in ihrer Geschichte nie gewesen, nicht einmal 1957, als Adenauer die absolute Mehrheit der Stimmen erhielt.

Scharping war wie Engholm der Rivalität starker, ehrgeiziger und medienerfahrener Ministerpräsidenten nicht gewachsen. Er hatte in der fragmentierten Machtstruktur der Sozialdemokratie keine zentrale Autorität aufbauen können. Allerdings hatte Scharping auch wenig Zeit. Er war ein Neuling in Bonn. Es war unabwendbar, dass ihm Fehler und Versäumnisse unterlaufen mussten; anderen und bedeutenderen Politikern war es schließlich früher ebenso ergangen. Aber die Mediengesellschaft räumt Führungspolitikern keine Zeit ein, um Erfahrungen zu sammeln. Das färbte auch auf die SPD ab, die nervös reagierte, als die ersten hämischen Kommentare über Scharpings hölzernes, wenig telegenes Auftreten erschienen. In den 1950er Jahren wären die Sozialdemokraten noch sehr viel geduldiger, »solidarischer« mit einem Vorsitzenden wie Scharping umgegangen. In dieser Zeit hätte Scharping seine unzweifelhaften Führungsqualitäten, die diejenigen Erich Ollenhauers weit übertrafen, allmählich reifen lassen können. Vielleicht wären die Fünfziger überhaupt das richtige Jahrzehnt für Rudolf Scharping gewesen. In der Mediengesellschaft der 1990er Jahre aber hatte er keine Chance.

Der Hedonist als Kärrner: Oskar Lafontaine als Parteichef

Sein Nachfolger Oskar Lafontaine hat dagegen seinen Aufstieg zu einer politischen Größe auf Bundesebene ganz wesentlich den Medien zu verdanken. Ohne sie wäre Lafontaine wohl lediglich ein begabter Politiker der peripher gelegenen Provinz geblieben. Mit Hilfe der Medien aber konnte er sich als instinktsicherer Provokateur und Tabubrecher in Szene setzen und so im Laufe der 1980er Jahre zu einem der bekanntesten Politiker der Republik werden.[23] Dabei bewies er unzweifelhaft eine Qualität, wie

23 Vgl. Krause-Burger, Sybille 1996, »Der unnahbare Enkel der Enkel«, in: *Der Tagesspiegel* (16. November 1996).

sie allen großen politischen Führern eigen ist: Er witterte neue politische Themen früher als andere, spitzte sie griffig-pointiert zu und machte sie dadurch zu einem Hauptgegenstand der politischen Auseinandersetzung. Dabei erfasste Lafontaine auch rasch, dass nichts so schnell Schlagzeilen brachte wie ein Verstoß gegen das Establishment und das Reglement der eigenen Partei.[24] Er erfuhr dabei auch, dass man sich nicht allzu lange und intensiv bei einem Thema aufhalten durfte, da die Mediengesellschaft ständig neu bedient, mit Überraschungen und schnellen Schnitten unterhalten werden wollte. Lafontaine verhielt sich kongenial zu diesen Erwartungen. Immer wieder reizte er seine Partei, stellte ihre Konventionen und Prinzipien in Frage, rochierte politisch von links nach rechts und wieder zurück, stieß diesen Disput an und löste jenen Streit aus. Der junge Lafontaine führte kaum eine der von ihm begonnenen Kontroversen konsequent zu Ende. Aber er avancierte zum Star der Redakteure und Kameraleute, rückte in das Führungszentrum der SPD vor, wurde zum Lieblingsenkel und somit auch früh zum designierten Nachfolger Willy Brandts. Er hätte bereits 1987, als Brandt abtrat, den Vorsitz der SPD übernehmen können.[25]

Lafontaine ahnte wohl, dass das nicht gut ausgegangen wäre. Er spürte wahrscheinlich, dass er noch nicht reif für diese Aufgabe war. Denn die Eigenschaften, die seinen Aufstieg in der Mediengesellschaft begünstigt hatten, entsprachen nicht den Tugenden, mit denen man eine Partei leiten musste. Die Medien prämieren Überraschungen; sie schätzen das Flirrende, goutieren sensationelle Positionswechsel, lieben die exzentrischen Individualisten. Auch große Parteiführer haben oft etwas genial Vagabundierendes an sich, auch sie sind nicht einfach leitende Angestellte und pro-

24 Vgl. Riehl-Heyse, Herbert 1990, »Einer wie Oskar«, in: *Süddeutsche Zeitung* (11. Mai 1990).
25 Vgl. Hoell, Joachim 2004, *Oskar Lafontaine: Provokation und Politik. Eine Biografie*, Braunschweig: Lehrach, S. 97 ff.

grammtreue Exekutivpersonen ihrer Partei. Aber die Führung einer großen, heterogenen, vielfach fragmentierten Partei ist doch besonders angewiesen auf Stetigkeit, Disziplin, Fleiß, langen Atem, Loyalität, auf die Fähigkeit zur Integration und Vermittlung, auf das Management des Kompromisses.[26] Vieles davon sind Sekundärtugenden, die Lafontaine lange verachtete, die sich auch nicht in seinen Aufstiegserfahrungen während der 1980er Jahre wiederfanden.

Doch zwischen 1990 und 1995 war der zuvor so erfolgsverwöhnte Lafontaine durch das Säurebad politischer und persönlicher Nackenschläge gegangen. Er war Opfer eines Attentats geworden; er hatte seine Partei als Kanzlerkandidat in eine verheerende Niederlage geführt; er war 1991 und 1995 mit seiner brachialen Konfrontationsstrategie im Bundesrat gescheitert; er schien 1992/93 aufgrund Saarbrücker Skandalgeschichten schon ein politisch erledigter Mann zu sein. Jedenfalls war der Lafontaine von 1995 nicht mehr der von 1987. Er griff jetzt zu, als sich ihm auf dem Mannheimer Parteitag im November die Chance auf den Parteivorsitz bot.

Das ganze verlief etwas putschistisch und mit Hilfe der peitschenden und lauten Rhetorik, über die Lafontaine nun einmal verfügte und die in sozialdemokratischen Versammlungen auch verfing. So rechneten viele Beobachter wieder mit dem alten Lafontaine, mit dem bedenkenlosen Populisten der späten 1980er Jahre, mit dem Polarisierer und Provokateur, mit dem originellen Antreiber und Modernisierer. Aber Lafontaine hatte einiges hinzugelernt, wusste mittlerweile, dass er so seine zerrissene und durch den vorangegangenen Führungsstreit nervlich angeschlagene Partei nicht würde stabilisieren und konsolidieren können. Vor dem ungestümen Angriff stand die Ballsicherung. Aus dem Mittelstürmer der Medien war Mitte der 1990er Jahre der Libero der Partei

---

26 Vgl. Schütt-Wetschky, Eberhard 1991, »Der freie Volksvertreter: Illusion oder Wirklichkeit?«, in: *Aus Politik und Zeitgeschichte*, H. 21-22/1991, S. 15-23.

geworden, der aus der sicheren Abwehr heraus allmählich erst die Offensive aufbaute. Lafontaine verzichtete zunächst auf sensationelle Interviews und funkelnde Ideen, arbeitete stattdessen mehr im Hintergrund der Partei an der Versöhnung der Fronten und Flügel. Der frühere Hedonist hatte vorübergehend die Rolle des Kärrners angenommen; der nonchalante Postmaterialist und politische Querkopf der Achtziger mühte sich nun kräftig, um Ruhe, Geschlossenheit und Eintracht in der Partei herzustellen.[27]

Das gelang Lafontaine nicht schlecht. Die Partei, die im Herbst 1995 fast auseinanderzubrechen drohte, erholte sich. Auch wenn sich einige seiner gläubigen Anhänger in den Anfangsmonaten von ihrem Idol mehr Schwung, Biss, Aggressivität und visionäre Reformalternativen erhofft hatten, so war Lafontaine doch von Beginn an eine größere Autorität als Engholm oder Scharping. Er war unzweifelhaft die Nummer eins in der Sozialdemokratie; kein Ministerpräsident und kein Fraktionsvorsitzender stellte dies in Frage. Lafontaine hatte die Macht, Energie, Härte und nach zwei Schlappen mittlerweile auch die Routine, die sozialdemokratische Bundesratsmehrheit zum dritten Mal und diesmal erfolgreich auf einen rigiden Konfrontationskurs gegen die Bundesregierung einzuschwören und zusammenzuhalten. Am Ende brachte er damit die Steuerreform der Koalition zu Fall. Entscheidend für die Rekonsolidierung der Partei war, dass es dem Parteivorsitzenden 1996/97 gelang, die fragmentierten Führungsteile der SPD zu verflechten. Das ging nicht mit autoritären Dekreten, sondern nur mit geduldiger Kommunikation. Engholm und am Ende auch Scharping waren an dieser Aufgabe gescheitert. Ausgerechnet Lafontaine, der in den 1980er Jahren durch sein schroffes, herrisches und arrogantes Auftreten nicht wenige seiner Genossen vor den Kopf gestoßen hatte, schaffte es. Er spannte ein dichtes Kommunikationsnetz zwischen den verschiedenen Füh-

27 Vgl. Kleinert, Hubert 1997, »Oskar der Mittelstürmer«, in: *Rheinischer Merkur* (21. März 1997).

rungsebenen der Partei. Wie der Kanzler, telefonierte auch Lafontaine stundenlang mit den Primadonnen der SPD und band sie strategisch in das neue sozialdemokratische Gemeinschaftsprojekt ein.[28] Lafontaine nahm an zahlreichen Fraktionssitzungen teil und ließ sich auch in der Parteizentrale blicken; eine Bonn-Phobie wie Engholm plagte ihn nicht. Im Übrigen hatte er auch das Glück, dass in Bonn mit Scharping ein Fraktionsvorsitzender amtierte, der es mit der Loyalität weit ernster nahm als der Parteivorsitzende umgekehrt in früheren Jahren. Lafontaine profitierte ebenfalls davon, dass sich Gerhard Schröder nach dem Tanz mit Scharping im Sommer 1995 erst einmal keine weiteren Kapriolen mehr leisten durfte, wollte er sich seine Chance auf die Kanzlerkandidatur nicht endgültig verbauen. Und so führte Lafontaine die Sozialdemokraten nach 16 Jahren der Opposition 1998 wieder zurück in die Regierung. Und Gerhard Schröder wurde Kanzler.

28 Vgl. Deupmann, Ulrich 1996, »Was Oskar so verhüten will«, in: *Süddeutsche Zeitung* (26. Februar 1996).

5. Gegenelite des Ökologismus

Der Bio-Bauer: Baldur Springmann

Am Anfang der Grünen war Baldur Springmann. Und Herbert Gruhl. Oder August Haußleiter. Am Anfang standen jedenfalls nicht Fischer, auch nicht Trittin oder Özdemir. In ihren Ursprüngen wirkte die Konstituierung der Grünen wie ein klassischer Zyklus in der altbekannten Geschichte der Lebensreformbewegung in Deutschland seit dem Ausgang des 19. Jahrhunderts. Im Bürgertum gab es immer Gruppen, die mit der Moderne haderten, an der Urbanität litten, die Technisierung ablehnten, der Zivilisation trotzten, das Kosmopolitische fürchteten. Oft stiegen die fortschrittsskeptischen Bürger aus der offiziellen Gesellschaft und damit auch aus dem Gehäuse ihrer sozialen Klasse aus, dabei ebenso oft in der beruhigenden Gewissheit, prinzipiell – begünstigt durch Bildung, Herkunft und materielles Vermögen – dort auch wieder Zuflucht zu finden. Der Eskapismus war als ein »Zurück zur Mutter Natur« gedacht. Ideologisch ging es in der Regel sehr eklektisch zu. Man bediente sich aus einem Potpourri von Vergangenheitsmythen, nicht selten auch Blut- und Bodentheoremen, volksheilkundlichen Erfahrungssätzen, allerlei Esoterik und was sonst gerade an alternativen Sinngebungsofferten auf dem Markt der Gegenkulturen vagabundierte.

Baldur Springmann inkarnierte geradezu den Typus des deutschen Lebensreformers. In der zweiten Hälfte der 1970er Jahre gehörte er in seiner Heimat Schleswig-Holstein zu den Pionieren grüner Gruppen oder Listen. Springmann ging schon auf die 70 Jahre zu, als er mit den norddeutschen Grünen erste Erfolge bei Kommunalwahlen, dann auch bei der Europawahl feiern konnte. Im Habitus wirkte er nahezu wie das Klischeebild eines alt und grau gewordenen Wandervogels aus der Frühzeit des 20. Jahrhunderts. Auch Springmann, geboren 1912, war bürgerlicher Herkunft, stammte aus Hagen in Westfalen. Sein Vater besaß und leitete eine Fabrik für Schrauben und Hufeisen. Baldur machte Abitur, hatte aber früh schon innerfamiliär avisiert, dass es ihn in die Landwirtschaft zog. Er wollte Bauer werden, und er wurde es auch – sein ganzes weiteres Leben lang. Er absolvierte eine Lehre im hinteren Pommern, begann dann mit dem Studium der Landwirtschaft und ließ sich schließlich als Bauer nahe Wismar nieder. Wie etliche andere seiner Generation, Herkunft und Gesinnung engagierte er sich zugleich in bündischen Organisationen des rechten Nationalismus. Er hatte sich dem »Stahlhelm« angeschlossen, kämpfte in den illegalen paramilitärischen Einheiten der so genannten »Schwarzen Reichswehr« gegen die »Feinde Deutschlands« im Inneren wie im Äußeren. Nach 1933 sah man ihn als Jugendleiter im Reichsnährstand und als Reiter in den Staffeln der SS. Auf die Frage eines Reporters der *Zeit*, ob er denn auch in die NSDAP eingetreten sei, antwortete Springmann 1979: »Das weiß ich nicht.«[1]

Nach 1945 ging es in dieser biographischen Linie weiter.[2] Springmann musste aus der sowjetisch besetzten Zone fliehen. Sein neues Zuhause wurde der Hof Springe im schleswig-holsteinischen Geschendorf. Dort betrieb er auf rund 30 Hektar eine Art Ökolandwirtschaft, ohne seinerzeit eine solche Bezeichnung bereits zu verwenden. Springmann, der sein ganzes Leben gerne auf seine nichtideologische Sicht der Dinge abhob, knüpfte weltanschaulich an den jugendbündischen Rechtsaktivismus der Weimarer Jahre an und setzte ihn fort. In Schleswig-Holstein stand er in den sozialliberalen Zeiten der Republik zunächst noch an

---

1 Witter, Ben 1979, »Wir sind keine Knallköpfe«, in: *Die Zeit* (8. Juni 1979).
2 Vgl. auch Springmann, Baldur 1998, »Nekrolog auf schwarz und rot«, in: Wolfschlag, Claus-M. (Hg.), *Bye Bye '68 ... Renegaten der Linken, APO-Abweichler und allerlei Querdenker berichten*, Graz: Stocker, S. 189 ff.

der Spitze der Aktionsgemeinschaft Unabhängiger Demokraten (AUD), dessen Bundesvorsitzender August Haußleiter war, der wie Springmann dann Gründungsinitiator der Grünen und schließlich in den Jahren 1979/80 einer ihrer Bundessprecher wurde. Die AUD hatte in der Tat das Umweltthema früh entdeckt und es mit den alten nationalrevolutionären Zielprojektionen eines »Dritten Weges« der Blockfreiheit zwischen Ost und West, zwischen Industriekapitalismus und Kommunismus verwoben. Auch in der AUD ließen sich viele von der Sehnsucht nach einer Rückkehr zu vorindustriellen Zuständen leiten.

Zu ihnen gehörte eben Baldur Springmann. Heimat bedeute ihm »Geborgenheit in konzentrischen Kreisen. Ganz innen mein Häuschen, dann unsere Felder, das Dorf, die Region, das Vaterland.« In der Musik liebt er Volkslieder, literarisch war sein Favorit Knut Hamsuns mit seinem Roman *Segen der Erde*.[3] Auf seinem Hof praktizierte Springmann biologisch-dynamischen Landbau. Spritzgifte, Kunstdünger und Saatbeizen waren tabu. Es sollte alles wieder so werden wie in den Zeiten der »Urproduktion«.[4] Bei Saat und Ernte orientierte er sich an der »von der jeweiligen Konstellation der Planeten zueinander und im Bezug auf das Tierkreissystem ausgehenden Steuerungskraft«.[5]

Nun lag Schleswig-Holstein im Einzugsgebiet der Kader des Kommunistischen Bundes, wo eine Fraktion sich nach den ersten Erfolgen der Grünen Listen daranmachte, die Empörung von Bürgern über Atomkraft und rüde Polizeieinsätze zu schüren, dann für die eigenen linkssozialistischen Zwecke zu instrumentalisieren und die neuen Ökoorganisationen peu à peu zu dominieren. Springmann war den Aktivisten des Kommunistischen Bundes –

3 Fragebogen Baldur Springmann, in: *Junge Freiheit* (12. November 1999).
4 Vgl. u. a. Springmann, Baldur 1982, *Partner Erde. Einsichten eines Ökobauern*, Kiel: Arndt, S. 78 ff.; ders. 1980, »Alma oder die Ordnung auf dem Lande«, in: Lüdcke, Hans-Werner/Olaf Dinné (Hg.), *Die Grünen – Personen-Projekte-Programme*, Stuttgart-Degerloch: Seewald, S. 146 ff.
5 Zit. in: o.V., »Wachküssen wie Dornröschen«, in: *Der Spiegel* (23. April 1979).

die die Gründerfiguren der Grünen Liste gerne als »völkische«
und »rassistische« Subjekte brandmarken – ein angenehmer Gegner, da ihre antifaschistische Rhetorik angesichts der Vergangenheit und der aktuellen Äußerungen des Ökobauern nicht rundum
abwegig erschienen.[6] Auch auf Bundesebene drangen die jungen
Linken immer weiter nach vorn und drängten dabei die so genannten »Wertkonservativen« sukzessive zurück.[7] Ihr Waterloo erlebten die Wertkonservativen, bürgerlichen Lebensreformer und
Primärökologen auf der Dortmunder Bundesversammlung der
Grünen Mitte Juni 1980. Nicht Herbert Gruhl wurde Bundesvorsitzender, sondern ein Vertreter der Linken, Dieter Burgmann.
August Haußleiter war auf Grund der Debatte über seine ebenfalls recht braune Vergangenheit gezwungen, sein Vorstandsamt
niederzulegen. Springmann kündigte darauf seine Mitgliedschaft.[8] Damit war die erste Phase der neuen Partei abgeschlossen.
Die gerade in Deutschland starke Tradition der Lebensreform
mit ihrem Anspruch, die eigene Zukunftsidee im Alltag antizipie-
rend zu realisieren und so die Gesellschaft per Vorbild allmählich zu durchdringen, hatte abermals den Transfer in realistische
und erfolgreiche Politik nicht geschafft. Sie blieb randständig,
ja sektiererisch. Springmann zumindest landete in den nächsten
Jahrzehnten wie einige andere aus der Pioniergeneration der organisierten Ökologiebewegung bei allerlei rechten Konventikeln.[9]
Ökologisch – völkisch – alternativ – nationalistisch: Auch ein solcher Entwicklungspfad war im Frühstadium der Grünen in
Deutschland angelegt.

6 Vgl. Hüllen, Rudolf van 1988, *Ideologie und Machtkampf bei den Grünen. Unter-
suchung zur programmatischen und innerparteilichen Entwicklung einer deutschen
»Bewegungspartei«*, Bonn: Bouvier, S. 141 ff.
7 Vgl. Kleinert, Hubert 1992, *Vom Protest zur Regierungspartei. Die Geschichte der
Grünen*, Frankfurt am Main: Eichborn, S. 49 ff.
8 O.V., »Grüne. Wichtige Stimmung«, in: *Der Spiegel* (30. Juni 1980).
9 Vgl. Veit, Sven-Michael 2000, »Deutschlandliebe im Dutzend«, in: *die tageszeitung* (4. Dezember 2000); o.V., »Grünen-Gründer Baldur Springmann tot«, in:
die tageszeitung (25. Oktober 2003).

Die Jeanne d'Arc der frühen Grünen: Petra Kelly

Mit Springmann verblasste dann allerdings die Erinnerung an die deutsche Lebensreformbewegung mit ihren exzentrischen Heiligen und Jüngern wie Karl Wilhelm Diefenbach, Fidus, Friedrich Muck-Lamberty und andere. Die neue Ökologiebewegung, aus der schließlich stabil und dauerhaft die Partei der Grünen hervorging, wurzelte dann nicht mehr im Boden deutscher Sonderwege, sondern war modernen, durchaus westlichen Ursprungs. Der weltweite Protest der späten 1960er Jahre war für die Partei der Grünen wichtiger als die Spurenreste aus spätwilhelminischer Boheme, Wandervogel und Bündischer Jugend. Es gab Parallelen, gewiss. Der gemeinsame Bewegungsanspruch deutete auf affine antiinstitutionelle Affekte hin. Das Verlangen nach Ganzheitlichkeit, Gemeinschaftlichkeit und Harmonie mit der Natur fand sich hier wie dort. Ebenso galt das für die Absolutheit, mit der alte Lebensreformer und neue Grüne ihr Anliegen vortrugen. Der Aufstieg von Bewegungen fällt eben nicht in Zeiten einer Kultur des Kompromisses, des Pragmatismus, der Politik der kleinen Lösungen. Bewegungen wollen alles, sofort und unbedingt. Ihr Held ist nicht der Funktionär, sondern der Prophet und Märtyrer. Der Frühling der Bewegung ist das Pfingsten der Charismatiker.

Springmann hatte ein wenig davon; aber er passte nicht mehr zu den neuen Kohorten des ökologischen Protests. Die Ikone schlechthin war in diesen frühen Tagen der grünen Partei vielmehr Petra Kelly. Sie war 35 Jahre jünger als Springmann, ein Kind Nachkriegsdeutschlands, ab dem zwölften Lebensjahr für eine gute Dekade in Amerika aufgewachsen, dort zur Schule und – in Washington – zur Universität gegangen.[10] Springmann war bekennend deutsch, heimatfixiert, an Hof und Region gebunden;

10 Vgl. zur Biographie und Persönlichkeit Kellys umfassend Parkin, Sara 1994, *The life and death of Petra Kelly*, London: Pandora.

Kelly war auch als Grüne und Friedensbewegte stets dezidiert global, internationalistisch, unablässig in allen Teilen der Welt unterwegs, mehrsprachig und in jeder Hinsicht kosmopolitisch orientiert.

Wenn von Kelly in den frühen 1980er Jahren die Rede war, dann fiel unweigerlich die Charakterisierung »Jeanne d'Arc der Grünen«.[11] Petra Kelly war in jener Zeit das Gesicht der Grünen, fast die Personifikation dieser neuen »Anti-Parteien-Partei«, wie sich die Grünen damals gerne selbst definierten. Zumindest außerhalb Deutschlands war Kelly die bekannteste Vertreterin jener neuen Bewegung, die sich nicht allen politischen Kulturen sofort erschloss.[12] Man lud sie – und immer nur sie – von Tokio bis New York ein, um zu erfahren, was die jungen Leute im notorisch romantischen Deutschland eigentlich drängte, dass sie überall Gefahren sahen, Untergangsszenarien entwarfen, die Apokalypse beschworen. Und Kelly nahm alle Termine wahr, hetzte von Auftritt zu Auftritt, redete mit sich überschlagender Stimme, in sprudelnden, geradezu jagenden Sätzen auf ihre konsternierten Zuhörer ein. Doch erschien sie selbst dem konservativen Publikum als ehrlich, als irgendwie authentisch. Sie hatte offenkundig eine Mission, einen inneren Auftrag. Sie war – so der Eindruck – überzeugt und wollte überzeugen. Da sprach keine Opportunistin, keine abgeklärte Berufspolitikerin, sondern eine von ihren Zielen und Ideen durchdrungene junge Frau – eben: eine neue Jeanne d'Arc. Es dauerte jedoch nicht lange, da schlug diese eher positive Wahrnehmung um. Mehr und mehr empfand man ihre Suaden als hysterisch, ihre dauerappellativen Botschaften als penetrant, die unverlangte Demonstration von Moral als anmaßend. Aber zu Beginn der 1980er Jahre, im Herbst des Sozialliberalis-

11 Vgl. etwa Sperr, Monika 1985, *Petra K. Kelly. Politikerin aus Betroffenheit*, Reinbek bei Hamburg: Rowohlt, S. 9.
12 Vgl. Kostede, Norbert 1992, »Mit Petra Kelly ist eine streitbare Politikerin gestorben: wider das Unrecht in der Welt«, in: *Die Zeit* (23.Oktober 1992).

mus, als Hunderttausende junge Leute ihre Furcht vor Atomraketen wie Atomkraftwerken in Märschen und auf Kundgebungen herausschrien, war Kelly eine Ikone dieser neuen Strömungen und Einstellungen. Und noch lange – selbst als die Ökopartei Kelly und ihre Politikvorstellungen weit, fast zynisch hinter sich gelassen hatte – zehrten die Grünen von der Aura Kellys als unbestechliche Bürgerrechtlerin, der es nie um Posten und Macht gegangen war, sondern allein um die Rettung der Welt, um den selbstlosen Einsatz für die Verfolgten und Gemarterten in Ost und West, um einen anderen, friedlichen Umgang miteinander, sei es im Kleinen wie im Großen. Dieser moralische Mehrwert gehörte noch zum Vorrat der Grünen, als der in den Parlamentarismus eingepassten Partei die moralisierende Attitüde der Frühzeit längst peinlich war.

Die Lebensgeschichte der Petra Kelly bot in einiger Hinsicht ein Lehrstück für ihre Zeit und ihre Generation. Kelly war ein Beispiel dafür, dass Charismatiker oder Charismatikerinnen ihre Stunde, den zeitlich richtigen Ort mit den erforderlichen Stimmungen brauchen, um auszustrahlen, große Hoffnungen zu wecken, Massen in Bewegung zu setzen. Vergeht der historische Moment wieder, dann werden all die rhetorischen und visionären Fähigkeiten, die zuvor noch Glanz und Sinn verbreiteten, unwirksam, erscheinen bald gar als krude und überspannt. Und in der politischen Biographie Kellys ist ebenfalls exemplarisch zu erkennen, wie sehr Ambivalenzen am Ursprung der Grünen standen, wie sehr diese Zwiespältigkeiten das Neue zunächst vorangetrieben, mit besonderer Energie ausgestattet haben, wie im nächsten Schritt aber das Widersprüchliche zur Belastung wurde und nach einer Lösung in Richtung stärkerer Stringenz drängte.

Widerspruch und Zerrissenheit – das könnte man fast als Überschrift für das Leben Petra Kellys nehmen. Natürlich: Man findet auch ganz Repräsentatives. Vom Alter her war Kelly wie viele ihrer Mitbegründer der Grünen eine 68erin, ohne indes tatsächlich zu den exponierten Vertretern des damaligen Protests gehört zu haben. Dazu war sie anfangs noch zu reformistisch. In den frühen 1970er Jahren schlug ihr Herz für die SPD. 1972 trat sie dieser Partei bei – wegen Willy Brandt, wie sie oft erklärte. Sieben Jahre später gab sie das Parteibuch wieder ab – wegen Helmut Schmidt, wie sie ihm selbst empört schrieb. Es dürfte gewiss einige tausend Anhänger der Grünen gegeben haben, bei denen ähnliche Geschichten von Identifikation mit der und Enttäuschung über die SPD im sozialliberalen Jahrzehnt zu entdecken waren.

Anders wird es mit dem Verlauf von Kindheit und Jugend gewesen sein. Hierdurch war Kelly sicher besonders und außerordentlich geprägt. Ihr leiblicher Vater verschwand auf Nimmerwiedersehen, als sie noch ein kleines Kind war. Und seither steht es für nahezu jeden ihrer Biographen fest, dass Kelly sich durch den Schock des frühen väterlichen Verlusts fortan auf die Suche nach einem Ersatzvater begab, daher seit den 1970er Jahren wechselnde Liebschaften mit weit älteren Männern, die bereits Familie hatten, einging.[13] Unplausibel ist diese Kausalisierung wohl nicht. Jedenfalls: Kelly strebte stets nach Bindung und Geborgenheit. Zugleich fürchtete sie sich aber ebenso chronisch davor, durch Nähe unfrei, in ihrer Selbstständigkeit beschnitten zu werden.

Da die Familie, nachdem die Mutter eine zweite Ehe, nun mit einem amerikanischen Besatzungsoffizier, eingegangen war, in die Vereinigten Staaten umsiedelte, kam Petra Kelly nach dem Abitur in Kontakt mit der amerikanischen Bürgerrechtsbewegung. Kelly schwärmte für Martin Luther King, begeisterte sich für Robert Kennedy und engagierte sich im Wahlkampf für Hubert Humphrey. Stets ging sie ganz nach vorn, ehrgeizig, sogar ein wenig streberhaft. Kelly war immer und überall die Beste: als Abiturientin, im Studium, im Unterstützungskomitee für den demo-

---

13 Vgl. auch Schwarzer, Alice 2001, *Eine tödliche Liebe. Petra Kelly und Gerd Bastian*, Köln: Kiepenheuer und Witsch, S. 116 ff.

kratischen Präsidentschaftskandidaten. In jene Jahre fiel ihre konstitutive Lehrzeit, durch die sie dem Gros der übrigen Grünen einiges voraus hatte. Denn sie lernte früher als alle anderen aus der alternativen Generation in Deutschland Bedeutung und Funktionsweise der modernen Medien kennen. Kelly war zwar später eine Art Fundamentalistin, in ihrer Politik von spirituellen Motiven inspiriert und durch Vorstellungen der Transzendenz getragen,[14] doch dabei war sie zugleich eine nüchterne, zielstrebige, hochprofessionelle Medienpolitikerin. Die Parteigremien waren nicht ihre Domäne, ihre Passion gehörte nicht der Programmarbeit; sie betrieb stattdessen früh medial transportierte Event- und Symbolpolitik.[15] Sitzblockaden, Die-Ins, Selbstankettungen in den Kapitalen der verschiedensten Diktaturen – dergleichen gab perfekte Bilder für die *Tagesschau* und die diversen Politmagazine. Diese Bilder waren Kelly wichtiger als ausschweifende Reflektionstraktate. Und sie sicherten ihr den Prominentenstatus. Nicht jeder goutierte das.[16] Im Fernsehen sah man sie ständig, im Wahlkreis nie. So wurde bald geraunt, zunächst leise, dann immer vernehmlicher.

Der Impuls, sich der Umweltbewegung zuzuwenden, ging – so interpretierten es ihre Biographen – vom frühen Krebstod der jüngeren Schwester Kellys aus. Im gleichen Jahr, als Petra Kelly die SPD verließ, setzten die Grünen sie als Spitzenkandidatin auf die Liste für die Europawahl. Die Jahre 1979 bis 1983, als Kelly mit ihrer Partei in den Bundestag einrückte, bildeten die große charismatische Zeit der grünen Jeanne d'Arc. In diesen Jahren gingen Person und Bewegung, dann auch Partei trefflich zusam-

14 Vgl. etwa Kelly, Petra 1988, »Religiöse Erfahrungen und politisches Engagement«, in: Hesse, Gunter/Hans-Hermann Wiebe (Hg.), *Die Grünen und die Religion*, Frankfurt am Main: Athenäum-Verlag, S. 23 ff.
15 Vgl. Schlötzer-Scotland, Christiana 1999, »Mit dem Herzen denken: Petra Kelly«, in: Kahlweit, Cathrin (Hg.), *Jahrhundertfrauen. Ikonen-Idole-Mythen*, München: Beck, S. 38.
16 O. V., »Besonderer Trotz«, in: *Der Spiegel* (19. Dezember 1993); Leinemann, Jürgen 1984, »›Wir sind irgendwie im Vakuum‹«, in: *Der Spiegel* (2. April 1984).

men. Kelly war das verkörperte Glaubwürdigkeitsversprechen der
neuen Antiparteienpartei, da sie ihre Aktionen in Moskau oder
Ostberlin wie in westeuropäischen Hauptstädten gleichermaßen
durchführte, also auf keinem Auge blind war. Auch ihre Rigorosität, ihre für politische Institutionen im Grunde schwer erträg-
liche Kompromisslosigkeit fiel bei den Anhängern und Sympathisanten der Grünen in dieser Quellenzeit noch auf fruchtbaren
Boden, da in diesem Umfeld damals die Vorstellung grassierte, es
gehe um nicht weniger als das Überleben des Planeten und der
Gattung überhaupt, nicht um irgendwelche Petitessen der üb-
lichen Klein-Klein-Politik.

Auch die aufgeregte Redeweise Kellys wirkte vor gut einem Vierteljahrhundert zunächst nicht exaltiert oder hysterisch, sondern
als durchaus problemadäquates Ausdrucksmittel tiefer Besorgnis
und Leidenschaft, die man in der bürokratischen Mediokrität der
restlichen politischen Klasse füglich vermisste. Man wusste, dass
Kelly erhebliche gesundheitliche Probleme plagten; doch nicht
zuletzt aus dem Leid schöpfte sie ihre Kraft, den unbändigen Willen, auch letzte Reserven zu mobilisieren.[17] Leid und Glück ver-
quickten sich in ihrem Alltag. Auch Friedensformeln und Kampf-
parolen. Ebenfalls die Sehnsucht nach Verschmelzung mit einem
Partner hier und die Furcht vor erdrückender Symbiose dort. Kelly
forderte Nachhaltigkeit und verschliss zugleich Freundschafts-
beziehungen durch Rastlosigkeit und Unstetigkeit. Sie wollte die
Natur retten, die Schöpfung bewahren, das Überleben der Mensch-
heit sichern; und zerstörte dabei in diesem aufzehrenden Engagement sich selbst, ihre Physis und ihre Psyche. Zuletzt war sie
eine von furchtbaren Phobien gepeinigte Person, der alle sozialen
Kontakte schwerfielen. Und immer hatte sie ihre Umwelt über-
fordert. Kaum eine Sekretärin hielt es mit ihr über einen mit-

17 Vgl. Richter, Saskia 2007, »Polit-Ikone Petra Kelly«, in: *Spiegel Online* (30. September 2007); vgl. demnächst auch die Göttinger Dissertation von Saskia Richter
zu Kelly.

tellängeren Zeitraum aus, mit ihren Launen, ihren autoritären Anforderungen, ihren seelischen Zusammenbrüchen, ihren Tränen, mit denen sie andere wohl tatsächlich erpresst, mindestens jedenfalls gefügig zu machen versuchte. Als alle Abgeordneten in der ersten Bundestagsfraktion der Grünen rotieren mussten, verharrte sie, reklamierte für sich – wie in etlichen anderen Fällen ebenso – einen Sonderstatus. Die Jeanne d'Arc der Alternativen geriet in den Ruf einer Diva mit unentwegt zelebrierten Staralüren. Als die Grünen sich Zug um Zug in die parlamentarischen Strukturen hineinnisteten, die Macht nicht mehr schmähten, sondern über Koalitionen mit den Sozialdemokraten ansteuerten, als sie mithin eine Partei wie jede andere wurden, da war kein Platz mehr für eine Primadonna mit dem Gestus der Unbedingtheit und des Absoluten.

Etwa vier Jahre lang war dieser Gestus kongenial, in ihm und in der konkreten Gestalt von Petra Kelly – klein von Wuchs, fragil, das Gesicht bleich, oft übermüdet, dann aber wieder energiegeladen, mit leuchtenden Augen und einem trotzigen Mund, aus dem die politische Botschaft wie eine sprudelnde Quelle floss – kam zusammen, was eine neue Generation anfänglich an Ängsten trieb und an Hoffnungen leitete. Aber nach 1983 wandelte sich die Partei, änderte sich die Kohorte. Das Bewegte verschwand, das Missionarische verflüchtigte sich, der Erweckungsanspruch und das große Erlösungsversprechen wichen der parlamentarisch-parteipolitischen Normalität. Und Kellys Charisma fand keine Jünger mehr, keine Gläubigen, keine Resonanz – verblasste also, ja war zum Ende des Jahrzehnts einfach nicht mehr da.[18] 1991 kandidierte sie noch einmal für die Sprecherposition in der Bundespartei. Indes, nur ein klägliches Grüppchen von Restsympathisanten gab ihr weiterhin die Stimme. Es war demütigend,

---

18 Insgesamt zu diesem Aspekt auch Bevan, Ruth A. 2007, »Petra Kelly: Die andere Grüne«, in: Heinrich-Böll-Stiftung (Hg.), *Grünes Gedächtnis 2008*, Berlin: Heinrich-Böll-Stiftung, S. 10 ff.

wie Kelly auf dem Parteitag kalt den Laufpass erhielt. Als ihr Lebensgefährte, der Ex-General Gerd Bastian, am 1. Oktober 1992 erst Kelly und dann sich selbst erschoss, dauerte es nahezu drei Wochen, bis Freunde die beiden vermissten und die Leichen fanden. Es war zum Schluss einsam geworden um die erst 44-jährige Jeanne d'Arc der frühen grünen Bewegung.

Linksradikaler Traberzocker: Thomas Ebermann

Die dritte, zumindest auf das eigene Gesinnungsmilieu charismatisch ausstrahlende Figur in jenem Stadium der Grünen war Thomas Ebermann. Springmann war der Ökorepräsentant der späten 1970er Jahre, Kelly personifizierte die mentale Lage der neuen alternativ-grünen-pazifistischen Demonstrationskultur in der gesellschaftlichen Agonie zum Schluss der Ära Schmidt, während der Höhepunkt im politischen Leben des Thomas Ebermann in den Jahren 1982 bis 1987 lag. Dabei aber reichten die Basis und der Quell seiner Wirkung in die 1970er Jahre zurück, mehr noch: Die Ursprünge seines Einflusses waren im Grunde bereits passé, als er diesen endlich ausüben konnte. Mit Ebermann trumpfte die linksradikale Kaderszene der 1970er Jahre in einem Moment noch einmal auf, als sich ihre Erosion bereits vollzog.

Ebermann kam aus dem Kommunistischen Bund (KB), machte dort 1979 die Abspaltung und Neukonstituierung der Gruppe »Z« mit. Nun wollen wir hier niemanden mit Nuancen der Schismen kleinkommunistischer Zirkel langweilen. Halten wir einfach fest: Die Mitglieder der »Z« sahen in den neuen ökologischen Bewegungen, auch in deren Parteibildung eine Möglichkeit, sozialrevolutionäre Politisierung in ihrem Sinne voranzutreiben.[19] Zumindest anfangs war den kommunistischen Kadern das um-

19 Vgl. Hüllen, Rudolf van 1988, *Ideologie und Machtkampf bei den Grünen*, Bonn: Bouvier, S. 433 ff.

weltschützende Motiv keineswegs sonderlich wichtig. Ökologische Probleme resultierten für sie primär aus dem Profitstreben der Kapitalbesitzer. Änderte man Eigentums- und Produktionsverhältnisse, dann würde auch die Vergewaltigung der Natur aufhören. Die Priorität jedenfalls lag für die Gruppe von Ebermann im sozialistischen Kampf; doch hatte man jede aussichtsreiche Konfliktlage ebenso in den »Reproduktionsbereichen« zu nutzen, um durch Kampagnen das Bewusstsein des Volks über die Knechtschaftsverhältnisse im Kapitalismus zu erweitern.[20] Zuspitzen, entlarven, polarisieren, enthüllen – das waren die Lieblings- und Zauberformeln des linken Radikalismus nicht nur in jenen Jahren. Gleichwohl, die norddeutschen Linksradikalen im Kommunistischen Bund und der Gruppe »Z« hatten sich einiges Renommee in den Bewegungen gegen Atomenergie erarbeitet, weil sie in vorderster Linie der Proteste gegen die Kraftwerke in Brokdorf und Grohnde gestanden hatten. Sie waren wie all die anderen K-Gruppen perfekt organisiert, besaßen aber ein weit größeres Ausmaß an taktischer Elastizität, weshalb der KB an Universitäten und in sozialen Bewegungen während der zweiten Hälfte der 1970er Jahre einen keineswegs geringen, oft raffiniert kaschierten Einfluss ausüben konnte.

Die Hochburg der Aktivisten im Kommunistischen Bund und der Gruppe »Z« war Hamburg mit rund zwei Dritteln des gesamten Mitgliederbestandes. Sie dominierten dort klar ab 1978 erst die Bunte Liste, dann seit 1982 die Grün-Alternative Liste (GAL). 1982 und 1983 waren Höhepunkte des Einflusses dieser Variante des bundesdeutschen Linksradikalismus, da mit Jürgen Reents – heute Chefredakteur des *Neuen Deutschland* – einer ihrer führenden Köpfe nun für die Grünen in den Bundestag einrückte und mit dem Texaco-Betriebsrat Rainer Trampert ein weiteres Mitglied ins Sprechertrio der Bundespartei gewählt wurde.

20 Vgl. Kleinert, Hubert 1992, *Vom Protest zur Regierungspartei. Die Geschichte der Grünen*, Frankfurt am Main: Eichborn, S. 62 ff.

Und Thomas Ebermann schließlich zog mit acht weiteren Zugehörigen der GAL im Juli 1982 unter großer, auch bundeswei-
ter medialer Beachtung in die Hamburger Bürgerschaft ein. Die
FDP hatte den Sprung über die fünf Prozent nicht geschafft; weder CDU noch SPD verfügten alleine über eine regierungsbildende
Mehrheit. Die neue GAL war somit zum Zünglein an der Waage
geworden. Und ihr Fraktionschef – eben Thomas Ebermann –
avancierte zum Mittelpunkt der Hamburger Politik und der ersten machtpolitisch relevanten Debatte in der bundesdeutschen
Geschichte über eine mögliche Kooperation zwischen Sozialdemokraten und grüner Partei.

Im Hamburger Sommer 1982 kam alles zusammen, was ein bis
dahin unbekanntes parlamentarisches Talent binnen weniger Wochen zum politischen Star machen konnte. Ebermann wurde als
Anführer der neuen, schwer kalkulierbaren Kraft in der Hamburger Bürgerschaft gebraucht, weil die Machtverhältnisse es so verlangten. Das allein machte ihn wichtig. Interessant war er dann
überdies angesichts einer nicht ganz konventionellen Herkunft
und Berufsbiographie. Der Mann an der Spitze der GAL stammte
aus einer Arbeiterfamilie in Bergedorf; der Vater war Schweißer.
Thomas Ebermann selbst erlangte die Mittlere Reife, betätigte
sich danach für zwei Jahre als Erziehungshelfer, arbeitete dann
sieben Jahre als Industriearbeiter bei den Phoenix-Gummiwerken
und der Norddeutschen Affinerie. In dieser Zeit fand er zum
Kommunistischen Bund. Dort lernte er Organisation, Konspi-
ration und Rhetorik. Ebermann war – hier seinem innergrünen
Widerpart Joschka Fischer ähnlich – ein Autodidakt, der unermüdlich las. In Diskussionen fiel er durch Scharfzüngigkeit auf,
wovon er im Hamburger Parlament auch gleich etliche Proben
ablegte. Ebermann war stolz auf seine proletarische Prägung, kokettierte und renommierte damit – und bildete so einen denkbar
scharfen Kontrast zu seinem sozialdemokratischen Verhandlungs-
partner in den Tolerierungsgesprächen jener Wochen: dem distin-

guierten, stets korrekt gekleideten Hamburger Bürgermeister Klaus von Dohnanyi. Der eine im edlen Zwirn, der andere mit billigen Hemden, die verlässlich aus der Hose heraushingen: Das gab schöne Bilder, schöne Artikel, schöne Geschichten. Die Medien waren anfangs schier begeistert vom »Langen«, wie Ebermann bei den Grünen wegen seiner beachtlichen Körpergröße hieß.[21]

In der Tat: Ebermann war wie geschaffen für die Mediengesellschaft, die das Neue, den Provokateur, den Zuspitzer sucht und prämiert. Ebermann war hochintelligent, schlagfertig, dabei aber denkbar »cool«. Man erlebte ihn nie – wie so viele andere in der damaligen grünen Kohorte – aufgeregt, nie mit schriller Stimme im überspannten Redefluss. Er sprach ganz ruhig, fast gemütlich, in einem entschleunigten Kiezidiom. Die Journalisten der linksliberalen Presse schlossen ihn seinerzeit fast übereifrig in ihr Herz, feierten ihn als größte Begabung seit langer Zeit, bezeichneten ihn gar als »Teddybären«, den man »knuffen möchte«.[22] Man feixte über die ironischen Bemerkungen des Hamburger Ökosozialisten. Als man ihn etwa nach seinem Verhältnis zur Gewalt fragte, antwortete er: »Ich säge keine Strommasten an und rufe auch nicht dazu auf, weil das ist verboten.«[23] Diese Art des politischen Humors katapultierte Ebermann damals in etliche Talkshows. Man wusste, es ging dann in der Sendung kurzweilig zu. Vor allem ließ sich stets und trefflich über das Hobby des grünkommunistischen Revolutionärs parlieren: den Trabersport. Ebermann hatte sich mit einigen seiner grün-linken Freunde ein Pferd gekauft; und das Wochenende verbrachte er bevorzugt auf der Trabrennbahn beim Zocken – eine zutiefst proletarische Passion, wie er kundzutun nicht müde wurde.[24] Auch tummelte er sich als

21 Vgl. Gerste, Margrit 1986, »Thomas Ebermann. Der Fundamentalist«, in: *Die Zeit* (5. Dezember 1986).
22 Etwa Gatter, Peter 1987, *Die Aufsteiger. Ein politisches Porträt der Grünen*, Hamburg: Hoffmann und Campe, S. 243.
23 Zit. nach: o.V., »Kampf der Giganten«, in: *Der Spiegel* (9. Februar 1987).
24 Vgl. o.V., »Thomas Ebermann«, in: *die tageszeitung* (13. Dezember 1995); Gatter, Peter, *Aufsteiger*, S. 240.

Parlamentarier unter Hausbesetzern, wurde dabei in polizeiliches
Gewahrsam genommen – was wiederum Schlagzeilen produzierte
und sein Ansehen als unbeugsamer Feind des bürgerlichen Re-
pressionsstaates in den eigenen Unterstützerkreisen festigte.[25]

Ebermann hatte die Rolle des Tribunen auf dem linken Flügel
der grünen Partei. Was Joschka Fischer für den so genannten
Realo-Flügel bedeutete, war Ebermann für das ökosozialistische
Spektrum. Beide mehrten durch ihre Art des Auftritts die Stimmen der Grünen. Auch der harte Fundamentalist Ebermann, der
die Tolerierungsgespräche mit den Sozialdemokraten im Wesentlichen dazu nutzte, die SPD vorzuführen und zu »demaskieren«,
kam zu diesem Zeitpunkt im Lager der Grünen-Sympathisanten,
von denen fast 70 Prozent noch in der Ausbildung waren, bestens
an. Die Pose eines puren Realismus hingegen wäre 1982/83 reali-
täts- und erfolgswidrig gewesen. Die listige Attitüde eines lustvoll
obstruierenden Till Eulenspiegels im Parlament stieß dagegen
auf große Resonanz. Und so gelangte Ebermann 1987, nachdem
seine Grünen in Hamburg auf stattliche 11,0 Prozent der Stimmen gekommen waren, in den Bundestag. Als er sich dann gleich
in der Wahl zum Fraktionssprecher mit einer Stimme Mehrheit
gegen den großen Favoriten Otto Schily durchsetzte, hofften
seine Freunde, befürchteten seine Gegner, dass Ebermann den
Part aus der Hamburger Bürgerschaft nun im Bundestag weiter-
spielen werde und im Zuge dessen zum großen Zampano der grünen Bundestagsfraktion aufsteigen könnte – da der rhetorisch
ebenbürtige Rivale aus Hessen eben dort nach seiner kurzen Episode als Umweltminister in der Oppositionsfraktion vorerst kleine
Brötchen in der Provinz backen musste.[26]

Doch war die Zeit des Thomas Ebermann schon abgelaufen. Bereits die Premiere im Bundestag ging schief. In seiner ersten län-
geren Rede vor dem Plenum gab er abermals den großen Entlar-

---

25 Vgl. o.V., »Provokation«, in: *Die Zeit* (13. August 1982).
26 O.V., »Kampf der Giganten«, in: *Der Spiegel* (09. Februar 1987).

ver, aber er schlug den falschen Ton an, hatte wohl auch mit Norbert Blüm nicht die richtige Feindfigur für seine höhnischen Attacken ausgesucht.[27] Plötzlich passte die Rhetorik, passte auch das politische Weltbild Ebermanns nicht mehr in eine Landschaft, in der die Anhänger der Grünen Zug um Zug in arrivierte Berufe und die gesellschaftliche Mitte hineindrangen, da außerdem der »Realsozialismus« in Osteuropa erkennbar implodierte. Die Mehrheit der Grünen schwärmte in dieser Zeit von Gorbatschow. Ebermann fand das »schrecklich« und prangerte wütend dessen »kapitalistische Methoden« an. Seine Fraktionskollegen vom Realo-Flügel geißelte er mit ätzendem Sarkasmus als devote Speichellecker des Kapitals; gegen Otto Schily, seinen Feind schlechthin, fuhr er ebenfalls stets die schwersten Geschütze auf.[28]

Ebermann war zweifellos eine große charismatische Begabung. Aber wie viele andere Charismatiker erkannte er nicht, dass die Bedingungen für eine charismatische Ausstrahlung sich veränderten, dass neue Umstände zumindest eine andere Ansprache, wenn nicht gar eine andere Politik verlangten. Der erfrischende, inspirierende, originelle Radikalismus des Jahres 1982 wirkte 1987 nur noch dogmatisch, blockiert und lernunfähig. Je stärker die linken Radikalen den Schwund an Zustimmung für sich und ihre Politik registrierten, desto zorniger und unversöhnlicher reagierten sie auf »Renegaten«, »Abweichler«, »Opportunisten«.[29] Angenehm war es nicht in den Versammlungen der Grünen während der späten 1980er Jahre, der eigentlichen Zeit des innerparteilichen Chaos und der Zerwürfnisse mit ihren haarsträubenden Auseinandersetzungen, die viele psychische Opfer gekostet haben. Am Ende, 1990, trennte sich der linke Radikalismus von den Grünen. Da auf der anderen Seite auch Otto Schily der Partei den

27 Vgl. hierzu Kleinert, Hubert, *Protest*, S. 226 ff.
28 O.V., »Eine akute Spaltungsgefahr«, in: *Der Spiegel* (23. November 1987).
29 Vgl. hierzu auch Raschke, Joachim 1993, *Die Grünen. Wie sie wurden, was sie sind*, Köln: Bund-Verlag, S. 295 ff.

Rücken kehrte, schien das grüne Experiment vielen bereits als gescheitert. In Hamburg jedenfalls fand ein wirklich tiefer Einschnitt statt. Aus der ersten Parlamentsfraktion der Grünen in der Bürgerschaft blieben nur zwei der Partei erhalten, die übrigen sieben zogen politisch aus, wieder weiter nach links. Vielleicht war es gerade diese markante Zäsur, welche es ermöglichte, dass ausgerechnet in Hamburg, wo die Grünen über Jahre am äußersten linken Flügel der Bundespartei standen, 18 Jahre später die erste schwarz-grüne Länderkoalition in Deutschland gebildet wurde. Thomas Ebermann blieb nach seinem Ausstieg aus der etablierten Politik ein rigider, kompromissloser, stolzer Linksradikaler. Die Bühne für seinen Auftritt war fortan nicht mehr das Parlament, sondern das Kabarett, in dem er Jahr für Jahr gewohnt sarkastisch gegen das »Gift des Konstruktiven« vom Leder zog.[30] Für die Grünen, seine ehemalige Partei, die er als Sprecher einst im Bundestag vertrat, hatte er nur noch abgrundtiefe Verachtung übrig.[31]

Pastorin der neuen Citoyens: Antje Vollmer

Antje Vollmer wird man sicher nicht als Charismatikerin bezeichnen. Wahrscheinlich war es dieser nichtcharismatische Zug, der aus ihr – im Unterschied zu den anderen hier dargestellten Pionieren der Grünen – eine langjährige und höchst erfolgreiche Parlamentarierin im Deutschen Bundestag machte. Doch war Antje Vollmer keineswegs eine mediokre Mitläuferin im Durchschnitt grünen Berufspolitikertums. Sie war keine Frau des Apparats oder eines dicht geknüpften Netzwerkes. Vollmer war eine Soli-

---

30 Vgl. Albrecht-Heider, Christoph 2004, »Niemals klein-klein«, in: *Frankfurter Rundschau* (18. November 2004).
31 Vgl. etwa das Gespräch mit Thie, Hans 2005, »Last der Skrupel, Lust der Macht«, in: *Freitag* (14. Januar 2005).

tärin.[32] Aber gerade darin war sie auch nicht unrepräsentativ für viele grün orientierte und wählende Menschen in der bundesdeutschen Geschichte. Antje Vollmer war primär geprägt von der Kleinbürgerlichkeit ihrer Familie in dem Wiederaufbauabschnitt der 1950er Jahre. Ihre sekundäre Sozialisation erlebte sie in den gesellschaftlichen und kulturellen Umbruchsschüben der Sechziger. In den 1970er Jahren erlag sie kurzfristig der Versuchung des Maoismus. Mitte der Achtziger rechnete man sie dann zu den Fundamentalisten der alternativ-grünen Parteiformation. Anschließend wandelte sie sich zur »Realpolitikerin«, ohne je dorthin zu gelangen, wo die Macht sich wirklich bündelte. Vollmer blieb eine Kommunikatorin der Politik, achtete nach wie vor oder stärker denn je darauf, nie im Mainstream aufzugehen, sondern sich davon intellektuell deutlich abzusetzen. Zum Schluss ihrer politischen Existenz als Parlamentarierin – zu den Bundestagswahlen 2005 kandidierte sie nicht wieder – ging gar ein kräftiger Hauch elitären Denkens von ihr aus. Die großen politischen Lösungen suchte sie nicht mehr bei den Massen, nicht bei der einst umworbenen und demokratiephilosophisch veredelten Basis, sondern bei den Eliten der Gesellschaft. Zusammen: ein grünes Politikerleben in den letzten 30 Jahren der Bundesrepublik; und wohl auch ein Spiegel für den Wandel der früheren alternativen Protestkultur zum Distinktionsmilieu des gehobenen postmaterialistischen Bildungsbürgertums.

Als die parlamentarische Karriere von Antje Vollmer begann, war sie nicht einmal Mitglied in der grünen Partei, für die sie 1983 in den Bundestag einzog.[33] Man hatte sie als unabhängige Kandidatin nominiert, da sie als Expertin für landwirtschaftliche Fragen firmierte. Ein wenig verwunderlich war das schon. Vollmer

32 Auch: Casdorff, Stephan-Andreas 2001, »Geschichte mit Eigensinn«, in: *Der Tagesspiegel* (25. November 2001).
33 Vgl. auch Langer, Ingo 2007, »Die Aura der Einsamen«, in: *Die Tagespost* (3. Januar 2007).

stammte zwar aus dem ländlichen Teil des östlichen Westfalens. Aber mit dem agrarischen Sektor hatte sie lebensgeschichtlich nie großartig zu tun gehabt. Ihr Vater besaß ein Textilgeschäft in Lübbecke nahe Minden. Sie selbst, 1943 geboren, konnte, als sie das Abitur abgelegt hatte, die Enge des Kleinstadt nicht mehr ertragen, ging zum Zwecke des Studiums der evangelischen Theologie nach Berlin, Heidelberg, Tübingen und Paris. Vollmer arbeitete für einige Jahre als Vikarin, dann Pastorin in Berlin, wechselte bis zu ihrem Start in die parlamentarische Politik nach Bethel, wo sie im Behindertenzentrum eine berufliche Aufgabe fand. Die Ereignisse von 1968 beobachtete sie eher vom Rande; auch bei ihren politischen Aktivitäten in den 1970er Jahren stand sie nie im Zentrum. Dafür war sie, wie sie später erklärte, viel zu schüchtern.[34] Kurz: Als die eigentliche politische Laufbahn der Antje Vollmer begann, war sie bereits 40 Jahre, aber noch nicht wie etliche andere in der grünen Fraktion durch Scharmützel, Fraktionsauseinandersetzungen, abstruse Spielarten der Rechthaberei im linken Radikalismus dogmatisiert. Antje Vollmer fing 1983 wirklich an, während andere zu diesem Zeitpunkt lediglich fortführten, was sie seit rund 15 Jahren bereits in den jeweiligen politischen Sekten verbissen betrieben hatten.

Es mag sein, dass Vollmer auch deshalb offener war für Wandlungen, die sich um sie herum vollzogen.[35] Antje Vollmer blieb nicht stehen. Zunächst klangen ihre Reden noch ganz konventionell basisdemokratisch, doch galt das Zittern ihrer Stimme vielen als Gütesiegel der emotionalen Aufrichtigkeit.[36] Vollmer trat in der grünen Konstituierungszeit sehr entschieden für die Rotation ein,

---

34 Vgl. Mayer-List, Irene 1988, »Gegen Elitäres kämpfen«, in: *Die Zeit* (22. Januar 1988).
35 Vgl. auch Klein, Heribert 1996, »Antje Vollmer«, in: *FAZ-Magazin* (7. Juni 1996); auch: Lafontaine, Oskar 1993, »Ins Amt, Frau Vollmer«, in: *Die Wochenpost* (27. Mai 1993).
36 Vgl. auch Schmid, Thomas 1999, »Antje Vollmer: Das repräsentierende Wort reicht ihr nicht mehr«, in: *Die Welt* (5. Mai 1999).

da sie der Verfestigung einer Berufsklasse des Politischen entge-
genwirken wollte.[37] Auch antikapitalistische Parolen waren von
ihr damals zu hören. Das half bei einem raschen Aufstieg. 1984
schon führte sie die grüne Bundestagsfraktion gemeinsam mit
Waltraud Schoppe und Annemarie Borgmann im so genannten
»Feminat«, was allseits Aufmerksamkeit erregte. Wie Ebermann
legte sich auch Vollmer gern mit Otto Schily an, dessen Bekenntnissen zum Gewaltmonopol des demokratischen Staates sie partout nicht folgen wollte.

Doch dann befreite sie sich aus den fundamentalistischen Scha-
len, gründete mit einigen anderen den Grünen Aufbruch 88, um
einen Ausweg aus der zementierten Bipolarität von Realos und
Fundis zu finden, sicher auch, um einen eigenen Ort politischer
Profilierung zu besetzen.[38] Als 1989/90 noch Ost-Grüne und Sys-
temopponenten aus der DDR-Zeit hinzukamen, versuchte sie
den historischen Moment zu nutzen, um die Grünen im neuen
Gesamtdeutschland von den früheren Linkstraditionen abzuna-
beln und zu einer ökologischen Bürgerrechtspartei umzuformen.
Eben darin war sie auch Joschka Fischer und vielen ansonsten
namenlosen Sympathisanten der Grünen ähnlich: Man war in
Bewegung, nahm Witterung für Neuentwicklungen auf, schaute
nicht lange sentimental zurück. Die Zeit der Spring- und Eber-
männer war endgültig abgelaufen; Antje Vollmer repräsentierte
eher die Lebenslage ökologisch-linksliberaler Studienrätinnen in
der neuen deutschen Republik.

Indes: In den ersten vier Jahren dieses neuen Deutschlands durfte
Vollmer parlamentarisch nicht dabei sein; auf dem Terrain der
Altbundesrepublik waren die Grünen 1990 unter fünf Prozent ge-

---

37 Nowakowski, Gerd 1990, »Grüner Aufbruch – Im Parteiapparat versandet«, in:
die tageszeitung (26. November 1990); Bannas, Günter 1985, »Eine sehr deutsche
›Fundamentalistin‹«, in: *Frankfurter Allgemeine Zeitung* (7. Januar 1985).
38 Bannas, Günter 1989, »Wirkung aus der Mitte«, in: *Frankfurter Allgemeine Zeitung* (14. Februar 1989).

blieben.[39] Vollmer schien bereits zu resignieren, hielt ein Comeback für nicht mehr wirklich möglich. Doch dann kam sie, nicht zuletzt durch die Protektion von Joschka Fischer,[40] 1994 über Hessen wieder zurück ins Bonner Parlament und erreichte ihren Karrierehöhepunkt: die Wahl zur Vizepräsidentin des Deutschen Bundestages. Hier fand sie zu ihrer Rolle als Interpretin des Politischen und Mahnerin vor gesellschaftlichen Fehlentwicklungen. Sie wurde das, was für die Sozialdemokraten Peter Glotz war, für die Liberalen einst Hildegard Hamm-Brücher, für die Christdemokraten und dann für die deutsche Nation insgesamt Richard von Weizsäcker. Es sprach einiges dafür, dass Vollmers Ehrgeiz durchaus weiter ging, dass sie mit den gewichtigsten Instrumenten der harten exekutiven Macht hatte hantieren wollen, doch dabei stieß sie auf zu viele Widerstände, weil ihr Erfahrung im Umgang mit großen Verwaltungen fehlte und weil nicht ganz wenige im politischen Betrieb ihre kühl vorgetragene intellektuelle Überlegenheit unausstehlich fanden. Antje Vollmer richtete sich dann auch in ihrer präsidialen Funktion als Hüterin von Parlament und Demokratie ein. Aus der Antiparteienparteipolitikerin von 1983/84 wurde, wie sie sich selbst charakterisierte, eine »leidenschaftliche Parlamentarierin«,[41] eine der eifrigsten Apologetinnen der professionellen Politikerklasse. Unentwegt räsonierte sie darüber, wie man den Verdrossenheiten unter den Bürgern argumentativ begegnen könne. In der ersten Hälfte der 1980er Jahre hatte sie die damals als vollauf berechtigt angesehene Verdrießlichkeit des Volkes noch für scharfe Oppositionspolitik aktivieren wollen. Doch auf das Volk setzte sie seit Mitte der 1990er Jahre nicht mehr. Remedur versprach sie sich allein von der »Avant-

39 Hierzu vgl. Schwehn, Klaus J. 1994, »Von allen Fraktionen respektiert«, in: *Der Tagesspiegel* (25. Oktober 1994).
40 Vgl. Callmann, Rosemary 1995, »Der Reiz, bei Neuem mitzumachen«, in: *Das Parlament* (12. Mai 1995).
41 Zit. bei Bannas, Günter 1994, »Ohne Blockaden«, in: *Frankfurter Allgemeine Zeitung* (12. November 1994).

garde« »neuer Citoyens«, die über die Kreativität und Kompetenz verfügten, um die deutsche Gesellschaft kulturell neu zu prägen.[42] Die Gegenelite des Ökologismus war im Zentrum des Bürgertums und der Republik angekommen.

42 Vgl. Vollmer, Antje 1995, *Heißer Frieden. Über Gewalt, Macht und das Geheimnis der Zivilisation*, Köln: Kiepenheuer und Witsch; siehe auch die Rezensionen dazu: Seitz, Norbert 1995, »Die Geburt der Ordnung aus dem Geist der Unterwerfung«, in: *Frankfurter Rundschau* (29. April 1995); Aly, Götz 1995, »Intellektuelle Schwerstarbeit«, in: *die tageszeitung* (6. Mai 1995).

Machtdeterministen:
In der Berliner Republik (1998-2009)

1. Sozialdemokraten an der Macht und in Not

Mann des Coups, nicht des Projekts: Gerhard Schröder

Einige Monate nach seinem Wahlsieg wurde Schröder auch Vorsitzender der Sozialdemokraten, und das politische Kapitel Lafontaine war in dieser Partei damit – fast – abgeschlossen. So hatte es wohl kommen müssen. Lafontaine und Schröder – das war einfach einer zu viel. Im Wahlkampf 1998 hatte das Zusammenspiel der beiden Kraftnaturen noch glänzend funktioniert, selbst wenn es ein riskanter Hochseilakt war; es hätte immer auch schiefgehen können, denn es gab nie eine präzise Verabredung zwischen den beiden über die Details der inszenierten Doppelspitze.

Doch als dann die Sozialdemokraten die Macht hatten, konnte nur einer ganz oben stehen. Das war für den anderen nur schwer zu ertragen, zumal er sich ganz offenkundig für intellektuell und konzeptionell versierter hielt. Doch spürte er wohl, dass er nicht der erste Mann der Republik würde werden können: Nach seiner Niederlage von 1990 war Lafontaine nicht mehr der Hoffnungsträger, dem die Sympathien der Deutschen zuflogen und den sie sich als Kanzler wünschten. Seit 1990 wirkte er dafür zu rechthaberisch, und entsprechend trat er nun auch als Bundesfinanzminister auf. Lafontaine war erneut der einsame Rebell, der es mit den neoliberalen Kommentatoren in den Medien, mit den Finanzministern anderer Länder, mit den Mächtigen der Wirtschaft aufnahm – und dabei scheiterte. Überdies hatte Schröders damalige Allzweckwaffe im Kanzleramt, Bodo Hombach, mit List und Tücke daran gearbeitet, Lafontaine durch gezielte Indiskretionen zu beschädigen. Zuletzt war Lafontaine, dessen Finanzpolitik sicher weitaus kreativer als diejenige seines Nachfolgers war, isoliert. Auch seine früheren Gefolgsleute in der SPD hatten ihm in den Anfangsmonaten 1999 keinen Beistand geleistet; sie hatten die Intrigen aus dem Bundeskanzleramt nicht einmal richtig durchschaut. Lafontaine warf alles hin, seinen Kabinettsposten und den Vorsitz der Partei, und stieg – vorübergehend – aus der Politik aus.

Als dann sechseinhalb Jahre später die rot-grüne Regierung 2005 abgewählt wurde und ihr Frontmann Schröder langsam von der politischen Bühne Abschied nahm, verfasste dieser sogleich seine Erinnerungen. Natürlich brauchte ein guter Kanzler kein glänzender Essayist und sprachsensibler Literat zu sein.[1] Und so stellten die Kanzlermemoiren Schröders keinesfalls große Literatur dar.[2] Das Grundübel aller Politikererinnerungen rührt aus dem inneren Rechtfertigungszwang ihrer Verfasser. Fast alles war richtig, was sie getan oder gelassen haben. Alle Handlungen bekommen Sinn, Ziel, Zweck und Stringenz. Wer immer andere Auffassungen vertrat, war entweder ein hinterhältiger Bösewicht oder ein ahnungsloser Dummkopf. Selbst die größten Kanzler gebrauchten memorierend dieses einfache Schema. Und Schröder verwendete es ebenfalls. Kanzler sind – zugegebenermaßen nicht unverständlich – allein knallharte, apodiktische Apologeten ihrer selbst, präziser formuliert: der politischen Taten oder eben auch »Entscheidungen« während der Zeit ihrer Kanzlerschaft.

1 Krekeler, Elmar 2006, »Genese eines Bestsellers«, in: *Die Welt* (23. Oktober 2006); Siebenhaar, Hans-P. 2006, »Die Medien-Masche verfängt, das Marketing läuft wie geschmiert«, in: *Handelsblatt* (23. Oktober 2006); Jürgs, Michael 2006, »Von Mäusen, Möpsen und Menschen«, in: *Süddeutsche Zeitung* (21. Oktober 2006).
2 Schröder, Gerhard 2006, *Entscheidungen. Mein Leben in der Politik*, Hamburg: Hoffmann und Campe.

Ein bisschen schade ist das schon. Denn gerade große Politiker zeichnen sich nicht nur durch den einen, alles verbindenden roten biographischen Faden aus, ihr Lebensweg war meist keineswegs geradlinig und konzise; gerade große Politiker haben gewissermaßen mehrere politische Leben gelebt, haben oft Positionen jäh gewechselt, schauen infolgedessen später auf lebensgeschichtliche Brüche und überraschende Zäsuren zurück. Aber im Herbst ihres Lebens fehlt ihnen offenkundig die psychische Kraft, darüber zu reflektieren. So war das auch bei Schröder. Der normative Fluchtpunkt, den er in seinen *Entscheidungen* wieder und wieder im wilhelminischen Duktus setzte, hieß: »Standfestigkeit«.

Nun mochte man so etwas wie Standfestigkeit beim Politiker Schröder vielleicht seit 2003 erkennen, da er den Kurs der Agenda-Politik nicht mehr verließ.[3] Aber im politischen Leben zuvor ging es denkbar munter und bunt zu. Als standfest konnte man dies nicht bezeichnen. Im Gegenteil, Schröder kam nach vorn und oben, weil er frech rochierte, nonchalant die Seiten wechselte, sich über ordnungspolitische Verlässlichkeiten lässig hinwegsetzte. Der forsche Seitenwechsel war das Markenzeichen Schröders, ebenso seine höhnische Gleichgültigkeit gegenüber Programmbekenntnissen und den lang überlieferten Parteiritualen. Dafür eben wurde er in den 1990er Jahren gefeiert, als Mann wider alle Konventionen und Orthodoxien, der brutal den Ellbogen ausfuhr und nicht höflich den Hut zog, wenn ihm jemand im Weg stand. Schröder machte 20 Jahre lang das, was er in seinen Erinnerungen den Gegnern aus der eigenen Partei nun ein wenig philiströs vorwarf: Er verschaffte sich die mediale Aufmerksamkeit, indem er sich über seinen jeweiligen Parteivorsitzenden mokierte, Beschlüsse ignorierte, der eigenen Partei in schöner Regelmäßigkeit in den Rücken fiel.

---

3 Vgl. Kaspari, Nicole 2008, *Gerhard Schröder – Political Leadership im Spannungsfeld zwischen Machtstreben und politischer Verantwortung*, Frankfurt am Main u. a.: Lang.

Schröder – und er mehr als jeder andere – verzehrte in den Jahren seines Aufstiegs die innersozialdemokratische Loyalität, die er als »Basta-Kanzler« uneingeschränkt für sich beanspruchte. Doch war es gerade diese Gleichgültigkeit gegenüber Treue und Tugendhaftigkeit, die es möglich machte, dass die Schröder-Sozialdemokraten den bürgerlichen Gegner vielleicht erstmals in der Geschichte der Partei trieben und vor Bundestagswahlen das Fürchten lehrten. Denn in ihrer langen Geschichte waren die Sozialdemokraten überwiegend ordentlich und berechenbar; sie hielten sich an ihre Parteitagsbeschlüsse, blieben ehrenhaft in der Auseinandersetzung mit dem Gegner, wahrten Anstand und Reputierlichkeit. Für die harten Anführer der konservativ-konfessionellen Formationen – von Bismarck über Adenauer bis Kohl –, denen diese Skrupel abgingen, die schwer auf der SPD lasteten, waren die Sozialdemokraten daher stets leichte Beute. Schröder war anders als die Otto Wels', die Erich Ollenhauers, auch die Vogels und Scharpings. Schröder war durch und durch traditionslos. In seiner Familie gab es nicht den Kodex, auch nicht die Ehrpusseligkeit der klassischen sozialdemokratischen Handwerker- und Facharbeiterbewegung.[4] Der Vater war Hilfsarbeiter; und er war nicht mehr da, als Schröder auf die Welt kam. Schröder musste niemandem etwas beweisen, brauchte sich nicht zu rechtfertigen, musste sich nicht vor Strafe oder Liebesentzug väterlicherseits fürchten. Er war allein auf sich gestellt; und so begriff er seinen ganzen Lebensweg, seinen Aufstieg: Nur er, er allein, hatte es geschafft, ohne Hilfe, auch ohne Unterstützung der Partei, im Grunde auch ohne das Katapult oder gar die Wärme des Sozialstaats.[5] Es gab Hindernisse, Rivalen und Gegner. Er hatte sie beiseiteräumen müssen, hart und ohne falsche Sentimentalität. Sonst wäre er nicht geworden, was er schließlich als Kanzler war.

4 Vgl. Schimmeck, Tom 2004, »Holt mich hier raus, ich bin ein Sozi«, in: *die tageszeitung* (7. Februar 2004).
5 Vgl. Bruns, Tissy 2005, »Sein letzter Streich«, in: *Der Tagesspiegel* (11. Juni 2005).

Kurzum: Schröder kannte nicht die Bremse fest internalisierter Normen, den Bremsklotz von Traditionen und Überlieferungen, das Hemmnis einer elaborierten Ethik. Schröder stand diesseits von Stand, Milieu, sozialmoralischer Gemeinschaft.[6] Das machte ihn frei. Es gab für ihn keine Geschichte, der er sich verbunden und verantwortlich fühlte, auch keine weite Zukunft, für die er einen Plan hätte haben müssen. In seinem Leben hätte jeder Plan gestört. Es kam vielmehr darauf an, im gegenwärtigen Moment hellwach zu agieren, die Möglichkeiten blitzschnell zu erkennen und dann ohne Zögern als Chance zu ergreifen. Er gehörte nicht zu denen, die Gewissheiten brauchen, alle Determinanten durchdacht haben müssen, die möglichen Folgen ihres Tuns grüblerisch hin und her wenden wollten. Das war das Geheimnis seines Aufstiegs und das konstitutive Element seiner Politik. Schröder handelte intuitiv, tat, was seine Nase ihm sagte. Er war der Mann des Coups, nicht des Projekts.[7]

Insofern ist man geradezu verblüfft, in den Erinnerungen von Schröder ein seitenlanges Lamento über die vielen bösen Buben von der »Linken« zu lesen, die ihm das Leben als Parteichef und Kanzler so unendlich schwer gemacht hätten. Auf dem Leim sollte man Schröder dabei aber nicht gehen. In der Geschichte sozialdemokratischer Kanzlerschaften hatte zuvor kein Regierungschef aus den Reihen der SPD derart wenig innerparteiliche Opposition auszuhalten wie Schröder. Philipp Scheidemann, Gustav Bauer, Hermann Müller, Willy Brandt und Helmut Schmidt hatten es da weitaus schwerer, sich gegen mächtige, selbstbewusste, lange auch durchaus kreative regierungsfeindliche Linksoppositionen im eigenen Laden durchzusetzen. Schröder klagte zwar

6 Vgl. besonders: Gauland, Alexander 2008, »Ein Mann ohne Klasse«, in: *die tageszeitung* (7. Juni 2008).
7 Vgl. Korte, Karl-Rudolf 2007, »Der Pragmatiker des Ausgleichs: Das Politikmanagement von Bundeskanzler Gerhard Schröder 2002-2005«, in: Egle, Christoph/ Zohlnhöfer, Reimut (Hg.), »Ende des rot-grünen Projektes. Eine Bilanz der Regierung Schröder 2002-2005«, Wiesbaden: VS Verlag für Sozialwissenschaften, S. 169 ff.

gern über die Machenschaften »lautstarker« und »relevanter Teile der SPD-Linken«. Nur: Existierte diese kraftvolle und kreative Linke überhaupt noch in der SPD? Hatte Schröder wirklich Furcht vor dem bekannten jungen Himmelsstürmer Ottmar Schreiner, dem populären charismatischen Tribun Florian Pronold und dem brillanten Theoretiker Detlev von Larcher? Nochmals: Da waren die Mühen des Hermann Müller mit Paul Levi, des Willy Brandt mit Jochen Steffen und des Helmut Schmidt mit, ja, Gerhard Schröder und Oskar Lafontaine doch ein wenig gravierender.

Und seine Kanzlerschaft war durch etliche Rochaden geradezu charakterisiert.[8] Der Journalist Christoph Schwennicke hat sie im Herbst 2003 treffend zusammengefasst: »Niemand fährt Vorwärts- und Rückwärtsgang so beherzt mit Vollgas wie Schröder. Diese Regierung hat einen Rentenfaktor der Union weggewischt, den sie jetzt wieder einführt. Diese Regierung hat zu Beginn ihrer Amtszeit Scheinselbständigkeit bekämpft und feiert jetzt die Ich-AG. Sie hat die Pendlerpauschale erhöht, damit der Öko-Groschen beim Sprit nicht so schmerzt, und senkt sie jetzt wieder, weil irgendwo drei Milliarden Euro reingeholt werden müssen. Sie hat zu Zeiten der großen Flut eine Steuerreformstufe verschoben und zieht jetzt eine vor. Erst war ruhige Hand, jetzt heißer Herbst.«[9] Und sein Kollege Tilmann Gerwien sekundierte ihm wenige Monate später: »Während des Afghanistan-Feldzugs gab er sich vor dem Bundestag als in Pflichterfüllung erstarrter Regierungschef und forderte die ›Enttabuisierung des Militärischen‹. Im Irak-Konflikt setzte er sich in Goslar an die Spitze der Friedensbewegung. Dazwischen lagen nur Monate.«[10]

Mit ihren Brüchen taten sich die Protagonisten der Agenda-2010-

---

8 Insgesamt hierzu: Meng, Richard 2002, *Der Medienkanzler. Was bleibt vom System Schröder?*, Frankfurt am Main: Suhrkamp.

9 Schwennicke, Christoph 2003, »Schröder, Schlampiges Genie«, in: *Süddeutsche Zeitung* (27. September 2003).

10 Gerwien, Tilmann 2004, »Spieler am Ende«, in: *Stern* (12. Februar 2004).

Politik erkennbar schwer. Sie haben diese Brüche nie erklärt und scheinen auch keineswegs willens zu sein, dies jemals nachzuholen. Dabei würde man von den Schröders und Müntefering schon einmal gerne erläutert bekommen, warum sie bis 1997/98 – also ein beachtliches politisches Leben lang – für das Gegenteil von dem gekämpft haben, was sie dann seit 2002/03 unter dem Imperativ der Alternativlosigkeit der Republik herrisch verordneten.[11] Denn das, was seit 2003 von den Agendapolitikern als unabwendbarer Druck der Realität erklärt wurde – Alterung der Gesellschaft, Globalisierung, Verschuldung des Staates, Finanzprobleme in den Sozialsystemen, Wachstumsbarrieren durch Bürokratien, Unterforderung der »Unterschichten«, Verkrustung des Arbeitsmarktes – dürfte doch die Wirklichkeit auch schon 1997 oder 1991, selbst 1981 gewesen sein. Und doch zog auch Schröder in zahlreiche Wahlkämpfe gegen die »soziale Kahlschlagspolitik« des Norbert Blüm, dessen sozialkatholisches Gewissen sich der späteren Agenda-Technokratie nie gebeugt hätte.

Dieser Bruch mag erklärbar sein. Aber genau dieses Erklären haben Schröder und die anderen verweigert.[12] Denn gute Interpreten waren sie nie. Auch das hat einige hunderttausend Mitglieder und etliche Millionen Wähler der SPD verwirrt, deprimiert, abgestoßen, in Teilen schließlich der Linkspartei zugetrieben. Schröder möchte die Verantwortung dafür gerne den Herren Bsirske und Peters, den Mephistogestalten in der Rückschau des früheren Kanzlers, zuschieben. Doch es war die eigene Erklärungslosigkeit, die zum Verschleiß der Sozialdemokratie führte und die ihn ein Jahr vor dem Ende der letzten Legislaturperiode schließlich aus dem Amt katapultierte.

11 Vgl. u. a. Wiesendahl, Elmar 2004, »Parteien und die Politik der Zumutungen«, in: *Aus Politik und Zeitgeschichte*, H. 40/2004, S. 19 ff.; auch Schmiese, Wulf 2003, »Im Drachenblut gebadet«, in: *Frankfurter Allgemeine Sonntagszeitung* (28. September 2003).
12 Vgl. auch Fietz, Martina 2005, »Gesiegt bis zum Umfallen«, in: *Cicero*, H. 10/2005, S. 60.

Parteisoldat und Sphinx: Franz Müntefering

Bevor Gerhard Schröder ans Ende seiner Kanzlerschaft gelangt war, hatte er bereits den Vorsitz seiner Partei an Franz Müntefering abgeben müssen. Als Schröder im Frühjahr 2003 die Parteiführung niederlegte, stand die SPD in Umfragen bei 24 Prozent, und die Mitglieder waren in heller Aufregung. Die SPD brauchte jemanden, der sie verstand, sich ihrer Nöte und Verzweiflungen annahm, ihre verletzte Seele mit dem Balsam bewährter Traditionen heilte. So jedenfalls interpretierte man in diesen Wochen ein wenig pathetisch den Wechsel im Vorsitz. Und auf diese Weise definierte man die Person und die Rolle des Schröder-Nachfolgers, der nun nicht nur die Fraktion leitete, sondern auch noch die Partei dirigierte – somit über eine innersozialdemokratische Machtfülle verfügte, die weder Brandt noch Wehner, weder Schmidt noch Schröder je besessen hatten.

Das war aus der Perspektive des Jahres 2004 eine erstaunliche Karriere. Müntefering war zwar im gleichen Alter wie die meisten so genannten »Enkel« Willy Brandts. Aber zu den »Enkeln« wurde er nie gezählt. Seine Sozialisation war eine andere, da er eine höhere Schule nicht hatte besuchen können. Auch galt er in den ersten 55 Jahren seines Lebens nirgendwo als ernsthafte Führungsbegabung, weder im Volk noch in der Partei. Als allerdings die über Jahre als Großtalente gehätschelten »Enkel« nicht das hielten, was man sich von ihnen so lange versprochen hatte, als die Sozialdemokraten in der Fläche die Allüren aus Toskana, Hedonismus und verspielter politischer Beliebigkeit nicht mehr ertrugen, stand plötzlich Müntefering in der Ära Schröder als Einziger auf der Bühne, der das Stück der alten, anständigen SPD noch zu spielen in der Lage schien.[13] Aus dem Biedermann

13 Vgl. Dausend, Peter 2005, »Tragik des Mechanikers«, in: *Die Welt* (2. November 2005).

und Parteisoldaten war in jenen Jahren eine Heilsfigur und rettender Moses der deutschen Sozialdemokratie geworden,[14] der Mann, der – angeblich – lieber proletarisch Pils als teure Rotweine trank, der – angeblich – ein kumpeliger Genosse war, dem es wiederum – angeblich – ausschließlich um die Sache ging, der sich – angeblich – nie inszenierte, sondern in reiner Authentizität mit sich selbst geblieben war.[15]

So sah, so zelebrierte man Müntefering 2004 an der Basis der SPD.[16] In der Außenperspektive leuchtete das Licht des neuen SPD-Chefs weniger hell.[17] Rund 50 Prozent der Bundesbürger wussten nach seiner ersten Wahl zum Parteivorsitzenden kaum etwas mit Müntefering zu verbinden, als die SPD ihn als Retter an die Parteispitze hievte.[18] Müntefering war und ist wohl weiterhin vorwiegend die binnenzentrierte, die introvertierte Lösung eines in Tristesse verfallenen Restmilieus. Dort dürstete man am Ende der zahlreichen Revisionen früherer Selbstverständlichkeiten nach jemandem, der Komplexität reduzierte. Als Müntefering auf dem Bochumer Parteitag 2003 die trotzige Parole in den Saal schmetterte: »Fraktion ist gut, Partei auch. Glück auf!«, da klatschten die Delegierten berauscht. Und auch die Medienvertreter schwappten nahezu über vor Begeisterung über diesen raren Typus eines Politikers mit »deutlicher Ansage«, »klarer Kante«, »führungsstarker Botschaft«. Dabei war der skandierte Spruch natürlich lediglich bodenloser Unsinn, Trost für einen kurzen, schnell vergänglichen Parteitagsmoment.

---

14 Roll, Evelyn 2004, »Wer draußen ist, ist draußen«, in: Neue *Gesellschaft/Frankfurter Hefte*, H. 5/2004, S. 29 ff.

15 Hierzu und im Folgenden v. a. Lebert, Stephan 2004, »Der Fremde«, in: *Die Zeit* (16. September 2004).

16 Vgl. ebenfalls Käfer, Armin 2005, »Die Liebe zur Partei hört nimmer auf«, in: *Stuttgarter Zeitung* (19. Juli 2005).

17 Meng, Richard 2004, »Rot-Grün im eisernen Käfig«, in: *Frankfurter Rundschau* (2. März 2004); Appenzeller, Gerd 2004, »Wunder gibt es immer wieder«, in: *Der Tagesspiegel* (9. Februar 2004).

18 Köcher, Renate 2004, »Regieren gegen die öffentliche Meinung«, in: *Frankfurter Allgemeine Zeitung* (18. Februar 2004).

Wahrscheinlich überschätzt man die Selbstlosigkeit Münteferings, seinen vermeintlichen Mangel an Eitelkeit. Müntefering hat stets die Aura der Undurchsichtigkeit, seinen Ruf als Sphinx, des mit allen Wassern gewaschenen Taktikers genossen. Aber ist er – der leidenschaftliche Mühle-Spieler – wirklich der große Stratege, der alles vom Ende her dachte, der virtuos mit Bande spielte, seine Gegner in Zwickmühlen manövrierte? Ist er der getreue Eckart seiner Partei, dem es einzig und allein um »die Sache« ging? Denn wer wüsste schon zu sagen, worum es sich bei der Sache des Franz Müntefering eigentlich handelt? Welche Vorstellung von Ökologie treibt ihn? Wie sehen seine außenpolitischen Maßstäbe aus? Was bedeutet ihm Bildung jenseits ökonomischer Effizienzsteigerung? Wie stellt er sich soziale Demokratie vor, wie betriebliche Demokratie, wie wichtig sind ihm eigensinnige Bürger, beteiligungsfreudige Arbeitnehmer – in Zeiten von Hartz IV?[19] »Müntefering spielt den zur Agenda Bekehrten, dabei geht es ihm gar nicht um die Position. Fast jede Position hat er in seiner langen Politikerkarriere schon einmal eingenommen. Mal war er gegen, mal für den Mindestlohn. Mal für, mal gegen Steuersenkungen. Mal für, mal gegen die Ausbildungsabgabe. Aber Müntefering liebt es, sein strategisch motiviertes Bekenntnis für die Agenda als Offenbarungserlebnis zu verkaufen.«[20]
Dabei würden wir schon gern erfahren, warum dieser harte Wahlkämpfer in etliche Wahlschlachten mit Parolen und Losungen gezogen ist, die für ihn ab 2003 plötzlich allesamt nicht mehr galten. Der Wahlkämpfer Müntefering war schließlich kein unreifer Juso, als er Norbert Blüm in den 1990er Jahren wegen des demographischen Faktors in der Rentenpolitik der Regierung Kohl der sozialen Kälte zieh, sondern ein Mann jenseits der 50. Sauer-

---

19 Vgl. hierzu auch Schmid, Thomas 2005, »Der vierte Mann«, in: *Frankfurter Allgemeine Sonntagszeitung* (12. Juni 2005).
20 Germis, Carsten 2007, »Der Spieler«, in: *Frankfurter Allgemeine Sonntagszeitung* (21. Oktober 2007).

länder sind nüchtern und können rechnen – pflegt Müntefering
zuletzt oft zu sagen, wenn er seine Initiative für die Rente mit
67 verteidigt. Warum aber rechnete er vor zehn Jahren anders
als jetzt? Präzise Auskünfte darüber gibt er nicht, vermittelt sie
auch nach seiner zweiten Kür zum Parteichef nicht in seine zunehmend orientierungsbedürftige Partei hinein. Er ist, war jedenfalls überwiegend der Mann, der vielen Sozialdemokraten,
die begabter waren als er, gleichermaßen treu auf Zeit gedient
hat: Vogel, Scharping, Lafontaine, Rau, Schröder. Nur Kurt Beck
wollte er sich später nicht mehr fügen – vermutlich weil er dessen
Fähigkeiten nicht sonderlich hoch einschätzte.

Länger als 605 Tage aber hielt Müntefering im ersten Versuch,
die Sozialdemokratie zu führen, im Amt des Parteichefs nicht
aus, nach einer Kette von bitteren regionalen Wahlschlappen und
dem Massenexodus von oft langjährigen Mitgliedern. Der An-
lass zur Demission war seinerzeit denkbar gering. Der Parteivorsitzende war nicht in der Lage gewesen, seinen Adlatus, Kajo
Wasserhövel, zum Generalsekretär der SPD zu machen. Also warf
Müntefering hin, der vermeintliche Parteisoldat, dem es angeblich nur um die Sache ging. Er war im Herbst 2005 nicht fähig
gewesen, durch Kommunikation und Mehrheitsbildung eine Un-
terstützungsmajorität für seinen Kandidaten zu formieren. Kommunikation war nicht die Stärke des Franz Müntefering,[21] der
ganz schnell wich, wenn er nicht in der geschützten zweiten Reihe
seine Fäden ziehen konnte.[22]

Zweimal amtierte er zuvor als Minister, zwischen 1992 und 1995
in Nordrhein-Westfalen für Arbeit, Gesundheit und Soziales,
1998/99 im Bundesministerium für Verkehr, Bau- und Wohnungs-
wesen. Akzente oder gar Profil hatte er hier wie dort nicht setzen

---

21 Vgl. Vates, Daniela 2006, »Ein Vertrauensbruch als gelungener Coup«, in: *Berliner Zeitung* (2. Februar 2006); Dernbach, Andrea 2006, »Ein Mann sprich Skat«,
in: *Der Tagesspiegel* (12. April 2006).
22 Vgl. auch Scheidges, Rüdiger 2007, »Rücktritt ins Leben«, in: *Handelsblatt*
(14. November 2007).

können. Als Parteichef in Nordrhein-Westfalen zog er den sozial-demokratischen Landesverband durch eine in der Konsequenz verheerende Organisationsreform tief nach unten. 2001, als er wohl spürte, dass es mit der SPD-Hegemonie zwischen Rhein und Weser zu Ende ging, floh er dann aus dem einst roten Westfalen.[23] Gleichwohl: Der Mythos brach nicht. Müntefering galt weiter als Mann der einfachen Leute, der realen Basis, nicht als Exponent der politischen Klasse, der abgehobenen Kaste in Berlin. Dabei lebt gerade Müntefering ganz im Binnenraum allein dieser Klasse, verlässt sie sicher weniger als früher die Schröders, Lafontaines, Engholms. Der Horizont ist so weit nicht, der sich über Münteferings Alltag spannt. Um sich herum hat er eine Gruppe ihm unbedingt treu ergebener junger Leute, Heizer und Maschinisten der Organisationsabläufe. Intellektuelle Anreger haben da wenig Zugang. Über internationale Erfahrungen verfügt Müntefering kaum; seine außenpolitischen Kenntnisse sind gering. Horchte man sich während der Schröderjahre in der Fraktion um, dann ließ sich stets der flüsternde Vorwurf des »Autismus« vernehmen.

Gewiss: Was Müntefering auszeichnet, ist sein unsentimentales, kühles Verhältnis zur politischen Macht. Darin ist er Gerhard Schröder ein Bruder im Geiste. Und daher waren die beiden im deutschen Bürgertum so gefürchtet. Für ihn als Wahlkämpfer gilt es wohl immer noch. Zuvor hatten Sozialdemokraten meist Scheu vor der Macht, agierten unsicher, wirkten den harten Konservativen stets chronisch unterlegen. Schröder und Müntefering markierten hier eine Zäsur, sie gingen im Kampf um die Macht stets verwegen vor, kannten wenig Skrupel, legten listig den Gegnern Fallstricke, ließen sich von einem hochentwickelten Gefahreninstinkt leiten. Müntefering, der die Partei seit dem Oktober 2005

23 Vgl. Breuer, Helmut 2004, »Nicht immer war Franz Müntefering ›Anführer der Herzen der SPD‹«, in: *Die Welt* (11. Februar 2004); Casdorff, Stephan-Andreas 2004, »Jetzt mal im Ernst«, in: *Der Tagesspiegel* (12. Februar 2004).

wieder führt, pflegt sich nicht kampflos geschlagen zu geben. Dafür musste er sich zu mühselig nach oben durchboxen. Gerade in Wahlkämpfen lässt er sich nicht einfach von den Parteien der klassisch Privilegierten schicksalsergeben nach unten zerren. Er ist ein Meister der Überrumpelung, auch des überraschenden Coups, der blitzartigen Attacke, des raschen Themenwechsels.

Parteichef für 146 Tage: Matthias Platzeck

Im Bundestagswahlkampf 2005 zogen er und Schröder auch noch einmal alle Register und brachten die zu Beginn des Sommers so siegestrunkenen Christdemokraten zum Schluss in erhebliche Bedrängnis. Eigentlich wiesen auch die Daten des Wahlergebnisses selbst keine schlechten Zukunftsaussichten für die SPD aus. Die Sozialdemokraten hatten in allen Jahrgängen unterhalb des Rentenalters die Nase vorn. Bei den Jungwählern schnitten sie gar mit zwölf Prozentpunkten besser ab als die gegnerische Volkspartei. Groß war ihr Zuspruch vor allem bei den jungen und mittelalten akademischen Frauen – zweifelsohne eine zentrale Gruppe der Wissensgesellschaft von morgen. In den urbanen Zentren der Republik verbuchten die Sozialdemokraten einen Vorsprung von 11,5 Prozentpunkten vor CDU und CSU; im Dienstleistungsbereich übertraf die SPD die Union mit 8,1 Prozentpunkten.[24]

Kurzum: Eigentlich hätten die Sozialdemokraten mit ihrer Situation relativ zufrieden sein können. Aber sie waren es nicht. Das Ventil der Unzufriedenheit und Frustration war im Herbst 2005 das Veto gegen die Personalpläne Franz Münteferings, der Heilsgestalt des Frühjahrs 2004 (und dann erneut des Herbsts 2008).

---

24 Allgemein zum Wahlergebnis: Jung, Matthias/Andrea Wolf 2005, »Der Wählerwille erzwingt die Große Koalition«, in: *Aus Politik und Zeitgeschichte*, H. 51-52/2005, S. 3-12.

Wieder musste ein neuer Parteichef her.[25] Von Bebel bis Brandt waren sozialdemokratische Parteivorsitzende noch über lange Zeiträume nahezu unangefochten im Amt geblieben, selbst wenn sie höchst unglücklich operiert hatten, wie etwa Otto Wels oder Erich Ollenhauer. Die Disziplin des homogenen sozialen Lagers, die Verbindlichkeit der Weltanschauung, die durch gesellschaftliche Ausgrenzung gewachsenen Loyalitätsverpflichtungen gegenüber der Führung hatten über ein Jahrhundert die sozialdemokratische Parteispitze verlässlich stabilisiert. Doch damit war es seit den 1990er Jahren vorbei.[26] Die Kollektivität war in der Sozialdemokratie zerbröselt, ebenso die Geschlossenheit von regionalen Gliederungen und innerparteilichen Fraktionen, auch die Klarheit der politischen Orientierung. Die SPD war unterdessen sozial und politisch ebenso inkonsistent, tribalistisch, zersiedelt wie ihre Kernanhängerschaft, jene aus der klassischen Proletarität herausgewachsenen Menschen der bundesdeutschen neuen Mitte.

Das alles mündete in einen rasanten, begründungslosen Austausch des Führungspersonals. Eine rationale Diskussion darüber, welche Fähigkeiten und Fertigkeiten ein Politiker für das Amt des Vorsitzenden mitbringen sollte, wurde in keinem Moment mehr geführt. Das galt auch für die Inthronisierung von Matthias Platzeck.[27] Auch ihn umwehte in den Tagen nach seiner Inthronisation so etwas wie ein Heilsversprechen für die wundgeriebene SPD.[28] Und auch bei ihm hoffte man, dass nun die erratische

25 Vgl. Zastrow, Volker 2005, »Die Leere der SPD«, in: *Frankfurter Allgemeine Zeitung* (10. November 2005).
26 Vgl. Semler, Christian 2006, »Karriereposten Parteichef«, in: *Die Tageszeitung* (11. April 2006).
27 Vgl. Dieckmann, Christoph 2005, »Weisheit des Neustarts«, in: *Die Zeit* (10. November 2005); Neiße, Wilfried 2005, »Der ewige Liebling des Glücks«, in: *Neues Deutschland* (3. November 2005); Möller, Johann Michael 2006, »Fremdelnde Partei«, in: *Die Welt* (12. April 2006).
28 Vgl. Möller, Johann Michael 2006, »Fremdelnde Partei«, in: *Die Welt* (12. April 2006).

Abfolge der Vorsitzwechsel ein Ende haben würde. »Das ist kein Übergangskandidat«,[29] jubelte Martin Schulz, Vorsitzender der Sozialdemokraten im Europaparlament und eigentlich ein erfahrener Parteimann. Erfahren in der Partei – ein Attribut, das dem neuen Vorsitzenden nicht zugeschrieben werden konnte. Doch da Kurt Beck seinerzeit gleich abgewinkt hatte, als bei ihm sondiert wurde, kam im Grunde nur noch der brandenburgische Ministerpräsident Platzeck, der im Sommer 1997 während der Überschwemmungen an der Oder als umsichtiger Krisenmanager geglänzt und Renommee gewonnen hatte, in Frage.[30] Denn merkwürdigerweise galt er in Partei und medialer Öffentlichkeit als ein Gewinner der vorangegangenen Wahlen in Brandenburg. Dabei hatten die Sozialdemokraten dort im September 2004 7,4 Prozentpunkte verloren und das schlechteste Ergebnis seit 1990 eingefahren. Die schlimmsten Einbrüche verzeichnete die Landes-SPD bei den gering Gebildeten, Arbeitern und – mit 20 Prozentpunkten – bei Arbeitslosen.[31] Das wiederholte sich im Jahr darauf bei den Bundestagswahlen, als die Sozialdemokraten in der brandenburgischen Heimat Platzecks 10,6 Prozent der Stimmen verloren und damit – sah man vom Sonderfall Saarland ab – den Minusrekord in Deutschland erzielten. Besonders heftig hatte die Brandenburger SPD wiederum in den problembeladenen nordöstlichen Grenzregionen des Landes mit hoher Arbeitslosigkeit und geringen Bildungsabschlüssen an Stimmen eingebüßt. Dort konnte die Linkspartei kräftig zulegen, aber auch die NPD. Wenig sprach also dafür, dass Platzeck die Antwort auf ein Basisproblem der SPD zu geben vermochte: die Rückkehr

29 Zit. in: Ehrlich, Peter 2005, »Matthias rennt«, in: *Financial Times Deutschland* (3. November 2005).
30 Vgl. Meng, Richard 2005, »Jenseits von Potsdam«, in: *Frankfurter Rundschau* (3. November 2005).
31 Ergebnisse im: Bericht des Planungsstabs Willy-Brandt-Haus vom 20. September 2004, Landtagswahlen Brandenburg am 19. September 2004 (unveröffentlichtes Manuskript).

der sozialen Frage, die seit mehreren Jahren Parteien links und
rechts von der Sozialdemokratie begünstigt hatte.

Doch dergleichen wurde in der SPD nie erörtert. Platzeck war ein
vergleichsweise neues Gesicht, sollte für eine neue SPD stehen.
Das war die Hoffnung. Rundum abwegig war sie nicht. Platzeck
war in der Tat Repräsentant einer sich verändernden Sozialdemokratie, ein lernfähiger, aufmerksam und sensibel zuhörender Politiker. So mangelhaft er bei den unterschichtigen Wählern abge-
schnitten hatte, bei den Landtagswahlen 2004 steigerte sich seine
Partei in Brandenburg bei Beamten und Selbstständigen immerhin um neun bzw. fünf Prozentpunkte. Als Vertreter einer neuen
Mitte im neu vereinten Deutschland schien Platzeck folglich
nicht schlecht geeignet. Zur neuen Mitte gehörte Platzeck im
Grunde schon in den Jahren der DDR.[32] Er war ein Angehöriger
der technisch-naturwissenschaftlichen Intelligenz, der relativ ideo-
logiefernen akademischen Dienstklasse im Staatssozialismus. Auch
das Ambiente seiner Kindheit war weder altproletarisch noch neu-
werktätig. Platzeck war in einem Villenviertel Potsdams aufgewachsen, als Sohn eines Arztes. Zum Grundstück gehörte ein
großer Garten; die Familie genoss die Unterstützung einer Haus-
haltshilfe. Ähnlichkeiten in den Lebensläufen von Angela Merkel
und Matthias Platzeck springen unmittelbar ins Auge.[33] Beide
sind in Brandenburg groß geworden. Beide stammen aus bürgerlich-protestantischen Elternhäusern. Beide verfügen über eine na-
turwissenschaftliche Ausbildung und Berufspraxis: sie als Physikerin, er als Ingenieur für Umwelthygiene.[34] Beiden ermöglichte
das, sich die SED auf Distanz zu halten. Beide waren, als die DDR

32 Vgl. hierzu auch: Mara, Michael/Thorsten Metzner 2006, *Matthias Platzeck.
Die Biografie*, München: Diederichs; Hinck, Gunnar 2007, *Eliten in Ostdeutsch-
land. Warum den Managern der Aufbruch in Deutschland nicht gelingt*, Berlin: Ch.
Links.

33 Insgesamt zu diesem Aspekt Ahbe, Thomas/Rainer Gries 2006, »Die Generationen der DDR und Ostdeutschlands«, in: *Berliner Debatte Initial*, 17/H. 4, S. 90 ff.

34 Vgl. hierzu auch Ehrlich, Peter 2005, »Matthias rennt«, in: *Financial Times
Deutschland* (3. November 2005).

verschied, prononciert unideologische Menschen im mittleren Alter, ganz darauf geeicht, klug zu lavieren, nüchtern die Chancen jedes Engagements abzuschätzen, auch Umwege zu gehen, Geduld aufbringen zu müssen.[35] Er war zehn Jahre in der SPD, als es ihn schon an die Spitze dieser Partei katapultierte; bei ihr war es genauso – und nach weiteren fünf Jahren gelang ihr gar der Einzug ins Kanzleramt. Solche Karrieren wären in den sozialdemokratischen und christdemokratischen Volksparteien vor 1990 nicht denkbar gewesen. Mehr noch: Merkel und Platzeck wären auch bei der jeweils anderen Partei oder bei den Grünen und Liberalen gut vorstellbar gewesen. Sie war keine Milieu-Christdemokratin, er kein Milieu-Sozialdemokrat.

Ende 2005 also konnte man den Eindruck gewinnen, als gehe die altbundesdeutsche Republik wirklich final zu Ende.[36] Die Republik und ihre tragenden politischen Kräfte schienen in Zukunft durch einen neuen Sozialisationstypus geprägt zu werden, der mit den rheinisch-katholischen Mentalitäten nichts mehr zu tun hatte. Diese Interpretation jedenfalls war wohlfeil im Winter 2005/06. Doch sie hielt nur wenige Monate. Nach 146 Tagen warf Platzeck das Handtuch; die vermeintliche Neuerfindung der deutschen Republik aus dem Geist des brandenburgisch-protestantischen Restbürgertums hatte nicht stattgefunden.

Die Platzeck-Euphorie in der SPD war indessen schon zum Ende des Jahres 2005 abgeflacht. Man bemängelte, dass er bei seinen programmatischen Andeutungen zu wolkig blieb, mehr Sprechblasen als präzise Lösungsvorschläge für die Probleme des Landes produzierte.[37] Gemunkelt wurde auch, dass er Fleiß und Arbeits-

---

35 Vgl. Dieckmann, Christoph 2005, »Weisheit des Neustarts«, in: *Die Zeit* (10. November 2005); Weis, Konrad 2005, »Die Chancen ergriffen«, in: *Rheinischer Merkur* (10. November 2005).

36 Vgl. etwa Mara, Michael/Thorsten Metzner 2005, »Mit Frischegarantie«, in: *Der Tagesspiegel* (3. November 2005).

37 Dausend, Peter 2006, »»Das unvollendete Matthias-Evangelium««, in: *Die Welt* (17. Januar 2006); Casdorff, Stephan-Andreas 2006, »Ist das Morgen rot?«, in: *Der Tagesspiegel* (16. Januar 2006).

eifer nicht gerade erfunden habe, dass die Aktenlektüre nicht zu seiner bevorzugten Passion zählte.[38] Auch würde er ganz auf einen akademischen Berater hören, der ihm soufflierte, dass man den radikalen Bruch mit dem alten »Rheinischen Kapitalismus« voranzutreiben habe, stattdessen auf den »Vorsorgenden Sozialstaat« setzen müsse und sich dabei an Dänemark oder Finnland halten solle, wohin brandenburgische Delegationen dann auch gern reisten.

Die Kritiker Platzecks wiesen darauf hin, dass etliche Vorzeige- und Leuchtturmprojekte der Landespolitik zuletzt zu Milliardenverlusten geführt hatten.[39] Auch zeigte sich, dass die Zauberformel der Protagonisten des »Vorsorgenden Sozialstaats« – Bildung, Bildung, Bildung ab der frühesten Kindheit – von all denjenigen Wählern, welche die Schulzeit ziemlich erfolglos abgeschlossen hatten, nicht als hoffnungsweckendes Instrument zur Hebung der eigenen, oft recht trostlosen sozialen Lage angesehen wurde. Im Übrigen machte auch Vorgänger Müntefering dem neuen Parteichef das Leben nicht leicht.[40] Der Vizekanzler propagierte, ohne den sozialdemokratischen Vorsitzenden auch nur mit einem Satz darüber informiert zu haben, urplötzlich die Rente mit 67, was eine Menge Unruhe in die Partei brachte und die Umfrageergebnisse für die Sozialdemokraten neuerlich abschmelzen ließ. Hörstürze machten dem sichtlich überforderten Platzeck zu Beginn des Jahres 2006 schlimm zu schaffen. Im April gab er krankheitshalber den Bundesvorsitz der SPD auf.

38 Vgl. hierzu Gareis, Angela 2005, »Platzecks erster‹Patzer«, in: *Westdeutsche Allgemeine Zeitung* (3. November 2005); Reitz, Ulrich 2005, »Platzecks Chance«, in: *Westdeutsche Allgemeine Zeitung* (3. November 2005).
39 Neiße, Wilfried 2005, »Der ewige Liebling des Glücks«, in: *Neues Deutschland* (3. November 2005).
40 Vgl. hierzu Urschel, Reinhard 2006, »Platzeck will ›nicht weiter vor die Wand laufen‹...«, in: *Hannoversche Allgemeine Zeitung* (11. April 2006).

Erst bodenständiger Glücksfall, dann geschmähter
Provinzling: Kurt Beck

Nun musste man keine großen Findungskommission einsetzen,
die sich nach geeigneten Anwärtern für die Chefposten hätte um-
sehen sollen. Im Frühjahr 2006 war allein Kurt Beck übriggeblieben. Doch wirkte er in diesen Wochen keineswegs wie der
buchstäblich letzte Notnagel. Beck schien eine durchaus plausi-
ble Wahl. Denn er war – dies im Unterschied eben zu seinem
Vorgänger – ein erfahrener Sozialdemokrat, der alle Eigenarten
und Befindlichkeiten seiner Partei kannte. Ihm war es gelungen,
in Rheinland-Pfalz, dem Land Helmut Kohls, der dörflichen
Winzer und der katholischen Kirche, in drei Wahlen die sozialdemokratische Regierungsmacht zu sichern, im März 2006 gar
mit einer absoluten Mehrheit der Mandate. Und Beck hatte sein
Koalitionsgeschick bewiesen, da er während zweier Legislatur-
perioden im Kabinett bestens mit seinen freidemokratischen Ministern harmonierte und damals so etwas wie der Lieblingsso-
zialdemokrat für die nun auch von der Bundes-SPD mehr und
mehr umworbenen Liberalen war. Kurzum: Beck stieg nicht als
ein weiterer neuer Heiland an die Spitze der SPD. Doch durfte
man hoffen, dass die Sozialdemokraten unter seiner Führung ein
wenig zu sich selbst zurückfinden würden, wieder stärker in Hei-
maten verwurzelt, bodenständig, maßvoll, ein verlässlicher An-
sprechpartner für die kleinen Leute und die fleißige Mitte in
der Gesellschaft. Selbst die akademische Politologie geizte nicht
mit Vorschusslorbeeren. Der Landauer Politikwissenschaftler Ulrich Sarcinelli sprach über Beck, seinen Landesvater, geradezu
schwärmerisch als »Hoffnungsträger«, »Siegertyp«, ja: als ein »Phänomen«.[41] Sein Duisburger Kollege, Karl-Rudolf Korte, pflich-

---

41 Vgl. das Interview mit ihm: »Kurt Beck ist ein Phänomen««, in: *Berliner Zeitung*
(12. April 2006).

tete ihm bei: Beck sei ein »absoluter Glücksfall«[42] für die SPD und die Republik.

Sicher: Abwegig waren solche Zuschreibungen seinerzeit nicht. Der später viel verspottete provinzielle Auftritt Becks hatte die SPD im traditionell schwarz-ländlichen Rheinland-Pfalz zur Volkspartei gemacht; gerade die ostentative Kleinbürgerlichkeit war die Voraussetzung für die breite soziale Allianz, welche die Sozialdemokraten dort schmiedeten und die ihnen zu guter Letzt die eigene Majorität einbrachte. Mit einem sich urban kosmopolitisch-libertär gerierenden Kandidaten hätte man vielleicht für einige Tage eine Handvoll Berliner Korrespondenten entzücken und ein rudimentäres Universitätsmilieu in der Landeshauptstadt Mainz erfreuen können, aber dann wäre es den so ins Moderne gewendeten Sozialdemokraten im Lande ergangen wie den Grünen: Sie hätten um den üppigen parlamentarischen Bestand wohl bangen müssen. Viel jedenfalls sprach dafür, dass Beck nicht nur in die Regionalmentalität der Pfalz, sondern insgesamt auch in die demographisch bedingte Zukunftskultur Deutschlands als kongenialer politischer Repräsentant hineinpassen könnte. Denn: In einer ergrauenden Gesellschaft nehmen die Chancen für forsche und schneidige Antreiber als Regierungschefs ab, während sich die Aussichten für Politiker, die Ruhe, Erfahrung, Empathie und Lebensweisheit ausstrahlen, verbessern.

Auch Ende des Jahres 2006 fielen die rückblickenden Kommentare über die ersten Monate Kurt Becks im Parteivorsitz weiterhin freundlich aus. »Was wie ein Betriebsunfall begann«, so die Journalistin Gabi Stief, »hat sich mittlerweile als Glücksfall für die SPD entpuppt.«[43] Die SPD hatte sich stabilisiert, lag Anfang Oktober des Jahres bei Umfragen gar – dies geriet später verblüf-

---

42 Zit. in: Molitor, Wolfgang 2007, »Becks Risiko«, in: *Stuttgarter Nachrichten* (11. Januar 2007).
43 Stief, Gabi 2006, »Kurt Beck – der Aufsteiger aus der Pfalz«, in: *Hannoversche Allgemeine Zeitung* (21. November 2006).

fend schnell in Vergessenheit – drei Prozentpunkte vor der CDU/ CSU; den Rest des Herbstes standen die beiden Volksparteien gleichauf. Das Gewicht der SPD in der Großen Koalition war beträchtlich.[44] Auch in den Monaten danach konnte Beck auf beachtliche Erfolge hinweisen. Er gewann 2007 den Machtkampf gegen den verbissen obstruierenden Müntefering, setzte die Verlängerung des Arbeitslosengeldes II für ältere Arbeitnehmer durch, was zumindest nach Auffassung des Kommentators der *Financial Times Deutschland* »existenziell« für die deutsche Sozialdemokratie war.[45] Und Beck gelang es ebenfalls, die unter Schröder, Müntefering und Platzeck zäh und ergebnislos verlaufene Programmdebatte in Gestalt des Hamburger Programms erfolgreich zu einem Abschluss zu bringen. Überdies war er stark genug, die Führungsriege hinter ihm in der SPD neu zusammenzusetzen. An die Stelle der bisherigen, weitgehend blass gebliebenen stellvertretenden Parteivorsitzenden Ute Vogt, Jens Bullerjahn, Elke Ferner und Bärbel Dieckmann traten nun unter anderem die »Stones«, also die beiden Bundesminister Steinbrück und Steinmeier.

Indes: Auf sie bauen konnte Beck im Folgenden nicht. Noch auf dem Hamburger Parteitag 2007 wandten sich beide in überschäumender Partylaune am geselligen Parteitagsabend demonstrativ den so genannten »Netzwerkern« zu, die gerade erst mit dem »Seeheimer Kreis« der Partei eine organisierte Parteirechte gebildet hatten. Damit aber stand Beck einsam und allein im Parteizentrum. Die wichtigsten Minister der SPD im Bundeskabinett hatten sich alle im rechten Spektrum angesiedelt. Links befand sich die Truppe von Andrea Nahles. Eine schlagkräftige, handlungsfähige, gut organisierte Parteimitte, auf die sich Beck

---

44 Vgl. Inacker, Michael 2007, »Drei-Säulen-Strategie«, in: *Wirtschaftswoche* (29. Januar 2007).

45 Münchau, Wolfgang 2007, »Hut ab, Herr Beck«, in: *Financial Times Deutschland* (10. Oktober 2007).

hätte stützen können, existierte hingegen nicht. Dass Beck wenig dazu beigetragen hat, ein solches Partei- und Strategiezentrum auf- und auszubauen, hat ihn letztlich – neben all den Ungeschicklichkeiten wie den kryptischen Andeutungen zur Mehrheitsbildung im hessischen Landtag kurz vor den Bürgerschaftswahlen in Hamburg – zu Fall gebracht.

Ab einem bestimmten Zeitpunkt multiplizierte sich der Spott und Hohn derer, die gegen den Pfälzer Ministerpräsidenten zielten. Und Beck, der in seinem Heimatland mit bösartigen Journalistenscharen oder sarkastischen Bloggern ernsthaft nicht zu tun bekommen hatte, reagierte dünnhäutig, unsicher – und reicherte damit die karikaturistischen Züge vom »Provinzdeppen« noch an, die man ihm in der öffentlichen Darstellung mehr und mehr verpasste. Man hatte es auch zuvor schon häufig erlebt; Beck war nicht der erste erfolgreiche Landespolitiker, dessen Stern jäh verglühte, als er in die eisenhaltige Atmosphäre der Bundespolitik eindrang. Gute Landespolitiker mit gediegener Bodenhaftung brauchen ihre Region, von der Mundart über die Weinkönigin und Schützenfeste bis zum Prinzen Karneval, um sicher und zugehörig wirken zu können. Das galt schon für Johannes Rau, auch für Björn Engholm, für Edmund Stoiber, nicht zuletzt für Matthias Platzeck. Jenseits dieser, ihrer, Region agierten sie auf dem Berliner Parkett plötzlich starr, misstrauisch, unbeholfen, unglücklich. Meist dauerte es auch nur wenige Wochen, dann stieß das hermetische Milieu des Berliner Regierungsviertels sie nach allen Regeln binnenzentrierter Exklusionskunst ab.[46] Den meisten Seiteneinsteigern in die Politik, von Jost Stollmann bis Paul Kirchhoff, ging es ebenfalls nicht anders. Beck war ein dankbares Objekt für Süffisanz und Sarkasmus. Sein Idiom, sein ungroßstädtischer Haarschnitt, seine in Zeiten der Fitnessimperative nicht gebotene Bauchfülle, das alles war leichthin verächtlich zu persiflieren.

46 Vgl. auch Kuhlmann, Jan 2008, »Der von unten«, in: *Rheinischer Merkur* (3. Juli 2008).

Es war bald kaum zu übersehen, wie unwohl Beck sich in diesem fremden Berlin fühlte, wie verspannt und argwöhnisch er vor den Kameras auftrat.[47] Selbst im Willy-Brandt-Haus, seiner Zentrale eigentlich, überwogen die Spötter und Gegner die Wohlmeinenden und Freunde des Parteichefs. Um eigene Netze und Allianzen in der Kapitale hatte sich Beck nie gekümmert. Berater diesseits seiner Mainzer Vertrauten wollte er nicht, meinte sie auch nicht zu benötigen. Steinmeier und Steinbrück weihte er in den entscheidenden Momenten nicht rechtzeitig in seine Pläne ein, düpierte sie dadurch und festigte so ihre Distanz zu ihm.[48] Dies alles trieb die Sozialdemokraten weit nach unten, nagte Monat für Monat mehr an ihrem sowieso arg lädierten Selbstbewusstsein. Als Beck im Juli 2008 geradezu weinerlich darüber lamentierte, dass die Kanzlerin den Sozialdemokraten »die letzte Butter vom Brot« kratze,[49] war wahrscheinlich der Punkt erreicht, an dem seine innerparteiliche Autorität irreparabel beschädigt war. Selbst Sozialdemokraten, die es gut mit ihm meinten, waren am 7. September 2008 erleichtert, dass am Schwielowsee, anlässlich einer SPD-Klausur, die Episode Beck zu Ende ging.

Souffleure und Maschinisten des Regierens: Bodo Hombach und Frank-Walter Steinmeier

Die Fäden als Chef im Kanzleramt zog zwischen 1999 und 2005 Frank-Walter Steinmeier.[50] Überraschend – auch für ihn selbst – war, dass er das nicht vom ersten Tag des Einzugs Gerhard Schrö-

47 Vgl. hierzu auch König, Jens 2007, »Der Provinzkanzler«, in: *die tageszeitung* (14. Juni 2007).
48 Vgl. hierzu Bohmsen, Guido/Peter Ehrlich/Maike Rademacher 2007, »Einer für alle«, in: *Financial Times Deutschland* (5. Oktober 2007).
49 O.V., »Beck: ›Merkel kratzt uns noch die letzte Butter vom Brot‹«, in: *Die Welt* (8. Juli 2008).
50 Vgl. Lambeck, Martin S. 1999, »Frank-Walter Steinmeier wird für Schröder Ordnung schaffen«, in: *Die Welt* (26. Juni 1999).

ders in die Regierungszentrale zu machen hatte. Denn Steinmeier war schon in Hannover der Hausmeier Schröders in der
Niedersächsischen Staatskanzlei. Allgemein wurde angenommen,
dass diese bewährte Konstellation in Bonn unmittelbar fortge-
führt werden sollte.

Doch Schröder entschied sich anders. Er nahm den unverzicht-
baren Steinmeier zwar mit in die Kapitale am Rhein. Aber in
der Hierarchie der Administration des Kanzleramts war Steinmeier zunächst nur der zweite Mann. An die Spitze hatte der
Kanzler Bodo Hombach gestellt, der in den 1980er Jahren als
nordrhein-westfälischer SPD-Landesgeschäftsführer Hauptverant-
wortlicher für ideenreiche und höchst erfolgreiche sozialdemokratischer Wahlkämpfe zwischen Kleve und Höxter war. Hombach
galt als einer der raffiniertesten Spindoktoren der Republik. Er
hatte nichts von dem Typus Globke, Schüler oder Bohl, er stand
eher in der Linie von Horst Ehmke. Zuweilen benötigen Kanzler
diesen Typus des öffentlichkeitssuchenden, auch geltungsorientier-
ten, die Kampfarena liebenden Prellbocks und Troublemakers.

Das begann ebenfalls bereits mit Adenauer. Daher schauen wir
noch einmal einen Moment zurück. Adenauers Mann für Grobe
hieß Otto Lenz.[51] Ihn holte er 1951 zu sich ins Kanzleramt, da er
jemanden brauchte, der die zu Beginn der 50er Jahre keineswegs
regierungsfreundliche öffentliche Meinung neu prägte. Die demoskopischen Werte für das Kabinett Adenauer waren besorgnis-
erregend; die Christliche Union schwächelte, die oppositionellen
Sozialdemokraten witterten Morgenluft. Das jedenfalls indizier-
ten die vorangegangenen Landtagswahlen, bei denen CDU bzw.
CSU schlimm verloren, sodass selbst dem erfahrenen Fuchs an
der Spitze der Bundesregierung allmählich die Nerven flatterten.
Infolgedessen griff er sich Otto Lenz.

Lenz war ein *political animal*, ein ungeheures Energiebündel, ein

---

51 Zu Otto Lenz vgl. insbesondere Buchstab, Günter 2003, »Otto Lenz – Chef des
Kanzleramtes 1951-1953«, in: *Zeitschrift für Parlamentsfragen* 34/H. 2, S. 414 ff.

wahrer Wirbelwind des Politischen, rund um die Uhr als draufgängerischer Kriseneindämmer einsetzbar. Er war ein unermüdlicher Netzwerkschmieder, rastloser Verhandler, fantasiereicher Initiator. Lenz sollte die öffentliche Meinung umdrehen. Dafür hatte ihn Adenauer in seiner demoskopischen Not auserkoren. Otto Lenz ging dabei beherzt und mithilfe einiger durchaus dubioser Reptilienfonds recht unbekümmert zur Sache. Er schickte mehrere junge Menschen in die Vereinigten Staaten von Amerika, damit sie dort die neuen und modernen Wahlkampfmethoden studieren konnten. Er fädelte einige – und seither für die Union stabile – Kontakte zum Allensbacher Meinungsforschungsinstitut ein und tüftelte mit deren Experten griffige, mitunter auch durchaus demagogische Wahlkampfparolen aus.[52] Unter der Verantwortung von Lenz lancierte die Union sodann den Slogan, dass alle Wege des Sozialismus nach Moskau führen würden. Kurzum: Lenz erwies sich als der zupackende Öffentlichkeitsarbeiter, heute würde man sagen: der effiziente und knallharte Kommunikationsmanager, nach dem Adenauer in der Depression des Jahres 1950 so händeringend Ausschau gehalten hatte. Die Baisse der Union war nach Antritt des Tausendsassas Lenz alsbald überwunden. 1953 siegte die Adenauer-Partei triumphal, da sie ihre Wählerquote um 14,2 Prozentpunkte steigerte. Obwohl Adenauer Lenz somit einiges zu verdanken hatte, servierte er diesen, den er keineswegs mochte, nach dem Wahlsieg rasch und gewohnt unsentimental ab.

Mit Hombach ging es ähnlich. Der neue rot-grüne Bundeskanzler Schröder, vom Typ selbst – und darin ganz anders als Brandt – ein politischer Stierkämpfer, brauchte den durchaus kongenialen Mann aus dem Ruhrgebiet seinerzeit dringend.[53] Denn Gerhard Schröder hatte sich mit Oskar Lafontaine eines lästigen Rivalen

52 Vgl. Köhler, Henning 1994, *Adenauer*, S. 782.
53 Vgl. Bender, Andreas 1999, »Bodo Hombach aus Mühlheim – ›German's trouble-shooter‹«, in: *Welt am Sonntag* (25. April 1999).

zu erwehren, der unverkennbar Einfluss und beherrschenden Zugriff auf das Kanzleramt und die Richtlinien der Regierungspolitik nehmen wollte. Daher hievte Schröder anfangs den Zwei-Meter-Hünen Hombach – und zunächst eben nicht, wie allseits erwartet, Frank-Walter Steinmeier – an die Spitze der Regierungszentrale, um die Ansprüche und Attacken des SPD-Vorsitzenden auch politisch entschlossen zu parieren. Schließlich war Hombach, ein Mann mit beträchtlichem Tatendrang und Ideenreichtum, der bekennende »Modernisierer«, wo Lafontaine als traditionalistischer Sozialkeynesianer auftrat. Hombach zimmerte an einer Gegenideologie zur Politik des sozialdemokratischen Superministers aus dem Saarland. Der Chef im Kanzleramt ernannte Ludwig Erhard zum Ahnherrn einer modernen Sozialdemokratie, plädierte für eine »Angebotspolitik von links«[54], schrieb am so genannten »Schröder-Blair-Papier« mit und proklamierte ein weiteres Mal die »Neue Mitte«. Und von Fall zu Fall lancierte Hombach, der über intime Kontakte zu den Medien verfügte, gezielt Boshaftigkeiten und Indiskretionen über Lafontaine, bis der im März 1999, überraschend schnell mürbe gemacht, dann politisch resignierte und von einem Tag zum anderen das Feld räumte. Schröder hatte dank seines Hombachs das politische Mensch-ärgere-dich-Spiel rasch und rundum gewonnen. Damit hatte der Prellbock seine Funktion schon erfüllt. Und so wurde Hombach, ganz ähnlich wie Lenz, auch unverzüglich abgeschoben.

Von Zeit zu Zeit also brauchen Kanzler derartige Figuren rauer Machart. Zuweilen genügen nicht allein die absolut loyalen, diskreten, unauffällig im Hintergrund agierenden Bürokraten der Macht. Zuweilen benötigen Bundeskanzler eben die Hilfe jener extrovertierten Selbstdarsteller, um in der Öffentlichkeit einigen nützlichen Budenzauber zu entfesseln, auch um neue, nicht un-

---

54 Vgl. o.V., »Wohin denn nun, Genossen?«, in: *Stern* (15. Oktober 1998).

heikle Einfälle und gewagte konzeptionelle Überlegungen aus-
zutesten. Doch in aller Regel stehen Kanzler ihren Prellböcken
denkbar misstrauisch gegenüber. Sie sind ihnen zu selbstgefällig,
zu eitel, zu unberechenbar, zu stark mit eigenen Interessen und
Plänen unterwegs. Man kann auch sagen: Sie sind den Kanzlern
ganz einfach zu ähnlich. Daher haben sie an der Spitze des Schattens ihrer Macht lieber Männer wie Globke und Schüler.

Oder eben Frank-Walter Steinmeier. Was Globke für Adenauer,
Schüler für Schmidt, war nun über sechs Jahre Steinmeier für
Schröder. Sprach oder schrieb man in dieser Zeit über Steinmeier, fielen haargenau die gleichen Charakterisierungen wie
Jahrzehnte zuvor für Globke und Schüler. Auch Schröders Staatssekretär im Kanzleramt stand im Ruf, äußerst verschwiegen zu
sein, gut zuhören zu können, sich durch absolute Loyalität aus-
zuzeichnen, durch vorzügliche administrative Kompetenz zu überzeugen, selbst einen 16-Stunden-Tag ohne Murren hinzunehmen,
kurz: als perfekter Maschinist der Macht jederzeit verlässlich zu
handeln.[55] Bei den Journalisten firmierte er als »Doktor Makellos«, auch – wegen des silbernen Glanzes seiner Haare – als »Graue
Effizienz«. Die meisten Journalisten, vor allem die mit einer linksliberalen Biographie, schwärmten von ihm gar, lobten seine stete
Freundlichkeit, sein reflexives Herangehen an die Probleme. Mit
Steinmeier hatten es die Berichterstatter der Medien gewiss leichter als ihre Vor-Vorgänger in den 1950er Jahren in Bonn mit
Globke, der weit verschlossener war, auch wegen seiner Vergangenheit meist bedrückt-introvertiert erschien, während Steinmeier
in aller Regel gut gelaunt auftrat und mit einem beherzten Män-
nerwitz-Lachen für Heiterkeit in Herrenrunden sorgte.[56] Gleichwohl: Viel erfuhr man nicht von ihm. Denn Steinmeier war –

55 Vgl. etwa Grunenberg, Nina 1999, »Arme Regierung!«, in: *Die Zeit* (28. Oktober 1999); Bruns, Tissy 2001, »Truppe ohne Scharping«, in: *Die Welt* (19. Oktober
2001).
56 Vgl. Fried, Nico 2006, »In der Ruhe liegt die Macht«, in: *Süddeutsche Zeitung*
(23. August 2006).

hier wieder geistesverwandt mit Globke – kompromisslos verschwiegen. Die Parlamentskorrespondenten in der Hauptstadt
seufzten zuweilen resigniert, dass man vom Chef des Kanzleramtes nicht einmal den Vornamen des Kanzlers erfahren würde.[57]
Steinmeier war eben, wie es durchaus respektvoll am Regierungssitz hieß, »furchterregend loyal« gegenüber seinem Kanzler.[58]
Steinmeier gehörte zur »Maschsee-Mafia« des Kanzlers. Aber er
teilte mit Schröder auch die regionale Herkunft der Geburt. Der
Kanzler und sein Amtschef waren Lipper. Die Orte ihrer Kindheit lagen etwa 15 Kilometer weit auseinander. Studiert hatte Steinmeier dann in Gießen, bevor er als promovierter Jurist 1993
Leiter des persönlichen Büros des niedersächsischen Ministerpräsidenten wurde. Ab 1996 leitete er die niedersächsische Staatskanzlei. Seither wusste Schröder, was er an Steinmeier hatte: Sein
Amtsleiter war ihm sein »Mach mal«.[59] Diesen Zuruf jedenfalls
bekam Steinmeier über die Jahre mehrere Male am Tag zu hören.
Und eben das war seine Funktion, darin komplettierte er den
Kanzler. Schröder war ein Virtuose der Intuition, des Instinkts,
der Witterung. Schröder meinte zu fühlen, wohin es politisch gehen sollte. Aber für die kleinteilige Operationalisierung, für die
bürokratischen Prozeduren der Kanzlereingebungen war Steinmeier zuständig. Steinmeier gab dem Spontaneismus von Schröder Struktur, transferierte die Bauchentscheidungen des Kanzlers
in rationale Verfahrenswege. So hatte sich das schon in Hannover eingespielt, so setzte sich das jetzt auch in Bonn, dann in
Berlin weiter fort.
Darin ergänzten sie sich, da Steinmeier – der allerdings über Netzwerke in Partei und Fraktion zunächst nicht verfügte – als der

57 Vgl. Innacker, Michael 2001, »Schröders System der Macht auf acht Etagen«,
in: *Frankfurter Allgemeine Sonntagszeitung* (29. April 2001).
58 Vgl. Pries, Knut 2000, »Strippenzieher als ehrbares Gewerbe«, in: *Frankfurter
Rundschau* (16. März 2000).
59 Vgl. Blome, Nikolaus 2002, »Frank-Walter Steinmeier ist die ›Graue Effizienz‹
im Kanzleramt«, in: *Die Welt* (20. Dezember 2002).

exakte Administrator zu Werke ging, der Schröder nicht war, nicht
sein wollte, auch nicht sein musste. Steinmeier liebte es, die schmalen Handlungskorridore zu finden, die wenigen Gelegenheitsfenster zu öffnen, die sich der Politik in komplexen Gesellschaften
noch boten.[60] Das war der pragmatische Ansatz, den Steinmeier
mit seinem Kanzler teilte, indem sich beide mit ihren unterschiedlichen Fähigkeiten trefflich verknüpften. Vielleicht stimmten sie sogar zu sehr in dieser Grundhaltung überein. Beide, der
Kanzler und sein Amtschef, waren exzellente Zuhörer. Aber mit
Theoretikern hatten sie wenig Geduld.[61] Menschen, die in langen Strecken dachten, gar das Reizwort »Visionen« in den Mund
nahmen, gingen ihnen auf die Nerven. Sie hielten das für unpoli-
tisch, weltfremd, versponnen.

Wahrscheinlich durfte das ein Kanzleramtschef kaum anders sehen. Und doch war es nicht unproblematisch. Der Agenda 2010
beispielsweise, die im Stab von Steinmeier vorbereitet und letztlich kreiert wurde, fehlte jede Dimension der Zuversicht, im Übrigen selbst der Kohärenz. Mehr als spröde zusammenkompilierte
Einzelmaßnahmen enthielt das immerhin einschneidendste Re-
formpaket in der Geschichte der bundesdeutschen Sozialpolitik
nicht.[62] Aber so verstand man Politik in jenen Jahren am Ende
des erloschenen rot-grünen Projekts. Steinmeier redete mit allen
möglichen Experten aus Wissenschaft und Wirtschaft, nahm auf,
was ihm einleuchtete und offenkundig dem neuesten Kenntnis-
stand entsprach. Dann versuchten er und seine Leute einiges
davon – ganz unideologisch, eben pragmatisch auf der Höhe
des Urteils ausgewiesener Fachleute, wie man argumentierte – ge-
setzgeberisch auf den Weg zu bringen.[63] Mit diesem expertokrati-

---

60 Vgl. auch Innacker, Michael 2003, »Der Hausmeier«, in: *Frankfurter Allgemeine
Sonntagszeitung* (2. Februar 2003).
61 Vgl. Innacker, Michael 2000, »Frank-Walter Steinmeier. Schröders Mann im
Hintergrund«, in: *Die Welt* (8. Dezember 2000).
62 Vgl. auch Leinemann, Jürgen 2003, »Ich bin nicht der Stellvertreter«, in: *Der
Spiegel* (24. April 2003).
63 Perger, Werner A. 2000, »Dr. Makellos«, in: *Die* Zeit (7. September 2000).

schen Anspruch nüchternen Technokratentums versuchte man Politik als alternativlosen Vollzug objektiver Entwicklungs- und Handlungszwänge zu deklamieren, um in den eigenen politischen Reihen und im Volk insgesamt Gefolgschaft herzustellen. Hier war Steinmeier in seinem Element.[64]

Aber es bedeutete die Entkernung des genuinen Politischen. »Nie hatte er ein Mandat, nie ein Parteiamt, nie hat er selbst Wahlkampf geführt. [...] Wer könnte sich an einen konkreten Satz von Steinmeier erinnern?«[65] Typisch war, dass Steinmeier die Rhetorik Schröders im Wahlkampf 2002 gegen den Irak-Krieg für überzogen hielt.[66] Das mag aus der Perspektive von Fachprofessoren auf dem Gebiet der Internationalen Beziehungen in der Tat so gewesen sein; aber darin lag die machterhaltende Chance, die ein Politiker gerade in der Demokratie, wo er Mehrheiten diesseits rationaler Kommunikationen sammeln muss, zu ergreifen hat, will er nicht unrühmlich von der Bildfläche verschwinden. Aber die verbeamteten Staatssekretäre im Kanzleramt mussten nie durch dieses Säurebad demokratischer Personalauswahl und Elitenrekrutierung hindurch.[67] Insofern wäre man lange auch nicht darauf gekommen, etwa Hans Globke zum Parlamentarier oder gar Kanzlerkandidaten zu machen. Keiner hat je erwogen, Manfred Schüler zum Nachfolger von Helmut Schmidt aufzubauen, nur weil der Kanzleramtschef mit den Prozeduren der Regierungsmaschinerie bestens vertraut war. Mit Steinmeier löste sich die Trennung von Bürokratie und Politik auf; ja: Das bürokratische Element hat bemerkenswerterweise gerade über die Sozialdemokratie – die ja in den ersten Jahrzehnten ihres Bestehens

64 Vgl. auch Ross, Jan 2006, »Ein Mann der Umwege«, in: *Die Zeit* (24. August 2006).
65 Hildebrandt, Tina 2007, »Die größte zwei der Republik«, in: *Die Zeit* (19. Juli 2007).
66 Vgl. Knaup, Horand 2007, »Der Reservekandidat«, in: *Der Spiegel* (14. Mai 2007).
67 Vgl. hierzu auch Feldenkirchen, Markus 2005, »Der aus dem Dunkeln kam«, in: *Der Spiegel* (19. Dezember 2005).

noch durch die Opposition zum autoritären Verwaltungsstaat aus-
gewiesen war – kräftig Einzug in den Parlamentarismus und in
die Parteiendemokratie gehalten.

Der Büroleiter als Wahlkampfführer: Frank-Walter Steinmeier

Ursprünglich sollte im Wellnesshotel am Schwielowsee nur der
Kanzlerkandidat der SPD für 2009 ausgerufen werden. Aber Beck
fühlte sich durch Indiskretionen und Interpretationen zu seinen
Lasten desavouiert und demissionierte daher ganz. Franz Müntefering kehrte zurück, zunächst wieder mit großem Jubel von
den meisten Kommentatoren der Journaille begrüßt. Die »Mün-
te«-Euphorie der Jahre 2003 bis 2008 im politischen Feuilleton
wäre gewiss einmal ein lohnender Forschungsgegenstand für Eth-
nologen neuzeitlicher Kulte des Gewöhnlichen als des Besonderen.
Aber natürlich besaß die Entscheidung für Steinmeier und Müntefering im grauen Frühherbst 2008 eine gewisse Rationalität.
Schließlich konnte eine Partei nach zehn Jahren Regierungsführung bzw. -beteiligung nicht ernsthaft mit demonstrativ schlech-
tem Gewissen, Kleinmut oder Büßerhaltung in den Wahlkampf
ziehen – nach dem Motto: »Vieles war falsch, was wir in der Regierung gemacht haben; doch wollen wir wieder den Kanzler
stellen.« So etwa aber war die Beck-SPD in den Monaten zuvor
aufgetreten. Die Sozialdemokraten hatten sich nach dem Abgang von Lafontaine im Frühjahr 1999 für eine neue Politik der
Märkte und der Eingriffe in die sozialstaatliche Verfasstheit entschieden. Das war für die Partei unter großen Opfern, schlim-
men Verlusten von Mitgliedern, Wählern, Mandaten verlaufen.
Am Ende hatte sich die SPD in vielerlei Hinsicht gewandelt. Sie
war 2008 nicht mehr die gleiche Partei wie 1998. Aber daher

machte es auch wenig Sinn, so zu tun, als könnte man wieder zur »alten SPD« zurückmutieren. Insofern war die Entscheidung für einen Kanzlerkandidaten Steinmeier und einen Parteichef Müntefering folgerichtig. Man ging nun mit dem Architekten und dem Einpeitscher der Schröder-Politik und nicht mit einem lediglich halben Unterstützer oder Dreiviertelkritiker der eigenen Agenda-Politik in die Auseinandersetzungen des Jahres 2009.

Überdies sprach für Steinmeier, dass er im Berliner Areal der Mächtigen und Meinungsfreudigen ganz zu Hause ist. Man durfte zumindest hoffen, dass ihn die Berliner Politikklasse aus Medienvertretern, Think-Tank-Beratern, Lobbyisten, Referenten und Abgeordneten nicht ähnlich abstoßen würde, wie es zuvor Beck widerfahren war. Steinmeier war ein Zugehöriger, kannte sie alle, hatte in Ministerien und im Willy-Brandt-Haus genügend Leute sitzen, die im Kanzleramt während der Schröder-Jahre zumindest indirekt unter seinen Fittichen gestanden hatten.[68] Steinmeiers Achillesferse war lange, dass er stets im Schatten eines wirklich Mächtigen ausschließlich dienend zur Verfügung gestanden hatte.[69] Er war Administrator, kein Politiker.

Dabei: Steinmeiers Renommee beruht auf seinen einst im Kanzleramt bewiesenen Vermittlungsfähigkeiten, seinem Koordinationstalent, seiner Vernetzungskompetenz. Im Blick auf die Führung seiner eigenen Partei war seit 2007 von solchen Fertigkeiten allerdings wenig zu erkennen, über Monate zogen sich heftige SPD-interne Irrungen und Wirrungen hin. Steinmeier war in dieser Zeit stellvertretender Bundesvorsitzender, während des innerparteilichen Gezerres stand er jedoch oft merkwürdig unentschlossen im Off. In dieser Unordnung ist dann auch die Entscheidung für die Kanzlerkandidatur entsprechend diffus geraten. Irgendwo in kleinen Zirkeln wurde darüber hin und her verhandelt. Man

68 Vgl. Dausend, Peter 2008, »Mann ohne Geschichte«, in: *Die Zeit* (19. Juni 2008).
69 Vgl. hierzu: o.V., »Frank-Walter Steinmeier als Reserve-Kandidat«, in: *Neue Zürcher Zeitung* (29. August 2007).

wusste nicht, wer diese Kreise in den Dunkelräumen der Politik legitimiert hat; man wusste nicht einmal, wer welchen Cliquen warum und mit wie viel Bedeutung angehörte. Jedenfalls wussten es die Mitglieder in der Fläche nicht, auch nicht das Gros der Mandatare in den Parlamenten.

Was, so durfte man sich fragen, sind eigentlich die Kriterien für die Auswahl sozialdemokratischer Parteivorsitzender oder Kanzlerkandidaten? Offenkundig: allein die Demoskopie. Wer gerade beliebt ist, wird Kandidat oder Chef. Damit aber ist die Souveränität als Partei mit eigener Willensbildung und eigenem Stolz auch schon weggegeben. Man unterwirft sich den Meinungsbarometern.

Dabei kommt es auf Beliebtheitswerte dieser oder jener Repräsentanten gar nicht in erster Linie an. Zwar redet alle Welt über einen Kanzlerkandidaten in Deutschland, als sei er ein Anwärter auf das Präsidentschaftsamt in Frankreich oder den USA, wo durch den plebiszitär begründeten Wahlakt die Popularität des Einzelnen an der Spitze wirklich bedeutsam ist. In Deutschland aber wählt man Parteien, die koalitionsgeeignet sein müssen. Und 1969 wie 1976 oder 1980 lagen auch Willy Brandt und Helmut Schmidt mit ihren Parteien nicht vor der CDU/CSU – und trotzdem wurden sie Kanzler. Denn sie waren koalitionsfähiger als damals Kiesinger, Kohl und insbesondere Franz Josef Strauß.

Das deutsche Regierungssystem prämiert Koalitionsfähigkeit, nicht Spitzenkandidatencharisma. Daher wären die wichtigen und richtigen Frage in der Kandidatendebatte der SPD gewesen: Wer schöpft das Koalitionspotential am besten aus? Was will Steinmeier überhaupt für eine Koalition? Strebt er am Ende gar nicht die Kanzlerschaft in einer komplexen Parteienallianz an, sondern freut sich vielmehr auf eine weitere Legislaturperiode als Außenminister in einem Bündnis mit der Union? Aber: Ist darüber je diskutiert worden in der SPD?

2. Brandenburg oder Bayern: Die Union im Machtkampf

Nichtzugehörigkeit als Chance: Der Aufstieg Angela Merkels

Auch in der Union regelte sich die Nachfolgefrage zu Beginn des neuen Jahrtausends außerhalb der bis dahin tradierten Bahnen. Der Spendenskandal, der die CDU im ersten Halbjahr 2000 weit hinunterzog, spülte die Außenseiterin Angela Merkel weit nach oben. Der Krisenparteitag in Essen am 10. April 2000 wählte sie, die auf den vorangegangenen Regionalkonferenzen zur »Angie« verzweifelter christdemokratischer Hoffnungen geworden war, zur neuen Parteichefin. Im Grunde sprach wenig dafür, dass sie würde reüssieren können. Denn sie besaß nichts von dem, was nach der festen Überzeugung von Politologen und politischen Publizisten ehern notwendig ist, um in der Parteiendemokratie ganz oben tatsächlich zu bestehen: Sie verfügte nicht über Stallgeruch, hatte keine Ochsentour absolviert, durfte sich nicht auf geschlossene Bataillone eines mächtigen Landesverbandes verlassen, war nicht in Seilschaften und einflussreichen Netzwerken integriert. Ihr fehlten Patronagemöglichkeiten, Sanktions- und Disziplinierungsinstrumente, da ihr außer dem Parteivorsitz echte Machtressourcen – etwa die Führung der Bundestagsfraktion – abgingen.[1] Nahezu alles sprach infolgedessen dafür, dass die Zeit von Merkel an der Spitze der Christdemokratie nur eine Episode bleiben würde, ein merkwürdiges Interregnum in einer seltsamen Konfusion, in die die alte Kanzlerpartei der westdeutschen Republik hineingetorkelt war. In der Tat: Große Wahlsiege gelangen Frau Merkel als Spitzenkandidatin nicht. Und dennoch wurde sie Kanzlerin, dennoch führt sie die CDU seit nunmehr neun Jah-

---

1 Bösch, Frank 2002, »Die machtlose Siegerin«, in: *die tageszeitung* (28. September 2002).

ren – länger als dies Erhard, Kiesinger, Barzel oder Schäuble gelang, die allesamt keine kleinen Kaliber in der deutschen Politik
waren.

Die Frage bleibt, was es denn eigentlich bedeutete, dass sie schaffte, was ihr zunächst kaum jemand zugetraut hatte und was nach
den Regeln der etablierten Parteienforschung auch nicht hätte
funktionieren dürfen. Hatte Merkel einfach das Glück, zweimal
innerhalb von zehn Jahren, 1990 wie 2000, durch nur selten derart weit geöffnete Gelegenheitsfenster schlüpfen zu können, stieß
sie also auf Kairos-Situationen, mit denen im Durchschnitt historisch und auch künftig nicht zu rechnen war und zu rechnen
ist? Oder hat sich im Verhältnis von Parteiendemokratie und Gesellschaft mittlerweile einfach vieles geändert, sodass Erfahrungs-
werte aus 150-jähriger Parlamentsgeschichte nunmehr nicht mehr
gelten? Genauer: Sind Parteien für den politischen Prozess, für Re-
krutierung, Orientierung und Mobilisierung längst nicht mehr
so wichtig wie – sagen wir: 1890, 1930 oder 1980, mit der Folge, dass die intime Kenntnis der inneren Mechanismen des Par-
teienbetriebes an Bedeutung verloren hat oder gar schädlich sein
mag?

Zunächst schien es so, als wäre die Merkel-Kür tatsächlich einzig der Ausnahmesituation 1999/2000 geschuldet gewesen. Die
CDU benötigte in diesem Moment jemanden, den sie unter nor-
malen Umständen dem Weg nach ganz oben verlässlich versperrt
hätte. Sie brauchte eine Person, die nicht so war wie Christdemokraten sonst, die in den Jahrzehnten zuvor nicht zu den Kreisen
gezählt hatte, denen man in der Ära Kohl angehören musste,
um innerparteiliche Erfolge erzielen zu können. Die Kohl-Entou-
rage war Anfang 2000 diskreditiert. Daraus folgerte das politische Aus für Volker Rühe, war auch ein Hemmnis für Roland
Koch; und Wolfgang Schäuble blieb infolgedessen ein Kurzzeit-
Vorsitzender. Angela Merkel galt zwar ebenfalls als eine Entdeckung Kohls, firmierte als sein »Mädchen«. Aber sie war eben

nicht Kohls Männerfreundin, gehörte nicht zu der Riege von Kerlen und Kumpeln, die der frühere Kanzler gerne bei seinen Zech- und Essgelagen um sich gruppierte.

Die Nichtzugehörigkeit wurde zur Chance der Angela Merkel.[2] Und in dem Moment, als sie die Gelegenheit nutzte, enthüllten sich bereits die Muster, wie Merkel sich Zug um Zug ihren Weg jeweils zu bahnen pflegte.[3] Sie nutzte, dass man sie lange Zeit unterschätzt hatte und ihr daher bereitwillig Funktionen gab, da man sie als ernsthafte Rivalin nicht auf der Rechnung führte. Sobald Angela Merkel mittels Protektion ein weiteres Stück aufgestiegen war, räumte sie ihren Mentor dann kühl aus dem Weg. Es gab einige Männer, die Merkel in den einzelnen Stationen ihrer Karriere als Politikerin geholfen hatten, niemanden darunter hat sie es mit Dank – die Währung, mit der Kohl treue Dienste zu zahlen pflegte – entgolten.[4] Im Gegenteil: Im Fehlen jeglicher Sentimentalität unterschied sie sich ganz von Helmut Kohl; daher wird sie noch mehr gefürchtet, aber eben auch von niemandem in ihrer Partei geliebt.[5]

Die Härte und Kälte, mit der Merkel ihre Gegner, aber eben auch frühere Förderer aus dem Feld schlug, wirkte lange irritierend auf den rheinisch-katholischen Kern der CDU, für den Nehmen und Geben ein konstitutives Äquivalenzprinzip menschlichen Miteinanders bildete. Nachdem der Rausch der »Angie«-Messen auf den Regionalkonferenzen abgeebbt war, erinnerte man in der Flä-

---

2 Vgl. hierzu auch Schlieben, Michael 2007, *Politische Führung in der Opposition. Die CDU nach dem Machtverlust 1998*, Wiesbaden: VS Verlag für Sozialwissenschaften, S. 56.

3 Vgl. auch Schumacher, Hajo 2006, *Die zwölf Gesetze der Macht. Angela Merkels Erfolgsgeheimnisse*, München: Blessing; Langguth, Gerd 2005, *Angela Merkel*, München: Deutscher Taschenbuch Verlag.

4 Schlieben, Michael 2009, »Angela Merkel – die Königin der Seiteneinsteiger«, in: Lorenz, Robert/Matthias Micus (Hg.), *Seiteneinsteiger. Unkonventionelle Politiker-Karrieren in der Parteiendemokratie*, Wiesbaden: VS Verlag für Sozialwissenschaften, S. 437.

5 Vgl. Grunenberg, Nina 2003, »Die erste Spielerin der Macht«, in: *Die Zeit* (24. April 2003).

che der CDU deshalb rasch wieder an all die Eigenschaften Merkels, die einer christdemokratischen Exponentin unangemessen
wären: die ostdeutsche und protestantische Herkunft, die Ehe-
und Kinderlosigkeit, in der die geschiedene Physikerin in jenen
ersten Jahren ihres Parteivorsitzes noch lebte. Nach zwei Jahren
ihrer Amtszeit festigte sich der Eindruck, dass auch Merkel die
Grammatik der Parteiendemokratie nicht ausblenden konnte.
Ohne jahrzehntelange Erfahrungen in der Tretmühle des Partei-
enalltags ließ sich eine Volkspartei dann doch nicht führen. Merkel hatte Probleme mit dem Chef der Parlamentsfraktion, Friedrich Merz. Sie zog regelmäßig den Kürzeren in den Pokerspielen
der Macht gegen den derben Zocker Gerd Schröder. Und ihr
stand mit Edmund Stoiber der mächtige bayerische Ministerpräsident der CSU gegenüber, der sich wie sie die Kanzlerschaft zum
Ziel gesetzt hatte. Als Merkel Anfang 2002 ihren Anspruch auf
Regierungsführung anmeldete, schlossen sich sofort die einflussreichen süddeutschen Unionspolitiker zusammen und verwiesen
die Pfarrerstochter aus dem brandenburgischen Templin mit Wahlkreis auf der Insel Rügen in ihre Schranken.[6] Auch die CDU ging
mit Stoiber und nicht mit der eigenen Parteichefin als Spitzen-
figur gegen Rot-Grün in den Bundestagswahlkampf.

Im Grunde war früh schon erkennbar, dass die Kandidatenent-
scheidung auf Stoiber zulaufen würde – ja bereits zu einem Zeitpunkt, als Schröder selbst noch gar nicht Kanzler war. Denn zwei
Wochen vor den Bundestagswahlen 1998, deren Ausgang den
rot-grünen Machtwechsel bewirkte, hatte Stoiber in der manifes-
ten Agonie der Kohl-Ära und der CDU-Dämmerung bei den
Landtagswahlen in Bayern erneut die absolute Mehrheit erzielt,
hatte im Vergleich zur vorangegangenen Wahl gar noch ein wenig
hinzugewonnen.[7] Bereits fünf Jahre zuvor, als die CSU ihrerseits

6 Schlieben, Michael, »Angela Merkel«, S. 445.
7 Schröder, Dieter 1999, »Der starke Mann aus München«, in: *Berliner Zeitung*
(11. Januar 1999).

durch Amigo-Affären und Führungsschwächen des damaligen Ministerpräsidenten Streibl abzustürzen schien, war es Stoiber als Nachfolger Streibls gelungen, die CSU aus der Krise und zu neuen Höhen zu führen.[8]

Insofern stand Stoiber Ende 1998 glänzend da, während alle anderen CDU-Führungsfiguren beschädigt waren.[9] Stoiber machte aus der Exekutive heraus temporeich und dynamisch Politik; die Christdemokraten nördlich von Bayern leckten in der Opposition depressiv ihre Wunden. Auch Wolfgang Schäuble, der neue Partei- und Fraktionschef, hatte Mühe, die verunsicherte CDU zu reorganisieren, zumal der lange Schatten von Helmut Kohl weiter über der Partei lag. Im Parteispendenskandal drückte der Altkanzler Schäuble endgültig aus dem Amt. Und dem neuen Spitzenduo in der CDU, Merkel und Merz, fehlten alle gewichtigen Führungserfahrungen; im Übrigen rivalisierten und intrigierten sie munter gegeneinander. Merz schlug sich schon aus Abneigung gegen Merkel 2001/02 auf die Seite von Stoiber. Im Januar 2002 kam es zum innerparteilich später legendär gewordenen Frühstück von Merkel und Stoiber in Wolfratshausen bei den Stoibers, wo man vereinbarte, dass der bayrische Ministerpräsident als Repräsentant der Union gegen Schröder in den Ring steigen sollte.

Vom blonden Fallbeil zum Umfaller: Edmund Stoiber

Ein zweites Mal also versuchte ein Mann der CSU und Ministerpräsident von Bayern als Kandidat der gesamten Christlichen Union in Deutschland einen sozialdemokratischen Bundeskanzler vom Thron zu stoßen. Erneut ging dieser Versuch schief. Am

8 Vgl. Müller, Kay 2004, *Schwierige Machtverhältnisse. Die CSU nach Strauß*, Wiesbaden: VS Verlag für Sozialwissenschaften, S. 163 ff.
9 Vgl. Fischer, Sebastian 2007, »Edmund Stoiber – Der gefühlte Sieger«, in: Forkmann, Daniela/Saskia Richter (Hg.), *Gescheiterte Kanzlerkandidaten. Von Kurt Schumacher bis Edmund Stoiber*, Wiesbaden: VS Verlag für Sozialwissenschaften, S. 363 ff.

frühen Abend des 22. September 2002 betrat Edmund Stoiber zwar strahlend die Bühne des Konrad-Adenauer-Hauses in Berlin, reckte triumphierend seine beiden Daumen in die Höhe, erklärte sich schon zum Sieger der Wahlschlacht.[10] Aber am späten Abend hatte das Blatt sich gewendet. Schröder, der zähe und kaltschnäuzige Pokerer, hatte plötzlich doch mit 6027 Stimmen die Nase vorn. Und da auch die Grünen vor den Freien Demokraten lagen, konnte Rot-Grün weiter regieren. Stoiber blieb allein die Rückfahrt nach und der Verbleib in München. Drei Jahre später erhielt er erneut die Chance, in Berlin eine prominente Rolle zu spielen, nun als Wirtschaftsminister mit erweiterten Kompetenzen in der Großen Koalition. Alles sah auch danach aus, als würde Stoiber der starke Mann dieses Kabinetts werden können. Doch dann zog er für Freund und Feind überraschend zurück, entschied sich abermals für den Verbleib in der bayerischen Staatskanzlei am Münchener Hofgarten. Das war dann der Beginn eines fortan unaufhaltsamen Abstiegs.

Denn nun war der Mythos Stoiber angekratzt. An diesem Mythos hatte Stoiber über Jahre, nein, über Jahrzehnte hart, aufopfernd, mit höchster Anstrengung gearbeitet: Stoiber, der Perfektionist, der immer höher und höher will und auch kann, der Fehler nicht duldet, Laxheiten nicht erträgt, Durchschnittsleistungen nicht akzeptiert.[11] »In der Kunst der rasenden Akribie« ließ er sich von keinem so schnell übertreffen, kommentierte Heribert Prantl.[12] Der Rest der Republik mochte zuletzt träge geworden sein, nicht aber Stoiber, nicht aber Bayern. Daher sollte ja auch 2002 und 2005 Deutschland an Bayern und an seinem ersten politischen Manager genesen.[13] Das war das Image, das sich

---

10 Vgl. hierzu Gerwien, Tilmann 2004, »Der Rastlose«, in: *Stern* (4. November 2004).

11 Auch Köpf, Peter 2001, *Stoiber – Die Biographie*, Wien: Europa-Verlag.

12 Prantl, Heribert 2007, »Eine Trumpfkarte namens Edmund«, in: *Süddeutsche Zeitung* (27. September 2007).

13 Vgl. Kießling, Andreas 2004, *Die CSU – Machterhaltung und Machterneuerung*, Wiesbaden: VS Verlag für Sozialwissenschaften, S. 243.

Stoiber selbst gezimmert hatte. Und das war auch das Bild, das seine Anhänger wie Wähler sich von ihm machten.[14] Seine panikartige Flucht aus Berlin, wo er noch gar nicht ansässig gewesen war, vernichtete binnen weniger Tage diesen Nimbus, den Ertrag lebenslangen Eifers.[15]

Rastlosigkeit – das war der Wesenszug schlechthin bei Stoiber. Nie innehalten, keinen Raum für Muße oder gar genussvolles Faulsein, stets nur weiter, weiter, weiter. Kein politischer Erfolg befriedigte ihn über eine längere Dauer, denn sofort stieg die Angst auf, dass es nicht reichen könnte. Angst ist bekanntlich oft das Elixier für die ruhelose Betriebsamkeit, für berserkerhaftes Leistungsstreben, für den Zwang zur fortwährenden Optimierung.[16] Angst dürfte auch den strebsamen Aufstieg von Stoiber und etlicher andere Politiker gesteuert haben.[17] Denn gewiss, Stoiber hatte es nicht leicht. Die Anfangsjahre in der Lebensgeschichte Stoibers weisen verblüffende Parallelen zu jenen seines Erzrivalen Schröder auf. Beide waren Kriegskinder, beide wuchsen in einem Dorf auf, in dem ihre Familien als Fremde, Zugezogene, ja Asoziale stigmatisiert waren.[18] Vater Stoiber war in den ersten Nachkriegsjahren noch nicht bei seiner Familie, da ihn die Amerikaner, wohl auch wegen seiner Affinitäten zum Nationalsozialismus, gefangen hielten.[19] Als er zurückkehrte, war er zunächst arbeitslos, handelte dann mit Schrottwaren, was in jenen

14 Vgl. Klingst, Martin/Matthias Krupa 2005, »Der dreifache Stoiber«, in: *Die Zeit* (19. August 2005).

15 Vgl. Prantl, Heribert 2006, »Der Zauberkünstler«, in: *Süddeutsche Magazin* (2. Februar 2006).

16 Generell zu diesem Phänomen: Bandelow, Borwin 2004, *Das Angstbuch. Woher Ängste kommen und wie man sie bekämpfen kann*, Reinbek bei Hamburg: Rowohlt.

17 Vgl. auch Leinemann, Jürgen 1997, »Ich verkörpere den Staat«, in: *Der Spiegel* (21. April 1997).

18 Vgl. Stiller, Michael 2002, »Unter dem Druck, der Beste zu sein«, in: *Süddeutsche Zeitung* (14. Januar 2002).

19 Richter, Saskia 2004, *Die Kanzlerkandidaten der CSU. Franz Josef Strauß und Edmund Stoiber als Ausdruck der christdemokratischen Schwäche?*, Hamburg: Kovaè, S. 54.

Jahren nicht als sonderlich ehrbares Tun galt. Die Familie hatte
Mühe, Sohn Edmund den Besuch des Gymnasiums zu ermöglichen. Ein guter Schüler war er nicht, die siebte Klasse musste
er sogar wiederholen, worauf der Vater mit Strenge und Härte
antwortete.

Fortan, spätestens mit dem Abitur, wurde zur alles beherrschenden Devise im Leben Stoibers: Es richtig zu machen. Ohne Fehl
und Tadel zu bleiben. Ein Lob des Vaters zu erringen. Es denen
zu beweisen, die es leichter hatten und lange auf ihn herabsahen.
Solche Charakterzüge konnte man auch bei Franz Josef Strauß,
dem großen Mentor des schmalgesichtigen Stoiber, erkennen.
Aber Strauß war weit begabter, war von einer ebenso enormen
wie gleichsam natürlichen Intelligenz, die es ihm leicht machte,
sich selbst in komplizierteste Sachverhalte schnell hineinzuden-
ken. Daher war in seinem Alltag immer Platz und Zeit auch noch
für die angenehmen Seiten des Lebens, für Trink- und Essge-
lage, Spritztouren mit dem Straßenkreuzer, die Jagd, Affären
mit Frauen. Stoiber hätte sich das nie leisten können.[20] Er musste
in jedem Moment angestrengt arbeiten, um sich das anzueignen,
was Strauß meist zugeflogen war. Und daher stand Stoiber chronisch unter Druck, war angespannt, innerlich völlig unfähig dazu, einmal fünf gerade sein zu lassen.[21]

Insofern war es fast überraschend, dass es ausgerechnet Stoiber –
der viele Jahre eher als Sekundant des übermächtigen Franz Josef
Strauß agierte, der in seinem asketischen Zuschnitt, seiner Humorlosigkeit und Pedanterie, ja seinem fast schon calvinistischen
Habitus im Grund nicht so recht zum sinnlich-barocken Katholizismus der bayerischen Mehrheit passen wollte – 1993 zum Ministerpräsidenten in Bayern schaffte.[22] Doch war Stoiber eben

20 Rückert, Sabine 2002, »Der Alleswissenwoller«, in: *Die Zeit* (21. September
2002).
21 Vgl. auch Augstein, Jakob 2006, »Der große Überleber«, in: *Die Zeit* (16. Oktober 2006).
22 Vgl. auch Müller, Kay 2005, »Modernisierer und Parteikontrolleur: Edmund

nicht nur serviler Stabsleiter seines Herrn. Sein Ehrgeiz trieb ihn schließlich stets weiter. Und Stoiber war im Unterschied zu Franz Josef Strauß – hier Angela Merkel nahe stehend – wenig sentimental. Freunde hatte er nicht. Deshalb bereitete es ihm nie Schwierigkeiten, sich ohne viel Federlesen von Leuten aus seiner Umgebung zu trennen, wenn sie im Wege standen oder ein Bauernopfer gebraucht wurde.[23] Zugleich aber war Stoiber durchaus in der Lage, in seiner Umgebung eine Fülle junger Experten aus dem öffentlichen Dienst zu sammeln, auf deren Expertise er hörte, deren Wissen und Kenntnisse er aufsaugte und in Gesetzeswerke übertrug.[24] Darin bestand seine Modernität als sachrationaler Manager des Politischen. In der Ära Stoiber wurde die bayerische Staatskanzlei zu einem einzigartigen Zentrum junger und mittelalter Beamter, meist Juristen mit Prädikatsexamen, die ihren Job vorzüglich und weit über die gesetzlich festgelegte Arbeitszeit hinaus ausfüllten.[25]

Und doch blieb Stoiber unablässig misstrauisch. Die Angst des Aufsteigers vor Konkurrenten und Karriereknick legte sich nie. Junge, unpolitische Fachleute ertrug er gut, nicht aber politische Naturbegabungen – die wurden systematisch ins Aus manövriert. Wie alle Menschen, die sich ihrer selbst nicht sicher sind, monopolisierte Stoiber gern alles Wissen bei sich selbst, gab davon ungern etwas freimütig preis, vermittelte es nur in kleiner Dosis weiter. Überhaupt fiel es ihm schwer, zu delegieren. Lieber riss er alles an sich, kümmerte sich selbst um marginale Details, speicherte versessen die Aktenlage. Das gerade machte ihn und die CSU-Herrschaft in Bayern insgesamt verwundbar. Da sich alles

Stoiber«, in: Forkmann, Daniela/Michael Schlieben (Hg.), *Die Parteivorsitzenden in der Bundesrepublik Deutschland 1949-2005*, Wiesbaden: VS Verlag für Sozialwissenschaften, S. 255.
23 Vgl. auch Stroh, Kassiam/Hans Holzhaider 2007, »Ganz vorn, aber noch mal auch weit hinten«, in: *Süddeutsche Zeitung* (18. Januar 2007).
24 Vgl. Krach, Wolfgang 1997, »Die Methode Stoiber«, in: *Stern* (09. Januar 1997).
25 Vgl. Schönemann, Tyll 1997, »Der Quertreiber«, in: *Die Woche* (13. Juni 1997).

bei ihm bündelte und zusammenzog, er für alles Anspruch und
Verantwortung übernahm, konnten sogar kleinere Verfehlungen
den gesamten Bau der Landesregierung vielleicht nicht zum Ein-
sturz, so aber doch ins Wanken bringen. Ein wenig Polyarchie
tut modernen Regierungen in modernen Gesellschaften nicht
schlecht, während es der Monokratie an Flexibilität und Krisen-
resistenz fehlt – wie der Autoritätszerfall von Stoiber und seiner
Partei seit Ende 2006 deutlich demonstrierte.

Auch deshalb war Stoiber seinem Gegenspieler Schröder unterlegen. Schröder hatte Jahre in der Opposition zugebracht, im Bund
und in Niedersachsen. Er hatte sich mit Flügeln in der eigenen
Partei herumschlagen müssen. Und er hatte gelernt, mit Koa-
litionspartnern umzugehen. All diese Erfahrungselemente, die
Stoiber im Berliner Kabinett gut hätte brauchen können, fehlten
dem Bayern. Doch die entscheidende Differenz zwischen den
beiden im Wahljahr 2005 war, dass Schröder, der es einem Vater
nie beweisen musste, viel verwegener war, höchstes Risiko einging aus schierer Lust am Spiel, das die Politik für ihn immer
auch ein Stück weit war. Stoiber musste alles berechnen können,
wollte durch exakte Vorbereitungen sämtliche Unwägbarkeiten
ausschalten.[26] Stoiber fürchtete die Überraschung, die Schröder
so liebte. Der sozialdemokratische Kanzler blühte auf, wenn
plötzliche Ereignisse die Routine unterbrachen. Dann griff er
zu, wie bei der Elbflut: Stiefel an, Friesennerz über und sich unter
das besorgte Volk mischen. Insofern hatte Schröder 2005 nicht
einfach Glück, dass die Flut kam und die Amerikaner Krieg im
Irak führen wollten. Intuition und Courage für den historischen
Moment, Entscheidungsfreude jenseits aller Beraterbedenklich-
keiten – dass sind genuine politische Qualitäten, die Schröder besaß, die Stoiber aber in derartigen Situationen abgingen. Daher war Schröder im September 2005 der Gewinner. Und Stoiber

---

26 Vgl. Fischer, Sebastian 2007, »Edmund Stoiber – der gefühlte Sieger«, S. 381 f.

verlor wie Strauß ebenfalls das politische Armdrücken mit einem norddeutschen Sozialdemokraten.

Wortlose Führung: Die Kanzlerin Angela Merkel

Die Verhältnisse in der Union im Oktober 2002 wirkten dann wie ein Remake der Konstellation vom Oktober 1980. Die CSU-Matadore waren zurück ins Glied getreten; sie hatten verloren. Und die zuvor fast gedemütigten CDU-Parteichefs standen plötzlich wieder im Zentrum des Spiels. Das galt jetzt für Merkel wie 22 Jahre früher für Kohl. Auch Angela Merkel hatte die Chance der Niederlage zugleich für sich erkannt, drängte Friedrich Merz weg und übernahm die Führung der Bundestagsfraktion. Erstmals besaß sie wirklich die Zuchtmittel und Patronagemöglichkeiten institutionell gut ausgestatteter Macht. Und auch Schröder hatte es keineswegs mehr so einfach mit ihr wie in der ersten Legislaturperiode. Am Ende hatte sie 2005 auch dieses männliche Alphatier zur Strecke gebracht. Das Wahlergebnis war zwar alles andere als berauschend, aber in den abendlichen Stunden des Wahlsonntags und während der Tage danach bewies sie Ruhe und Abgebrühtheit, während Schröder seiner tourenden Endorphine nicht Herr wurde.

Doch nochmals: Eigentlich hätte sich diese wundersame Karriere nicht ereignen dürfen. Eigentlich – wenn alle Prämissen der Machtpolitik im Parteienstaat wirklich zutreffen würden. Denn dann hätte Merkel all den Herren intakter Seilschaften – der bekannteste ist der so genannte »Andenpakt« – unterlegen sein müssen. Es kommt einem, räsoniert man darüber, die Geschichte vom starken Wanja in den Sinn, die Otfried Preußler in Anlehnung an ein altes russisches Volksmärchen Ende der sechziger Jahre schrieb. Der starke Wanja mied in seiner Jugend die schwere Feldarbeit. Stattdessen ruhte er sieben Jahre lang in der

Bauernstube auf dem Ofen, nährte sich von Sonnenblumenker-
nen – und tat sonst rein gar nichts. Keiner seiner Brüder mochte
ihn. Aber nach sieben Jahren der Muße stand Wanja vom Ofen
auf, war ausgeruht und stark wie ein Bär. Er zog aus, bekämpfte
die Bösen. Zum Schluss wurde er Zar im Land jenseits der Wei-
ßen Berge.

Angela Merkel hat einiges von diesem starken Wanja. 35 Jahre
lebte sie in der DDR, bis die Mauer fiel. Es sei ein entschleunig-
tes Leben gewesen, wurde oft kommentiert. Merkel jedenfalls
nahm sich alle Zeit der Welt, um geruhsam in den Tag hinein zu
promovieren,[27] profilierte sich nicht durch Aktivismus bei den
Staatssozialisten, investierte aber auch keine Kraft in Opposi-
tionsaktivitäten; dergleichen hielt sie für verlorene Liebesmüh.[28]
Die meisten Gegner der SED-Herrschaft waren, anders als sie,
im Herbst 1989 bereits zermürbt und verschlissen, hatten sich
in Konspirationen und Verdächtigungen verbissen. Angela Merkel hingegen betrat – dem starken Wanja Otfried Preußlers gleich –
die politische Bühne der Bundesrepublik ausgeruht, neugierig,
ohne den selektiven Blick routinierter Aktivisten.

Das war die Differenz Merkels nicht nur zu den früheren Ost-
Dissidenten; das war auch der Unterschied zu ihren neuen, gleichaltrigen Rivalen in den Bundesländern, von Wulf über Koch bis
Rüttgers, Müller, von Beust et cetera. Sie alle waren schon rund
drei Jahrzehnte im Geschäft, waren die Leiter von der ersten bis
zur letzten Sprosse hochgeklettert, von der Schüler-Union über
die Junge Union, den RCDS, die Kommunalpolitik, die Landespolitik und so weiter. Sie waren bestens vernetzt, hatten sich gegenseitig Unterstützung geschworen – und trauten doch einander
nicht über den Weg. Sie kannten die Rituale und Konventionen

27 Roll, Evelyn 2001, *Das Mädchen und die Macht. Angela Merkels demokratischer
Aufbruch*, Berlin: Rowohlt, S. 87.
28 Zu diesem Zeitabschnitt vg. Boysen, Jacqueline 2001, *Angela Merkel. Eine
deutsch-deutsche Biographie*, München: Ullstein, S. 11 ff.

ihrer Partei, die Sprachformeln und Symbole ihrer Milieus. Immer hieß es, das sei unabdingbar die Voraussetzung, um der Parteiseele zu genügen und in der Parteipolitik zu reüssieren.

Aber in den Jahren nach 2000 standen Parteien nicht mehr im Zentrum, waren nicht Ausdruck gesellschaftlicher Mitte-Lagen und Mitte-Einstellungen. Vor allem befand sich die deutsche Gesellschaft gerade in diesen Jahren in einem rasanten Umbruch. Die Bürger hatten oft von Monat zu Monat neu umzudenken, sich neues Wissen anzueignen. Insofern aber »passte« Merkel mit ihrer unverkennbaren und ungestellten Pose des »Lernens« kongenial in die Landschaft. Die anderen CDU-Leute taten stets so, als wüssten sie bereits alles. Auch und gerade wenn sie sich »neu positionierten« – wie es in ihrem gestanzten Jargon stets hieß – wirkte es vielmehr wie geschmeidiger, hurtiger Opportunismus und gerade nicht wie das Resultat ernsthaften reflexiven Ringens. Merkel aber erweckte seinerzeit zumindest den Eindruck, als lerne sie wirklich hinzu, als käme sie durch neue Daten und Erkenntnisse – Variablen, wie sie es nannte – zu veränderten Einsichten. Merkel schien deutlich offener, aufgeschlossener für Neues, weniger an alten Formeln hängend als die meisten ihrer Parteifreunde.

Mehr noch: Sie war im Grunde die erste Parteivorsitzende der CDU, die auch in einer anderen Partei das Management der Macht ebenso »ideologiefrei« hätte ausführen können.[29] Adenauer, Kohl, Barzel ließen sich nur in der CDU vorstellen. Merkel wäre auch bei den Liberalen oder Grünen gut aufgehoben; selbst bei den Sozialdemokraten der neuen Mitte mit ihren Formeln von der »Chancengesellschaft« und den »Investitionen in Humankapital« könnte sie problemlos auf der »Höhe der Zeit« mitspielen. In ihrer zumindest leichten Parteiindifferenz kam sie dem Antiparteiensyndrom der deutschen Gesellschaft ein Stück entgegen.

29 Hierzu auch Krumrey, Hennrich 2003, »Managerin der Macht«, in: *Der Focus* (8. Dezember 2003).

Ihr Lernvermögen, die außergewöhnlich rasche Auffassungsgabe gehörten zu den großen Stärken von Merkel. Auf diese Vorzüge war sie in der Tat auch angewiesen. Denn sie musste gewissermaßen im Zeitraffer von zehn Jahren, von 1990 bis 2000, lernen, wozu andere, ihre wichtigsten Konkurrenten, sich mehrere Jahrzehnte Zeit hatten nehmen können. In Merkels politischem Lehrjahrzehnt, das acht Jahre lang ganz von Helmut Kohl geprägt war, hatte sie dem christdemokratischen Kanzler aus der Pfalz abgeschaut, wie überlebenswichtig es ganz oben im Zentrum der Macht ist, politisch nicht vorschnell präsise zu werden. Der pointierte Ideenproduzent ist der Held nur des Moments. Der flexible politische Moderator mit grenzenloser Geduld garantiert Dauer. Merkel wie Kohl ließen politische Debatten gern laufen, den Prozess sich entfalten, die Kräfteverhältnisse herauskristallisieren, bevor sie sich auf eine Seite schlugen.[30] Das ist so eine der Regeln dieser Art von Machtpolitik: Man kann etliche glänzende Einfälle haben, sobald man dabei einen schweren Fehler macht, wird man fortgejagt. Also versucht man das Risiko, das jeder Originalität innewohnt, zu vermeiden, um die Führungsposition zu erhalten.

Zweimal in ihrer politischen Biographie wollte Merkel zeigen, dass sie auch anders konnte. 2002, als sie den Irakkrieg der Amerikaner entschiedener als jeder andere deutsche Politiker begrüßte und unterstützte, dann 2003 bis 2005, da sie als Avantgardistin marktwirtschaftlicher Reformen durch die Lande zog, sich die Vorschläge der Herzog-Kommission zu eigen machte, die Gesundheitsprämie postulierte, den Kündigungsschutz zur Disposition stellen wollte, ein neues Steuermodell lancierte.[31] In beiden Fällen, im zweiten stärker als im ersten, erhielt sie den Beifall

---

30 Vgl. auch Kister, Kurt 2008, »Die Katze«, in: *Süddeutsche Zeitung* (3. Juni 2008).
31 Hierzu auch Höll, Susanne 2004, »Glanz und Elend der CDU verblasst«, in: *Süddeutsche Zeitung* (29. April 2004).

meinungsprägender Kommentatoren aus den Medien.[32] Doch in beiden Fällen vollzog sie eine deftige Abkehr von der über die Jahrzehnte gerade von der Christdemokratie begründeten politischen Kultur der deutschen Republik. Sie nahm damit Abschied auch von Adenauer und Kohl – was ihr denkbar schlecht bekommen sollte.

Als Kanzlerin der Großen Koalition, die über den Parteiniederungen thronte, die in ihren politischen Aussagen wieder vage und ungefähr bleibt,[33] ist sie weitaus populärer. Auch die CDU führte und änderte sie, ohne dass es groß angesagt oder gar wortreich erläutert wurde. Es ist nach wie vor eine stille Transformation, die Merkel innerparteilich vorzieht und praktiziert. Der Traditionalismus in den Mentalitäten ihrer Parteifreunde und Mitbürger soll nicht wieder durch offene Ansprachen und schrille Auseinandersetzungen provoziert, sondern durch schleichenden Wandel überwunden werden. So scheint es jedenfalls. Aber genau weiß man es nicht, was das Ziel aller Machtpolitik bei Merkel denn nun ist, ja: Ob ein solches Ziel überhaupt existiert.[34] Hat sie die Leipziger Reformmission von 2003 als Kanzlerin aufgegeben, weil die Koalitionskräfteverhältnisse – vorübergehend – anderes nicht möglich machten? Oder hat sie für sich akzeptiert, dass der neuliberale Furor jener Oppositionsjahre nicht in den Strukturpfad deutscher Sozialstaatlichkeit und Leitkulturen hineinpasste? Auch in der eigenen Partei rätseln die Auguren, wohin Merkel steuern

---

32 Vgl. etwa Innacker, Michael 2003, »Ein liebenswürdiger Brutalo«, in: *Frankfurter Allgemeine Sonntagszeitung* (28. September 2003); Bruns, Tissy 2003, »Die zweite Emanzipation«, in: *Der Tagesspiegel* (09. Oktober 2003); Heckel, Margaret 2004, »Mut zur Wahrheit«, in: *Financial Times Deutschland* (4. Oktober 2004); Gräf, Peter Leo/Dieter Schnaas 2004, »Auf die Spitze treiben«, in: *Wirtschaftswoche* (7. Oktober 2004).

33 Vgl. auch Birnbaum, Robert 2007, »Die Unscharfmacherin«, in: *Der Tagesspiegel* (22. November 2007).

34 Darüber wurde stets gerätselt, vgl. etwa Geis, Matthias 2002, »Kohls große Kinder«, in: *Die Zeit* (19. September 2002); ders. 2002, »Viel gemault, nichts gesagt«, in: *Die Zeit* (14. November 2002); Höll, Susanne 2002, »Familientreffen auf der Edel-Alm«, in: *Süddeutsche Zeitung* (12. Oktober 2002).

würde, wenn sie könnte, wie sie wollte. Das sie auch anders kann, sobald die Voraussetzungen dafür da wären, das allerdings trauen ihr inzwischen fast alle zu.[35] Und doch lauern gerade in ihrer Partei genügend Leute aus der zweiten Reihe, mit deren Nachsicht oder gar Loyalität sie nicht rechnen darf, wenn die Schwierigkeiten und Fehler kumulieren sollten. Schon Kohl war am Ende einsam. Angela Merkel ist es wohl bereits jetzt.

Verwalter der Regierungsphysik: Thomas de Maizière

Einer, der loyal zu ihr hält, gleichsam Fehler und Schwierigkeiten schon im Vorfeld ausräumen soll, ist Merkels Kanzleramtschef Thomas de Maizière. Auch er ist, Steinmeier ähnlich, ein solcher Mischtyp aus Bürokrat und Politiker. Zumindest vom Habitus, rhetorischen Auftritt und Selbstverständnis hat er viel von einem prosaischen Verwaltungsexperten, weniger von einem der Massenseele schmeichelnden Politiker. Man beschreibt Merkels Kanzleramtschef häufig als kühlen, zurückhaltenden, peniblen Juristen, der aus seinem Widerwillen gegen die »politische Klasse« und die »Fachbrüderschaften« in der Parteiendemokratie kein großes Geheimnis macht.[36] Insofern spiegelt der Mann an der Spitze des Regierungsapparats in den Zeiten der schleichenden Erosion beider Volksparteien dem gesellschaftlichen Überdruss gegenüber Parteikarrieren und Parteienansprüche, spiegelt auch den verbreiteten Wunsch nach Fachleuten ohne Parteibuch und Parteigehorsam.

Und doch ist auch de Maizière natürlich Politiker, der im Patronagesystem traditioneller Politik seinen Weg gemacht hat. Im Un-

---

35 Vgl. auch Pache, Timo 2007, »Die Frau, der man nicht traut«, in: *Financial Times Deutschland* (3. Dezember 2007).
36 Hierzu und im Folgenden Hofmann, Gunter 2005, »Der Entschleierer«, in: *Die Zeit* (8. Dezember 2005).

terschied zu Frank-Walter Steinmeier hat er, bevor er ins Kanzleramt einrückte, auch schon einen beachtlichen politischen Lebenslauf erworben, der allerdings bezeichnenderweise seinen Ursprungsort ebenfalls in der zuvor nachgewiesenen Verwaltungs- und Koordinierungskompetenz hatte. In den 1990er Jahren war Thomas de Maizière Leiter der Staatskanzleien in Schwerin und Dresden. In Sachsen galt er damals als Liebling Biedenkopfs und Favorit für dessen Nachfolge als Ministerpräsident. Dazu kam es nicht, wohl weil ihm der eiserne Drang und die unerbittliche Ellbogenhärte des originären Politikers doch fehlten. Aber immerhin: In Sachsen leitete er als Minister zunächst das Finanzministerium, dann das Justiz- und schließlich das Innenressort, wo ihn im Herbst 2005 der Anruf der neuen Kanzlerin erreichte, die ihn als ersten Mann in der Regierungsadministration des Bundes haben wollte.[37]

Den Gerüchten jener Tage zufolge war de Maizière zunächst aber nicht ihr erster Kandidat. Angeblich war zunächst Erwin Huber von der CSU im Gespräch, dann Norbert Röttgen.[38] Doch jener wollte nicht, diesem fehlte es an hinreichenden Verwaltungserfahrungen. Also erinnerte sich Angela Merkel an Thomas de Maizière, den sie in den Umbruchsmonaten 1990 kennen gelernt hatte, als sie Sprecherin der letzten DDR-Regierung von Lothar de Maizière war, dem Cousin von Thomas. Lothar de Maizière hatte sich seinen Vetter gewissermaßen vom Regierenden Bürgermeister Westberlins geborgt, da er einen Ratgeber, dem er voraussetzungslos vertrauen konnte, in diesem schwierigen Prozess der Abwicklung eines Staates brauchte.[39]

Und die de Maizières vertrauten einander. Das gehörte zur un-

37 Vgl. Honnigfort, Bernhard 2005, »Kanzleramt«, in: *Frankfurter Rundschau* (18. Oktober 2005).
38 Vgl. Weiland, Severin 2005, »Merkels Strippenzieher«, in: *Spiegel Online* (17. Oktober 2005).
39 Vgl. Karutz, Hans-Rüdiger 2005, »Vom Rathaus Schöneberg zu Merkel ins Kanzleramt«, in: *Welt am Sonntag* (30. Oktober 2005).

verrückbaren Familientradition. Sie hatten als Hugenotten im 17. Jahrhundert aus Frankreich fliehen müssen und siedelten zunächst in Berlin an, da der Große Kurfürst ihnen dort ein Refugium bot.[40] Nachfolgend lieferten die de Maizières dem preußischen Staat regelmäßig Personal für den Beamten- und Militärapparat. Die jeweiligen Söhne der Familie hatten, wenn alles glattlief, Juristen und Offiziere zu werden. Konvention, Selbstdisziplin und ein hoher Leistungsethos gehörten zum stabilen Familienkanon. Die Tugend der Arbeit stand dem Wertekatalog der protestantischen de Maizières weit vor allen epikureischen Lebensweisen. Die Erziehung von Thomas de Maizière war nicht zuletzt geprägt durch den wieder und wieder repetierten Satz: »Ein de Maizière tut das nicht.«[41] Aufgewachsen war er in Bonn, als Sohn des Generalinspektors der Bundeswehr Ulrich de Maizière, eines der geistigen Väter des Konzepts der »Inneren Führung«.[42] Etwas Soldatisches findet sich auch in der Erscheinung des Sohnes: stets das Kreuz straff durchgedrückt, aufrechte Haltung, eher wortkarg, asketisch, kontrolliert, auch ein wenig elitär.

Dieses milde Derivat des überlieferten preußischen Konservatismus passte sich nicht schlecht in den Politikstil von Angela Merkel ein. Denn der Konservatismus dieser Fasson hielt sich für gänzlich unideologisch, für streng sachlich, für allein problem- und lösungsorientiert. Exakt so verstand auch die Kanzlerin der Großen Koalition ihre politische Perspektive und Herangehensweise. Hier kamen der altbürgerliche Konservatismus, der sich seit jeher für »überparteilich« und allein an »Tatsachen« orientiert wähnte, mit den Einstellungen der neuen ostdeutschen Eliten zu-

40 Vgl. Berg, Stefan/Andreas Wassermann/Steffen Winter 2005, »Blut ist dicker als Wasser«, in: *Der Spiegel* (24. Oktober 2005).
41 Vgl. hierzu Schütz, Hans Peter 2005, »Adel verpflichtet«, in: *Der Stern* (1. Dezember 2005).
42 Vgl. Schmale, Holger 2005, »Eine deutsche Familie: Die de Maizières und ihre Wege im Osten und Westen«, in: *Berliner Zeitung* (19. Oktober 2005).

sammen, die sich zuvor in der DDR oft als Naturwissenschaftler und Ingenieure aus der Politik herausgehalten hatten und sich schon von Berufs wegen einzig als nüchterne, nur an objektiver Problemlösung interessierte Experten verstanden. Für Merkel und de Maizière existierten unbestreitbare Sachverhalte, nicht zu leugnende Fakten, reale Probleme.[43] Und die Politik, die unter diesen Bedingungen zu machen ist, hat daher ebenfalls kühl analytisch ausgerichtet und konzise operativ umgesetzt zu werden, wenn die Variablen – gesellschaftliche Kräfteverhältnisse und parlamentarische Mehrheiten – damit einigermaßen korrespondierten. Politische Temperamente, Leidenschaften, Weltanschauungen, symbolische Inszenierungen waren einem so definierten politischen Prozess der immer sachrational begründeten Konsistenz und Konsequenz widrig. De Maizière und Merkel goutierten infolgedessen auch die ideologischen Überschüssigkeiten und Emotionen in der Politik, auch in der eigenen Partei, nicht. Doch hatten sie lernen müssen, damit – mit den Variablen – zu kalkulieren. Es kam also darauf an, für die »richtige politische Problemlösung« den politisch kongenialen Zeitpunkt zu erkennen und zu nutzen. In dieser Hinsicht hatten die Physikerin und der Jurist der Macht durchaus zu Machiavelli gefunden.

Und so spricht einiges dafür, dass die beiden – die Kanzlerin und ihr Amtschef – eine Vorstellung von der Transformation der Sozialsysteme und institutionellen Strukturen der Republik besitzen, welche weit über das hinausgeht, was in der Großen Koalition seit 2005 praktiziert wurde. Die Koalition aus CDU/CSU und SPD ist eben eine dafür nicht sonderlich günstige Variable. Man wird warten müssen – was der ungleich geduldigeren Angela Merkel leichter fällt als de Maizière –, wie sich die Dinge im Herbst 2009 entwickeln. So jedenfalls mögen die beiden im Kanzleramt denken. Doch ganz sicher kann man sich nicht sein.

43 Vgl. hierzu Hildebrandt, Tina/Elisabeth Niejahr 2006, »Die leise Machtmaschine«, in: *Die Zeit* (15. Juni 2006).

Denn sie reden nicht darüber, reflektieren nicht offen und laut über die Pläne der Zukunft. Sonst müsste man nämlich mit Erregungen rechnen, mit schwer zu steuernden Debatten, am Ende gar mit Irrationalitäten. Das aber mögen sie nicht, die Physikerin an der Spitze des Kabinetts und der Verwaltungsfachmann in der Leitung des Kanzleramts.

3. Der Neuliberale mit klassischer Karriere: Guido Westerwelle

Die inhaltliche Zurückhaltung, die Merkel an den Tag legt, ist dem Vorsitzenden der FDP eher fremd. Was Merkel denken mag, dekretiert Guido Westerwelle seit jeher in die ihm entgegengehaltenen Mikrofone. Und er verantwortet dabei schon seit mehr als einem Jahrzehnt nahezu im Alleingang die Außendarstellung der FDP. Ohne Zweifel war Westerwelle, als die Freien Demokraten ihn 1994 für das Generalsekretariat aussuchten, nach Jahren einer höchst mittelmäßigen Führungsgarnitur das erste große Talent an der Spitze der Freien Demokratischen Partei. Mehr noch: Von seiner Sorte hatte es in der Historie der Liberalen nie besonders viele Exemplare gegeben. Denn Westerwelle war ehrgeizig. Er strebte alsbald auch den Vorsitz seiner Partei an und musste nicht zum Jagen getragen werden – im Unterschied zu etlichen seiner Vorgänger von Reinhold Maier über Walter Scheel bis Klaus Kinkel. Er brannte auf die Führung seiner Partei. Überdies trug er in sich eine politische Mission: In den Achtzigern und Neunzigern sah er sich als Neuerer des Liberalismus und fühlte sich in diesen beiden Jahrzehnten als Beauftragter und Repräsentant eines zukünftigen Generations- und Lebensgefühls. Westerwelle hatte seinerzeit ein klares und schroffes Feindbild: alle 68er und Grün-Alternativen. Das gab seinem eigenen Modell die kontrastreiche Abgrenzungsschärfe. Er war ein aggressiver Versammlungsredner, der seine Zuhörer, soweit sie ihm zustimmend folgten, agitatorisch, mit lauter Stimme und schneidigen Stakkato-Sätzen mitreißen konnte. Viele Gestalten dieses Kalibers hatte der oft honoratiorenhaft behäbige Liberalismus in Deutschland nicht hervorgebracht.

Im Grunde aber war Westerwelle ein geradezu klassischer Parteipolitiker. Im öffentlichen Bewusstsein firmierte Westerwelle zwar als der moderne Typus des Medien- und Eventpolitikers. Aber das war nicht seine primäre Ressource, nicht die Voraussetzung seines Aufstiegs. Westerwelle hatte die Ochsentour absolviert.[44] Westerwelle gehörte zu den Gründungsmitgliedern der Jungliberalen. In deren Bundesvorstand wurde er Anfang der 1980er Jahre Pressereferent, von 1983 bis 1988 dann Vorsitzender. Als Chef der liberalen Jugendorganisation nahm er schon als blutjunger Mensch an den Sitzungen des FDP-Bundesvorstandes teil. Vorteilhaft für ihn war überdies seine Bonner Herkunft und Ansässigkeit. Da er die Bundeshauptstadt auch während des Studiums niemals verließ, konnte er früh schon intensive Kontakte zur Bundespartei, zur Bundestagsfraktion, auch zu jungen Journalisten knüpfen, die für sein weiteres Fortkommen nützlich waren. Und es ging immer rasch voran. Der 1961 geborene Westerwelle war der jüngste Vorsitzende, den eine der großen Jugendorganisationen je besessen hatte. Westerwelle wurde 1994 zum jüngsten Generalsekretär, den eine im Bundestag vertretene Partei je bestellt hatte. Und 2001 avancierte Westerwelle zum jüngsten Parteivorsitzenden, den die Republik an der Spitze einer der altetablierten Parteiorganisationen jemals gesehen hatte. Schon dieser schnelle Aufstieg zeigte die ungewöhnliche Energie Westerwelles. Westerwelle war zwar den klassischen Weg durch die Parteiinstitutionen gegangen, aber er begriff sich nicht als Exekutivbeamter der vorgegebenen Parteimentalität. Westerwelle war zweifellos ein Anführer, der der Organisation, welcher er vorstand, auch seinen Willen aufzwingen wollte. Dazu brauchte man eine Idee von dem, wohin es zu gehen hatte. Über eine solche Leitvorstellung verfügte Westerwelle – apodiktisch fast, gleichsam missionarisch.

44 Vgl. hierzu und im Folgenden mit weiteren Nachweisen: Lütjen, Torben/Franz Walter, »Medienkarriere in der Spaßgesellschaft? Guido Westerwelle und Jürgen W. Möllemann«, in: Alemann, Ulrich von/Stefan Marschall (Hg.), *Parteien in der Mediendemokratie*, S. 390 ff.; Walter, Franz 2001, »Westerwelle – oder die Sendung des Alleinunterhalters«, in *Berliner Republik* 3/H. 2, S. 22 ff.

Westerwelle strebte – wie er es nannte – die »liberale Identitätspartei« an, die um ihrer selbst willen gewählt werden sollte. Sein
Jugendtrauma war die FDP, die sich lediglich als Koalitionsannex
definierte, als Funktionspartei und mehrheitsvermittelnde Kraft
für eine der beiden Volksparteien. Einer solchen freidemokratischen Partei fehlte ein eigenes, sich selbst tragendes Selbstbewusstsein. Dieses Manko hatte er 1982-1984 in den prägenden
Jahren seiner politischen Sozialisation während des liberalen Koalitionswechsels von der SPD hin zur Union erlebt. Einer solchen
Partei drohte Zerfall und das politisch-parlamentarische Aus.[45]
Die eigenständige liberale Identitätspartei im gleichen Abstand
zur Union und zur Sozialdemokratie wurde infolgedessen für zwei
Jahrzehnte zum visionären Projekt des Guido Westerwelle; daran
hielt er trotz aller Rückschläge verbissen fest.

Seine Kraft und sein Selbstbewusstsein zog er dabei aus einer ambivalenten Erfahrungsstruktur. Westerwelle fühlte sich als Avantgardist einer neuen Generation – das beflügelte ihn. Doch zugleich war er im wirklichen Leben in seiner eigenen Kohorte
ein fast isolierter Minderheitenvertreter – das stählte seinen Be-
hauptungswillen. Westerwelle spürte früh, schon zu Beginn der
1980er Jahre, dass sich die Kultur der 68er und der alternativen
Bewegungen dem Ende zuneigte, dass ein neuer Habitus, neue
Normen und Einstellungen allmählich bei den Jungen entstanden. Doch seine eigene Kohorte fand sich noch in den neuen sozialen Bewegungen wieder. Als Westerwelle 16 Jahre alt war, identifizierten sich die meisten der gleichaltrigen Jugendlichen mit
den Protesten gegen die Atomkraft; als Westerwelle 20 Jahre alt
wurde, marschierte seine Kohorte in Sternmärschen und Groß-
demonstrationen gegen die Stationierung amerikanischer Mittelstreckenraketen. Die »Generation Westerwelle«, von der hernach

45 Vgl. beispielhaft Berg, Rainer 1984, »Kritisch, aber solidarisch«, in: *Neue Bonner
Depesche* 9/H. 1, S. 62; Casdorff, Stephan A. 1986, »Laute Kritik der ›Julis‹«, in: *Bonner Rundschau* (12. März 1986).

im politischen Feuilleton der Montagsmagazine und Donnerstagsillustrierten die Rede war, wurde nie zum Nukleus der traditionellen oder neoliberalen FDP; sie bildet bis heute die Kernwählerschaft der Grünen. Aber in dieser Kohorte musste Westerwelle politisch argumentativ und persönlich kulturell tagtäglich bestehen. Das schärfte zweifellos seine Diskursfähigkeit, verlieh ihm Biss, Witz und Ehrgeiz.

Doch Minderheitenmenschen neigen oftmals zur Intransigenz. Dogmatische Züge jedenfalls waren bei Westerwelle unverkennbar. Und in seiner Zeit als Generalsekretär übertrug sich ein Teil des Dogmatismus auch auf die Programmatik und Strategie der FDP insgesamt. Die Partei verengte sich auf wenige Themen, im Grunde vor allem auf das eine immergleiche Postulat nach kräftiger Steuersenkung. Und sie verengte sich auf eine einzige Zielgruppe: die moderne, mobile, flexible Schicht der jungen Erfolgreichen im wachsenden Sektor einer neuen Ökonomie. Das war für Westerwelle die Gruppe der Zukunft. Mit ihr im Bunde zu stehen, musste irgendwann auch für die FDP hohe Prämien abwerfen. Mit diesem Versprechen lockte Westerwelle jedenfalls Parteitag für Parteitag die klassischen Honoratioren, die sehnsüchtig auf bessere Zeiten hofften. Westerwelle war der Prophet einer leuchtenden Zukunft – und die Freien Demokraten folgten ihm durch die Wüste nahezu unaufhörlicher Wahlniederlagen. Westerwelle predigte den Aufstieg, aber die FDP fiel in den 1990er-Jahren, in der Ära seines Generalsekretariats, immer tiefer. Sie war in mehreren Ländern nicht einmal mehr dritte oder vierte politische Kraft, sondern landete weit abgeschlagen auf dem fünften oder gar sechsten Rang im Parteienwettbewerb.[46]

Die FDP hatte es im Grunde häufig erlebt, von Dehler bis Lambsdorff: Ihr nutzten vorne lange nicht diejenigen mit scharfem Profil und unmissverständlicher Eindeutigkeit. Thomas Dehler, 1954

---

46 Vgl. Walter, Franz 2002, *Politik in Zeiten der neuen Mitte: Essays*, Frankfurt am Main u. a.: Lang, S. 145 ff.

bis 1957 Parteivorsitzender, hatte Mitte der 1950er Jahre mit seinem maßlosen deutschlandpolitischen Fundamentalismus die Bundesregierung gesprengt und die FDP gespalten. Lambsdorff, Wirtschaftsminister von 1977 bis 1984 und von 1988 bis 1993 Parteivorsitzender, hatte mit seinem permanenten rhetorischen marktwirtschaftlichen Rigorismus den Kompromisscharakter der bürgerlichen Koalitionspolitik und seiner eigenen Partei diskreditiert. Auch Westerwelle stand in dieser Linie. Er trat regelmäßig mit forschen Unbedingtheiten an die Öffentlichkeit, forderte apodiktisch die Abschaffung des Solidaritätszuschlags, das verfassungsrechtliche Verbot staatlicher Verschuldung und dergleichen mehr. Nichts davon war unter Koalitionsbedingungen in komplexen Gesellschaften ernsthaft durchzusetzen. Das Ergebnis langer Verhandlungen wirkte vor der Folie der Westerwelle'schen Radikalität stets fade, kleinlich, gering. Die FDP wurde so die Partei, die regelmäßig als Tiger sprang und stets als Bettvorleger landete – so nahm es die Öffentlichkeit wahr. Zugleich kompromittierte die Methode Westerwelles das Kabinett der späten Kohl-Jahre insgesamt. Je ungeduldiger Westerwelle die Reformpauke schlug, desto stagnierender wirkte die Bundesregierung mit den Ministern der FDP. Auf diese Weise dürfte Westerwelle einen Teil der Wähler in die Arme der SPD getrieben haben. Diejenigen, die Angst vor dem neoliberalen Veränderungsfuror bekamen, zeigten sich für die Schutzversprechungen Oskar Lafontaines empfänglich. Diejenigen, die sich am Reformstau störten, den auch Westerwelle ständig zum Thema machte, versuchten es 1998 mit Schröder. Zusammen ergab das eine klare Mehrheit für den Regierungswechsel; die Freien Demokraten verloren ihre Kabinettsposten.

Doch mit der »putzmunteren Opposition«, die Guido Westerwelle daraufhin versprach, wurde es ebenfalls nichts. Die Europawahlen 1999 wollte er zur Protestwahl der gesellschaftlichen Mitte und ihrer Partei – der FDP also – machen. Auch das ging daneben: Die Freien Demokraten scheiterten abermals an der Fünfprozenthürde. Die Wende zum Besseren für die Liberalen kam ohne Zutun von Westerwelle. Der FDP half vor allem die Krise der CDU in der Spendenaffäre 1999/2000. Hier absorbierte die Partei enttäuschte CDU-Wähler und vermehrte dadurch ihr Elektorat. Dann erfand Jürgen Möllemann überdies das »Projekt 18«, ersann die Installation eines Kanzlerkandidaten, kreierte die »Partei für das ganze Volk«. Westerwelle, dessen eigenes Projekt von der radikal neoliberalen Partei des neuökonomischen Jung-bürgertums 1999 endgültig und ziemlich kläglich gescheitert war, sprang auf den Zug auf, ließ sich zum Kanzlerkandidaten kü-ren.[47] Wie im Rausch folgten er und die Freien Demokraten ins-gesamt über Monate den verwegenen Aussichten auf ganz neue Größendimensionen des Wählerzuspruchs. Auch die Politik des Tabubruchs und der Provokation, die Möllemann lustvoll prak-tizierte, wurde von Westerwelle und dem größten Teil seiner Par-tei begeistert mitgetragen. Erst die mit antisemitischen Ressenti-ments kalkulierenden Ausfälle Möllemanns und der bescheidene Ausgang der Bundestagswahl 2002 ernüchterten die FDP, scho-ckierten und zügelten den Parteivorsitzenden.

Die FDP hatte sich mit dieser Bundestagswahl wirklich verän-dert; ihre Wählerschaft war proletarischer, männlicher, jünger, östlicher geworden.[48] Doch wurden die altliberalen Parteihono-ratioren des ungewohnten Zuwachses nicht sonderlich froh. Sie fürchteten nun um die bürgerliche Seriosität ihrer Partei. Von der Politik des Tabubruchs ließen sie nun scheu die einmal schon verbrannten Hände, auch der Parteivorsitzende. Eine solche Po-litik trug zwingend die innere Dynamik des Extremismus in sich. Denn immer musste die jeweils nächste Provokation noch ein

---

47 Vgl. Carstens, Peter 2002, »Das Ende einer politischen Allianz«, in: *Frankfurter Allgemeine Zeitung* (5. Oktober 2002).
48 Vgl. Walter, Franz 2004, »Zurück zum alten Bürgertum: CDU/CSU und FDP«, in: *Aus Politik und Zeitgeschichte*, H. 40/2004, S. 32 ff.

Stück härter, unverschämter, frivoler ausfallen, damit sie überhaupt wirken konnte. Das aber entgrenzte und enthemmte Politik, radikalisierte sie tendenziell. Dafür taugten die freidemokratischen Honoratioren dann doch nicht. Bestürzt sahen sie, dass dergleichen schließlich tödlich ausgehen konnte. Erschrocken, erschöpft, ja um Jahre gealtert war vor allem der Vorsitzende der Partei.[49] Bis in den Sommer 2003 hinein wirkte die im Jahr zuvor noch wie aufgedreht agierende FDP, wirkte auch Guido Westerwelle gelähmt, apathisch am Rande des politischen Geschehens stehend.[50] Alsbald ließen sich im Winter 2002/2003 auch erste Stimmen vernehmen, die den Vorsitzenden zur Disposition stellten –[51] in der FDP galt Loyalität zum jeweiligen Vorsitzenden nie besonders viel. Aber ein Chor wurde daraus nicht. Die FDP war in diesen Monaten insgesamt zu ermattet, erschüttert, verwirrt, um zielstrebig über Führung und Richtung zu debattieren, gar einen Aufstand gegen die Parteispitze entfesseln zu können. Im Übrigen: Fast alle hatten ja mitgemacht, hatten sich wie im Fieberwahn von den populistischen Sirenengesängen betören lassen. Insofern waren die Freien Demokraten unten und ihr Vorsitzender oben gleichsam in einer kollektiven Irrtumsgemeinschaft zusammengekettet.

Nun sind harte Proben, schwere Herausforderungen, selbst schlimme Niederlagen nicht nur schädlich für politische Anführer. Sie können daraus lernen, daran wachsen, dadurch reifen. Westerwelle jedenfalls veränderte sich. Er machte nun nicht jede juvenile Albernheit mehr mit, nur um auf den Bildschirmen in den Wohnzimmern der Nation aufzutauchen. Er stellte sich nicht mehr vor jedes Mikrofon, machte sich in der Medienwelt auf-

---

49 Vgl. auch Carstens, Peter 2003, »Dämpfer in der Windstille«, in: *Frankfurter Allgemeine Zeitung* (17. Mai 2003).
50 Vgl. Riehl-Heyse, Herbert 2002, »Herumrudern im Tal der Tränen«, in: *Süddeutsche Zeitung* (20. Oktober 2002).
51 Vgl. Neubacher, Alexander/Hartmut Palmer 2002, »Von Parteifreunden umzingelt«, in: *Der Spiegel* (11. November 2002).

fällig rar – und wurde dadurch auch wieder ein wenig interessanter. Seine politischen Maximen klangen ebenfalls nicht mehr so dröhnend. Die Botschaft war bescheidener geworden, wieder näher an die alte FDP herangerückt. Westerwelle wies seiner Partei moderat die Rolle des »Scharniers der Vernunft« zu, rückte sie stärker und prinzipieller in das bürgerliche Lager.[52] So ging es ein Stück zurück zu Hans-Dietrich Genscher, den er eigentlich ein für alle Mal hinter sich lassen wollte. Immerhin: Die FDP kam zur Ruhe, fasste bei Wahlen wieder Tritt, sicherte ihre parlamentarischen Positionen auch in den Ländern. 2001 waren die Freien Demokraten lediglich in fünf Landtagen vertreten, 2008 waren es immerhin 13 Länderparlamente. Nach Einzug in den bayerischen Landtag gelang ihnen gar die Koalition mit den jahrzehntelangen politischen Monopolisten, der CSU also. Und so waren sie nun – als politische Repräsentanten der »vergessenen Mitte« –[53] Regierungspartei in Bayern, Nordrhein-Westfalen, Niedersachsen und Baden-Württemberg, keine ganz unwichtigen Länder in der deutschen Republik. Kurzum: Die Freien Demokraten hatten ohne Zweifel schon schlechtere Zeiten gesehen.[54]

Einen gewaltigen Sprung nach vorne hatte die FDP vor allem bei den jungen Wählern gemacht, hier in erster Linie bei der Kohorte der 1967er- bis 1979er-Geburtsjahrgänge. Diese Generation, die den Postmaterialisten und Alternativbewegten folgte, zeigt eine signifikante Präferenz für die FDP im Vergleich zu den Grünen. Seit 2005 ist auch die leicht proletarische Schlagseite, die wegen der anfänglichen Möllemanie zu Lasten der traditionellen Bürgerlichkeit ging, wieder korrigiert. Bei den letzten Wahlen re-

---

52 Vgl. Jaklin, Philipp 2003, »Liberale Masochisten«, in: *Financial Times Deutschland* (31. Oktober 2003).
53 Vgl. Marschall, Birgit, »FDP verteidigt die ›vergessene Mitte‹«, in: *Financial Times Deutschland* (20. Dezember 2007).
54 Vgl. Carstens, Peter 2004, »Lautstarke Bescheidenheit«, in: *Frankfurter Allgemeine Zeitung* (24. September 2004).

üsserte die FDP vor allen anderen bei den Selbstständigen und formal Hochgebildeten.

Es ist schwerlich zu leugnen, dass viel davon das Werk von Guido Westerwelle ist. Im Grunde war er einer der ersten Spitzenpolitiker, die seine Partei aus den gefrorenen Lagerkonfigurationen herausdrängen und zu einer äquidistanten Haltung gegenüber beiden Volksparteien bewegen wollten. Nicht zuletzt deshalb avancierte er zur Leitfigur jener Generation in der FDP, die dort dem Altliberalismus folgte. Dass Westerwelle allerdings dann durch seine programmatische Verengung die Fixierung auf die CDU in den letzten Jahren – verglichen mit dem notorisch wendigen Hans-Dietrich Genscher – gar noch zementierte, gehört indes zu den Aporien seiner Biographie. Doch insgesamt war auch das von vielen als vermessen angesehene »Projekt 18« keineswegs rundum ein Flop. Die Wählerbasis der FDP war als Folge der Kampagne breiter geworden, zudem stabiler, da die Partei nun auf Bundesebene auch bei den Erststimmen die Fünfprozenthürde nahm. Kurzum: Das prahlerisch verkündete 18-Prozent-Utopia wurde zwar verfehlt; das klassische Menetekel der 4,9 Prozent aber nicht zuletzt durch die hybriden Ansprüche mit Erfolg auf Distanz gehalten. Und seit den Landtagswahlen in Hessen im Januar 2009 mokiert sich niemand mehr über das »Projekt 18«.

Fruchtlos war der trotzig vorgetragene Avantgardismus Westerwelles nicht. Und dennoch: Bezeichnend ist die eklatante Schwäche der Freien Demokraten in sozialen Räumen und Gruppen, die wie modelliert für das liberale Mantra »weltoffen, tolerant, leistungsorientiert« sind: die urbanen Zentren und dort die hochqualifizierten jungen Frauen. Die Freien Demokraten Westerwelles reden seit einigen Monaten zwar anklagend von der »vergessenen Mitte« in Deutschland. Doch zumindest im urbanen Raum hat der parteipolitische Liberalismus ebendiese Mitte selbst folgenreich vernachlässigt. Schließlich ist es nicht ohne Grund, dass die FDP gerade in den aktiven Jahrgängen der Urbanität, bei den 35- bis 59-Jährigen, besonders schlecht abschneidet, vor allem erhebliche Defizite bei den Frauen dieser Kohorte aufweist. Offenkundig hat dieses Milieu – vielfach weiblich, hochqualifiziert, unter beruflichem wie familiärem Druck, zuweilen im Konflikt mit Vermietern stehend – nicht den Eindruck, dass die FDP Anwältin ihrer Interessen ist. Schließlich existiert gerade bei Frauen zwischen 30 und 50 Jahren ein massives Interesse an einer Politik der Balancen, mit der die Anmutungen vielfältiger Rollenrochaden auszuhalten und praktisch zu gestalten sind. Doch dominiert in der FDP ganz die Vorstellung vom Primat der Ökonomie, das die dem klassischen Liberalismus durchaus inhärente Philosophie der versöhnenden Vermittlung nunmehr ersetzt hat. Auch reagieren Frauen, so untermauern es zahlreiche empirische Erhebungen, empfindsamer auf neue kulturelle Fragen und Spannungslinien in der Gesellschaft. Indes ist auch diese kulturelle Seite – die ebenfalls in den traditionellen liberalen Lebenswelten hoch entwickelt war – zuletzt in der FDP nachgerade verkümmert.

Und so führt auch dieser Weg wieder zu Guido Westerwelle. In der Tat hat Westerwelle – was als persönliche Leistung keineswegs gering zu veranschlagen ist – die FDP auf sein ureigenes Deutungssystem und seinen originären kulturell-rhetorischen Habitus in einem Ausmaß zugeschnitten, wie dies in der bundesdeutschen Parteiengeschichte sonst allenfalls Kurt Schumacher oder Helmut Kohl in Bezug auf SPD bzw. CDU gelungen ist. Mit Ausnahme des jungen Landesvorsitzenden der niedersächsischen FDP, Philipp Rösler, ist zwischen Stuttgart und Schwerin nirgendwo eine Führungsbegabung zu erkennen, die den amtierenden Parteichef alternativ herausfordern könnte. Doch ist der Mangel an Leitfiguren im deutschen Liberalismus merkwürdig chronisch. Schon für die Jahre der Weimarer Republik stellte die damalige preußische Landtagsabgeordnete Hedwig Wachenheim im Rückblick fest: Die Liberalen »fühlten sich als Repräsentanten der Gebildeten und sahen in ihnen die Führer der Nation. Dabei war keine Partei so arm an politischen Führern wie sie.« Auch 60 Jahre Bundesrepublik haben an diesem Befund nicht rütteln können.

Insofern mangelt es der FDP trotz des Umfragebooms im Frühjahr 2009 auf der personellen Ebene der Parteispitze an den Balancen, die für hochkomplexe und fragmentierte Gesellschaften stabilisierend sind. Dass es keine markanten Repräsentanten eines sozial- oder linksliberalen Flügels mehr gibt, ist häufig festgestellt worden. Aber auch das Tandem Parteivorsitzender und Generalsekretär ist in seiner gegenwärtigen Besetzung problematisch, da die beiden, Guido Westerwelle und Dirk Niebel, sich nicht komplementär ergänzen, sondern in ihrem Profil gleichen und dadurch in ihren Einseitigkeiten gar noch verstärken. Es fehlen infolgedessen die nachdenklichen, reflexiven Köpfe, die in früheren Jahrzehnten zuweilen den besonderen Charme der Freien Demokraten ausgemacht haben, von Wolfgang Schollwer über Ralf Dahrendorf und Karl-Hermann Flach bis hin zu Werner Maihofer. Schließlich stellt sich die Frage: Wie krisenresistent ist Westerwelle?[55] Er war nie der Typus, der beim abendlichen Bier politische Freundschaften schließen und innerparteiliche Mehrheitsbündnisse schmieden konnte. Auch gesellig durch Landesverbände und Ortsgruppen zu tingeln, war nie sein Fall. Emotional verbundene Netzwerke und Seilschaften fehlen ihm also.[56] Selbst der Unterstützung der Jungliberalen kann er sich nicht mehr selbstverständlich sicher sein.[57] Anders denkende Berater erträgt er schwer,[58] wenngleich zuletzt Besserungen in dieser Hinsicht kon-

55 Hierzu auch Lebert, Stephan, »Die Partei hinter Guido«, in: *Die Zeit* (3. Januar 2008).

56 Vgl. Friedebold, Fritz 2003, »Liberale lest die Papiere«, in: *Frankfurter Allgemeine Sonntagszeitung* (2. November 2003).

57 Vgl. Deutschländer, Sandra 2003, »Guido Westerwelle fällt bei Jungen Liberalen in Ungnade«, in: *Financial Times Deutschland* (20. Oktober 2003).

58 Vgl. Schmiese, Wulf 2003, »Wut in der Champagner-Etage«, in: *Frankfurter Allgemeine Sonntagszeitung* (5. Oktober 2003).

statiert wurden. Sein größtes Plus ist nach wie vor gewiss die Kon-
kurrenzlosigkeit. Die »Generation Westerwelle« hat es eben in der
FDP nie wirklich gegeben. Westerwelle war immer der Avantgardist ohne Offizierscorps – er ist dadurch aber auch ohne Rivalen innerhalb seiner Altersgruppe geblieben. Das mag ihn vor
Herausforderern schützen. Doch sicher darf sich ein Chef der
Liberalen niemals fühlen: Viel Geduld, das lehrt die Geschichte
der FDP, haben die liberalen Individualisten ihren Vorsitzenden
gegenüber nie gezeigt. Hier waren und sind sie immer besonders
leistungsorientiert: Bleibt der Erfolg aus und klappt es bundespolitisch mit dem Regierungseintritt 2009 abermals nicht, so
wird sich der Daumen des deutschen Bürgertums über Guido
Westerwelle senken. Gelingt ihm, was er anstrebt, dann wird man
seine strategischen Fähigkeiten rühmen. Aber auch das muss bei
Liberalen nicht lange anhalten.

4. Arrivierte Alternativelite

Meister der Metamorphose: Joschka Fischer

Joschka Fischer. Er war der Star der Berliner Republik. Aber er war doch auch durch und durch Gewächs der westdeutschen Gesellschaft, die noch von Bonn aus regiert wurde. Die Jahre unter Kiesinger, Brandt und Schmidt haben ihn und seine Kohorte politisch geprägt. Fischer hat sich stets gern als Außenseiter, als einsamer Wolf stilisiert. Das war er auch, vor allem im Kontext der etablierten politischen Klasse. Gleichzeitig war Fischer aber die Projektionsfläche schlechthin für etliche Deutsche, für das Gros seiner Altersgenossen allemal, bald gar für den Mainstream des Landes.[1] Fischer war anders und dabei den Wünschen der Mehrheit doch nahe. So konnte er zum populärsten Politiker der deutschen Republik aufsteigen.

Gewiss: Determiniert war dieser Weg nicht, es hätte auch ganz anders kommen können. Die Wahrscheinlichkeit, dass aus Fischer einst das werden würde, was man eine verkrachte Existenz zu nennen pflegt, lag noch an seinem 30. Geburtstag hoch. Er war nichts, konnte wenig, besaß keine Perspektive. So jedenfalls machte es den Eindruck, als er am Ende der 1970er Jahre mürrisch seine Fahrgäste im Taxi durch Frankfurt chauffierte. Man hat die Kindheits- und Jugendgeschichte des Joseph Fischer häufig genug erzählt. Der Metzgerssohn brach alles ab, was er anfing: die Schule, die Lehre, jeden Versuch, beruflich Fuß zu fassen, auch die Ausbrüche aus der Familie, später die Ehen, deren erste er noch als Minderjähriger einging. Der Bruch – das wurde geradezu zum archimedischen Punkt, zum roten Faden seines Lebenswegs.

1 Vgl. auch Gaserow, Vera 2002, »Instinktsicher«, in: *Frankfurter Rundschau* (3. Juni 2002).

Doch dass ein solcher Abbruchunternehmer der eigenen Biographie zum politischen Liebling der Deutschen werden konnte, wirkt zumindest auf den ersten Blick verstörend. Bekannt ist schließlich, dass Wähler von ihren Gewählten Geradlinigkeit erwarten und dass sie Verlässlichkeit prämieren. Dagegen sind Politiker, die heute hier, morgen dort stehen, die ihre Positionen hurtig austauschen, denkbar unbeliebt. Man traut ihnen nicht über den Weg. Was also war bei Fischer anders? Er – so schreiben alle seine Biographen gern – »erfand sich immer wieder neu«, »häutete sich« permanent.[2] Doch: Warum fasziniert bei ihm, was anderen als purer Opportunismus und bedenkenlose Wendigkeit ausgelegt würde?

Als Fischer die Arena der Parteipolitik betrat, ging er schon auf Mitte 30 zu. Ende Juli 1981 (erst) trat er den Grünen bei. Andere Politiker seines Alters hatten zu diesem Zeitpunkt in den klassischen Parteien schon fast 20 Jahre »Ochsentour« absolviert. Doch verfügten sie nicht unbedingt über einen Erfahrungsvorsprung in den Techniken politischer Machtkämpfe. Fischer gehörte im Frankfurt der 1970er Jahre der so genannten Spontiszene des linken Radikalismus an. Dort lernte er Tag für Tag, worauf es in der Politik ankam: Seilschaften zu knüpfen, Bündnispartner zu umschmeicheln, Rivalen einzuschüchtern, Indiskretionen gezielt zu lancieren, Intrigen boshaft zu spinnen – und: zu reden, zu reden, zu reden. Kurzum: Fischer ging durch eine ähnliche Schule wie die Scharpings, Schäubles, Stoibers. Nur war diese Schule nicht institutionell verfasst, hatte keine fixen Regeln und formellen Hierarchien. Fischer paukte sich in der freien Wild-

---

2 Vgl. Schmidt, Christian 1998, *Wir sind die Wahnsinnigen. Joschka Fischer und seine Frankfurter Gang*, München/Düsseldorf: Econ; Krause-Burger, Sybille 1999, *Joschka Fischer. Der Marsch durch die Illusionen*, aktualisierte Neuausg., Stuttgart: Deutsche Verlags-Anstalt; Schwelien, Michael 2000, *Joschka Fischer. Eine Karriere*, Hamburg: Hoffmann und Campe; Geis, Matthias/Bernd Ulrich 2004, *Der Unvollendete. Das Leben des Joschka Fischer*, Reinbek bei Hamburg: Rowohlt; Schreiber, Jürgen 2007, *Meine Jahre mit Joschka*, Berlin: Econ.

bahn des amorphen Radikalismus nach oben: in Vollversammlungen und Plenen, auf Demonstrationen und Kundgebungen,
in Wohngemeinschaften und Kneipen. Nicht alles war ganz anders als in der Jungen Union, bei den Jungdemokraten oder Jungsozialisten. Aber alles war ein Stück roher, härter, brutaler. Und
so war auch Fischer noch im politischen Geschäft des reputier-
lichen Parlamentarismus immer eine Spur brutaler, härter, rigider als der überwiegende Rest seiner anders sozialisierten Kollegen.

Dass er sich in der linken Versammlungskultur der 1970er Jahre
nicht nur die ihn fortan auszeichnenden rhetorischen Fähigkeiten aneignete, sondern auch und besonders Fertigkeiten des Nah-
kampfs auf der Straße zulegte, darauf war er auch dann noch
durchaus stolz, als er schon den großen Staatsmann im Dreiteiler
gab. Fischer schöpfte Selbstbewusstsein und Kraft aus dem Um-
stand, dass er anders als all die anderen, denen er im Parlament
und in den Verwaltungen begegnete, »im Blut gestanden hatte«,
wie er es mit seiner Vorliebe für die dramatische Bühnenspra-
che zuweilen ausdrückte. Er war verdroschen worden; aber er
hatte es den »Bullen« mit gleicher Münze zurückgezahlt. Er war
kein Weichei, kein Lämmerschwänzchen.[3] Er spürte wieder und
wieder, wie er diesen Habitus – neben seiner schneidenden, oft
verletzenden Rhetorik – als furchteinflößende Androhungspose
raumgreifend inszenieren konnte, sodass seine Gegenüber eingeschüchtert waren, wie man es in früheren Jahrzehnten nur
von Runden kannte, in denen Herbert Wehner seine schwitzen-
den Kontrahenten mit finsterem Gesicht in Schach hielt.[4] Die
Ähnlichkeiten zwischen beiden fielen in der Tat ins Auge: Beide
begegneten ihrer Umwelt oft mürrisch, abweisend, schlecht ge-

---

3 Vgl. hierzu Schmid, Thomas 2001, »Nicht weit vom Stamm«, in: *Frankfurter Allgemeine Zeitung* (5. Januar 2001).
4 Auch Fried, Nico 2006, »Leidenschaftlicher Redner, der nun seine Spielstätte verlässt«, in: *Süddeutsche Zeitung* (24. Juni 2006); Busche, Jürgen 2005, »Was schützt
Joschka Fischer«, in: *Cicero*, H. 4/2005, S. 60 ff.

launt, mit dunklen, pessimistischen, kryptischen Prophezeiungen.
Beide litten an und lebten aus den Verfehlungen ihrer Jugend und
ihrer jungen Erwachsenenzeit, zelebrierten gleichwohl ihre Rolle
der getäuschten Idealisten, die durch das Feuer, wenn nicht gar
durch die Hölle gegangen waren.[5] Das nährte ihren Mythos, erhöhte sie zu Märtyrergestalten des auf düstere Abwege gerate-
nen Idealismus. Allerdings war Wehner, in einem merkwürdigen
Kontrast zu seiner realen Brutalität, in hohem Maße mitleids-
fähig gegenüber Menschen in Not, Krankheit und Armut. Bei
Fischer überwog stets das Selbstmitleid die Empathie.

Mit Wehner wollten sich seine Gegner aus dem konservativ-
deutschnationalen Bürgertum nie dauerhaft versöhnen. Fischers
Rehabilitierung verlief auch nicht einfach, aber sie gelang letztendlich mit Aplomb. Dabei konnte es einem bei seinen Worten
und Taten aus dem linksradikalen Jahrzehnt durchaus noch lange
kalt über den Rücken laufen. Die Killer von der so genannten
RAF bezeichnete er seinerzeit als »Genossen von der Stadtgueril-
la«, von denen man sich öffentlich nicht distanzieren dürfe, »weil
wir uns dann von uns selbst distanzieren müssten«.[6] Die Mord-
anschläge auf Schleyer, Ponto und Buback kommentierte er damals hartherzig: »Bei den drei hohen Herren mag mir keine rechte Trauer aufkommen.«[7] Er war, als er das kundtat, kein dummer,
pubertierender Junge mehr, sondern ein Mann im 30. Lebensjahr.

Man mag sich kaum vorstellen, was mit Fischer geschehen wäre,
hätten sich in dieser Zeit nicht die Grünen konstituiert. Es
spricht nicht ganz wenig dafür, dass er sich verbittert im Rand-
bereich der Gesellschaft niedergelassen hätte, also in der sozialen
Schicht, die von der Soziologie aktuell als Prekariat charakterisiert wird. In Berufen diesseits der Politik wäre für ihn, der ohne

5 Vgl. Clauss, Ulrich 2001, »Der grüne Wehner«, in: *Die Welt* (21. Februar 2001).
6 Zit. bei Schmidt, Christian, *Wir sind die Wahnsinnigen*, S. 98.
7 Zit. bei Schwelien, Michael, *Joschka Fischer*, S. 116.

Schulabschluss und Ausbildung dastand, gewiss kein weiteres Fortkommen möglich gewesen; seine Begabungen hätten brachge-
legen, wären sinnlos verkümmert. Die vermeintlich hermetisch
verschlossene Kaste der Politik zeigt eben doch, zumindest situativ, eine größere Durchlässigkeit als andere gesellschaftliche Sub-
systeme oder gar Elitenbereiche. Gleichviel: Fischer befand sich
am Ende der 1970er Jahre in einer desaströsen persönlichen und
politischen Lage. An die linksradikalen Projektionen, an die mar-
xistischen Interpretationen glaubte er nicht mehr. Aber ein neuer
Glaube war für ihn nicht recht in Sicht.[8] 1978 schrieb er: »Die
Perspektivlosigkeit, das Rumhängen, das Nicht-wissen-was-Tun
wird immer unerträglicher. Die Luft im Ghetto ist zum Ersti-
cken.«[9] Von dem, was man Neue soziale Bewegungen nannte,
versprach er sich auch nichts. Das war ihm zu kleinbürgerlich,
zu gutmenschelnd, zu sehr »We shall overcome«-Gesumme statt
entschlossenem Kampf. Auf den grünen Zug in die Politik sprang
Fischer erst auf, als dieser bereits rollte. Auch das blieb ein vor-
herrschendes Signum im Leben des Joschka Fischer: Er nahm
Entwicklungen keineswegs früh vorweg, er reihte sich ein, wenn
die Ersten bereits aufbrachen – aber dann setzte er sich zielstrebig
und hemdsärmelig an die Spitze der Kolonne.

Und er – im katholischen Glauben groß geworden – stieg sogleich auf die Kanzeln der Bewegungen, um die neuen Märsche
mit dem Pathos von Vorsehung, historischer Notwendigkeit und
persönlichem Beispiel zu begründen.[10] Schon in den 1970er Jahren hatte er auf diese Weise alle Wendungen in der Kaderstrategie
seines Konventikels durch lange Artikel in der Frankfurter Stadt-
zeitung *Pflasterstrand* zu legitimieren versucht. In seinem späteren Politikerleben verfasste er dafür gleich ganze Bücher. Er ließ

8 Vgl. auch Sontheimer, Michael 1984, »Zynisch, drastisch und unentbehrlich«, in:
Die Zeit (13. Januar 1984).

9 Zit. bei Krause-Burger, Sybille, *Joschka Fischer*, S. 114.

10 Vgl. ebenfalls Buchsteiner, Jochen 2000, »Der Gesamtminister«, in: *Die Zeit*
(20. Dezember 2000).

so das große Publikum teilhabe an seinem inneren Ringen, mit dem er sich losmachte vom Vergangenen, für das Neue öffnete. Stets war es ein gravierendes, oft qualvoll empfundenes Damaskus-Erlebnis, das ihn zum Paulus machte. Immer war es ein äußerst schmerzhafter Lernprozess, eine leidvolle Trennung vom Früheren. Nie hatte man den Eindruck, jemand mache es sich leicht, sei lediglich ein aalglatter Opportunist, den die flotten Ausschläge der Demoskopie zu quirligen Rochaden verführten. Nein, Fischer begab sich, wenn er changierte, auf den langen, langen, langen Lauf zu sich selbst: von ganz dick zu ganz dünn – hart und unerbittlich gegen sich selbst, mit zähem Durchhaltevermögen, bis das Ziel erreicht war. Das imponierte, da Fischer schaffte, was viele sich vornahmen, aber nur wenige letztlich realisierten.

Aber im Strom der Wandlungsprozesse und Wandlungsbedürfnisse insbesondere seiner Generation schwamm Fischer doch. Das waren die geburtenstarken Jahrgänge der Republik, die zu der Zeit, als Fischer mehr und mehr ins politische Establishment aufrückte, sukzessive die Mitte der Gesellschaft bildeten. Ganz so einsam und außenseiterisch war Fischer also nicht. Als ʼ68er bezeichneten sich im Rückblick etliche aus seiner Kohorte. Ein bisschen alternativ und friedensbewegt eingestellt waren sie im Jahrzehnt von Brandt und Schmidt dann ebenfalls. Und mit den Grünen sympathisierten viele der Babyboomer. Man stieg dann beruflich im Laufe der 1980er und 90er Jahre auf und übernahm leitende Positionen, sodass man politisch nun ungern länger einer Chaotentruppe von ineffizienten Neinsagern und nervenden Basisfetischisten anhängen wollte. Also lag grüne Realpolitik, Mitverantwortung, ein Regierungsprojekt ganz in der Entwicklungsspur dieses postmateriellen Milieus. Die Wandlungen des Joschka Fischer waren mithin so spektakulär und solitär nun auch wieder nicht. In seinen »Neuerfindungen« spiegelten sich die biographischen Schübe einer ganzen Kohorte.

Nun bewundert man nicht unbedingt sein eigenes Spiegelbild. Und Fischer verkörperte auch mehr als nur den bloßen Reflex dessen, was etlichen aus seinem Kontext vorschwebte. Er legte die oft unterschwelligen Wünsche frei, trieb sie auf die Spitze, setzte sie durch. Er schlug auf Demonstrationen zu, was die meisten sich nie getraut hätten, auch als sie noch vor Wut über die »Repression« der Staatsmacht schäumten. Er nannte den Präsidenten des Bundestags ein »Arschloch«, wozu allen anderen neben der schlechten Kinderstube einfach auch die Courage gefehlt hätte. Und er führte Deutschland als erster Außenminister nach 1945 wieder in Kriege, die viele wohl befürworteten, wohl kaum aber hätten verantworten wollen. Fischer verkörperte die Konsequenz, von welcher der Kleinbürger nur träumt, die er aber selbst nie riskiert.

Aber Fischer war nicht nur der Mann der Mitte und der *petits bourgeois*. Er imponierte auch jenen, die ganz oben standen, und solchen, die eher im unteren Viertel siedelten. Es ist bekannt, dass die Menschen aus dieser Schicht die Grünen eigentlich nicht sonderlich mögen, da diese sozial privilegiert sind, aber gerne Askese predigen und auf bildungsbürgerliche Distinktion Wert legen. Fischer war anders. Er vermochte im Jargon der Akademiker daherzureden; aber er konnte ebenso gut den derben Proll geben, in der deftigen Sprache der Arbeiterklasse polemisieren und attackieren.[11] Fischer war nicht allein Kopf; er war lange mit vollem Genuss auch Leib.[12] Die Überlegenheit seines Intellekts ließ er mit der bedrohlichen Kraft seines Körpers korrelieren. Körper, Kraft, knarzende Stimme – das kam unten an. Und: Er nährte noch einmal den Tellerwäschermythos. Was war er denn schon zu Beginn; und wie märchenhaft verlief dann seine Kar-

11 Vgl. auch Schmid, Thomas 2000, »Zwei Wege, die sich wieder kreuzen«, in: *Frankfurter Allgemeine Zeitung* (21. Oktober 2000).
12 Auch Widmann, Arno 2008, »Ein Glücksfall der deutschen Geschichte«, in: *Frankfurter Rundschau* (12. April 2008).

riere? Aber es war nicht nur einfach ein glücklicher Verlauf. Er hatte es sich als Selfmademan erkämpft, einsam, eisern und eigenwillig.[13] Ohne Anbiederei und Parteiprotektion. In Fischers Karriere erfüllte sich gewiss nicht der alternative, wohl aber der amerikanische Traum.

So einer musste indes selbst traditionell deutschnationale Eliten im konservativen Bürgertum nicht schrecken. Am Ende fand man auch dort Bewunderer des früheren Frankfurter Straßenkämpfers. Denn sie durften in ihm den Triumph des Willens feiern, die Überlebensfähigkeit des starken Einzelnen in der wilden Natur des wölfischen politischen Machtkampfes. Unter Epigonen Carl Schmitts konnte man einige Elogen auf die triebhaften Machtinstinkte Fischers hören. Und auch im gemäßigten Bürgertum war man am Ende mit Fischer versöhnt. Seine Biographie war zu einem weiteren Beweis für die alte bürgerliche Anthropologie geworden: Man mochte als Jugendlicher radikal und links sein, doch das hielt nicht an, wenn man älter wurde, im Beruf Erfolge aufwies, Familien gründete.[14] Letzten Endes würden sie alle vernünftig, konservativ und staatstragend werden, sich ordentlich anziehen und das Eigentum achten. So hatten es die konservativen Väter ihren rebellierenden Kindern schon Ende der 1960er Jahre prophezeit. Fischers Weg bewies: Sie hatten Recht behalten. Die verlorenen Söhne kehrten zurück – selbst Fischer, der über Jahre radikaler ausgebüchst war als die meisten anderen seiner Generation und Gesinnung. Zu guter Letzt mochten sie ihn also alle – ihren Joschka.

13 Vgl. Schneider, Christian 2007, »Und kein bisschen weise«, in: *die tageszeitung* (4. Januar 2007).
14 Vgl. Jörges, Hans-Ulrich 2000, »Der Fall Joschka Fischer«, in: *Die Woche* (8. September 2000).

Der Berufskader: Jürgen Trittin

Auf Jürgen Trittin traf das durchaus nicht zu. Er war über etliche
Jahre der *bad guy* in der Führungscrew der Grünen. Vor allem
in der ersten Legislaturperiode von Rot-Grün war sein Ansehen
bzw. Nicht-Ansehen geradezu verheerend. Konstant nahm er einen
der allerletzten Plätze ein, wenn die Institute für Meinungsfor-
schung die Popularitätswerte der Spitzenpolitiker ermittelten.[15]
Noch 2001 gab es kaum einen Beobachter, der es für möglich
gehalten hätte, dass Trittin die Bundestagswahlen 2002 politisch
überleben würde.[16] Schon im Sommer 1999 hatte Thomas Schmid
in der *Welt* das finale Urteil über die Zukunft Trittins gefällt:
»Seine Zeit ist abgelaufen.«[17]
Mit Joschka Fischer hatte das Gros des deutschen Bürgertums
seinen Frieden geschlossen. Jürgen Trittin aber trauten die konservativen Bürger von Besitz und Bildung nicht über den Weg.
Ihn hielten sie auch als Chef von Regierungsressorts für einen
unbeugsamen Linken, der seine originären, wahren Ziele lediglich verhüllte, sie nur für den Moment zurückstellte. Für sie blieb
Trittin der Kader, der Funktionär des Marxismus und der poten-
ziellen Öko-Diktatur, der Gegner von Bürgerlichkeit und Eigentum, der finstere Revolutionär, der subkutan dem Umsturz zuar-
beitete.[18] Fischer wurde am Ende seiner Karriere gefeiert, Trittin
wurde dagegen gefürchtet, ja: gehasst.

15 Vgl. hierzu und im Folgenden Urbach, Matthias 2001, »Dem Minister fehlt der
Schliff«, in: *die tageszeitung* (30. März 2001); Haarhof, Heike 1999, »Freundlicher
Autist«, in: *die tageszeitung* (24. August 1999).
16 Vgl. hierzu etwa Weiland, Severin 2001, »Zur Unterstützung verdammt. Einsamer Trittin«, in: *die tageszeitung* (30. Februar 2001); Schmiese, Wulf 1999, »Trittins Netz ist nicht aus persönlichen Drähten gespannt«, in: *Die Welt* (2. Juli 1999).
17 Schmid, Thomas 1999, »Grüne Torschlusspanik«, in: *Die Welt* (1. Juli 1999).
18 Krauel, Torsten 2001, »Narzisstisch der Gegenwelt treu: Jürgen Trittin, Minis-
terbuhmann«, in: *Die Welt* (29. März 2001).

Natürlich: Trittin tat seinen Teil dazu.[19] Denn er nahm offenkundig nur zu gerne die Pose des Undurchsichtigen ein. Seine politische Position war über die Jahre hin tatsächlich diffus geworden. Aber er wählte die Manier des Listigen, des schlauen Taktikers, von dem man vermuten sollte, bei ihm gäbe es eine unerschütterliche Wahrheit hinter dem äußeren Schein. Solche Auftritte genoss Trittin. Es dürfte ihm sicher gefallen haben, dass man ihm allerhand zutraute, ihn für einen mit allen Wassern gewaschenen Strategen und kühlen Analytiker hielt. Diesen Eindruck erweckte er übrigens nicht nur bei seinen alten Feinden von rechts. Auch seine Parteifreunde selbst hatten überwiegend ein solches Bild. Dort schauten ebenfalls nicht wenige voller Unbehagen auf den langjährigen zweiten Mann ihrer Truppe. Man wisse einfach nicht, hieß es in grünen Zirkeln, was »der Jürgen wirklich denkt«. Er lasse »ja niemanden an sich heran«, er errichte bei Kontaktversuchen sofort eine »dicke Isolierschicht« zwischen sich und allen anklopfenden Menschen.

Zu einem Darling der Medienmenschen wird man so nicht. Als ein Redakteur des *Stern* einmal die TV-Talkerin Sandra Maischberger fragte, mit welchem Interviewpartner sie sich denn besonders schwer getan hätte, antwortete sie: »Mit Jürgen Trittin.« Denn: »Er erinnert mich in seiner Haltung an einen Türsteher, der breitbeinig und mit verschränkten Armen dasteht und nichts und niemanden durchlässt.« Frau Maischberger ging es so nicht alleine. Etliche ihrer Kollegen haben sich im Laufe der Jahre ihre Zähne an Trittin ausgebissen, beim Versuch etwa, ihm Privates zu entlocken. In solchen Situationen machte Trittin dicht, gab sich kühl, abweisend und, wie viele in solchen Fällen düpiert empfanden: arrogant. Man erlebte ihn meist in seiner körperlichen Lieblingsstellung: die Arme wie einen Panzer um die Brust

19 Vgl. insgesamt sehr kritisch zu Trittin: Raschke, Joachim 2001, *Die Zukunft der Grünen*, Frankfurt am Main: Campus, S. 395 ff.

verschränkt, das Kinn auf der Brust, lauernd, wachsam, misstrauisch – oder auch, wie Bettina Gaus vermutete, »einfach schüchtern«[20].

Fischer hier, Trittin dort. Held der eine, Buhmann der andere. Seit 1988 bildeten sie bis 2005 informell das Führungsduo an der Spitze der Grünen.[21] Und sie brauchten einander. Keiner der beiden hätte allein die Partei geeint durch die erbitterten Flügelkämpfe der 1980er Jahre, die Zeit nach dem Scheitern an der Fünfprozenthürde bei der Bundestagswahl 1990, die Phase der Neuorientierung (nicht zuletzt in der Frage militärischer Interventionen) manövrieren können. Fischer war gewiss nie ein inniger Freund von Trittin; aber er respektierte doch dessen Fähigkeiten als Analytiker und Mann zäher Ausdauer. Vor allem war Fischer stets klar, dass er ohne den Abgeordneten aus Göttingen den Weg in die Realpolitik und in die Regierungskoalition mit den Sozialdemokraten nicht hätte beschreiten können. Trittin zog die so genannten Parteilinken mit, band sie ein und domestizierte sie. Auch die zahlreichen rhetorischen Eskapaden und Zuspitzungen Trittins, die regelmäßig für Empörung und Rücktrittsforderungen sorgten, schadeten à la longue weder den Grünen noch ihrem Urheber. Je stärker die Gegner tobten und seinen Kopf forderten, desto sicherer saß Trittin im Sattel.[22] Denn in ihm lebte in solchen Situationen die Erinnerung an das Ausgangselixier der Grünen auf, die rebellische, unangepasste Note. Gerade wenn die Anhängerschaft unter den Zumutungen der von Fischer verlangten Politik litten, klammerten sie sich umso mehr an Symbole der Ursprünglichkeit und des Eigensinns. Der Lieferant dieser Symbole war Trittin, der öffentliche Gelöbnisse der

20 Gaus, Bettina 1998, »Der schüchterne Sprecher«, in: *die tageszeitung* (5. Juni 1998).
21 Siehe Roßmann, Robert 2006, »Der gebeugte Riese«, in: *Süddeutsche Zeitung* (1. Dezember 2006).
22 Vgl. auch Bannas, Gunter 1999, »Respektiert und gefürchtet«, in: *Die Welt* (22. Januar 1999).

Bundeswehr als »perverses Ritual« beschimpfte und den Generalsekretär der CDU, Laurenz Meyer, einen »Skinhead« nannte.[23]
Damit hielten Fischer und Trittin ihren schwierigen Verein zusammen. Führung und Integration im Inneren durch Polarisierung und Zuspitzung nach außen – so ließ sich die Methode Trittins zumindest lange Zeit charakterisieren.

Trittin war ebenfalls ein Spiegel der ambivalenten, oft nicht ganz
ausgeglichenen Seelenlage der Grünen. Er gerierte sich als Grals-
hüter der grünen Ideale. Aber er war zugleich ein Paradebeispiel
dafür, dass nichts so geblieben war, wie man es in der Ökopartei zunächst durchaus großspurig avisiert hatte. Am Anfang standen noch die Losungen: Basisdemokratie, Abgeordnetenrotation,
kompromisslose Öffentlichkeit aller Vorgänge, in der Summe
eben: die Nicht-Parteien-Partei. Mit Trittin und seiner Karriere
hatten solche Prinzipien nichts zu tun. Er stand weder für den vi-
talisierenden Wechsel der politischen Eliten noch für die radikale
Transparenz von Entscheidungsprozessen und erst recht nicht für
die Idee der Nicht-Parteien-Partei. Trittin war wie Müntefering,
Westerwelle, Kauder und all die anderen ein Parteipolitiker durch
und durch. Etwas anderes als Partei hatte er nie gelernt und gemacht, sieht man von den Jahren als Schüler und als Student einmal ab. Doch selbst dort drehte sich bei ihm fast alles um die Organisation von Politik. In seinen Göttinger Studienjahren war
er dem Kommunistischen Bund beigetreten, gehörte – wie Thomas Ebermann und Rainer Trampert – der Gruppe »Z« an. Er
war Referent im universitären Allgemeinen Studentenausschuss,
der Mann, der auf Vollversammlungen die orientierenden Reden
schwang, mit dem Megaphon die studentischen Massen dirigierte. Den Grünen trat er eher bei als Fischer, im Jahr 1980. Damit
begann ein Leben in und von der Politik. Anfang der 1980er Jahre
verdiente er seinen Lebensunterhalt als Fraktionsassistent im Göt-

23 Vgl. Bax, Daniel 2002, »Asterix und sein mächtiger Antipode«, in: *die tageszei-*
tung (12. August 2002).

tinger Kommunalparlament, dann als Pressesprecher der Land-
tagsfraktion in Hannover. 1985 errang er dank der Rotation selbst
den Abgeordnetenstatus. 1990 avancierte er unter Ministerpräsident Schröder zum niedersächsischen Minister für Bundes- und
Europangelegenheiten. Dann war er Vorstandssprecher seiner Partei und schließlich sieben Jahre Bundesminister im rot-grünen
Kabinett.

Viele hatten nach dem Ende der Regierung Schröder-Fischer geglaubt, dass dies auch das Karriere-Aus für Trittin zur Folge haben würde. Doch damit sollten sie sich irren. Denn was hätte
Trittin außerhalb der Politik schon groß anstellen sollen? Als wer-
bender Lobbyist taugte der kommunikationssperrige, introvertierte
Exminister einfach nicht. Also blieb er in seinem ureigenen Geschäft, robbte sich im Diadochenkampf um die Nachfolge des
demissionierten großen Zampanos Fischer noch einmal mit zäher Geduld nach vorne.[24] Nun gehen die Grünen mit ihm und
Renate Künast als Spitzenkandidaten in den Wahlkampf 2009.
Und nicht ganz wenige Interpreten orakeln, dass es allein Trittin
dann, wenn die Stimmen ausgezählt sind, gelingen könnte, seine
Partei auch in ein Regierungsbündnis mit Schwarzen und Gel-
ben hineinzudrücken. Das wäre dann wieder die Rolle, die er
von der Pike auf gelernt hat und souverän beherrscht: den linken
Restflügel der Grünen beruhigen, durch einige Sprüche der verunsicherten Basis das Gefühl vermitteln, dass die Partei aller Ein-
und Anpassung zum Trotz sich doch weiterhin treu geblieben
sei.

Das mag so sein. Aber denkbar ist auch, dass Trittin diese Rolle
endlich ablegen will, dass er künftig viel lieber selbst den Anzug
des Staatsmanns im Auswärtigen Amt tragen möchte.[25] Dann al-

---

24 Vgl. Nelles, Roland 2007, »Der Möchtegern-Leitwolf«, in: *Der Spiegel* (10. September 2007).
25 Vgl. Geisler, Astrid 2008, »Der Retro-Star«, in: *die tageszeitung* (27. Juni 2008);
Lau, Mariam 2006, »Mit sardonischem Lächeln«, in: *Die Welt* (1. Dezember 2006).

lerdings hätten die Väter der 1960er Jahre wirklich rundum Recht
behalten: Die verlorenen Söhne kehren irgendwann alle reuig zurück.

Shootingstar durch Rinderwahn: Renate Künast

Natürlich, Jürgen Trittin war eigentlich kein verlorener Sohn aus
den 1960er Jahren. Dafür war er, war auch das Gros der grünen
Aktivisten und mehr noch ihrer Wähler zu jung, als die studentischen Demonstrationen die Republik in Aufruhr versetzten. Die
Grünen waren, Fischer und Cohn-Bendit zum Trotz, ihrem Ursprung und ihrer Prägung nach keine 68er. Die Partei entstand
nicht gegen Adenauer oder Kiesinger. Sie gründete sich aus Enttäuschung über die Sozialdemokraten, aus Wut – das wird heute
kaum noch erinnert – über Helmut Schmidt. Die Grünen waren
im ersten Vierteljahrhundert ihres Bestehens auf der Etage ihrer
Leitfiguren eine Partei der in den 1950er Jahren Geborenen, die
eine etwa zehn Jahre jüngere Klientel adressierten. Daran hat sich
bis heute nichts geändert: Trittin ist Jahrgang 1954, Claudia Roth
sowie die beiden aktuellen Fraktionschefs Kuhn und Künast wurden 1955 geboren.

Kaum jemand von denen, die Mitte der 1950er Jahre das Licht
der Welt erblickten, sich später irgendwie links politisierten und
dabei ehrgeizig nach vorne strebten, landete als junger Erwachsener bei den Sozialdemokraten. Wahrscheinlich lag das nicht nur
an deren Kernenergie- und Nachrüstungspolitik, wie es später in
Lebensläufen gern festgehalten wurde. Die SPD war in den 1970er
und 1980er Jahren von Begabungen aus den Geburtsjahrgängen
der 1940er überlaufen, ein Aufstieg dort war für die ambitionierten Naturen des folgenden Jahrzehnts nachgerade versperrt. In
gewisser Weise stellten die Grünen somit, da der sozialdemokratische Karrierezugang verstopft war, ein Ventil für die linken Ta-

lente der geburtenstarken Jahrgänge dar, als sie in das Alter kamen, in dem man die Weichen für die politische und berufliche
Zukunftsoption stellte.

Renate Künast beispielsweise wäre von ihrer Herkunft geradezu prädestiniert gewesen für eine sozialdemokratische Lebensgeschichte. Groß wurde sie im Ruhrgebiet, in Recklinghausen.[26]
Der Vater arbeitete als Kfz-Mechaniker. Die Tochter sollte auf
die Hauptschule, dann heiraten, Kinder kriegen – eine höhere Bildung war weder angestrebt noch erwünscht. Es war ein großer
Kampf, bis der Vater sich überhaupt bereit erklärte, die Tochter
die Realschule besuchen zu lassen. Dann ging es weiter auf dem,
im Prinzip typisch sozialdemokratischen, zweiten Bildungsweg:
Fachabitur, Fachhochschule, zunächst ein Job als Sozialarbeite-
rin in einem Männergefängnis in Berlin, schließlich doch noch
ein Jurastudium. Vieles erinnert an die Anstrengungen des Gerhard Schröder, aus dem Untergeschoss der Gesellschaft heraus-
zukommen. Aber Renate Künast ging eben nicht zur SPD, sie trat
1979 in Berlin der Grün-Alternativen Liste bei. Dort kletterte sie
rasch nach oben. Der erste rot-grüne Senat 1989 unter Walter
Momper ging wesentlich auf ihr Verhandlungsgeschick zurück.
Bekannt geworden war sie im Berliner Abgeordnetenhaus durch
scharfzüngige Wortmeldungen, bissige Zwischenrufe, ironische
Spitzen und eine höchst temporeiche Rhetorik.[27] Sie personifizierte den grünen Feminismus jener Jahre; man etikettierte sie
gern als »Powerfrau«.

Und sie galt zunächst als prominenteste Stimme der Linken innerhalb der grünen Partei. Doch war sie nie eine »Fundamentalistin«. Sie konnte scharfe Reden gegen den einen oder anderen
Innenminister halten; auch war sie im »Kampf gegen rechts«

---

26 Vgl. hierzu Schuller, Konrad 2001, »Renate Künast setzt sich durch«, in: *Frankfurter Allgemeine Zeitung* (13. Oktober 2001).
27 Vgl. Winden, Dorothee 1998, »Jura ist ihr Werkzeugkasten«, in: *die tageszeitung*
(26. Oktober 1998).

vorne mit dabei. In Verhandlungen trat sie gewiss beinhart auf. Aber sie verhandelte eben, suchte und nutzte Spielräume, bastelte an Kompromissen. So erarbeitete sie sich den Ruf einer »linken Realistin«.[28] Dergleichen gefiel später auch Joschka Fischer, der ansonsten in der Mitte der ersten rot-grünen Legislaturperiode mit dem Zustand seiner Partei haderte. Zwei Jahre lang hatte es Wahlniederlagen in den Ländern gehagelt; den Parteisprecherinnen Antje Radcke und Gunda Röstel fehlte es an Autorität. Das musste anders werden, und die Lösung hieß: Renate Künast nebst Fritz Kuhn. 25 ParteisprecherInnen – wie es bis dahin hieß – hatten die Grünen schon verbraucht und verschlissen, aber nun sollte es einen neuen Anfang mit den beiden erfahrenen Landespolitikern als – wie man es fortan nannte – Bundesvorsitzende der Partei geben.[29] Die Grünen brauchten, so hatte ihnen ebenfalls ein fachkundiger Professor geraten,[30] ein »strategisches Zentrum«, in der die Aktivitäten der Minister im Bundeskabinett, der Fraktion und der Parteispitze koordiniert zusammenliefen.[31] Ein weiterer Professionalisierungsschub war folglich angesagt. Und für diese Professionalisierung und Effizienzsteigerung stand eben die neue »K u. K«-Monarchie, als die das Duo Künast/Kuhn bisweilen spöttisch bezeichnet wurde.

Kuhn war in diesem »Traumduo« – so ein anderes Ondit bei den Grünen im Sommer 2000 – der Mann des rechten Flügels, Künast sollte die Linke repräsentieren. Nach solchen Proporzen und Quotierungen hatten die Grünen bisher stets ihre Führungsgarnitur zusammengestellt. In der Regel folgte aus diesem Äquivalenz-

28 Vgl. hierzu mit kritischem Unterton Soldt, Rüdiger 2000, »Placebo für die Linke«, in: *Die Welt* (28. März 2000).
29 Vgl. Geis, Matthias 2000, »Im Duett zur Mitte«, in: *Die Zeit* (30. März 2000).
30 Vgl. Raschke, Joachim 2001, »Sind die Grünen regierungsfähig? Die Selbstblockade einer Regierungspartei«, in: *Aus Politik und Zeitgeschichte*, H. 10/2001, S. 20 ff.
31 Vgl. Gaus, Bettina 2000, »Die Einträchtigen«, in: *die tageszeitung* (26. Juni 2000).

prinzip nicht Führungsstärke, sondern Paralyse. Man hielt sich gegenseitig in Schach, verhinderte Kreativität und versicherte sich der Loyalität der Flügel, deren Unterstützung man jeweils das Amt verdankte, durch jene Formeln und Maximen, die dort erwartet wurden. Mit Kuhn und Künast sollte diese Blockadesituation nun jedoch gezielt überwunden werden, sie sollten sich komplementär ergänzen, gewissermaßen zu einem Synergieeffekt zusammenziehen, was sich sonst hemmend gegenüberstand. Und tatsächlich wurden die innerparteilichen Fehden seltener, auch die oft amateurhaften Umgangsformen und Administrationsstrukturen im Zentrum der grünen Politik professionalisierten sich. Geräuschlose Effektivität wurde wichtiger als turbulente Basisdemokratie.

Die Amtszeit von Renate Künast im Bundesvorsitz ihrer Partei währte allerdings nur einige Monate. Dann ersetzte sie die bisherige Ministerin für Gesundheit, Andrea Fischer, im Bundeskabinett. Das Ressort erhielt einen neuen Zuschnitt und trug fortan den Titel Ministerium für Verbraucherschutz, Ernährung und Landwirtschaft. Es folgten erstaunliche Wochen. Die unmittelbaren Reaktionen auf die Verleihung der ministeriellen Würde an Renate Künast waren geradezu niederschmetternd. Fast alle Kommentatoren höhnten über die »Großstadtgöre«, die einen Kuhstall nie gesehen habe, vom Getreideanbau ebenso wenig wisse wie von der Viehzucht.[32] Kuhn hingegen habe sich schon seit Monaten in die landwirtschaftliche Materie eingearbeitet; auch gebe es in der Partei mit der nordrhein-westfälischen Ministerin Bärbel Höhn eine allseits anerkannte Expertin. Aber Künast? Man konnte sie sich problemlos an der Spitze des Justizministeriums vorstellen, nicht aber als Leiterin eines Ressorts, das seit jeher von schwergewichtigen Männern geführt wurde, die

---

32 Supp, Barbara 2001, »Die Grüne und die Kuh«, in: *Der Spiegel* (1. März 2001); Neubacher, Alexander 2001, »Im fremden Gärtchen«, in: *Der Spiegel* (19. Februar 2001).

mit ihren bäuerlichen Kollegen manche Schlachtplatte vertilgt und etliche Schnäpse gekippt hatten.

Doch im Januar/Februar 2001 konnte man mustergültig verfolgen, wie in bestimmten, unzweifelhaft raren Konstellationen politische Karriereschübe möglich sind und sich Handlungsspielräume der besonderen Art eröffnen. Künast jedenfalls wurde innerhalb weniger Wochen eine der populärsten Politikerinnen der Republik. Auch Angela Merkel ließ sie hinter sich. Einen solchen plötzlichen Anstieg der Beliebtheitswerte hatte das Land bislang noch nicht gesehen.[33] Unter anderen Umständen als denen, die zu Beginn des Jahres 2001 herrschten, wäre ein solcher Durchbruch völlig undenkbar gewesen, vor allem in diesem geradezu klassischen Lobby- bzw. Klientelministerium. Gerade die Verbandsvertreter der Landwirtschaft hätten sich normalerweise mit aller Vehemenz und Brutalität gegen eine konfessionslose Frau, Linke und Ökologin großstädtischer Provenienz zur Wehr gesetzt und sie wohl auch zur Strecke gebracht. Doch Anfang 2001 war die Bauernlobby gewissermaßen entwaffnet. Die Republik lag verängstigt in der BSE-Krise, die Bürger fürchteten sich vor dem Rinderwahn, sie grollten mit den Viehhaltern und erwarteten entschlossene Remedur durch den Staat. Das war eine optimale Situation für zielstrebige politische Führung. Die Vetomächte waren zutiefst verunsichert, ja delegitimiert, ihre Blockadeenergien somit gleichsam ausgeschaltet. Die Öffentlichkeit wollte keine langwierigen Konsensgespräche, sondern schnelle Entscheidungen. Obstruktionsmanöver hätte sie in diesen Wochen nicht geduldet. Das wurde zur großen Chance von Renate Künast, die kein zaudernder Charakter ist und zum Grübeln nicht neigt. Sie griff also zu, nutzte das überbordende mediale Interesse, gab sich in jeder Minute als Frau der Tat und als Politikerin mit einem klaren Ziel: ökologische Landwirtschaft. In ihrer

---

33 Vgl. Geis, Matthias 2001, »Granate Renate«, in: *Die Zeit* (22. Februar 2001).

ersten Regierungserklärung forderte sie gar: »Schluss mit den Agrarfabriken.« In dieser historischen Situation konnte sie sich das, plebiszitär breit gestützt, leisten. Der Bauernverband blieb still. Die *Bild*-Zeitung jubelte: »Einfach wunderbar«.[34]

Doch solche Momente sind zeitlich eng begrenzt. Nach ein paar Wochen waren die allergrößten Ängste verflogen, andere apokalyptische Szenarien traten an ihre Stelle. Das Volk traute sich wieder an den sonntäglichen Rinderbraten. Das Thema BSE verschwand aus den Medien, Künast aus den Talkshows.[35] Die ganz normale Vetomacht der Verbandsinteressen kehrte zurück, das Motto des Deutschen Bauernverbandes lautete jetzt wieder: »Wir brauchen keine Agrarwende«,[36] der Motor der Bewegung für eine ökologische Landwirtschaft geriet ins Stottern, und die Ministerin hatte es fortan nicht mehr so leicht, die Einsprüche der anderen europäischen Agrarminister zu kontern. Die hohe Popularität flachte ab. Doch Renate Künast, die ihre Akten kannte und durch Zuhören Informationen aufsaugte, konnte sich halten. Mit ihrer raschen Intelligenz blieb sie in der Öffentlichkeit auch weiterhin wahrnehmbar präsent.[37]

Schnell war sie in der Tat.[38] Als Joschka Fischer kurz nach den Bundestagswahlen 2005 seinen Abschied aus der Politik erklärte, reklamierte sie sofort ein Anrecht auf seine Nachfolge in der grünen Machthierarchie. Ministerielle Macht war schließlich nicht mehr zu vergeben, und allein die Führung der Bundestagsfraktion versprach exklusive Ressourcen.[39] So wurde Renate Künast,

---

34 Hierzu: Urbach, Matthias/Daniela Weingarten 2001, »Dreamteam mit Verspätung«, in: *die tageszeitung* (16. März 2001).

35 Vgl. Vorholz, Fritz 2003, »Das Natur-Wunder«, in: *Die Zeit* (11. September 2003).

36 Weber, Cornelia 2002, »Renate Künast: Den Stier bei den Hörnern packen und streicheln«, in: *Die Welt* (11. Januar 2002).

37 Vgl. Siebenmorgen, Peer 2001, »Ackern für Deutschland«, in: *Welt am Sonntag* (4. Februar 2001).

38 Vgl. auch Gessler, Philipp 2000, »Renate Künast, Die Vorzeige-Grüne«, in: *die tageszeitung* (28. März 2000).

39 Vgl. Löwenstein, Stephan 2008, »Immer präsent«, in: *Frankfurter Allgemeine Zeitung* (28. September 2008).

erneut im Gespann mit Fritz Kuhn, zur Chefin der grünen Abgeordneten. Und so wurde sie, nun zusammen mit Jürgen Trittin, drei Jahre später zur Spitzenkandidatin der Partei für die Bundestagswahlen 2009 gekürt.

Emotional unmusikalisch: Fritz Kuhn

Spitzenkandidat – das wäre gewiss auch Fritz Kuhn gerne geworden. Und die meisten, die ihn gut kennen, sind sich sicher, dass er felsenfest davon überzeugt ist, tatsächlich auch der beste Kandidat seiner Partei zu sein. Doch weil Kuhn die Wertschätzung seiner selbst schwer verbergen kann, konnte ihm nicht gelingen, was er über all die Jahre unverkennbar anstrebte: ganz vorne und ganz oben zu stehen, zumindest bei den Grünen.

Insofern ist bei den Grünen, trotz aller Professionalisierungstendenzen und Adaptionen an das konventionelle Maß der klassischen Parteien, der Abstoßmechanismus gegen Stars in den eigenen Reihen zumindest noch in Resten erhalten geblieben. Aber vielleicht ist das schwierige Verhältnis, das viele Grüne zu einem ihrer unzweifelhaft fähigsten Köpfe pflegen, auch gar kein originäres Signum der Ökologen. Der Typus Kuhn, der um seine intellektuelle Überlegenheit weiß und sie die nach seinem Empfinden dahinter zurückbleibende Umgebung oft mit herablassender Ungeduld spüren lässt – dieser Typus stellt sich in jeder Partei verlässlich selbst ein Bein, wenn er zum Sprung an die Spitze ansetzt. Parteien wissen, dass sie diesen Typus benötigen; aber sie spüren für ihn nicht die Zuneigung, die notwendig wäre, um sich ihm in politischen Kämpfen zu unterstellen. Das emotionale Band, das den Beziehungen zwischen unten und oben Halt geben muss, fehlt einfach.

Auch Fritz Kuhn hätte unter anderen politischen Bedingungen während der sekundären Sozialisation gut eine sozialdemokra-

tische Karriere machen können. Im Unterschied zu Künast gehörte er, der aus einem sozialdemokratisch orientierten Eltern-
haus kam, der SPD zunächst sogar an, trat dort aber 1978 –
natürlich: wegen der Politik Helmut Schmidts – aus. Ein Jahr
später zählte er zur Gründergruppe der Grünen in Baden Württemberg. 1984 gelangte er in den Stuttgarter Landtag, begann
dort als einer der Ersten in der Öko-Partei den Gedanken eines
schwarz-grünen Bündnisses öffentlich zu erwägen. In den folgenden 16 Jahren war Kuhn dann die dominante Figur der Grünen
im Südwesten Deutschlands. Seit 1992 führte er die Fraktion
im Ländle. Kuhn baute seinen Landesverband und die Landtags-
fraktion zu einer Hochburg der grünen Realos aus.[40] Wer nicht in
dieses politische Muster passte, geriet unter der rigiden Leitung
Kuhns und seines auf ihn eingeschworenen Freundeszirkels an
den Rand und ins politische Abseits.[41] Kuhn selbst avancierte
zum wichtigsten innerparteilichen Realo-Partner von Joschka Fischer – »Fischers Fritz«, wie es mokant im Parteijargon hieß –, genoss den Ruf des kühlen und weitsichtigen Strategen und klugen
Taktikers. Er war keineswegs nur ein großer Kungler, sondern
auch ein Mann mit Sinn für programmatische Diskurse, zumindest für programmatisch klingende Semantiken bzw. Metaphern.
Insofern handelte man ihn ebenfalls als »Vordenker«, der den Weg
der Grünen von der Nichtparteienpartei linksökologischer Außenseiter zur liberal-bürgerlichen Partei der Mitte mit multioptio-
nalen Bündnisvarianten früher als andere betreten hatte. In diesem Sinne war er so etwas wie der Genscher der Grünen. Auch
Kuhn hielt sich gern alle Möglichkeiten offen.[42]

40 Vgl. Brösler, Daniel 2008, »Grüner Realo mit Gegenwind aus der eigenen Partei«, in: *Süddeutsche Zeitung* (16. Oktober 2008).
41 Vgl. Haarhoff, Heike 2000, »Der Strippenzieher«, in: *die tageszeitung* (17. März
2000).
42 Exemplarisch und eindrucksvoll hierfür seine Aussagen im Interview mit dem
»Spiegel«: Steingart, Gabor/Ralf Beste 2005, »»Opposition ist nichts Schlechtes««,
in: *Der Spiegel* (1. Oktober 2005).

Als seine Partei endlich mit den Sozialdemokraten eine parlamentarische Mehrheit für eine gemeinsame Regierung zusammenhat-
te, stand Kuhn in der ersten Reihe. Und er ließ keinen Zweifel, dass das auch der Ort war, wohin es ihn zog, wohin er gehörte.
Es drängte ihn von Stuttgart nach Berlin. Schon am Anfang von
Rot-Grün wurde er für alle möglichen Positionen erwogen, als
Koordinator im Kanzleramt, unter dem Lafontaine-Nachfolger
Hans Eichel auch als Staatssekretär im Finanzministerium.[43] Allein, Kuhn ging regelmäßig leer aus. Im März 2000, als die Union
infolge des Spendenskandals darniederlag und Rot-Grün kom-
mod das Feld zu beherrschen schien, wagte er dann den Sprung
von der Provinz in die Kapitale. Er meldete seine Anwartschaft
auf den Bundesvorsitz der Grünen an, den er auch im Juni zusammen mit Renate Künast bekam. Der Grünen-Experte Joachim
Raschke lobte Kuhn bald darauf als denjenigen, welcher der Partei endlich ein Zentrum der Strategiefähigkeit errichtet habe.[44]
Das war in der Tat nicht zu bestreiten. Mit Kuhn kam Zug und
Struktur in die zuvor eher formlos, fast anarchisch verknüpfte
Partei. Die Grünen verabschiedeten sich von der Unordnung
und Nonchalance der vorangegangenen 20 Jahre. Sie büßten in
diesem Prozess indessen auch den Charme einer Partei ein, die
bewusst anders sein wollte als die klassischen Formationen der
Politik: weniger oligarchisch, weniger intransparent, weniger zen-
tralistisch. Unter dem Vorsitz von Kuhn glichen sich die Grünen den überlieferten Organisationsregeln der »Alt«-Parteien an;
sie boten keine Alternative mehr. Eher achteten sie seit 2000 gar
besonders darauf, basisdemokratische Begehrlichkeiten schroff
in die Schranken zu weisen, um Effizienz, Stabilität und Berechenbarkeit von politischen Entscheidungen und Aktionen nicht

43 Vgl. Reimer, Wulf 2000, »Fritz Kuhn. Kandidat für den Bundesvorsitz der Grünen«, in: *Süddeutsche Zeitung* (13. Januar 2000).
44 Vgl. Hildebrandt, Tina 2001, »Ausstieg aus dem Abklingbecken«, in: *Der Spiegel*
(29. Mai 2004).

zu gefährden.[45] Die Christdemokraten übten zeitgleich innerparteiliche Demokratie in einer Serie von Regionalkonferenzen. In der Sozialdemokratie tobten die Kämpfe zwischen Linken und Rechten um den Kurs der Regierung. Die Freien Demokraten lebten nach Jahren der Depression und Verzagtheit unter Möllemann/Westerwelle einen furiosen neopopulistischen Enthusiasmus aus. Allein die Grünen blieben als Partei bewusst unauffällig, hermetisch und verschlossen.

Das bereitete vielen Grünen und ihren Anhängern Unbehagen. Auch sie präferierten mittlerweile Professionalität, Effizienz, Delegation. Doch ganz und gar wollte man den Flair von Spontaneität, Offenheit und Laiendemokratie auch nicht missen. Das Unbehagen an der grünen Überanpassung richtete sich infolgedessen gegen Kuhn. Er schien es zu übertreiben mit seinem Übereifer, seinem Ehrgeiz, seiner kühlen Rationalität. Politische Perfektion wärmt niemanden, mindert stattdessen die Leidenschaft und wohl auch die Einsatzfreude. Beliebt war Fritz Kuhn als Anführer der Grünen in diesen Jahren jedenfalls nicht.[46]

Nach der Bundestagswahl 2002 ging es auch nicht recht weiter mit ihm – im Gegenteil: Er rückte ins zweite Glied. Da er nun Abgeordneter im zentralen Parlament war, konnte er den Bundesvorsitz nicht mehr ausüben, da die Partei an der Trennung von Amt und Mandat festhielt, was Kuhn anders kalkuliert hatte.[47] Auch gelang es ihm nicht, Rezzo Schlauch im Amt des Fraktionsvorsitzenden zu beerben, obwohl er das zusammen mit Fischer schon akkurat vorkonzipiert hatte. Drei Jahre lang war es ruhig um Kuhn. Dann durfte er den Wahlkampf 2005 managen, schaffte es im neuerlichen Duo mit Renate Künast endlich

---

45 Vgl. vor allem Fehrle, Brigitte 2001, »Vom Glück verlassen«, in: *Berliner Zeitung* (5. Juli 2001).

46 Vgl. besonders Hank, Rainer 2006, »Der Taktiker«, in: *Frankfurter Allgemeine Sonntagszeitung* (27. August 2006).

47 Vgl. Löwenstein, Stephan 2005, »Der Stratege«, in: *Frankfurter Allgemeine Zeitung* (22. Juni 2005).

auch, die Führung der grünen Oppositionsfraktion zu übernehmen. Doch wieder musste er Rückschläge verkraften: Auf dem Parteitag in Erfurt 2008 erhielt Kuhn nicht die ausreichende Unterstützung, um weiter dem Parteirat der Grünen anzugehören.[48] Kuhn ist eben oft das Opfer, wenn die Parteibasis oder die Mittelgruppen jemanden aus der Spitze abstrafen wollen. Er besitzt viele Qualitäten, die man für die politische Führung braucht. Doch emotional ist Kuhn einfach unmusikalisch. Darin liegt eine Grenze, die wohl auch das Limit seiner politischen Karriere fixieren dürfte.

Pfleger grüner Seelen: Claudia Roth und Cem Özdemir

Von höchster emotionaler Musikalität dagegen ist Claudia Roth, die als Nachfolgerin von Renate Künast rund eineinhalb Jahre im Duett mit Kuhn die Grünen anführte. Ja, Emotionalität ist geradezu ihr Markenzeichen. Nicht ganz wenige Zeitgenossen inner- und außerhalb der Grünen finden die Politikerin Claudia Roth deshalb nahezu unerträglich, spotten über ihre »Gefühligkeit«, die »Betroffenheitsnummern«, das »Heulsusengetue« der »Gefühlstussi«. Eine ganze Schar von Journalisten hat ihre giftigsten Pfeile verschossen, um Roth aus der politischen Arena hinauszukatapultieren.[49]

Auf der anderen Seite findet man jedoch eine ganze Reihe durchaus hartgesottener, rundum unsentimentaler Realo-Grüner, die Roth für einen Segen halten, ohne den die gebeutelte Partei in den Jahren 2001/02 wohl nicht unbeschädigt über die Runden gekommen wäre. Schließlich war sie die politische Partnerin von

---

48 Monath, Hans 2008, »›Man kann gewinnen, man kann verlieren‹«, in: *Der Tagesspiegel* (17. November 2008).

49 Als Beispiel: Luik, Arno 2005, »Sie meint es doch nur gut«, in: *Der Stern* (28. Juli 2005); Droste, Wiglaf 2002, »Perfekte grüne Sauerfrau«, in: *die tageszeitung* (17. April 2002).

Kuhn; sie vertrat den linken Flügel, er das »realpolitische« Mehrheitsspektrum. Wenn eine Doppelspitze produktiv sein soll, dann haben sich die politischen Gegensätze und Temperamentsunterschiede sinnvoll zu ergänzen, statt sich in unbeweglichem Antagonismus gegenseitig zu lähmen. Roth musste also hinzufügen, was Kuhn fehlte. Kuhn vermochte die Herzen der Parteimitglieder nicht zu wärmen, Roth konnte das mühelos. Kuhn fürchtete sich nahezu vor körperlichen Kontakten als symbolischen Zeichen von Zuneigung und Zugehörigkeit; Claudia Roth dagegen liebte es, Delegierte und Parteifreunde zu umarmen, zu herzen, über den Rücken zu rubbeln, auf die Wange zu küssen.[50] Kuhn begriff Politik als Vollzug rationaler Erörterungen und Problemabwägungen; für Roth musste das Politische nahe bei den Gefühlslagen der Menschen sein, ihre sozialen Empörungen aufnehmen, von ihrer Mitleidsfähigkeit Gebrauch machen, Hilfsbereitschaft und Solidarität fördern.[51]

Es waren schwierige Zeiten für die Grünen, als Kuhn und Roth präsidierten. Doch auch die Schwierigkeiten halfen den beiden, denn sie disziplinierten die Partei. Existenzängste hatten sich bei Funktionären und Mandatsträgern breitgemacht, als die Reihe schwerer Landtagswahlniederlagen zwischen 1997 und 2001 nicht abreißen wollte. Während des Kosovo-Einsatzes deutscher Militärs verlor die Partei an Mitgliedern. Und im November 2001 galt es, die zweite militärische Auslandsintervention deutscher Soldaten, dieses Mal in Afghanistan, der fassungslosen, zumindest verunsicherten Basis zu erklären. Begonnen hatten sie mit Sitzblockaden und pazifistischen Gesängen in Mutlangen. Nun sollten sie Bomben auf Kabul rechtfertigen.

Eben dafür brauchte die Partei Claudia Roth. Sie war die große

50 Vgl. Kappus, Monika 2004, »Die Umarmerin«, in: *Frankfurter Rundschau* (1. Oktober 2004).

51 Vgl. Schuller, Konrad 2002, »Die Schmerzensmutter und der Realist«, in: *Frankfurter Allgemeine Sonntagszeitung* (24. Februar 2002).

Moralistin der Grünen, eine furiose Verfechterin von Menschen-rechten überall auf dem Globus, bekennend friedensbewegt, in früheren Jahren Managerin der Agitprop-Band Ton, Steine, Scher-ben. Vom politischen Stil und rhetorischen Gestus erinnerte sie ein bisschen an Petra Kelly, anders als diese hatten Moral und Gesinnung sie aber nicht in rigorose, selbstzerstörerische Kon-sequenzen hineingetrieben. Im Unterschied zu Kelly litt Roth nicht nur an der Welt; mindestens ebenso stark liebte und genoss sie die lustvollen, auch kulinarischen Seiten des Lebens.

Claudia Roth war eine erfahrene Politikerin, als sie in ihr Amt an der Spitze der Grünen kam. Sie hatte zwölf Jahre parlamentari-scher Arbeit hinter sich, neun davon im Europaparlament, drei im Bundestag. Gleichwohl: Sie wirkte nach außen nicht wie eine routinierte Berufspolitikerin – die sie durchaus war –, sondern als eine aufrechte, vitale Repräsentantin der guten alten Neuen sozialen Bewegungen. Darin dürfte ihre Hauptfunktion für das grüne Milieu bestanden haben. Das Gros der Zugehörigen dort war seit der Hochzeit politischer Bewegtheit älter geworden, beruf-lich arrivierter, gutverdienend, sichtlich saturiert. Aber gerade diese Generation dieses Milieus lebte aus dem Kult ihrer Jugend, dem Stolz auf die vermeintlich verwegenen Heldentaten des Pro-tests, aus den Mythen des problembeladenen Wohngemeinschafts-alltags, aus dem Refrain und den Rhythmen der Rockmusik jener Jahre. Claudia Roth nun trat jedes Mal so auf, als sei die Vergan-genheit nie vergangen, sondern bei den Grünen lebendig geblie-ben. Sie modellierte sich selbst als Ikone der 1970er Jahre, als auto-risierte Erzählerin der Geschichten aus rebellischen Zeiten.

Roth hatte ein paar Semester Theaterwissenschaft studiert, spä-ter als Dramaturgin gearbeitet. Theatralik war ihr mithin keines-wegs fremd. Und dennoch hatte kaum jemand – ob nun Freund oder Feind – den Eindruck, als spiele sie lediglich Rollen. Man mochte über ihren Betroffenheitsexhibitionismus die Augen ver-drehen, doch man musste zugleich eingestehen, dass es zumindest echt und ernsthaft klang. Ihre Tränen, die sie nicht selten in aller Öffentlichkeit vergoss, wenn sie die skandalösen Missstände dieser Welt beklagte, rannen »authentisch« – was zu sein ihr wichtig war – die Wangen herunter.[52] Wenn Roth am Mikrofon stand, dann hatte man sogleich die Bilder grüner Ursprünglichkeit, die Versammlungen der späten 1970er und frühen 1980er Jahre vor Augen. So hatten damals die meisten das Wort ergriffen: erregt, mit zitternder, vibrierender Stimme, hastig redend, auch laut, aber ehrlich – eben »authentisch«.[53]

Je mehr sich die Grünen von diesen ihren Anfängen entfernten, je stärker sie »Kröten schlucken«, »Realitäten akzeptieren« mussten, desto massiver wuchs der Bedarf bei den Anhängern, zumindest an den Sonn- und Feiertagen die alten Lieder zu hören und mitzusingen, vom Gefühl getragen zu werden, sich bei allen Veränderungen im Kern doch treu geblieben zu sein. Niemand konnte dieses Bedürfnis so kongenial befriedigen wie Claudia Roth. Keiner konnte so herzergreifend den inneren Zwiespalt thematisieren, die Zerrissenheit angesichts der ungeliebten militärischen Interventionen, denen jetzt auch die Grünen ihre Unterstützung nicht länger versagen sollten. Man wolle ja keinen Krieg, aber man dürfe doch auch die Verletzung der Menschenrechte, die ethnischen Säuberungen, die Entrechtung der Frauen, die Misshandlung von Kindern nicht dulden. Roth gab ihr Plazet, wenn Schröder und Fischer Gehorsam bei der Entsendung deutscher Soldaten einforderten. Aber Claudia Roth zeigte ja in aller Öffentlichkeit, wie sie litt, mit sich rang und nur schweren Herzens – allein wegen der Priorität der Menschenrechte – den militärischen Feldzügen zustimmte. Die grünen Realos konnten sich auf Roth verlassen. Sie war keine Dogmatikerin linker Theorien.

52 Hierzu auch: Klüver, Reymer 2004, »Nachhaltig beseelt«, in: *Süddeutsche Zeitung* (29. September 2004).
53 Vgl. Clauss, Ulrich 2001, »Claudia Roth und der Ritt auf dem grünen Stuben-Tiger«, in: *Die Welt* (19. Oktober 2001).

Sie machte sich nichts aus Weltanschauungen. Roth wollte eine Politikerin der Tat, des praktizierten Altruismus, nicht Lordsiegelbewahrerin abstrakter Ideologien sein. Tatmenschen aber verhalten sich flexibler als Programmatiker. Sie suchen Spielräume und bewegen sich auch taktisch, wo die Hohepriester des schriftlich festgelegten Kanons starr und orthodox auf eherne Prinzipien insistieren.

Auf diese Weise hielt Roth in Eintracht mit Kuhn die grüne Partie beieinander. Da sie zur Projektionsfigur für die innere Zerrissenheit grüner Mitglieder wurde, musste es zu organisatorischen Zerreißproben gar nicht erst kommen. Die zuvor krisengeschüttelte, in ihrem Elektorat erodierende Partei ging erfolgreich aus den Bundestagswahlen 2002 hervor. Zwei Jahre setzte Roth dann aus, bis sie – man hatte mittlerweile den Imperativ einer scharfen Trennung von Amt und Mandat dann doch gelockert – als Abgeordnete des Bundestags zugleich den Bundesvorsitz ihrer Partei wieder übernehmen durfte, diesmal in Kooperation mit Reinhard Bütikofer, der ein ähnlich kopfgesteuerter Politiker war wie Kuhn. Auch hier ging das komplementäre Spiel unterschiedlicher Persönlichkeiten auf. Führung und Integration durch Professionalität und Emotion, durch nüchterne Gegenwärtigkeit und sentimentale Rückschau, durch Anpassungspolitik und Gesinnungsdemonstrationen – das wurde zur Methode politischer Führung in den Zeiten der Claudia Roth.

Ihr Partner jetzt ist Cem Özdemir, der »anatolische Schwabe«, wie es in jedem Porträt von ihm heißt. Auch Özdemir ist eher ein Mann, der sein Innerstes nicht unmittelbar nach außen kehrt, wenngleich er die öffentliche Darstellung gewiss mehr genießt als seine beiden männlichen Vorgänger im Amt. Özdemir war und ist das Gesicht des multikulturellen Programms der Grünen.[54] Das brachte ihn in unzählige Talkshows, was den Grünen

54 Vgl. Michel, Jörg 2008, »Schwäbische Leichtigkeit«, in: *Berliner Zeitung* (13. November 2008); Pfister, René 2008, »Der Unisex-Politiker«, in: *Der Spiegel* (10. November 2008).

in ihrer chronischen Widersprüchlichkeit zugleich gefiel und misshagte. Natürlich waren sie stolz, dass ihre Partei den ersten türkischstämmigen Abgeordneten in den Bundestag schickte. Doch argwöhnten sie, dass diese Karriere – Özdemir gelangte 1994 mit 29 Jahren in das Bonner Parlament – zu schnell und glatt verlief, dass ihr Abgeordneter im Stile eines Dressman neugrüner Arriviertheit zu eitel mit seiner Bekanntheit umging.

Doch dann unterbrach die Bonusmeilen-Affäre 2002 jäh den raschen Aufstieg.[55] Für zwei Jahre verschwand Özdemir aus der Politik. 2004 folgten Kärrnerarbeiten im Europaparlament, nun ist mindestens ebenso knochenharte Kärrnerarbeit in der Bundesgeschäftsstelle angesagt. Einen sicheren Listenplatz für die Bundestagswahlen verweigerte ihm der baden-württembergische Landesverband.[56] Ganz so ein Sonnyboy ist Cem Özdemir auch in seiner Partei nicht mehr. Im Grunde hat er es im grünen Führungsquintett des Jahres 2009 – Künast, Trittin, Kuhn, Roth und eben er – am schwersten. Seine vier Partner oder Rivalen verfügen allesamt über Bundestagsmandate, können also auf Zuarbeit, Mitarbeiter, Ressourcen vielerlei Art zurückgreifen. Im Vergleich dazu ist Özdemir arm an Instrumenten, mit denen er Ansprüche durchsetzen könnte.[57] Es zeigt, wie die Grünen nach wie vor mit gewählten Bundesvorsitzenden umgehen. Und es manifestiert, zu welchen Demokratiedefiziten die basisdemokratisch begründete Skepsis gegen die Ausstattung der Ämter mit realer Macht führt. Denn sie ermöglicht Strukturen, in denen sich informelle Führung, nichtgewählte Cliquen, geheime Vorsitzende durchsetzen können. Fischer hatte in seiner ganzen grünen Zeit nie ein

---

55 Kahlweit, Cathrin 2002, »Miles and more«, in: *Süddeutsche Zeitung* (27. Juli 2002).
56 Vgl. Lutz, Martin 2008, »Fiasko für den grünen Hoffnungsträger«, in: *Die Welt* (13. Oktober 2008); Allgöwer, Renate 2008, »Die Basis lässt den Medienstar im Dunkeln stehen«, in: *Stuttgarter Zeitung* (13. Oktober 2008).
57 Vgl. ebenfalls Schwab, Waltraud 2008, »Der Multifunktionale«, in: *die tageszeitung* (14. November 2008).

bedeutendes Führungsamt in der Partei inne; aber er beherrschte den Laden mit nahezu feudalen Methoden. Man ahnt, dass auch Künast und Trittin – in dieser Tradition schließlich groß geworden – informelle Führung solcher Art planen. Sie wollen die Linie vorgeben, 2009 die entscheidenden bundespolitischen Karrieren machen – und die gewählten Bundesvorsitzenden sollen ihnen als bessere Hilfskräfte der Organisation und als Therapeuten der grünen Seelen sekundieren.

Aber natürlich weiß auch Özdemir, dass die Spitzenkandidaten so spekulieren. Und einen Vorteil besitzt er in jedem Fall: Er hat noch Zeit. Özdemir ist um zehn Jahre jünger als die restlichen vier, die um die Führung der Partei rangeln. Geht es im Herbst 2009 schief, gibt es am Ende keine ministeriellen Würden zu verteilen, dann wird im Jahr 2013 niemand mehr auf Trittin, Künast, Kuhn und Roth warten.[58] Auf Özdemir aber vielleicht schon.

---

58 Vgl. auch Gillmann, Barbara 2008, »Pflege der grünen Seele«, in: *Handelsblatt* (17. November 2008).

5. Alte Anführer der neuen Linken

»Don't worry«: Gregor Gysi

Ohne Gysi keine PDS? In der Regel ist es übertrieben, wenn man die Entstehung, die Existenz und den Erfolg einer Partei allein am Dasein einer einzigen Persönlichkeit festmacht. Und wer kann schon ausschließen, dass die PDS, Linkspartei, Linke auch ohne die historische Präsenz Gysis entstanden wäre und sich in der bundesdeutschen Politik etabliert hätte. Sehr wahrscheinlich ist es jedenfalls nicht. Die SED war zum Ausgang des Jahres 1989 am Ende, zusammengefallen wie das in solchen Fällen gern bemühte Kartenhaus. Das Zentralkomitee der Partei, deren Führungsanspruch über viele Jahrzehnte nicht hatte angefochten werden können, löste sich am 3. Dezember 1989 auf. Die Mitglieder verließen zu hunderttausenden Woche für Woche die SED, Betriebsgruppen machten Schluss, die Kreisorganisationen stoben auseinander. Wer noch dabeiblieb, entfernte das Parteiabzeichen vom Revers. Denn als erkennbares SED-Mitglied wurde man im Dezember 1989 wütend beschimpft und verhöhnt. Vorbei war es mit dem Avantgarde-Dünkel der Einheitssozialisten; man ging in Deckung, versteckte sich. Damals schien es niemand zu geben, der ohne das Stigma einer einst ergeben staatssozialistischen Haltung die implodierende Partei aus dem selbst verschuldeten Desaster herausführen wollte – und: konnte.[1]

Die Ausnahme war Gregor Gysi.[2] Und er war wirklich eine Aus-

---

1 Vgl. insgesamt zur Führung in der PDS die kluge Abhandlung von Micus, Matthias 2005, »Die Quadratur des Kreises. Parteiführung in der PDS«, in: Forkmann, Daniela/Michael Schlieben (Hg.), *Die Parteivorsitzenden in der Bundesrepublik Deutschland 1949-2005*, Wiesbaden: VS Verlag für Sozialwissenschaften, S. 263 ff.
2 Vgl. insgesamt: König, Jens 2005, *Gregor Gysi. Eine Biographie*, Berlin: Rowohlt.

nahme.[3] Weil auch die historische Situation einzigartig war, weil
eine »Normalität« nicht existierte, hatte das »Ungewöhnliche«
eine exklusive Chance. In der Religionsphilosophie spricht man
in solchen Fällen von Kairos. In den Wochen des gänzlichen Bank-
rotts konnte den Sozialisten nur jemand helfen, der zwar in dieser Vorstellungswelt groß geworden, mit ihr aber nicht verwach-
sen war, sondern sich Eigenarten bewahrt hatte, die ihm nun
den Misskredit ersparten, dem sich alle anderen ausgesetzt sahen.
Dass von dieser Spezies allzu viele Exemplare existierten, war alles andere als wahrscheinlich. Denn wie hatte man sich im Kern
der realsozialistischen Gesellschaft dieser nicht vollends anverwandeln sollen? Wie hätte man verhindern sollen, dass man als
Individuum ebenso grau, hölzern, starr, dogmatisch und orthodox wurde wie all die Honeckers, Stophs und Sindermanns? Allein, Gysi war tatsächlich nicht wie diese Vertreter der alten Riege. Er hatte das Glück einer besonderen Herkunft und Prägung.[4]
Gregor Gysi entstammte einer jüdisch-bildungsbürgerlichen Familie. Sein Vater war in den Zeiten der DDR Leiter des Aufbau-
Verlags, Kulturminister, Staatssekretär für Kirchenfragen und Bot-
schafter in Rom. Im Hause Gysi waren die Räume gefüllt mit
Büchern, keineswegs nur kommunistischer Denkart. Man hatte
viel Besuch; es gab intellektuelle Verwandte und Freunde aus
aller Welt – auch aus ihrem westlichen Teil.[5] Im Ostberliner Leben der Gysis fanden sich noch kräftige, sonst längst rar gewordene Spuren der linksintellektuellen Boheme der 1920er Jahre.
Musik, Tabak, gutes Essen, geistreiche Gespräche, Literatur, Poe-
sie, Ironie und Provokation – in diesem Ambiente eines in gewis-

---

3 Vgl. Dürr, Tobias 2000, »Von der Einheitspartei eines verlorenen Staates zur Heimatpartei des neuen Ostens: Die PDS«, in: Walter, Franz/ders., *Die Heimatlosigkeit
der Macht. Wie die Politik in Deutschland ihren Boden verlor*, Berlin: Fest, S. 179 ff.
4 Vgl. auch Seyppel, Joachim 1990, »Wer ist Gregor Gysi«, in: *Hamburger Abendblatt* (02. November 1990).
5 Vgl. Emundts, Corinna 1999, »Profituere der Krise«, in: *Die Woche* (22. Oktober
1999).

ser Hinsicht libertären, luxemburgianischen Kommunismus spielte sich der Alltag des Gregor Gysi während der im übrigen tristen Zeiten von Ulbricht bis Honecker ab. Man hätte sich in solcher Umgebung auch Brecht, Tucholsky, selbst Harry Graf Kessler gut vorstellen können.

Im Stil und mit dem Habitus eines linken Intellektuellen der Weimarer Jahre trat Gysi jedenfalls plötzlich in die deutsche Politik des Jahres 1989. Einer wie er hätte zuvor weder im Osten noch im Westen, weder in der alten SED noch in der traditionellen SPD Karriere machen können. Jetzt aber war er mit seinem Eigensinn, seiner überraschenden Schlagfertigkeit in Diskussionen, seiner Lust zu Denkmalstürzen der richtige Mann in der richtigen gesellschaftlichen Situation. Er hatte als versierter Jurist – Rudolf Bahro, Robert Havemann und das Neue Forum gehörten zu seinen Klienten – die Genehmigung für die Großkundgebung auf dem Alexanderplatz am 4. November 1989 erstritten. Damals fiel er einer breiteren nationalen Öffentlichkeit erstmals durch seine rhetorischen Fähigkeiten auf. Einen Monat später, am 2. Dezember 1989, war er der Anführer einer empörten Fronde in der SED, die vor dem Gebäude des Zentralkomitees ihrer Partei die Demission von Egon Krenz und all den anderen Figuren aus der ersten Reihe der Nomenklatura forderten.[6] Tags darauf erfolgte, was sie verlangt hatten. Und eine Woche nach der Demonstration am Werderschen Markt stand Gysi plötzlich an der Spitze der Partei, die noch SED hieß, bis man ihr eine weitere Woche darauf die Bezeichnung Partei des Demokratischen Sozialismus oder kurz PDS verpasste. In revolutionären Zeiten werden Außenseiter binnen weniger Tage ins politische Zentrum und an die Spitze gespült.

---

6 Vgl. Hinze, Albrecht 1989, »Gregor Gysi. Mitglied des SED-Arbeitsausschusses«, in: *Süddeutsche Zeitung* (8. Dezember 1989).

Im Grunde war es der klassische charismatische Moment. Das ostdeutsche Land befand sich in einer tiefen Krise; für die Verbliebenen wie die flüchtigen SED-Mitglieder galt das allemal. Das gesamte Fundament, auf dem sie über Jahre gestanden hatten, kippte weg. Nichts von dem, was ihnen ideologischen Halt und sozialen Status verliehen hatte, wahrte seinen Bestand. Im Gegenteil: Es war rundum diskreditiert. Geblieben war eine einzige, riesengroße Ratlosigkeit. Man wusste nicht, was noch galt, wohin der Sog der Destruktion noch führen mochte. In einer solchen Situation suchte man nach einem neuen Propheten oder gar Messias, der dabei helfen sollte, sich von Befleckungen zu reinigen, von Sünden zu befreien und der sodann vorgeben konnte, wo das gelobte Land denn nun wirklich liege. Als ein solcher charismatischer Prediger erschien Gysi, der anders, erfrischender redete als die Greise aus Wandlitz, der sich aber auch nicht gemein machte mit den alten Feinden aus Bonn, der der alten Klientel einen neuen Weg zeigte, die zurückliegende Strecke aber weder leugnete noch mit Verachtung überzog. Wer sich mit Gysi identifizierte, durfte sich in Treue mit dem Alten fühlen und doch legitimiert sehen, an der Erneuerung der klassischen Idee teilzuhaben. Selbst alte, konservative Ordnungssozialisten nahmen infolgedessen hin, dass es plötzlich ein wenig chaotisch zuging in ihrer Partei der »revolutionären Disziplin«, dass sich alle möglichen Grüppchen und Plattformen bildeten in der Formation des »geschlossenen Klassenkampfes«, dass Popkultur und kleinbürgerlicher Anarchismus einzogen in den »Vortrupp des Proletariats«. Jeder, der wollte, konnte im Januar 1990 in die Hallen des früheren SED-Zentralkomitees hineinspazieren, Infostände aufstellen, Rockmusik aus Lautsprechern erschallen lassen. »Don't worry – take Gysi« hieß die Maxime, die in diesen Wochen auf Buttons und Aufklebern das neue SED/PDS-Gefühl dokumentierte.

Dabei: So locker und unbeschwert fühlte sich das Gros der Verbliebenen aus der SED in der neuen PDS keineswegs. Die Tauchstation war auch Anfang 1990 der bevorzugte Ort für PDS-Mitglieder. Mehr noch: Etliche riefen im Januar 1990 dazu auf, die Partei ganz aufzulösen, einen Schlussstrich unter das missglückte Experiment eines sowjetrussisch geprägten Parteikommunismus in Deutschland zu ziehen.[7] Die heftige Ablehnung, die Ex-SEDlern in diesen Wochen zwischen Wismar und Weimar entgegenschlug, tat ihre Wirkung. Der Wahlkampf der Sozialisten für die Volkskammer verlief schleppend. Die Ausnahme war auch hier wieder: Gregor Gysi. Er zog im Januar und Februar 1990 unermüdlich durch die Deutsche Demokratische Republik. Er wurde bespuckt, mit faulem Obst beworfen, angegiftet, doch das machte den neuen Propheten gar ein wenig zum Märtyrer und verbesserte seine Position in der PDS noch zusätzlich. Gysi konnte mit Anfeindungen durchaus leben; ihn feuerte der Widerspruch an. Auch als Redner lief er nur dann zu großer Form auf, wenn ihm Zwischenrufe ein Forum gaben, um blitzschnell zu kontern und durch ironische Antworten Lacher zu erzielen. Hörte man ihm dagegen demonstrativ gelangweilt oder indifferent zu, dann brach der Rhetor Gysi jämmerlich ein.

Anfang 1990 aber verhielt sich niemand gleichgültig. Die westdeutschen Fernsehanstalten waren begeistert, im ernsthaften Genre politischer Sendungen eine neue Unterhaltungsbegabung geboten zu bekommen. Und sie griffen zu: Gysi wurde zum Star der Talkshows, konnte auch hier mit witzigen Aperçus brillieren, wenn ihm die geschlossene Phalanx der Vertreter von SPD, Union und FDP wütend entgegentrat.[8] Sah man Gysi auf dem Bildschirm, dann hatte man eben nicht den Eindruck, dass die alte erstarrte SED noch am Werke war; und darauf kam es ihm und seiner Anhängerschaft schließlich an.[9]

7 Vgl. Spittmann, Ilse 1990, »Runderneuert. Die PDS, Partei des Demokratischen Sozialismus«, in: *Deutschland-Archiv*, H. 4/1990, S. 508 ff.
8 Voigt, Jutta/Fritz-Jochen Kopka 2000, »Die Droge Gysi«, in: *Die Woche* (28. April 2000).
9 Vgl. auch Noack, Hans-Joachim 2001, »Meister aller Klassen«, in: *Der Spiegel* (19. März 2001).

Insgesamt war der Kraftakt Gysis im Volkskammerwahlkampf nicht ohne Erfolg. Die PDS wurde drittstärkste Partei; wenige Wochen zuvor hatte damit kaum jemand mehr gerechnet. Doch dann verflog das frische Charisma des Vorsitzenden. Man kann als Politiker, wenn man unter Dauerbeobachtung steht, den Zauber des Anfangs nicht perpetuieren. Die Magie des Neuen geht im Alltag verloren. Doch das war es nicht allein. Die Repräsentanten des Alten ertrugen die Allüren des Neuen nur, solange sie selbst gleichsam mit den Rücken an der Wand standen. Sie hatten keine ernsthafte Alternative zu Gysi, aber gemocht hatten sie ihn nie, den unernsten Dandy, der auf seine Unabhängigkeit pochte, wo ihnen der Gehorsam gegenüber der Linie der Partei stets unhinterfragtes Prinzip war.

Gysi geriet außer Form.[10] Die großen Veränderungswellen der Umbruchswochen waren schwierig zu bewältigen, aber sie minderten doch manche Komplexität. Nun sammelten sich wieder die verschiedenen Kräfte, sortierten sich nach Richtungen, formierten sich zu Flügeln. Die Heterogenität der Partei trat an die Stelle der scheinhomogenen Bewegung des Übergangs. Unter dem Druck der Traditionalisten begab sich Gysi als Frontmann ganz ins Lager der Reformer. Integration aber ist schwer, wenn der Organisationschef eine einzelne Strömung repräsentiert. Zugleich aber war Gysi eher der Sprecher eines innerparteilichen Lagers als der Organisator der Truppen der PDS. Er blieb der Individualist, dem es an der Neigung fehlte, Seilschaften zu bilden und feste Anhängerschaften hinter sich zu scharen. Die Krisen häuften sich. Es ging um die Parteifinanzen, um Stasi-Verwicklungen in seinem engsten Umfeld, schließlich um Verbindungen zur Staatssicherheit bei ihm selbst. Gysi war im Laufe des Jahres 1992 mürbe; es sah so aus, als wolle er den Bettel ganz hinwerfen und aus der Politik aussteigen.

---

10 Vgl. Lebert, Stephan 1992, »Ein Visionär hat's schwer«, in: *Süddeutsche Zeitung (Magazin)* (6. März 1992).

Als Parteichef trat er im Dezember 1992 auch tatsächlich zurück, als Vorsitzender der Bundestagsgruppe blieb er der PDS jedoch erhalten. Ab 1992 drehte sich der Wind in der ostdeutschen Gesellschaft. Ernüchterung kehrte ein, ja: Verbitterung darüber, dass vieles von dem, was man sich 1989/90 an persönlichem Wohlergehen durch die Einheit erhofft hatte, nicht eingetreten war. Im Osten entwickelte sich in der Folge eine störrische, eigentraditionelle Regionalmentalität, die von den Dependancen der West-Parteien nicht zu repräsentieren war.[11] Das war die Chance der PDS, die zur Heimatpartei dieses Sonderbewusstseins Ost wurde und sehr viel weniger als linkssozialistische Agentur des Proletariats in Deutschland auftrat. Die Partei, auf die viele Anfang der 1990er Jahre bereits Nekrologe gehalten hatten, erhielt ein Elixier, das ihre Lebensfähigkeit zumindest verlängerte.

Von Bisky zu Bisky

Doch braucht ein Sonderbewusstsein parteipolitisch auch eine kongeniale Repräsentation. Und die fand die PDS in Lothar Bisky. Damit hatte die Partei ein zweites Mal Glück. Gysi war 1989 der rechte Mann am rechten Ort; für Bisky traf das ebenfalls zu – für das Jahr 1993, als die »Ostigkeit« zwischen Usedom und Thüringer Wald mehr und mehr um sich griff. Dazu kommt: Parteien können einen Wirbelwind und Exzentriker nur für einen kurzen Moment an der Organisationsspitze ertragen. Dann sehnen sie sich nach Berechenbarkeit, Ruhe und Stabilität. Auf den Charismatiker Schumacher musste in der Nachkriegs-SPD der Apparatschik Ollenhauer folgen. Nach dem vulkanischen Redner Dehler brauchten die Liberalen in den 1950er Jahren den kalku-

---

11 Vgl. Dürr, Tobias 1996, »Abschied von der ›inneren Einheit‹. Das Lebensgefühl PDS und der alte Westen«, in: *Blätter für deutsche und internationale Politik* 41/ H. 11, S. 1349 ff.

lierbaren Reinhold Maier. Und nach dem temperamentvollen Paradiesvogel Gysi taugte Lothar Bisky, der zurückhaltende, uneitle Aufsteiger aus der untergegangenen DDR-Gesellschaft, am besten.

Zunächst musste vor allem die heterogene Partei zusammengehalten werden. Das konnte kein Provokateur und Spötter an der Spitze, dazu bedurfte es eines Mannes (oder einer Frau) mit Langmut, der sich selbst zurücknahm, dem die Rolle des Mediators lag.[12] Bisky war so ein Mann. »Der Mann wäre unglücklich«, schrieb Mitte der 1990er Jahre der *Spiegel*, »wenn er nicht zwischen mindestens drei oder vier Streithähnen schlichtend vermitteln dürfte.«[13] So war es wohl, eine Zeit lang jedenfalls. Mit Bisky kamen die einfachen und mittelgewichtigen Genossen der PDS auch besser zurecht als mit Gysi, dem »Pfau« für Wessis. Bisky war vom ganzen Habitus wie das Gros der PDS-Sympathisanten, kein greller Egozentriker, sondern fast unscheinbar, kein Selbstdarsteller für das Fernsehen, sondern ein gut zuhörender Gast bei Grillabenden der Partei oder Zusammenkünften von Veteranen in einer Datscha.[14]

Bisky war der Antityp des mondänen Wessis. Dabei hatte er, 1941 geboren, die ersten 18 Jahre seines Lebens im Westen verbracht,[15] als Flüchtlingskind aus Pommern in Brekendorf, einem Ort in Schleswig-Holstein. Das Leben der Flüchtlingsfamilien war nicht leicht in den späten 1940er und frühen 1950er Jahren, viele Gemeinden nahmen sie oft nur widerwillig auf. Die Biskys hatten es aber besonders schwer, da der Vater Analphabet war. Sohn Lothar sah keine rechten Möglichkeiten, der subalternen Existenz

---

12 Vgl. Hinze, Albrecht 1996, »Eine Mischung für alle Fälle«, in: *Süddeutsche Zeitung* (26. Januar 1996).

13 Palmer, Hartmut 1995, »Immer auf allen Seiten«, in: *Der Spiegel* (6. Februar 1995).

14 Vgl. auch Hartung, Klaus 1993, »Ein leiser Genosse«, in: *Die Zeit* (5. Februar 1993).

15 Vgl. Bisky, Lothar 2005, *So viele Träume. Mein Leben*, Berlin: Rowohlt, S. 13 ff.

zu entkommen. So wechselte er 1959 die deutschen Seiten und ging in die DDR. Für ihn sollte sich die Konversion durchaus lohnen. Er machte das Abitur, durfte studieren, konnte promovieren und habilitieren. In den 1980er Jahren erhielt er eine ordentliche Professur für Film- und Fernsehwissenschaft. 1986 avancierte er gar zum Rektor seiner Hochschule in Potsdam.

Bisky war unleugbar ein Profiteur des DDR-Sozialismus. Aber er stand nie ganz vorne, gehörte bei aller unmissverständlichen Identifikation mit dem System zu denen, die hier und da im Alltag und privat Distanzen zu einigen Auswüchsen der Verharzung und Orthodoxie brummig anmerkten. Insofern war Bisky wie etliche andere, die nun auf PDS-Versammlungen zusammenkamen, trotzig ihre Biographie und die Gesellschaft, in der sich diese Lebensgeschichte ereignet hatte, gegen Anwürfe aus dem Westen verteidigten, obwohl vielen von ihnen, spätestens jetzt, klargeworden war, wo die strukturellen Deformationen im Staatssozialismus gelegen hatten.

Insofern konnte sich die PDS in ihrem neuen Vorsitzenden eher erkennen als in dessen Vorgänger.[16] Auch war Biskys Hausmacht stabiler. Er hatte seit 1991 den Vorsitz in der brandenburgischen Partei inne, führte damit den stärksten Landesverband der PDS an. Zugleich saß er der Fraktion im Potsdamer Landtag vor. Das half ihm in den zahllosen Konflikten, die auch er in den Jahren nach seiner Wahl durchstehen musste. Bundesweit bekannt geworden war er als umsichtiger Vorsitzender im so genannten Stolpe-Untersuchungsausschuss, der über Verbindungen des brandenburgischen Ministerpräsidenten zur Staatssicherheit aufklären sollte. Auch das prädestinierte Bisky für den Vorsitz der schwierigen PDS. Vor allem passte er zu Gysi, der ja weiterhin auf der Bundesbühne der Politik im Bonner Parlament für seine Partei eine Hauptrolle spielte. Bisky und Gysi ergänzten sich gut, weil sie

16 Vgl. auch König, Jens 2000, »Genosse Mensch«, in: *die tageszeitung* (29. März 2000).

denkbar unterschiedlich waren;[17] der eine besaß, was dem anderen fehlte. Gysi hatte das Grau der DDR hinter sich gelassen, Bisky erwies diesem Grau seine Referenz, indem er dem Grau auch andere Nuancen entgegenstellte, die im Umfeld der PDS erinnert wurden: Freundschaften, Wärme, Solidarität, soziale Sicherheit, Kinderkrippen, Gleichberechtigung der Frauen, Bildungschancen. Das machte Bisky zum Integrationsvater der Partei und damit verschaffte er – der seine Grenzen kannte, nie die Nummer eins im Tandem sein wollte – Gysi Spielraum für unkonventionelle Aktivitäten und Impulse. Wenn »der Lothar« das mittrug, was »der Gregor« wieder unverständlicherweise in Mikrofone plauderte, dann konnte es nicht gar so parteischädigend sein. So ähnlich ging es bei den Sozialdemokraten schon 1959 zu. Auch dort schwenkten nur deshalb viele Traditionalisten auf den Godesberger Kurs ein, weil Erich Ollenhauer, der Repräsentant der Weimarer Partei, die Erneuerung deckte. »Reform unter konservativen Auspizien« pflegt man dergleichen gern zu nennen, eine probate Methode der Führung in Zeiten größerer Veränderungen.

Als hilfreich für Bisky erwies sich überdies die Rote-Socken-Kampagne der CDU im Superwahljahr 1994. Attacken von außen schließen im Inneren die Reihen – auch das eine historische Konstante, die sich für politische Führung vorzüglich nutzen lässt, wenn der Gegner die Vorlagen liefert. 1992 hatten die meisten Beobachter das baldige Ende der PDS prognostiziert. Doch in der ersten Amtszeit Biskys, zwischen 1993 und 2000, schritt die Partei des Demokratischen Sozialismus von Sieg zu Sieg, glich das anfängliche Nord-Süd-Gefälle bei Wahlen in Ostdeutschland aus, man überstieg flächendeckend die 20-Prozent-Grenze, wurde 1994 zum Tolerierungspartner der sozialdemokratisch geführten

17 Vgl. auch Fehrle, Brigitte 1994, »Ich will nicht der Integrations-Opa sein««, in: *Berliner Zeitung* (12. Oktober 1994); Nawrocki, Joachim 1995, »Bisky und die Roten«, in: *Die Zeit* (20. Januar 1995).

Landesregierung in Magdeburg und trat 1998 gar in Mecklen-
burg-Vorpommern in eine Koalition mit der SPD und damit ins
Kabinett ein.

Dadurch multiplizierten sich nun aber die Probleme Biskys und
die der PDS. Solche Erfolge lockern die Bande, welche in der Defensive fester geknüpft werden. Die innerparteilichen Auseinandersetzungen verschärften sich jetzt, zwischen Alten und Jungen,
zwischen Veteranen der Ulbricht-Zeit und Neuaktivisten aus der
Umgebung von Attac, zwischen Apologeten Lenins und frisch bekehrten Jüngern Eduard Bernsteins. Bisky versuchte tapfer wei-
terzumoderieren. Doch nun fanden viele, dass er lediglich laviere,
zu unentschieden auftrete, die Konflikte nicht zur Entscheidung
treibe. Die PDS, von ihren Gegnern immer noch als hermetische
Kaderformation angesehen, war in diesen Jahren wahrscheinlich
die am schwersten zu führende Partei, weil sie das Gegenteil von
einem Monolithen, einer zentralistischen Organisation war, sondern eher anarchische Muster zeigte, wie man sie aus der frühen
Phase der Grünen kannte. Allein 24 Plattformen mit eigenen
Strukturen und Rechten existierten zur Mitte der 1990er Jahre
in der PDS. Und alle, die etwas zu bemängeln hatten, luden ihren Unmut beim Parteivorsitzenden ab, der sich als Mülleimer
des Parteifrusts vorkam, selber müde und mürbe wurde. Seine
Reden, bereits zuvor nie oratorische Glanzstücke, waren nun
noch eintöniger und dröger. Seine Schultern hingen schlaff, sein
Gesicht wirkte traurig und verschlossen. Kurzum: Bisky konnte
nicht mehr, als das Jahrhundert zu Ende ging. Erschöpft trat er
ab.[18]

Besser wurde dadurch freilich nichts – im Gegenteil. In den drei
Jahren unter seiner Nachfolgerin Gabi Zimmer torkelte die PDS
in die wahrscheinlich schlimmste Krise ihrer Existenz. Unbedingt
absehbar war das anfangs nicht, als sich die Partei für Zimmer als

18 Vgl. Ramelsberger, Annette 2000, »Rente statt Revolution«, in: *Süddeutsche
Zeitung* (03. April 2000).

Vorsitzende entschied.[19] Sie war eine durchaus erfahrene Politikerin, seit 1981 Mitglied der SED, noch im Jahr der Wende als
Parteisekretärin dort engagiert. Seit 1990 führte sie den thürin-
gischen Landesverband der PDS, gehörte dem Landtag an, seit
1999 als Fraktionschefin der Abgeordneten ihrer Partei.[20] Sie war
also kein Greenhorn, hatte eine solide Hausmacht, galt als ge-
schickte Integratorin. In Thüringen hatte sie ihrer Partei bei Wahlen den Platz vor der SPD verschafft. Man durfte also mit einiger Berechtigung hoffen, dass sie über ähnliche Vorzüge verfügte
wie ihr Vorgänger Bisky.

Indes, die beiden unterschieden sich trotz einiger Gemeinsam-
keiten, die sie auf den ersten Blick haben mochten. In Bisky erkannten die PDS-Aktivisten vieles von sich, ihrem Leben in der
DDR, ihren Werteprämissen wieder. Aber Bisky war ihnen doch
nicht gleich; er unterschied sich, ja hob sich hervor durch seine
West-Herkunft, seine akademische Laufbahn, seinen Umgang
mit Intellektuellen und Künstlern, durch die Professur in Potsdam. Bei Gabi Zimmer aber schaute die Basis der PDS gewissermaßen in den Spiegel. Zimmer war wie alle anderen auch; sie ver-
schmolz zu sehr mit der Mentalität und den Lebenserfahrungen
der anderen, denen sie, als Anführerin, doch immer einen Schritt
voraus sein sollte. Die Gleichförmigkeit entzog ihr die Autorität.

Gabi Zimmer gehörte zur Kohorte der in den 1950er Jahren gebo-
renen, die in der Zeit seit der Wende nach vorn gestoßen waren.
Petra Pau, die Abgeordnete aus Berlin, zählte dazu, auch Roland
Claus, der Fraktionsvorsitzende im Bundestag, Helmut Holter,
Minister für Arbeit in Schwerin, Dietmar Bartsch, der Bundesge-
schäftsführer der Partei. Die »1950er« bildeten die erste pure DDR-
Generation, die andere Verhältnisse nicht kannten, die in den

19 Vgl. Fehrle, Brigitte 2000, »Nach den Vordenkern«, in: *Berliner Zeitung* (30. Mai
2000); Staud, Toralf 2000, »Auf dem Weg zur CSU des Ostens«, in: *Die Zeit*
(19. Oktober 2000).
20 Vgl. Kalinowski, Burga 2000, »Zu Hause im Hinternah«, in: *Freitag* (30. Juni
2000).

vergleichsweise geordneten Verhältnissen des ostdeutschen Staatssozialismus der 1960er und 1970er Jahre aufgewachsen war.
Keine Generation verkörperte die Mediokrität und Glanzlosig-
keit der DDR stärker als diese.

Für die südliche Provinz der DDR galt das allemal. Hier war
Gabi Zimmer beheimatet, präziser: Sie kam aus der Stadt Suhl
im Tal von Lauter und Hasel. Und als Provinzlerin aus dem Thüringer Wald machte sie vor allem in den Jahren 2001 bis 2003,
der Zeit, als die spaßgesellschaftlichen Exzesse ihren Höhepunkt
erreichten, das durch, was – sicher intensiver noch – später Kurt
Beck widerfuhr. Man nahm sie in Berlin nicht ernst, verhöhnte
ihr Idiom, verspottete die Unsicherheit in der Präsentation. Die
eigene Parteizentrale, das Karl-Liebknecht-Haus, empfand die
neue Parteivorsitzende als Feindesland, in dem eine Männerriege
das Kommando führte, zu der sie keinen Zugang bekam.[21] Die
Häme, der sie in den Medien wie in der Partei ausgesetzt war, ver-
schärfte sich Monat für Monat. Sie igelte sich ein, reagierte beleidigt, machte zu. Den Flügelkämpfen in der Partei stand sie
hilflos gegenüber. Im Sommer 2003 gab sie auf.[22]

Und der Vorgänger wurde zum Nachfolger, Lothar Bisky kehrte
zurück. Aber dieses Mal befand er sich in einem weit besseren Zustand als drei Jahre zuvor. Er hatte das Rauchen aufgegeben, trank
keinen Alkohol mehr, wirkte ausgeruht, mit sich und der Welt im
Ganzen zufrieden. Auch hatte er aus seinen Fehlern während der
ersten Amtszeit gelernt, verzichtete jetzt darauf, den generösen
Allesversteher und nachsichtigen Paten noch der verschroben-
sten Parteiforen zu geben. Den verbohrten Altkommunisten begegnete er nun mit Härte; viele von ihnen verließen darauf die
PDS. An der Parteispitze platzierte Bisky einige seiner langjäh-

---

21 Vgl. schon Berg, Stefan/Almut Hielscher 2000, »Allein gegen den Männer-
bund«, in: *Der Spiegel* (2. Oktober 2000).
22 Vgl. Oertel, Gabriele 2003, »Abgang mit Anstand«, in: *Neues Deutschland*
(30. Juni 2003).

rigen Getreuen. Von Zeit zu Zeit, wenn er es abermals mit obstinaten Grüppchen zu tun bekam, deutete er lässig drohend an, dass er den Job nicht machen müsse, womit er die Partei in der Regel rasch domestizierte, da sie wusste, dass Bisky schwer ersetzbar war. Schließlich ging es elektoral wieder nach oben. 2004 kam die PDS, zwei Jahre nachdem sie im Bund nur noch vier Prozent der Stimmen erzielt hatte, bei den Europawahlen auf ein Ergebnis von immerhin 6,1 Prozent.

Im Prinzip war Bisky seine Fähigkeit zur Moderation natürlich geblieben. Und auf dieses Talent kam es an, als sich 2005, nach etlichen vergeblichen Versuchen, im Westen Fuß zu fassen, plötzlich doch die Chance auf eine neue gesamtdeutsche Linkspartei eröffnete. Im Fusionsprozess von WASG, der zuvor von frustrierten Westlinken gegründeten Wahlalternative Arbeit und soziale Gerechtigkeit, und PDS wurde Bisky zur entscheidenden Figur.[23] Geduldig verhandelte er mit den oft misstrauischen, auch kraftmeierisch auftretenden Vorderleuten der WASG. Er machte Konzessionen beim Parteinamen, bei der Listenbesetzung, setzte das dann – gemeinsam mit Bodo Ramelow –, nach vielen Gesprächen in den Untergliederungen der PDS, schließlich in seiner ebenso argwöhnischen Partei durch. Die Linkspartei.PDS erreichte dann bei der Bundestagswahl im September 2005 fast neun Prozent, und Bisky war unzweifelhaft einer der Väter dieses Erfolges.

23 Hierzu und im Folgenden Lorenz, Robert 2007, »Techniker der ›kalten Fusion‹. Das Führungspersonal der Linkspartei«, in: Spier, Tim u. a. (Hg.), *Die Linkspartei. Zeitgemäße Idee oder Bündnis ohne Zukunft?*, Wiesbaden: VS Verlag für Sozialwissenschaften, 275 ff.

Der Paulus der sozialen Frage: Oskar Lafontaine

Der andere war Oskar Lafontaine. Nach seiner jähen Demission im März 1999, als er alles hinwarf, vor allem aber nach seinem Parteiaustritt und der Konversion zur Linkspartei.PDS im Jahr 2004, attestierten die Sozialdemokraten ihm die allerschlechtesten Eigenschaften. Gewiss, die Enttäuschung über einen abtrünnigen Leitwolf ist verständlich. Aber so sehr unterschied sich der inkriminierte Oskar Lafontaine der Jahre nach 2005 nicht von dem einst großen Helden der Sozialdemokratie, der er bis 1999 gewesen war.

Schon in seiner sozialdemokratischen Zeit galt Lafontaine als widersprüchlicher, schwer durchschaubarer Mann.[24] Seine Rochade vom kosmopolitischen, postmaterialistisch angehauchten Politiker und Hoffnungsträger westdeutscher Unternehmer zum Traditionalisten der überlieferten Sozialstaatlichkeit fand in der SPD statt, die ihn in dieser Zeit erst zum Kanzlerkandidaten, dann zum Parteichef kürte.[25] Seine nonchalanten Wandlungen stießen damals durchaus auf Applaus und Entzücken, da er dadurch mit dem Funktionärswesen und der Programmorthodoxie der klassischen SPD brach, Unkonventionalität ausstrahlte. Dabei hatte es Lafontaines unmittelbare Umgebung auch seinerzeit nie einfach mit ihm. Er zeigte oft Ungeduld, trat herrisch auf, verlangte, dass alle ihm bedingungslos folgten, wenn er – oft einsam – Entscheidungen getroffen hatte. Seine Reden waren damals wie jetzt laut, mitunter brüllend vorgetragen, mit peitschen-

24 Über diese Zeit sehr gut die Reportagen von Jürgen Leinemann, etwa: »Die Harmonie des Widerspruchs««, in: *Der Spiegel* (19. Dezember 1983); ders. 1995, »Aber keiner wagt zu hadern««, in: *Der Spiegel* (20. November 1995); ders. 1997, »Lärmende Eintracht««, in: *Der Spiegel* (27. Oktober 1997); ders. 1990, »Ich bin ein Instinktpolitiker««, in: *Der Spiegel* (26. November 1990).

25 Vgl. auch Glotz, Peter 2005, »Auf der Verliererstraße««, in: *Rheinischer Merkur* (2. Juni 2005).

den Stakkatosätzen, in denen er seine Gegner – nicht selten als Ignoranten, Dummbeutel, Schwätzer und Klippschüler verächtlich gemacht – an den Pranger der sozialen Empörung stellte. Der Duktus war rechthaberisch, das Gesicht gerötet, der Oberkörper aufgepumpt. Die Zuhörer waren ihm wie eine Knetmasse, die er nach seinem Willen seelisch zu modellieren versuchte. Er trat nicht in einen Dialog mit ihnen, sondern paukte ihnen seine Lehrsätze zur politischen Lage in einer Schärfe ein, die Widerspruch nicht zuließ. Die populistische Klaviatur der Erregungssteigerung war ihm nicht fremd. So war Lafontaine, der Sozialdemokrat. So blieb er als Anführer der Linken. Und seine Verwandlung vom Saulus des Gewerkschaftskritikers zum Paulus der sozialen Gerechtigkeit fand ebenfalls in den sozialdemokratischen Jahren statt, als er den Weg wies, dem alle in der SPD folgten. Mit seinem Konzept, die Finanzmärkte zu regulieren, die Binnennachfrage durch Steigerung der Massenkaufkraft zu stärken, die Belastung der Rentner und die Eigenbeteiligung der Patienten an den Gesundheitskosten zurückzunehmen, gingen die Sozialdemokraten in den Bundestagswahlkampf 1998, gewannen und realisierten so nach 16 Jahren langer, bitterer Opposition den Regierungswechsel.

Insofern desavouieren die Sozialdemokraten, wenn sie Lafontaine als Blender, rückwärtsgewandten Demagogen und verantwortungslosen Populisten beschimpfen, ein beträchtliches Stück eigener Geschichte. Was Lafontaine 2009 postuliert, haben die Sozialdemokraten vor gut zehn Jahren mit ihm und in ähnlicher Art und Weise selbst gefordert. Dann war es eine Dekade anders, bis mit dem Crash auf den Finanzmärkten der Rekurs auf den Keynesianismus Lafontaines auch in der SPD wieder üblich wurde,[26] ohne dass man sich dabei noch auf den Urheber bezogen

---

26 Hierzu pointiert Münchau, Wolfgang 2002, »Oskars Vermächtnis«, in: *Financial Times* (14. Mai 2002); auch: Hankel, Wilhelm 1999, »Keynes war sein Schicksal«, in: *Neue Gesellschaft/Frankfurter Hefte*, H. 11/1999, S. 1048 ff.

hätte. Dafür war die einst so enge emotionale Bindung zwischen den Aktivisten der Partei und ihrem früheren Leitwolf einfach zu irreparabel belastet, ja zerstört. Angeblich geht es in der Politik zwar ganz nüchtern um den rein zweckrationalen Erwerb der Macht, doch die Triebkräfte, die darunter liegen, sind meist stärker.

Nun ist die unglückliche Liebe zwischen den Sozialdemokraten und ihrem Oskar hier nicht das Thema. Aber es hat doch damit zu tun, wie Lafontaine als Chef der Linken und ihrer Fraktion agiert. Lafontaine fühlte sich wohl wirklich von den Sozialdemokraten verlassen, als er Positionen treu blieb, von denen Schröder als Kanzler Zug um Zug abwich. Insofern setzte er sich dann vermutlich tatsächlich aus Verletztheit und Verbitterung an die Spitze einer Protestpartei westdeutscher Linker (für deren hölzernen und wirren Politikstil er noch wenige Jahre zuvor bestenfalls Verachtung übrig gehabt hätte), um es den Schröder-Jüngern noch einmal zu zeigen. Nun war er in seiner Verve, mit der er den »Opportunismus« und »moralischen Verfall« seiner früheren Partei geißelte, rigide im Tonfall und böse sarkastisch in der Aussage.[27] In dieser herrischen Unduldsamkeit wirkte er wie ein Fremdkörper gerade auf jüngere und mittelalte Zugehörige der PDS, die fast 15 Jahre Anstrengungen unternommen hatten, sich von einer politischen Kultur zu lösen, die durch Lafontaine in einer neuen Variante zurückkehrte. Lafontaine gab Weisungen von oben, dekretierte autoritär, erlaubte den Zweifel nicht.[28] Lafontaine rehabilitierte nun die uralte Suggestivparole der Kommunisten, von der sich die Neuerer in der Partei gerade erst gelöst hatten: »Wer hat uns verraten? Sozialdemokraten!« Und Lafontaines sozialagitatorische Anklagen gegen schamlose Unterneh-

---

27 Vgl. Hofmann, Gunter 2004, »Tribun ohne Volk«, in: *Die Zeit* (12. August 2004).

28 Vgl. Scheidges, Rüdiger 2007, »Der Geistesbeschwörer«, in: *Handelsblatt* (19. November 2007).

mer und Kasino-Kapitalismus, auch sein stetes Plädoyer für staat-
liche Kontrolle erinnerten die Reformer an die grob gestrickten
Lehrbuchparolen vom Klassenkampf, die sie in der DDR gepaukt,
die sie nun aber eigentlich für passé gehalten hatten.

Denn ein großer Teil der PDS war seit einigen Jahren eher auf
dem Weg zu einer Art linker Bürgerrechtspartei des Ostens gewesen – ein wenig ähnelte die Partei damit den frühen Grünen.
Schon sozialstrukturell glichen sich Grüne-West und PDS-Ost
verblüffend stark. Hier wie dort dominierten bis 2004 die Akademiker mit Berufen im öffentlichen Dienst und den Human-
dienstleistungen. Die PDS vor Lafontaine war keine Partei der
Arbeiterklasse, keine linkssozialistische Formation. Dafür fehlten
enge Kontakte zu den Industriegewerkschaften. Erst durch Lafontaine, erst durch die Gewerkschaftsfunktionäre der WASG
kehrte die soziale Frage als Thema der Linken mit Aplomb zurück. Und erst das machte sie zu einer Partei, die auch Arbeiter
ansprach und das Prekariat zumindest punktuell aktivierte, die
nicht mehr wie im September 2002 abgeschlagen bei vier Prozent
lag, sondern um die zehn Prozent oszillierte – Tendenz nach
oben. Diese Erfolge waren auch ein Verdienst Lafontaines, der
in den 40 Jahren seiner politischen Laufbahn tektonische Ver-
schiebungen in der Gesellschaft stets früh gewittert und die
Chancen begriffen hatte, die darin lauerten.

Insofern war seine zweite Karriere in der Tat bemerkenswert. Er
hatte den rechten Moment zum Absprung von der SPD und zum
Neueinstieg in eine andere Partei präzise erfasst. Wäre er nur
ein Jahr früher diesen Weg gegangen, dann hätte er wohl zwangs-
läufig scheitern müssen. Die historische Situation für eine über-
lebensfähige neue Linke kam erst im Frühjahr 2005, als Lafontaine unter dem Druck der vorgezogenen Bundestagswahlen die
WASG und die PDS zur Fusion nötigen konnte, wenn sie denn
mit ihm als zugkräftigem Kandidaten ins Rennen gehen wollten.[29]

29 Vgl. Oertel, Gabriele 2005, »Frech wie Oskar«, in: *Neues Deutschland* (26. Mai
2005).

Das Diktat des frühen Wahltermins disziplinierte in der Tat eine deutsche Linke, die sonst zu ausufernden Diskussionen neigt. Lafontaine bekam so die Partei, die er brauchte, um nicht als Prediger einer skurrilen Sekte in die Geschichte einzugehen.

Fortan nahm er gern für sich in Anspruch, aus der Opposition heraus das Land umzupflügen. Rundum abstrus war diese großspurige Einschätzung nicht. Allein mit der Neubildung der Linken hatte er das Parteiensystem und damit wohl auch die Wahlkampfkultur transformiert. Auf der Bundesebene war das Fünfparteiensystem installiert. Die Eliten von CDU/CSU und SPD können fortan mit kleinen Koalitionen im Rahmen der überlieferten Lagereinhegung nicht mehr unbedingt rechnen. Sie haben infolgedessen grenzüberschreitende Dreierbündnisse für möglich zu halten und präventiv zu pflegen. Polarisierende Wahlkämpfe könnte das in Zukunft mindern. Paradoxerweise also hat ausgerechnet Lafontaine die Spitzen der homogenisierenden Polarisierung zwischen rechts und links, zwischen Bürgertum und Arbeitnehmerschaft, zwischen Materialisten und Postmaterialisten gebrochen, zumindest abgefeilt.

Und Lafontaine prägte wirklich die politische Agenda im Land: Bürgerliche Themen und Deutungen sind es nicht, die den Diskurs vor allem der Jahre 2007/08 bestimmt haben. Alle Welt wütete über das Versagen der Banker, klagte über die wachsende soziale Zerklüftung in der deutschen Gesellschaft, bedauerte die zunehmende Kinderarmut etc. Lafontaine darf ebenfalls kokett, aber eben nicht ganz zu Unrecht behaupten, dass seine Vorschläge aus früheren Jahren – Mindestlöhne, eine Begrenzung der Managergehälter auf höchstens 600 000 Euro, Korrekturen an Hartz IV – zunächst zwar vom Rest der Parteienlandschaft empört als populistisch zurückgewiesen wurden, nun aber nahezu selbstverständlich zum Konsens des Mainstreams gehören.

Gleichwohl: Wenige sind es nicht innerhalb der Linken, die sich besorgt fragen, wie lange es mit Lafontaine gut gehen kann. Sein

Politikstil trägt charismatische Züge. Doch Charisma ist struk-
turell instabil. Charismatiker wirbeln oft gekonnt die politischen
Verhältnisse auf, sind aber, wenn das Ziel erreicht ist, gelangweilt,
und bevor sie dann eine neue Reise beginnen, reißen sie oft noch
ein, was sie zuvor errichtet haben. Das alles muss auf Lafontaine
nicht zutreffen. Aber man kann es für möglich halten. Bislang war
er in einer nahezu optimalen Führungskonstellation integriert:
Sein Mitvorsitzender Lothar Bisky dämpfte das Misstrauen, das
Lafontaine im Osten anfangs entgegenschlug. Bisky thronte weiterhin als Vaterfigur über allen Schattierungen der Partei. Die Här-
ten des Alltags erledigte für ihn der Zuchtmeister der Partei, der
Fusionsbeauftragte Bodo Ramelow. Beide sicherten so die Flanke, die von den telepolitischen Außendarstellern Gregor Gysi und
Oskar Lafontaine vernachlässigt wurde. Der anfangs befürchtete
Hahnenkampf – »Haben Sie schon mal zwei Gockel auf einem
Misthaufen gesehen?«, fragte damals Kurt Beck spöttisch[30] –
blieb aus. Gysis Ehrgeiz ist mittlerweile nach zwei Herzinfark-
ten stark begrenzt; insofern kann und will er nicht in die Rolle
des Lafontaine-Rivalen schlüpfen, die vor ihm bis 1999 Gerhard
Schröder innehatte.[31] Und Lafontaine selbst weiß, dass die Linke
sozusagen seine letzte Patrone ist, wenn er politisch weiter im
Spiel bleiben will. Das könnte sein Ego in Schach halten. Sie alle
sind fürs Erste aufeinander angewiesen: Die Partei auf Lafontaine, Lafontaine auf die Partei, Bisky, Gysi, Lafontaine und Ramelow untereinander. Solange das so bleibt, ist kollektive Führung dieser Façon in dieser Besetzung ideal. Bricht jemand aus,
kann die Struktur allerdings implodieren. Lafontaine hat das soziale Spektrum der Partei deutlich erweitert, der innere Zusammenhalt aber ist dadurch erheblich fragiler geworden.

30 Zit. in: Rademaker, Maike/Claus Hulverscheidt 2005, »Schein und Sein«, in:
Financial Times (14. September 2005).
31 Auch: Hildebrandt, Tina 2005, »Glaube, Linke, Hoffnung«, in: *Die Zeit* (9. Juni
2005).

Ausblick: Leadership in der modernen Politik.
Ein Spiel mit zahllosen Bällen

> »Die Kunst des Lebens – und die Politik – besitzt ihre eige-
> nen speziellen Methoden und Techniken, ihre eigenen Kri-
> terien für Erfolg und Mißerfolg. Utopismus, mangelnder
> Realitätssinn, schlechtes Urteilsvermögen bestehen hier
> nicht im Unvermögen, die Methoden der Naturwissen-
> schaften anzuwenden, sondern ganz im Gegenteil darin,
> sich im Übermaß auf sie zu stützen. Hier erwächst der
> Mißerfolg aus dem Widerstand gegen das, was im jeweili-
> gen Bereich am besten funktioniert: Indem man diese
> Dinge ignoriert oder bekämpft, entweder weil man eine
> systematische Methode oder ein Prinzip bevorzugt, etwas,
> was universelle Gültigkeit beansprucht. [...] Vernünftig zu
> sein, ein gutes Urteilsvermögen an den Tag zu legen, in wel-
> chem Lebensbereich auch immer, bedeutet, jene Methoden
> anzuwenden, die in diesem Bereich nachweislich am besten
> funktionieren. Was für einen Naturwissenschaftler vernünf-
> tig ist, das ist daher für einen Historiker oder Politiker oft-
> mals utopisch (d.h., es versagt systematisch bei der Ver-
> wirklichung der angestrebten Ziele), und umgekehrt.«

Isaiah Berlin, Über politische Urteilskraft

Spekulieren wir zum Schluss zunächst einmal kurz. Stellen wir
uns für einen Moment vor, Helmut Kohl hätte sich im Frühjahr
1979 aus gesundheitlichen Gründen aus der Politik zurückziehen
müssen. Das Urteil der Geschichte, an dem gerade Kohl so außerordentlich viel gelegen war, wäre für ihn gewiss nicht sonderlich
schmeichelhaft ausgefallen. Wohl kein Großinterpret der historischen Wissenschaft hätte Kohl in der Retrospektive als eine führungsstarke Natur charakterisiert. Wir könnten im Gegenteil sehr
wahrscheinlich in zahlreichen Abhandlungen über die Geschichte

der CDU nachlesen, dass seine sechsjährige Amtszeit als Parteivorsitzender verlorene Jahre für die Opposition bedeuteten, dass
der damalige Chef der Christdemokraten eine entscheidungs-
schwache, politisch unzweifelhaft überforderte Figur war.

Nun kam es aber, wie wir alle wissen, anders. Kohl schied nicht
aus der Politik aus. Er blieb Parteivorsitzender und er wurde Kanzler. Er setzte sich robust gegen sämtliche innerparteilichen Konkurrenten durch. Und er managte schließlich kühl und beherzt
den frühen Akt der deutschen Vereinigung. Danach hatte sich
das Kohl-Bild in der Öffentlichkeit, auch der wissenschaftlichen,
geändert. Selbst bei den schärfsten Spöttern wandelte sich mit der
Zeit die Häme über den Kanzler in eine zumindest missmutige
Anerkennung seines taktischen Instinkts. Machtbewusstsein jedenfalls sprach Kohl niemand mehr ab. Dieses aber wurde ihm
nicht nur als Kanzler der Einheit attestiert, sondern auch als Parteipolitiker schlechthin – und diese Diagnose galt nun für seine
ganze Biographie. Dadurch erschien schließlich auch das Jahr
1979, das Jahr seiner bitteren innerparteilichen Niederlagen, in
einem sehr viel freundlicheren Licht. Damals gewann Franz Josef
Strauß zwar das Rennen um die Kanzlerkandidatur in der Union,
doch ein Jahr später verlor er das Duell gegen Helmut Schmidt.
Erst jetzt war der Weg ins Kanzleramt frei für Helmut Kohl.
So wurde aus seiner Niederlage ein Sieg, aus dem »Ollenhauer
der CDU« der wahrhaftige Erbe Adenauers und aus unleugba-
rer Führungsschwäche nachträglich vorausschauender Machtinstinkt.

Oder nehmen wir Willy Brandt. Ausgeschlossen war nicht, dass
er sich nach den Bundestagswahlen 1965 tief deprimiert aus der
Politik verabschieden würde. Auch ihn hätte dann wohl kein
Geschichtsschreiber jemals als überdurchschnittliche Führungsbegabung bejubelt. In den dickleibigen Werken zur Geschichte
der Arbeiterbewegung wäre wahrscheinlich eher und wohl nur
am Rande vermerkt worden, dass die Sozialdemokratie unter

Brandt nicht recht vorangekommen sei, dass der damalige Partei-chef eine anfangs weit überschätzte, im Kern indes labile, von Axel Springer und Herbert Wehner kühl und eigennützig instru-mentalisierte Persönlichkeit gewesen sei, dem es noch dazu an Fortune, ja: an Authentizität und mitreißenden Visionen ganz und gar gefehlt habe.[1]

Ein weiteres Mal: Auch Brandt schied nicht aus. Auch er blieb Parteivorsitzender, auch er wurde Kanzler. Und er avancierte zum gefeierten Protagonisten einer neuen Ostpolitik, zum umschwärm-ten Visionär und Charismatiker einer ganzen Generation. Kurz-um: »There is no leadership for all seasons.«[2]

Das Urteil über die Führungsqualitäten ein und derselben Figur kann sich also rasch und radikal ändern. Es ist zeitgebunden und abhängig vom Standort des Betrachters. Bismarck und Ade-nauer,[3] auch de Gaulle und Churchill galten keineswegs zu allen Zeiten und jedem als führungsstarke Politiker. Die Reformblüten des Willy Brandt waren 1974 schon wieder weitgehend verwelkt. Und die Reputation Helmut Kohls ging nach 1999 ebenfalls merklich zurück.

*

1 Vgl. Walter, Franz 2002, *Die SPD. Vom Proletariat zur Neuen Mitte*, Berlin: Fest, S. 163 ff.
2 Zitat von Barbara Kellermann, in: Murswieck, Axel 1991, »Führungsstile in der Politik in vergleichender Perspektive«, in: Hartwich, Hans-Herrmann/Göttrik We-wer (Hg.), *Regieren in der Bundesrepublik II: Formale und informale Komponenten des Regierens*, Opladen: Leske + Budrich, S. 82.
3 Vgl. zu Bismarck: Jansen, Christian 2004, »Otto von Bismarck: Modernität und Repression, Gewaltsamkeit und List. Ein absolutistischer Staatsdiener im Zeitalter der Massenpolitik«, in: Möller, Frank (Hg.), *Charismatische Führer*, S. 63-83; und zu Adenauer: Wolfrum, Edgar 2004, »Konrad Adenauer: Politik und Vertrauen«, in: Möller (Hg.), *Charismatische Führer*, S. 171-191; dann: Haffner, Sebastian 1967, *Winston Churchill*, Reinbek bei Hamburg: Rowohlt; schließlich: Tuchhändler, Klaus 1977, *De Gaulle und das Charisma*. Elemente charismatischer Führung im Gaullis-mus der V. Republik, München: Tuduv-Verlags-Gesellschaft.

Der Begriff »Führung« ist schillernd, unscharf, nirgendwo exakt definiert, offen für subjektive Normierungen.[4] Das gilt im Übrigen gleichermaßen für den neudeutschen Terminus »Leadership«.[5] Dennoch – vielleicht auch gerade deshalb – ist er insbesondere unter Journalisten ausgesprochen beliebt. Er bietet die probate Gelegenheit, Politik zu personalisieren. Parteikrisen werden so flugs zu Führungskrisen transferiert. Dann geht es in den Kommentaren nur noch um Führungsschwächen des einen, Führungsstärken des anderen Kandidaten, um Persönlichkeitsbilder und Charakterfragen, was das Publikum besser unterhält als die komplexe Analyse parteiorganisatorischer Defizite.

Politikwissenschaftler haben sehr viel größere Probleme, den Begriff Führung zu verwenden.[6] Politologen in Deutschland tun sich besonders schwer damit. Sie definieren ihn nicht in ihren Lexika, erläutern ihn nicht in ihren Handbüchern, verfassen erst recht keine Monographien darüber. Führung kommt beim Gros der deutschen Politikwissenschaft nicht vor.[7] Das wird gewiss

4 Zu »Führung«, auch »Leitung«, »Lenkung« vgl. Derlien, Hans-Ulrich 1990, »Regieren‹ – Notizen zum Schlüsselbegriff der Regierungslehre«, in: Hartwich, Hans-Hermann/Göttrik Wewer (Hg.), *Regieren in der Bundesrepublik I: Konzeptionelle Grundlagen und Perspektiven der Forschung*, Opladen: Leske + Budrich, S. 77-88. In der in diesem Forschungsgebiet maßgeblichen angloamerikanischen Literatur beispielhaft: Edinger, Lewis 1964, »Political Science and Political Biography: Reflections on the Study of Leadership (II)«, in: *Journal of Politics* 26/H. 3, S. 648-676, hier S. 649 f.

5 Vgl. Elgie, Robert 1995, *Political Leadership in Liberal Democracies*, New York: St. Martin's Press, S. 12; vgl. Etzersdorfer, Irene 1997, »›Persönlichkeit‹ und ›Politik‹: Zur Interaktion politischer und seelischer Faktoren in der interdisziplinären ›Political Leadership‹-Forschung«, in: *Österreichische Zeitschrift für Politikwissenschaft* 26/H. 4, S. 378; auch Pelinka, Anton 1997, »Leadership. Zur Funktionalität eines Konzepts«, in: *Österreichische Zeitschrift für Politikwissenschaft* 26/H. 4, S. 374; Malik, Fredmund 2002, *Die neue Corporate Governance*, Frankfurt am Main: Frankfurter Allgemeine Buch, S. 265.

6 Zu dieser Diskussion auch, allerdings mit einem Mangel an Gespür für den Gegenstand Helms, Ludger 2000, »›Politische Führung‹ als politikwissenschaftliches Problem«, in: *Politische Vierteljahresschrift* 41/H. 3, S. 411 ff.

7 Eine der Ausnahmen stellt Karl-Rudolf Korte dar. Vgl. Grasselt, Nico/Karl-Rudolf Korte 2007, *Führung in Politik und Wirtschaft. Instrumente, Stile und Techniken*, Wiesbaden: VS Verlag für Sozialwissenschaften; Korte, Karl-Rudolf/Martin

mit der Stigmatisierung dieses Begriffs durch die Nationalsozialisten zusammenhängen, liegt aber mindestens im gleichen Maße darin begründet, dass die Politologen hierzulande besonders oder gar ausschließlich auf gesellschaftliche Prozesse fixiert sind, auf Systemzusammenhänge, auf Strukturen. Sie sind damit allerdings nicht weniger einseitig als die von ihnen häufig genug gering geschätzten Journalisten.[8] Die einen übertreiben die Bedeutung des politischen Führungspersonals, die anderen ignorieren sie zumeist ganz.

Soweit sich Sozialwissenschaftler auf Führungsfragen einlassen, fallen ihre Interpretationen ganz unterschiedlich aus. Die einen sind überzeugt, dass die Persönlichkeit in der Politik an Gewicht verloren habe und weiterhin verlieren wird. In der voll entfalteten Mediengesellschaft, die Themen und Figuren ebenso rasch hochschreibt wie vernichtend wieder versenkt, sei weder Raum noch hinreichend Zeit, um Führungsstärke entfalten zu können. Andere Politologen hingegen rechnen mit einer entgegengesetzten Entwicklung. Sie prognostizieren einen zunehmenden Bedeutungsverlust der traditionellen Parteistrukturen zugunsten der über die Medien direkt mit den Wählern kommunizierenden Parteiführer.[9] Der Einfluss der Parteitagsdelegierten, der Funktionäre, aber auch die Relevanz von Grundsatzprogrammen werde rapide schwinden, die Macht der medienplebiszitär und telepopulistisch agierenden Anführer dagegen stetig wachsen. Eine Zeitlang wurde unter Parteien- und Medienforschern sogar von einer

Florack/Timo Grunden 2006, *Regieren in Nordrhein-Westfalen. Strukturen, Stile, Entscheidungen 1990 bis 2006*, Wiesbaden: VS Verlag für Sozialwissenschaften; Korte, Karl-Rudolf 2002, »Die Regierungserklärung als Führungsinstrument der Bundeskanzler«, in: *Zeitschrift für Parlamentsfragen* 33/H. 3, S. 452 ff.
8 Vgl. auch Weihnacht, Paul-Ludwig 1995, »Die politische Person und das Persönliche an der Politik«, in: Ballestrem, Karl Graf u. a. (Hg.), *Sozialethik und politische Bildung*, Paderborn u. a.: Schöningh, S. 61.
9 Hierzu etwa Alemann, Ulrich von/Stefan Marschall (Hg.) 2002, *Parteien in der Mediendemokratie*, Wiesbaden: Westdeutscher Verlag; Crouch, Colin 2008, *Postdemokratie*, Frankfurt am Main: Suhrkamp.

»Bonapartisierung« der Politik gesprochen.[10] Dergleichen las man besonders in den tollen Jahren der Westerwelles, Möllemanns, Haiders, Berlusconis. Das sollte heißen: Politische Führung würde in Form von telepolitischem Charisma künftig bedeutsamer denn je. Doch diese gegensätzlichen Standpunkte sind bislang nicht systematisch diskutiert und meist eher en passant formuliert worden, oft auch in lediglich provokativer Absicht. Zu einer wirklichen Debatte über Führung in der Politik haben sich derlei Einwürfe nie recht verdichtet. Insofern sind die meisten Fragen offen. Wir selbst haben hier eher von Führung als von Elite, wie es andere tun, gesprochen. Denn der Begriff »Elite« bezeichnet vorwiegend statisch eine Position, eine Rangstellung.[11] Führung impliziert dagegen Interaktion, gibt Aufschluss über Akteure, Adressaten und Umstände des Akts, über den historischen Moment und die politische Kultur, in der die einen mittels Funktion, Apparaten, Suggestion, Aura, Überzeugung, Lüge, Propaganda, Einschüchterung, Patronage, Empathie, Kompetenz oder was auch immer die anderen dirigieren.

*

Nehmen wir zunächst die Sozialdemokratie. Was gute politische Führung eigentlich ist, fragt sich das kommentierende Deutschland vorzugsweise immer dann, wenn die SPD wieder einmal ihren Vorsitzenden wechselt. Dann stecken die Politprofis die Köpfe zusammen, um über Führungsprobleme und Führungsmöglichkeiten in der SPD zu parlieren. Machen wir mit. Versuchen wir also, aus den Erfahrungen sozialdemokratischer Parteivorsitzender nach 1945 eine kleine Bilanz zu ziehen.

10 Vgl. Lösche, Peter 1997, »Der Medien-Bonapartismus«, in: *die tageszeitung* (11. April 1997); Scharf, Wilfried 1997, »Neo-Bonapartismus in der politischen Meinungsbildung«, in: Schatz, Heribert u. a. (Hg.), *Machtkonzentration in der Multimediagesellschaft?*, Opladen: Westdeutscher Verlag, S. 98 ff.
11 Vgl. hierzu Paris, Rainer 2005, *Normale Macht. Soziologische Essays*, Konstanz: UVK-Verlags-Gesellschaft, S. 85 ff.

Von einem systematischen Aufstieg des mediencharismatischen, gar neobonapartistischen Typs wird man ernsthaft gewiss nicht reden wollen. Den Telepolitiker Schröder hielt es auch nur wenige, unerquickliche Jahre im Amt, bis er durch den Eigensinn der überlieferten Parteimentalität abgestoßen, vom Repräsentanten der Organisation, von Franz Müntefering also, abgelöst wurde, was zeitgleich im Übrigen in anderen Parteien ganz ähnlich geschah, da die früheren Generalsekretäre, die Hüter der Ochsentouren mithin, in der CDU und CSU, auch bei den Liberalen zu Parteichefs avancierten. Doch auch Müntefering konnte zumindest in seiner ersten Amtszeit nicht der rundum souverän entscheidende Parteiautokrat werden, zu dem ihn viele Interpreten bereits stilisiert hatten. Und mit Platzeck, Beck und schließlich abermals Müntefering, im Grunde auch Steinmeier, wurden dann Männer an die Spitze gestellt, deren charismatische Ausstrahlung selbst die wohlmeinendsten Kommentatoren nicht als übermäßig bezeichnen würden.

Im Grunde trug die bundesdeutsche SPD lediglich ein einziges Mal charismatisch-absolutistische Züge: 1945 bis 1952 mit Kurt Schumacher. Damals allerdings war der Einfluss der Medien denkbar gering; die Partei war sozial, kulturell, politisch ganz und gar traditional. Bezeichnend jedenfalls war, dass sich danach mit dem Wandel der SPD von der homogenen Klassen- zur heterogenen Volkspartei auch die Führungsstruktur ausdifferenzierte und pluralisierte. Die kollektive Führung trat an die Stelle der monokratischen Leitung. Die SPD erlebte die Zeit der ersten Troika, also des Gespanns aus Brandt, Wehner und Helmut Schmidt. Damals, in den 1960er bis 1980er Jahren, war die kooperative Führung ein adäquates Führungsmodell für die moderne Sozialdemokratie. Ein einzelner Parteiführer allein konnte das weite Panorama unterschiedlicher politischer und kultureller Orientierungen verschiedenster Generationen nicht mehr abdecken. Den Mitgliedern des legendären Triumvirats mit ihren unterschiedlichen Erfahrungen, Temperamenten und Profilen aber gelang dies über lange Zeit mit beträchtlichem Erfolg, auch wenn sich die drei untereinander alles andere als grün waren. Insofern war die kollektive Führung sicher ein modernes Organisationsprinzip für komplex zusammengesetzte Institutionen in zunehmend zerfasernden Gesellschaften. Damals und während der 1980er Jahre mussten die Vorsitzenden der SPD Virtuosen des Sowohl-als-auch sein, was stets zu Lasten der politischen Kohärenz ging und folgerichtig konstant Unmut auch bei den eigenen Leuten hervorrief.

Im Grunde ist es damit heute vorbei: So groß ist der Spagat nicht mehr, den die Sozialdemokraten zum Zwecke der Wähler- und Mitgliederintegration realisieren müssen. Die postmaterialistische Flanke hat wesentlich an Bedeutung eingebüßt, auch an Konsistenz und Zielstrebigkeit. Denn die postmaterielle Generation der 1980er Jahre hat – nunmehr älter geworden sowie beruflich und privat stärker belastet – mittlerweile ebenfalls die Bedeutung materieller Sekurität entdeckt und dafür den gesellschaftskritischen Impetus weitgehend aufgegeben. Infolgedessen wirkt die einst so unruhige SPD längst nicht mehr so stark von elementaren kulturellen Spannungen durchzogen wie in früheren Jahrzehnten. Einen mächtigen oppositionellen Flügel gibt es faktisch nicht mehr in der Partei; dazu fehlt der rhetorisch mitreißende Tribun, dazu mangelt es vor allem an einem glanzvollen Gegenkonzept, an der zündenden Alternative zur sozialkapitalistischen Resignationspolitik. So gesehen, müssten es sozialdemokratische Anführer im neuen Jahrhundert eigentlich leichter haben.

Einerseits. Aber andererseits ist es gerade die Ziel- und Richtungslosigkeit der Partei, die in den letzten Jahren zu den vielen heillosen Konfusionen und Wechseln im Vorsitz geführt hat. An die Stelle von Disziplin, Verbindlichkeit und Loyalität sind erratische Führungskonflikte getreten, die einstige Geschlossenheit von regionalen Gliederungen und innerparteilichen Fraktionen ist mittlerweile in einen rasanten, begründungslosen Austausch des Führungspersonals gemündet.

*

Die schwindende Disziplinierungskraft und Verpflichtungsfähigkeit gegenüber den nachgeordneten Rängen hat die politische Führung in der Mediengesellschaft in zunehmendem Maße labilisiert.[12] Die Aufmerksamkeit der Medien erringt man nicht durch Zustimmung, Einpassung, unauffälliges Mannschaftsspiel. Die Medienwahrnehmung erhält stattdessen der Abweichler und Konvertit. Die Provokation gegen die eigenen Leute sichert Schlagzeilen, Beachtung und Ruhm. Es ist schwer, sich diesem Rausch zu entziehen, wenn man erst einmal von der Droge genommen hat. Und die Dosis ist unaufhörlich zu erhöhen, denn die Öffentlichkeit wendet sich desinteressiert ab, sobald der Opponent seine Häresien nicht weitertreibt. Die Befriedigung und Egozentrik, über Öffentlichkeit Resonanz zu erzielen, besitzt eine innere, irgendwann schwer zu steuernde, dann destruktive Dynamik.

Freilich geht das in einer parlamentarischen Demokratie langfristig auf Kosten der Verlässlichkeit. Partei- und Fraktionsführungen sind angewiesen auf Schlagkraft, auch auf Disziplin, schließlich auf Solidarität. Fraktionen und Parteien sind wie Sportmannschaften, sind Gemeinschaften mit dem Ziel, mittels politischer Macht verabredete politische Anliegen durchzusetzen. Als Ansammlung gänzlich selbstzentrierter Individuen kann das nicht gelingen. Jede Parteiendemokratie ist ein kollektiver Akt, angewiesen darauf, dass die Ergebnisse innerer Entscheidungsprozesse verbindlichen Charakter besitzen. Die am stärksten zugespitzte Variante der Negation der Parteiendemokratie ist der Putsch. Und insofern ist der Putsch in Zeiten, da Clans statt starker Rich-

---

12 Vgl. auch: Helms, Ludger 2003, »Deutschlands ›semisouveräner Staat‹«, in: *Aus Politik und Zeitgeschichte*, H. 43/2003, S. 8.

tungen und Milieus die Parteien prägen, nahezu zur General-
methode innerparteilicher Veränderungen in Programmatik und
Personal geworden. Ein kleiner Zirkel bereitet die Neuformierung fast konspirativ vor – prescht überfallartig in die Öffentlichkeit, stellt die völlig konsternierte Partei dann vor finale Tatsachen. Die Partei ist dadurch nicht mehr Subjekt, sondern Objekt
der Ego- und Cliquenpolitik. Schröder machte 2004 Müntefering zu seinem Nachfolger, Steinmeier ruft 2008 wiederum Müntefering an und nominiert ihn dann öffentlich. So regelten einst
feudale Gesellschaften die Thronfolge.

Natürlich: Die mediale Öffentlichkeit liebt solche Coups. Hier
kommt alles zusammen, was eine schöne Geschichte, ein packen-
des Drama gibt: Gefallene Helden, maliziöse Verräter, das alles
entscheidende Duell etc. Und wer sich erfolgreich durchsetzt,
auf den scheint zunächst die milde Sonne der Kommentare. Indes: Putsche und das solidaritätslose Cliquenwesen können die
Parteien- und Parlamentsdemokratie aushöhlen. Es ist bemerkenswert, dass die Sozialdemokraten dabei eine Art Avantgarde bilden.

*

Man könnte auch von einer Freidemokratisierung der SPD reden.
Die Sozialdemokraten werden allmählich so, wie es die liberal-
bürgerlichen Individualisten freisinniger Tradition seit jeher waren – unkalkulierbar. Die Freien Demokraten waren eben Individualisten und keine Parteisoldaten, immer auf Autonomie bedacht,
ohne Neigung für kollektive Organisation und ohne Bereitschaft
zu disziplinierten Aktionen. Mit geduldiger Loyalität oder gar
Unterordnung durften liberale Parteiführer folglich nie rechnen.
Insofern hatten es die Chefs der freidemokratischen Partei stets
erheblich schwerer als die Vorsitzenden der gewichtigen Milieu-
und Weltanschauungsparteien. Über viele Jahrzehnte standen den
Anführern der sozialdemokratischen und christlichen Parteien his-

torisch gewachsene Bindemittel zur Verfügung, mit denen sie die Geschlossenheit im Ernstfall herstellen konnten.

Freidemokratische Parteiführer hatten nichts dergleichen. Der durch Erkenntnisgewinn mittels offener Diskurse charakterisierte Liberalismus bot nicht den Stoff für fixe Utopien und Ideologien, mit denen sich Menschen gläubig binden ließen. Auch existierten im deutschen Liberalismus nicht die mythenbildenden Helden und Märtyrer, die Windhorsts und Bebels, die Adenauers und Brandts, in deren Tradition sich ein freidemokratischer Vorsitzender hätte stellen und Parteidisziplin hätte anmahnen können. Und ein eigenes Organisationsmilieu, gewissermaßen als Rückzugsgebiet und Winterquartier für die Partei und ihre Anführer, hatten die liberalen Individualisten nie errichtet. Die freisinnigen Bürger gehörten schließlich zum Establishment, waren keine Außenseiter und Randständige, benötigten daher nicht das Refugium einer eigenkulturellen Wärmestube.[13] So aber begaben sich liberale Parteiführer gleichsam ohne Netz aufs politische Trapez. Ganz utilitaristisch zählte nur der in Wählerprozenten und Regierungsbeteiligung messbare Erfolg. Es gab im Liberalismus keine Loyalitätsreserve aus Tradition, Ideologie, Geschichte und Organisation, die einen Parteivorsitzenden auch dann noch hätte stabilisieren können, wenn die öffentliche Meinung mürrische Stimmungssignale sendete. In diesem Moment war es stets nur noch eine Frage der Zeit, bis die freidemokratische Basis zu zetern anfing, schließlich den Führungswechsel einforderte und ziemlich mitleidslos vollzog.

Ein Erich Ollenhauer etwa, jener zwischen 1952 und 1963 elektoral deprimierend erfolglose Chef der Sozialdemokraten, wäre von den Freidemokraten über eine ganze Dekade nie und nimmer ausgehalten worden. In der FDP waren die langen, identitätsstiftenden, nachgerade epochalen Vorsitzzeiten eines Willy Brandt,

13 Siehe schon Langewiesche, Dieter 1998, *Liberalismus in Deutschland*, Frankfurt am Main: Suhrkamp, S. 134 ff.

Konrad Adenauer, Helmut Kohl oder Franz Josef Strauß schwer
denkbar. In gewisser Weise waren die liberalen Honoratioren auch
außerhalb der Politik zu selbständig, zu bestimmend, um starke
Führung auf Dauer zu ertragen.

Doch hatte es gleichwohl in der Geschichte der FDP immer auch
Phasen gegeben, in denen das freidemokratische Fußvolk die Sehnsucht nach dem großen Visionär, Tribunen und Rhetoren packte.
Aber wenn ein Vertreter dieser Spezies dann einmal auftauchte,
dann verschwand er regelmäßig rasch wieder von der Bildfläche.
Denn im Grunde konnte kein Parteiführer bis in die 1990er Jahre
den Wunsch nach einer scharf pointierten liberalen Politik erfüllen. Schließlich war die FDP lange ein fragiles Bündniskonstrukt.
Sie hatte nach 1945 die Spaltung des Liberalismus beendet, die
sich in den 1860er Jahren aufgetan hatte. So mussten die freidemokratischen Anführer ganz gegensätzliche Lebenswelten und
politische Einstellungen zusammenbinden, die – zumindest anfangs – von eher ländlichen, eher konservativen, eher deutschnationalen Altmittelständlern bis zu eher urbanen, eher bürger-
rechtlich orientierten, eher freisinnigen Mittelschichtlern des
tertiären Sektors reichten. Infolgedessen hatten die Vorsitzenden
vorsichtig zu lavieren, mussten locker verknüpfen, was keineswegs harmonisch zusammengehörte. FDP-Vorsitzende durften
also, besonders in den frühen Jahrzehnten, inhaltlich nicht zu
stringent und zu präzise werden, da sie sonst die erneute Spaltung
des Liberalismus und in der Folge den Absturz unter die Fünfprozenthürde riskiert hätten. Der CDU übrigens ging es in den
1950er Jahren nicht anders; für die Grünen galt es in den 1980er
und 1990er Jahren; und heute trifft es auf die Linke zu: Die Pro-
grammlosigkeit, zumindest aber die Unschärfe des politischen
Kanons ist die Voraussetzung für Sammlung und Integration.

Liberale Parteichefs standen infolgedessen durchweg in einem
Spannungsverhältnis: Sie mussten ihrer Partei Profil geben, sie im
Wettbewerb mit anderen politischen Anbietern kenntlich und

unterscheidbar modellieren, aber sie durften es dabei nie übertreiben. Das galt nicht nur innerparteilich; das galt auch für ihre Rolle als kleinere Regierungspartei. Die Freien Demokraten waren schließlich lange die koalitionsbildende Kraft in der Bundesrepublik.

Auf der anderen Seite mussten sie dabei aber immer aufpassen, dass sie von der großen Kanzlerpartei nicht politisch erdrückt und überflüssig gemacht wurden. Die Vorderleute der Freien Demokraten hatten also in der Regierungskoalition jeweils einen eigenen Ort zu finden, eine kalkulierte Distanz zum großen Partner einzunehmen, mussten dabei aber beständig darauf achten, dass daraus kein koalitionssprengender Konflikt entstand – eine äußerst schwierige Balance also zwischen einem Kurs der Eigenständigkeit und einer Politik der Koalitionsstabilität. Insofern waren die Liberalen Pioniere für das, was in komplexen Bündnissen künftig auch andere Parteien leisten und aushalten müssen.

*

Die Linke/PDS war und ist in vielerlei Hinsicht das genaue Gegenteil der Liberalen. Während der 1990er Jahre stellte sie eine Milieupartei par excellence dar. Keine Partei in Deutschland wurzelte im ausgehenden 20. Jahrhundert tiefer in einer abgrenzbaren, klar konturierten Gesellschaftsschicht als die SED-Nachfolgerin. Dennoch: Homogen war das Milieu der Linken/PDS nicht, im Gegenteil. Je erfolgreicher die Partei bei Wahlen im Ostteil des wiedervereinigten Landes war, desto stärker nahm sie hier Züge einer Volkspartei an, die nun alle möglichen Wählergruppen anzusprechen hatte. Ein enthomogenisierender, d. h. dezentralisierender und pluralisierender Effekt ging auch von der inneren Verfasstheit der Partei aus. Die Postkommunisten legten aufgrund ihrer Vergangenheit nun großen Wert auf basisdemokratische Prinzipien, weitgehende Einflussmöglichkeiten für die

Mitglieder und Instrumente zur Kontrolle der Führung. Zusammen mit dem Kürzel SED hatten sie sich auch vom demokratischen Zentralismus mitsamt der entmündigenden Befehlsstruktur verabschieden wollen. Dabei waren sie vom einen ins andere Extrem gefallen: Die Amtszeit für Parteiämter wurde auf acht Jahre begrenzt, Doppelmitgliedschaften, d. h. Mitgliedschaft von Aktivisten anderer Parteien, waren lange Zeit erlaubt, außerdem hatte man den innerparteilichen Gruppierungen großzügige Rechte zugestanden.[14]

War die Führung der Linke/PDS mithin schon in den 1990er Jahren nicht einfach, so haben sich die inneren Divergenzen und Widersprüche durch die Fusion mit der WASG und die ersten Erfolge in den alten Bundesländern noch zusätzlich vertieft. Neben ostdeutsche treten nun auch westdeutsche Befindlichkeiten. Die gesteigerte Attraktivität der Partei für mittelalte Wähler sorgt für Reibungen mit der greisen Stammanhängerschaft. Die so genannten subjektiven Modernisierungsverlierer, die im Osten zur Klientel der Linken gehören, Menschen also, die zwar zu Mittelschicht gehören und gebildet sind, aber dennoch Ansehensverluste wahrnehmen, stoßen auf objektiv Zukurzgekommene ohne Bildungsabschlüsse und festes Einkommen. Alte Kommunisten treffen auf desillusionierte Sozialdemokraten. Und den 24 Arbeitsgruppen und Plattformen, welche die alte PDS bereits 1995 unterfütterte, gesellen sich nun weitere hinzu. Eher volksparteiliche Landesverbände in den neuen Ländern sehen sich auf einmal in einer Bundesorganisation mit protestbasierten Ortsgruppen im Westen. Regierungsvertreter sitzen auf Bundesparteitagen neben Fundamentaloppositionellen. Die Linke/PDS umfasst heute also ein ähnlich breites Spektrum unterschiedlicher Befindlichkeiten wie etwa die SPD vor dreißig Jahren. Und analog zur Troika Brandt-Schmidt-Wehner wird auch die Linke/PDS gegen-

14 Vgl. Roll, Evelyn 1997, »Das Mülleimer-Gefühl eines Vorsitzenden«, in: *Süddeutsche Zeitung* (13. Januar 1997).

wärtig von einem Triumvirat geführt – von Bisky, Gysi und Lafontaine.

Verglichen mit seinem Co-Vorsitzenden ist Oskar Lafontaine in
den Medien fraglos erheblich präsenter. Bisky schweigt oder
wählt leise Töne, agiert eher im Hintergrund, wo Lafontaine fern-
sehgerecht zuspitzt, schrill auftritt, polemisiert. Doch könnte gerade diese Zurückhaltung und sein dezentes Naturell Bisky in
einer ergrauenden Gesellschaft zum Prototypen politischer Führung machen – und die chronisch überalterte Linke/PDS zum
Vorreiter eines allgemeinen Trends. Mit Blick auf ihre Altersstruk-
tur nämlich nimmt die Partei den demographischen Zustand vorweg, der in den nächsten 40 Jahren bekanntermaßen auf das Land
insgesamt zukommt. Doch in einer solchen Gesellschaft könnte
sich eine von melancholischer Altersmilde, Nostalgie und prag-
matischem Maßhalten gekennzeichnete politische Kultur breit-
machen, die Lothar Bisky bereits heute wie kaum ein anderer
Spitzenpolitiker repräsentiert. Er ist die Bodenständigkeit in Person oder kurz: die Inkarnation eines konservativen, leicht romantischen Linken.[15]

*

Die CDU ging wesentlich aus der Tradition der katholischen
Zentrumspartei hervor, schöpfte aus deren Personal und Erfah-
rungswissen. Politische Führung in der Zentrumspartei bedeutete vor 1933 ein dauerhaftes Training für Politik in modernen,
sozial und normativ pluralistischen Gesellschaften. Denn die Vorsitzenden mussten, da ihre Partei von Beginn an volksparteiliche
Züge trug und im Scharnierbereich des Parlamentarismus stand,
pausenlos integrieren, Interessen vermitteln und austarieren, Har-

---

15 Vgl. Göldner, Igor 2006, »Noch immer der Integrations-Opa«, in: *Märkische
Allgemeine Zeitung* (17. August 2006); Lebert, Stephan 2006, »Helden gibt's nur
im Film«, in: *Die Zeit* (27. April 2006).

monieformeln finden und die auseinanderlaufenden Fäden am
Ende immer wieder in der Mitte bündeln. Im Grunde lernten
sie so die Regierungs- und Führungstechnik schlechthin in fragmentierten Systemen mit vielfach aufgegliederten Entscheidungs-
institutionen, wo weniger Politik aus einem Guss als Kompromissfähigkeit, Proporz, die Kunst des Lavierens, ja die Virtuosität
des politischen Kuhhandels gefragt ist.

Die CDU war im Grunde gar keine richtige Partei, sondern eher
eine Führungsriege aus Honoratioren plus einem in Notfällen
mobilisierbaren, dann aber kampfbereiten Milieu. Infolgedessen
konnte Adenauer relativ unbehindert schalten und walten. Auf
Unmut reagierte dieser ohne ordnungspolitische Skrupel mit
großzügigen materiellen Gaben, auch mit gezielter Patronage.

Ihre Parteibildung holte die CDU dann in der Oppositionszeit
der siebziger Jahre nach. Helmut Kohl hatte es intern nicht mehr
ganz so leicht wie einst Adenauer. Aber sozialdemokratische Verhältnisse kehrten dennoch nicht ein. Auf Parteitagen wurde ein
christdemokratischer Kanzler nicht im gleichen Maße attackiert
wie beim volksparteilichen Rivalen, jedenfalls nicht, solange er
bei den Wählern Punkte machte. Die überlieferte Form bürgerlicher Höflichkeit wirkte wie ein Puffer gegen unmittelbare Attacken. Die Delegierten redeten ihren Partei- und Regierungschef
mit »Herr Dr. Kohl« und »Herr Bundeskanzler« an. Das stabilisierte die Führung.

Gleichzeitig koppelten sich in den 1970er und 1980er Jahren
kirchliches Vorfeld und christdemokratische Parteiorganisationen
zunehmend voneinander ab. Die Generation der gegenwärtigen
CDU-Ministerpräsidenten ist kaum noch durch die Vorschule
der Milieus gegangen, sondern hat sich unmittelbar auf die Ebe-
nen und Etagen der Parteihierarchie konzentriert.

Sie kennen die Rituale und Konventionen der CDU, ihre Sprachformeln und Symbole. Lange galt das als die Voraussetzung
schlechthin, um in der Parteiendemokratie zu reüssieren. Doch

standen die Parteien in den letzten Jahren nicht mehr im gesellschaftlichen Zentrum, waren nicht mehr Ausdruck elementarer
Soziallagen. Wer dort Tag für Tag in den innerparteilichen Gremien geackert hatte, wurde nicht unbedingt zum Experten für
Hoffnungen und Ängste der tragenden Lebenswelten in dieser Republik, sondern eher Repräsentant nahezu randständiger Gesel-
lungsformen – immer noch durch das Hinterzimmer schlecht
gelüfteter Kneipen geprägt –, womit man sich von Mitte und
Mehrheit der Gesellschaft eher entkoppelte.

So war es einer Außenseiterin, die in den ersten 35 Jahren ihres
Lebens mit der Partei nichts zu tun gehabt hatte, möglich, Vorsitzende der Christdemokraten zu werden, sich im Amt zu halten und schließlich die Kanzlerschaft zu erringen. Bei alledem
konnte sie auf keine von Jugend an geknüpften Netzwerke zurückgreifen. Ihr Programm war von Beginn an säkularisiert, ohne
elementaren Bezug zum verdichteten Wertekodex des CDU-
Milieus. So mag in der Tat einiges dafür sprechen, dass der Füh-
rungsauftrag Merkels ein Indikator für die Erosion der alten
Parteiendemokratie sein könnte. Denn auch ihr Rivale ums
Kanzleramt, Frank-Walter Steinmeier, weist das »Wanja«-Syn-
drom auf, das in diesem Buch beschrieben wurde. Auch Steinmeier hat sich nie in innerparteilichen Ochsentouren, Fraktions-
kämpfen, Kungelkreisen aufreiben und bewähren müssen. Kurz:
2009 tritt im Bundestagswahlkampf an der Spitze der beiden
Volksparteien allein der Typus »Wanja« an. Und auch bei der
Wahl zum Bundespräsidenten wird es in der Kandidatenriege nur
»Wanjas« geben: Peter Sodann, Gesine Schwan und Horst Köhler
sind – dies im Unterschied zu Heuss, Lübke, Heinemann, Scheel,
Carstens, von Weizsäcker, Herzog und Rau – nicht durch Partei-
und Regierungskarrieren profiliert und ausgewählt worden.

Gewiss: Es findet keine Revolution der politischen Elitenrekrutierung statt, aber doch ein vernehmlicher Wandel. Jenseits der
Volksparteien (und zumindest im Osten der Republik muss man

die Linke/PDS dazu inzwischen ja zählen), bei den kleinen, bürgerlichen, eigentlich weniger organisationsintensiven Honoratiorenparteien (bei der FDP und bei den Grünen also) steht das Modell »Ochsentour/Stallgeruch« derzeit in voller Blüte. Westerwelle und Trittin sind, so gesehen, die Ollenhauers und Barzels des frühen 21. Jahrhunderts.

*

Die Grünen haben rasante Entwicklungsschübe durchlebt und dabei viel Führungspersonal verschlissen. Aber trotz alledem ließ sich die Partei doch erfolgreich dirigieren. Das lag sicher nicht zuletzt an den Möglichkeiten einer Generationenpartei, welche die Grünen anfangs noch waren. Die Parteiführung konnte den Lernprozess einer einzigen, der eigenen Generation aufnehmen, abbilden und politisch ausdrücken. Joschka Fischer hat dies zur Meisterschaft getrieben und ungemein davon profitiert. Die Grünen-Spitze musste nicht zwischen den oft gegensätzlichen Erfahrungen und disparaten kulturellen Einstellungsmustern verschiedener Generationen und Milieus vermitteln, wie dies die alten und großen Volksparteien notwendigerweise zu leisten hatten. Dadurch erschienen sie in den 1980er Jahren trotz aller Fundi-Realo-Konflikte homogener, dynamischer, veränderungsfähiger, während die Großparteien kompromissschwerer, langsamer, heterogener wirkten. Grüne Anführer und grüne Anhänger waren vom Bildungsprofil, von der Sozialstruktur, von der lebensweltlichen politisch-kulturellen Orientierung her weitgehend identisch. Das ersparte der Partei anfangs den mühseligen Spagat zwischen verschiedenen Wählersegmenten. Ihre Granden konnten während der 1990er Jahre politisch stärker in die linke Mitte gehen, weil dies ihre Anhänger, je älter und arrivierter sie wurden, gesellschaftlich, sozial und kulturell ebenfalls taten. Sie konnten sich dadurch auch von der Führungslüge der 1980er Jahre befreien. In der Dauertransparenz grüner Basis- und Versammlungsdemokratie nistete die informelle Herrschaft kleiner, sich im Verborgenen arrangierender Zirkel oder Kader.[16] Undemokratischer und ineffizienter als auf den plebiszitären Marktplätzen der Alternativen ging es nirgendwo zu. Effizienz, Delegation und Repräsentation aber lernten die Sympathisanten der Grünen im Beruf und auch im Privaten. Das »sockelte« gleichsam die neuen Organisations- und Führungsstrukturen der Partei, als sie in ihr Zeitalter der Gouvernementalität eintrat.

Doch blieben die Grünen in den 1990er Jahren nicht länger eine reine Generationenpartei. Sie erschlossen neue Schichten und nachwachsende Wählergruppen. Ihre Führung hatte es jetzt nicht mehr nur mit einer homogenen, belastbaren und verlässlichen Klientel zu tun. Sie musste nun, ganz wie die Konkurrenz, zwischen disparaten Segmenten vermitteln. Die Schwierigkeiten, die dabei auftraten, waren angesichts der außerordentlich prätentiösen Anhängerschaft beträchtlich. Ihre Partei sollte den eigenen neuen, pragmatischen Realismus widerspiegeln, aber doch nicht ganz auf die Utopien der Frühzeit verzichten. Sie sollte professionell sein, gleichwohl weiterhin den Charme der Basisdemokratie (zumindest ein bisschen) versprühen. Sie sollte Schluss machen mit sterilen Flügelauseinandersetzungen, aber durch eine offene Diskurskultur dennoch hervorstechen. Sie sollte berechenbare Politik betreiben, jedoch ihre ursprüngliche Spontaneität nicht vollständig verlieren.

Für diese ambivalente Bedürfnis- und Erwartungslage schien und scheint die Struktur der kollektiven Führung nicht schlecht geeignet zu sein, solange sie synergetisch und nicht antagonistisch gepolt ist. Die Fritz Kuhns repräsentieren den kopfgesteuerten Rationalismus, die Claudia Roths sorgen für Herzenswärme und Gesinnungsmusik. Ähnlich hielt man es, ebenfalls mit Erfolg, bei der PDS, wo Bisky den Patron der Langsamkeit gab und Gysi

16 Hierzu insgesamt: Kleinert, Hubert 1992, *Aufstieg und Fall der Grünen*, Bonn: Dietz.

quirlig neue Themen besetzte. Bei den Sozialdemokraten war seinerzeit Brandt für die Zukunft und das Ferne, Schmidt für das Gegenwärtige und Nahe zuständig. Auch das funktionierte über Jahre prächtig. Aber dann wurden die Rollen plötzlich egoistisch interpretiert, man ergänzte sich nicht länger komplementär – und die Sozialdemokraten büßten ihre Regierungsfähigkeit ein. Auch die kollektive Führungsmethode ist also angesichts des in der Regel hochegozentrischen Charakters ambitionierter Machtnaturen mit einigen Risiken beladen. Denn die Gefahr ist groß, dass irgendwann einer der Feldherren (oder -frauen) die anderen vom Hügel zu stoßen versucht.

*

Was bleibt nun überhaupt an ehernen Gewissheiten, wenn man über politische Führung spricht? Das vielleicht doch: Ohne Geduld, langen Atem, zähe Ausdauer und belastungsfähiges Sitzfleisch wird sich ein Parteiführer nicht lange halten. Personen mit einem ausgeprägten Schlafbedürfnis können es – siehe Barzel – ebenfalls nicht schaffen. Blitzgescheite Menschen, denen das redundante Palaver in stundenlangen Kommissionssitzungen ein Gräuel ist, sollten sich politische Karrierepläne aus dem Kopf schlagen. Auch streng systematisch denkende Intellektuelle werden es schwer haben, in der Branche zu bestehen. Für Reflexionswut und Selbstzweifel, für skrupulöses Grübeln über das eigenen Tun sind politische Führungsposition der falsche Ort. Weit wichtiger sind Intuition, ein Instinkt für Gefahren und die Fähigkeit, unterschiedliche Informationen blitzschnell zu verknüpfen.
Erfreuliche Momente für die Kraftnaturen der Macht sind Krisen und Katastrophen. Denn dann weitet sich für einen kurzen Zeitraum das Feld der Möglichkeiten. Vetomächte müssen ihre Routineeinwände unter dem Druck einer erschrockenen Öffentlichkeit zurückstellen. Der Exekutive werden in Zeiten des Not-

falls außerordentliche Befugnisse eingeräumt. Die sonst sperrigen
Institutionen dürfen zwischenzeitlich übergangen werden. Helmut
Schmidt war ein großer Nutznießer solcher Konstellationen, auch
Gerhard Schröder. In der Außenpolitik gibt es häufiger solche historischen Knotenpunkte, zumal hier die innenpolitische Opposition weniger Einfluss hat und den Regierenden nicht so einfach
in die Parade fahren kann, wodurch sich Spielräume eröffnen. In
einem solchen »Weltenmoment«, wie es Ranke nannte, kann man
als politischer Anführer einer Nation dann Geschichte machen
wie Adenauer in den Fünfzigern, Brandt in den frühen Siebzigern
und Kohl 1989/90. Ist der Moment vorüber, hat der Held erledigt, was er zu vollbringen hatte, dann wird die Geschichte ihn
wegwerfen »wie leere Hülsen«, um den großen Hegel zu zitieren.[17]

*

Doch verlassen wir die Höhen des Weltgeists rasch wieder und
kehren wir zurück in die profanen Niederungen der Alltagspoli-
tik am Beginn des 21. Jahrhunderts. Es bleibt wohl die Erkennt-
nis: Ein starker Parteiführer sollte die Unterstützung der Aktivisten besitzen, der Funktionäre, Delegierten und Mandatsträger
seiner Organisation. Er darf sich nicht zu weit von deren Mentalität entfernen; aber er darf darin auch nicht aufgehen, nicht
lediglich ein Teil oder Spiegel der Parteiseele werden. Ein überzeugender Anführer ist den Leuten an der Basis ein Stück voraus,
zieht sie aber mit. Ein kraftvoller Chef ist nicht einfach ein Diener oder Kärrner seiner Partei; er verfolgt immer auch eine besondere Mission, will dafür unbedingt an die Macht und lässt
sich darin durch nichts beirren. In manchen Fällen strahlt er Cha-

---

17 Hierzu Engel-Janosi, Friedrich 1979, »Von der Biographie im 19. und 20. Jahr-
hundert«, in: Klingenstein, Grete u. a. (Hg.), *Biographie und Geschichtswissenschaft.
Aufsätze zur Theorie und Praxis biographischer Arbeit*, München: Oldenbourg,
S. 211 f.

risma aus, doch hält diese Wirkung meist nicht lange an. Charisma verdirbt schnell, vor allem in der Regierungsverantwortung. Danach kommt es wieder darauf an, ob man die Fußtruppen und Unteroffiziere der Partei geschlossen hinter sich hat.

Auch scheint es einen politischen Habitus zu geben, mit dem milieuübergreifend Resonanz zu erzielen ist, der postmaterialistische Studienräte genauso beeindruckt wie junge Arbeiter mit ansonsten rechtspopulistischen Neigungen und kleinbürgerliche Pensionäre mit traditionaler Werteorientierung. In diesem Typus paaren sich Härte, evidente Durchsetzungsfähigkeit, ein Stück souveräner Unabhängigkeit von der eignen Partei mit Biss, Witz, Schlagfertigkeit, oft auch mit einem Hauch lustvoller, rebellischer Provokation. Dieser oft erfolgreiche Politikertypus verbindet Instinkt, Populismus, Stimmungs- und Problemsensibilität, Konzentration auf das Wesentliche, virtuose Medienpräsenz und Pragmatismus. Er muss eine immens facettenreiche Gestalt sein, muss als Projektionsfläche für verschiedenen Bedürfnisse, Einstellungen und Kulturen taugen, muss rochieren, sich neuen Verhältnissen blitzschnell anverwandeln, ohne dabei aber opportunistisch zu wirken. Er sollte ein umarmungsfähiger Integrator sein, aber auch ein konzeptioneller Scout mit Witterung für die Themen von morgen.

Es ist auffällig, dass oft gerade soziale Aufsteiger viele dieser Eigenschaften in sich vereinen. Sie konnten sich auf ihrem harten Weg nach oben überflüssige Sentimentalitäten und übermäßiges Fairplay eben nicht leisten; mussten lernen, die Ellbogen rüde auszufahren, sich in Mimikry zu üben, Rivalen früh auszumachen und ohne große Skrupel in den Orkus zu schicken. Mit Tiefschwätzereien kann man ihnen nicht kommen. Ihr Blick ist illusionslos. Der Aufsteiger schlägt hart zu, wenn ihm genommen werden soll, was er sich trotz seiner inferioren Herkunft aufgebaut hat. Oft sind solche Menschen, die nicht selten aus einer Position der Gegnerschaft zur Gesellschaft heraus angetreten sind, am Ende die robustesten Verteidiger des Systems, in dem sich ihr Aufstieg vollzog. Aus diesem Holz scheinen die harten Alphatiere des politischen Establishments jedenfalls häufig geschnitzt zu sein.

Dabei ist unzweifelhaft, dass moderne Parteien nicht autoritär geführt werden können. Die Basis lässt sich durch zentralistische Dekrete nicht langfristig beeindrucken; Parteiversammlungen sind durch einen zackigen Befehlston nicht länger zu kujonieren. Schon Herbert Wehner, der legendäre Zuchtmeister der deutschen Sozialdemokratie, hatte in den 1970 Jahren erfahren müssen, dass er mit seinen Schrei-, Droh- und Einschüchterungsgebärden nicht mehr viel erreichte, jedenfalls positiv nichts mehr bewegte. Politische Führung ist mittlerweile in der Tat auf kommunikative Fähigkeiten angewiesen. Wer politisch ausdifferenzierte Parteien erfolgreich managen will, muss koordinieren, vermitteln, ausgleichen, delegieren, einbinden, vernetzen, überzeugen können. So sind heute gleichsam sanfte Führungsformen gefragt.

Doch diese kann eben nur derjenige effektiv anwenden und durchsetzen, der durch Energie, Disziplin, Härte und Machtwillen zuvor Konkurrenten beeindruckt, ja eingeschüchtert hat, der sie in der Minderheit hält oder »einbindet«. Kommunikative Führung gelingt nur Personen, die über sehr viel Autorität, Zielstrebigkeit und Gefahreninstinkt verfügen. Wohl aus diesem Grund waren die Künder der »Soft Skills«, etwa Björn Engholm und Matthias Platzeck, nicht allzu erfolgreich.

Gewiss hat insbesondere die Mediengesellschaft die Anforderungen an politische Führung verändert. Jede Schwäche wird nun unbarmherzig registriert, jeder Fehler lautstark angeprangert, jede Popularitätsdelle demoskopisch ermittelt. Der Druck hat sich dadurch auf alle Parteien enorm erhöht, die nun weit weniger Geduld für zeitweilig unglücklich operierende Vorsitzende aufbringen als in früheren Jahrzehnten. Parteichefs in der Baisse werden jetzt rasch, nicht selten hektisch, gar panikartig ausgewechselt. Die Krise der Führung ist dadurch in den letzten Jahren chronisch geworden.

Mit der faktischen Erosion von Führungsressourcen in der Mediengesellschaft kollidiert die Wahrnehmung des politischen Geschehens durch die Bevölkerung. Denn dem Fernsehpublikum erscheint Politik streng zentralisiert, hierarchisch, höfisch.[18] Das Zentrum ist das Berliner Regierungsviertel; das Personal des Kanzleramts stellt den Hofstaat, und ganz oben thront Angela die Erste. Mit den Möglichkeiten und Beschränkungen moderner Politik hat das wenig zu tun. Natürlich wissen die Politiker, wie eng ihr Spielraum ist. Sie wissen, wie stark die Verhandlungs- und Vermittlungszwänge ihre politische Souveränität einschnüren und begrenzen. Aber sie begeben sich doch in die Positur der kraftvollen und souveränen Lenker der Staatsgeschäfte. Die auf diese Weise erzeugten Ansprüche werden dann verlässlich frustriert; die Verdrossenheitswerte an der gesellschaftlichen Basis, für die das Schauspiel inszeniert wird, steigen weiter.

Institutionell ist die Politik gerade in Deutschland für große, kohärente Würfe nicht hinreichend ausgestattet. Doch zum öffentlichen Bild des guten Politikers gehören eben Entscheidungsfreudigkeit, mitreißende Visionen, präzise Strategien und große sachliche Kompetenz. Über all das aber darf ein Politiker, der es in Deutschland zu etwas bringen will, höchstens in kleinen Portionen verfügen. Andernfalls würde er sich erhebliche Blessuren holen. In vielfach zergliederten Gesellschaften wie der deutschen Republik hat ein erfolgsorientierter Politiker ein äußerst geschmeidiger Mensch zu sein, integrativ, flexibel, anpassungsfähig. Zwei, drei normative Grundprämissen sind gewiss wichtig, weil sie Halt geben, Orientierung vermitteln und eine Vertrauensbasis schaffen, doch dürfen sie ihn keinesfalls fesseln. Sie sollten lediglich Fluchtpunkt des Tuns sein, nicht leicht ausrechenbares Regelwerk des kompletten Handelns.

18 Vgl. Plasser, Fritz 1993, »Tele-Politik, Tele-Image und die Transformation demokratischer Führung«, in: *Österreichische Zeitschrift für Politikwissenschaft* 22/H. 4, S. 409 ff.

Ein guter Politiker darf vor allem kein insistierender Ordnungs-
politiker sein, denn mit konzeptioneller Kohärenz ist in der beweg-
lichen Verhandlungsdemokratie nicht viel zu erreichen. Angesichts
der institutionell eingebauten Vetostrukturen hat Regierungspolitik hierzulande nur dann eine Chance, wenn sie die Vetomächte
kompromiss- und windungsreich einbindet und dabei den programmatischen Entwurf zurückstellt.[19] Wer anders handelt, pro-
duziert in der Regel vielfältige Paralysen. Politiker können den gor-
dischen Knoten also nicht zerschlagen, Gesellschaften nicht nach
einem großen Plan ummodeln. Dafür sind sie in der Moderne
nicht mehr hinreichend gerüstet. Die Politik steht nicht länger
über den anderen sozialen Bereichen, diese lassen sich längst nicht
mehr von oben nach unten gleichsam autoritativ steuern. In funk-
tional ausdifferenzierten Gesellschaften folgen die sozialen Teil-
systeme in der Regel ihren eigenen Logiken, sie mobilisieren
selbsterhaltende Kräfte, um sich gegen den Zugriff der Politik zu
sperren, sodass administrative Interventionen rasch verpuffen.
Erst recht sind die politischen Leader in modernen, partizipatorischen Gesellschaften schwerlich noch Leitfiguren, die programmatisch und konzeptionell voranschreiten und neue Wege weisen
können. Sie kommen durch den Totalitätsanspruch auf perma-
nente Bürgernähe und öffentliche Präsenz weder zur gründlichen
Lektüre noch zu Mußestunden und zur Reflexion. Zeit für Kreativität ist kaum vorhanden. Politische Eliten können daher bestenfalls Schwämme sein, die Stimmungen aufsaugen; sie sind
jedoch keine Avantgarden, die Entwicklungen prägen. Zur Führung ist die politische Elite kaum mehr fähig; geistig oder moralisch kann sie weder voranschreiten noch wenden, was in der
Ära Kohl wohl final deutlich wurde.

*

19 Zu den Vetokräften vgl. Tsebelis, George 2002, *Veto Players. How Political Insti-
tutions Work*, Princeton: Russell Sage Foundation u. a.

Man kann es zuspitzen: In der Politik geht es um Macht, nicht um Sinnstiftung, nicht um Identitätswahrung, nicht einmal um Glaubwürdigkeit. Und noch einen Schritt weiter: Ein Politiker, der ein »grundehrlicher Kerl« sein möchte, wäre eine katastrophale Fehlbesetzung. Irgendwann würden ihn die Bürger mit Spott und Häme verjagen. Denn regierende Eliten müssen dazu fähig sein, trotz und am Ende aller Konsensrunden Verbindlichkeit zu erzwingen. Sie haben den Zugriff auf das Gewaltmonopol. Man erwartet von ihnen den Schutz der elementaren Lebensinteressen und Güter – gegen mögliche Usurpatoren im Inneren und Äußeren, die ihre niederträchtigen Absichten wohl kaum offenherzig preisgeben werden.[20]

Insofern müssen Politiker kaltschnäuzig, unsentimental, knochenhart, listig sein. Sie müssen als kühl kalkulierende Strategen überzeugen. Aber ein Stratege darf um Himmels willen nicht auf dem offenen Markt Absichten ausplaudern. Ein Stratege hat die nächsten Züge nicht anzukündigen, gar zur Abstimmung zu stellen. Ein Stratege operiert geheim; er täuscht, legt falsche Spuren, hebt Fallgruben aus, lauert hinter Hecken. Ein Stratege und großer Politiker muss – ja, er muss – zuweilen Potemkinsche Dörfer errichten, ohne Skrupel von links nach rechts und zurück die Seiten wechseln, mindestens den Gegner durch falsche Ankündigungen in die Irre führen.[21] Man hat allerdings Vorsorge dafür zu treffen, dass dies alles zugleich als »authentisch« erscheint, also mit dem »Saum des Glaubens« ausgestattet wird. Seit jeher kümmern sich erfolgreiche Häuptlinge, Fürsten oder Kanzler schließlich darum, ihr Tun moralisch zu verbrämen.[22]

20 Auch: Luhmann, Niklas 1993, »Die Ehrlichkeit der Politiker und die höhere Amoralität der Politik«, in: Kemper, Peter (Hg.), *Opfer der Macht. Müssen Politiker ehrlich sein?*, Frankfurt am Main: Insel, S. 27 ff.
21 Hierzu auch Liessmann, Konrad Paul 2005, *Der Wille zum Schein. Über Wahrheit und Lüge*, Wien: Zsolnay.
22 Vgl. auch: Hitzler, Ronald 2002, »Inszenierung und Repräsentation. Bemerkungen zur Politikdarstellung in der Gegenwart«, in: Soeffner, Hans-Georg/Dirk Tänzler (Hg.), *Figurative Politik. Zur Performanz der Macht in der modernen Gesell-*

Jedenfalls: Irreführung, Maskerade, das glanzvolle Theater verlangen weit mehr Geschick, Raffinesse, Phantasie als komplexitätsscheue Geradlinigkeit und orthodoxe Werktreue. Kreativität und Prinzipienverbundenheit schließen einander aus. Nehmen wir nochmals Konrad Adenauer, Charles de Gaulle oder Otto von Bismarck – sie alle waren große Täuscher vor dem Herrn. Und man feiert sie bis heute nicht ohne Grund als große europäische Staatsmänner. Hannah Arendt, die brillante Analytikerin der totalen Herrschaft, ordnete daher die gezielte Täuschung dem »Handwerk nicht nur der Demagogen, sondern auch des Politikers und sogar des Staatsmannes« zu. Niemand, so Hannah Arendt weiter, habe je die Wahrhaftigkeit zu den politischen Tugenden gerechnet.[23] Bismarcks Staatskunst etwa bestand gerade darin, mit mehreren Bällen zu jonglieren, zu tricksen, den einen gegen den anderen auszuspielen. Natürlich muss man dieses Spiel beherrschen, man braucht Virtuosität und einen wirklichen Ethos, der all die finessenreichen Manöver legitimiert. Auch Willy Brandt steht in dieser Tradition. Er, der Visionär erneuerter politischer Moral, bezeichnete einmal die kalte »Überrumpelung« als die »erfolgreichste Methode in der Politik überhaupt«.

Andererseits gehört Zielfindung und Situationsdeutung unzweifelhaft zum klassischen Aufgabenbereich politischer Führungsgruppen. In seiner besten Zeit war Brandt zur Handhabung beider Methoden fähig: Durch Überrumpelung schloss er noch in der Wahlnacht 1969 Kurt Georg Kiesinger von der Koalitionsbildung aus; durch eine Politik, die auf Semantik und Transzendenzversprechen achtete, mobilisierte er die Massen. Gelegenheiten nutzen und mit beinahe sakraler Bedeutung aufladen – das zählt in der Tat zu den Meisterleistungen politischer Führung.

schaft, Opladen: Leske + Budrich, S. 42; ders. 1991, »Der Machtmensch«, in: *Merkur* 45/H. 3, S. 201 ff.
23 Arendt, Hannah 1987, *Wahrheit und Lüge in der Politik. Zwei Essays*, München u. a.: Piper, S 8.

Politische Führung ist in modernen Zeiten, nach dem Ende verbindlicher Doktrinen, Milieus und Loyalitäten, in der säkularisierten Verhandlungs- und Konkordanzdemokratie also nicht gerade leichter geworden. Die nächste Führungskrise bei der einen oder anderen Partei wird sicher nicht lange auf sich warten lassen. Und in diesem Prozess rückt immer mehr der Typus des »Büroleiters«, des »Amtschefs«, des »politischen Fliesenlegers« (Peter Glotz), des Krisenmanagers aus dem Bereich der politischen Administration in den Vordergrund.

Auch darum ging es in diesem Buch. Ein Kanzleramtschef beispielsweise, der seine Sache nicht versteht, wird die Regierung rasch in schweres Gewässer bringen. Ein Ausfall dort ist schwerer zu verkraften als Schwächen an der Spitze der Einzelministerien. Der Kanzleramtschef ist für das Management, vor allem für das Krisenmanagement der Regierung zuständig. Er hat früher als alle anderen Differenzen zwischen den Ressorts zu erkennen und Spannungen zu mildern; er muss Interessenkonflikte zwischen den Ministerien, zwischen den Koalitionsparteien, zwischen den politischen Flügeln der Kanzlerpartei, zwischen den Primadonnen des Kabinetts aufspüren und sie dem Kanzler rechtzeitig signalisieren. Er hat dafür zu sorgen, dass die Kabinettsmaschinerie reibungslos funktioniert. Der Kanzleramtschef spielt in der Politik – um den in der politischen Klasse gern gewählten Fußballerjargon zu bemühen – noch den klassischen Part des Liberos: Er sichert die Defensive, soll zugleich aber aus einer sattelfesten Abwehr mit ein paar klugen Pässen das Spiel strategisch aufbauen, ohne dabei indessen dem eigentlichen Spielmacher – hier: dem Kanzler – die Show zu stehlen. Kanzleramtschefs sind gleichsam die obersten Repräsentanten der stillen politisch-administrativen Elite im Schatten der öffentlichen Macht. Dabei winkt ihnen zur Entschädigung nie die Prämie, die Politiker sonst wohl mehrheitlich antreibt: Bekanntheit, öffentliche Aufmerksamkeit, Ruhm. Nirgendwo anders sind die Differenzen zwischen tatsächlicher politischer Macht und geringer öffentlicher Beachtung so groß wie bei ihnen: Kanzleramtschefs übertreffen die meisten Minister an politischem Einfluss um Längen, aber kaum jemand im bundesdeutschen Volk hat ein Bild, eine Vorstellung, eine »Story« von ihnen. Ist es einmal anders, sucht der Kanzleramtschef die öffentliche Pose, dann bekommt er rasch Ärger mit seinem Kanzler und mit eifersüchtigen Ministern und wird daran scheitern.

Kanzleramtschefs sind die Techniker der Politik und Verwaltung. Das zeichnet sie aus. Bemerkenswert ist, dass im Kabinett der Großen Koalition mit Schäuble und Steinmeier gleich zwei frühere Kanzleramtschefs (und mit Steinbrück ein früherer Referent des Hauses) zu Ministern in klassischen Ressorts avanciert sind. Das sagt viel über den administratorischen Zug der deutschen Politik der letzten Jahre. Die Regierung Merkel-Steinmeier ist ein Kabinett der gelernten Maschinisten, Organisatoren und Sherpas staatlicher Macht.

Schaut man sich überdies das Triumvirat an, das derzeit im Zentrum sozialdemokratischer Macht steht – eben Steinmeier, dann noch den Fraktionsvorsitzenden Peter Struck und den Parteichef Franz Müntefering –, nimmt man noch den Fraktionsvorsitzenden der Union, Volker Kauder, dazu, dann haben sie dies gemeinsam: Sie alle haben ihr Handwerk, haben den Stil und die Methode der Politik als Büroleiter und Parlamentarische Geschäftsführer gelernt.[24] Diese Lehrzeit hat sie nachhaltig geprägt, da man als PGF – wie es im Kürzeljargon der Berliner Politprofis meist heißt – die eigene Fraktion straff zusammenhalten und auf Disziplin und Geschlossenheit einschwören muss. Zu schwer kalkulierbaren Zukunftsdiskussionen sollte man dagegen tunlichst Abstand halten. Und so gab es auch nie ein »Projekt Struck«, eine »Richtung Müntefering«, einen programmatischen »Kauder-Flügel«. Sie waren Geschäftsführer, die diesem oder jenem verläss-

---

24 Vgl. Petersen, Sönke 2000, *Manager des Parlaments. Parlamentarische Geschäftsführer im Deutschen Bundestag*, Opladen: Leske + Budrich.

lich gedient haben. Primär ging es ihnen einzig – so würden sie es wohl ausdrücken – »um die Sache«. Doch pflegen sie sich nicht ausführlich zu äußern, wenn man sie nach dem Kern, nach der Substanz »ihrer Sache« fragt.

Auch das wirft ein Schlaglicht auf den Zustand politischer Führung. Man kann es negativ formulieren: Da ist niemand mehr, der den Ethos von Partei und Politik fortzuschreiben vermag, der in langen Linien denken und artikulieren kann. Es gibt nur noch wenige mitreißende und daher aktivierende Rhetoren. Und man stößt erst recht nicht auf den großen Parteiführer, der die Traditionsbataillone zwar sorgfältig sammelt und behutsam zusammenhält, sie aber doch auch mit harter Hand, verwegenem Mut und klarem Blick für die künftigen Möglichkeiten und Erfordernisse vorantreibt, weiterzieht, nach vorn drängt.

Einerseits. Aber andererseits: Die Führungsqualitäten der Parteieliten in kooperativen Bündnissen – und auf die läuft es in hochfragmentierten Parteiensystemen immer mehr hinaus – definieren sich in erster Linie in der Tat durch Moderation, Abstimmung, Anpassungsfähigkeit, geschmeidigen Opportunismus, Prinzipienindifferenz, nicht durch schneidige Zuspitzung, holistische Botschaften, programmatische Stringenz.

Einerseits. Andererseits jedoch wird gerade dies unweigerlich die Nachfrage nach dem klassischen Typus des Kämpfers, Tribunen und Charismatikers anheizen, da ein Überangebot an Mitte die Flanken stärkt, den Wunsch nach Differenz und Unterscheidung fördert. Das ist das Dilemma: Zersplitterte Parteiensysteme haben einen hohen Bedarf an Ausgleichsfähigkeit, die wiederum – je stärker sie entwickelt ist – in der Bevölkerung durch den anschließenden Überdruss an allein moderierenden Charakteren die Nachfrage nach Figuren, die zuzuspitzen und zu polarisieren sich nicht scheuen, erhöhen wird.

*

Politische Führung ist ein großes »Einerseits« und »Andererseits«. Ebendeshalb pflegten die Labour-Führer Hugh Gaitskell und Denis Healy zu sagen: »If you can't ride two horses at once, you shouldn't be in the bloody circus.«

Pierre Bourdieu
- Ein soziologischer Selbstversuch. Übersetzt von Stephan
  Egger. Mit einem Nachwort von Franz Schultheis.
  es 2311. 160 Seiten
- Praktische Vernunft. Zur Theorie des Handelns. Übersetzt
  von Hella Beister. es 1985. 226 Seiten
- Rede und Antwort. Übersetzt von Bernd Schwibs.
  es 1547. 237 Seiten
- Soziologische Fragen. Übersetzt von Hella Beister und
  Bernd Schwibs. es 1872. 256 Seiten
- Über das Fernsehen. Übersetzt von Achim Russer.
  es 2054. 140 Seiten

Norbert Elias über sich selbst. A. J. Heerma van Voss und A.
van Stolk, Biographisches Interview mit Norbert Elias. Norbert Elias, Notizen zum Lebenslauf. Übersetzt von Michael
Schröter. es 1590. 199 Seiten

Elena Esposito. Die Fiktion der wahrscheinlichen Realität.
Übersetzt von Nicole Reinhardt. es 2485. 127 Seiten

Wolfgang Fach. Die Regierung der Freiheit. es 2334. 234 Seiten

Anthony Giddens. Entfesselte Welt. Wie Globalisierung unser Leben verändert. Übersetzt von Frank Jakubzik.
es 2200. 116 Seiten

Hartmut Häußermann/Dieter Läpple/Walter Siebel.
Stadtpolitik. es 2512. 403 Seiten

Wilhelm Heitmeyer (Hg.)
- Deutsche Zustände. Folge 1. es 2290. 304 Seiten
- Deutsche Zustände. Folge 2. es 2332. 320 Seiten
- Deutsche Zustände. Folge 3. es 2388. 300 Seiten
- Deutsche Zustände. Folge 4. es 2454. 320 Seiten

NF 350/3/2.09

Zygmunt Bauman

Leben in der flüchtigen Moderne

es 2503. 287 Seiten

Normale Zeitungsleser hätten die Anzeige vielleicht übersehen: »Sechs angesagte Outfits, mit denen Sie der Modeszene im nächsten halben Jahr einen Schritt voraus sind«. Zygmunt Bauman schlägt daraus theoretische Funken: Wer heute noch die Chuzpe hat, »Ich« zu sagen, sollte schneller sein als die anderen. Doch Achtung: Die Befriedigung hat ein Verfallsdatum – die nächste Frühjahrskollektion kommt bestimmt. In sechs Studien, die auf Vorlesungen am Institut für die Wissenschaften vom Menschen in Wien zurückgehen, greift der brillante Essayist seine großen Themen wieder auf: Ethik, die Erinnerung an den Holocaust, Europa, Kunst und Freiheit in der flüchtigen Moderne.

Zygmunt Bauman, geboren 1925 in Posen, lehrte lange Zeit Soziologie an der University of Leeds. 1998 wurde er mit dem Theodor-W.-Adorno-Preis ausgezeichnet. In der edition suhrkamp erschienen von ihm zuletzt *Flüchtige Moderne* (2003) und *Vom Nutzen der Soziologie* (1999).

NF 366/1/5.08

David Held

Soziale Demokratie im globalen Zeitalter

es 2504. 293 Seiten

Ob Seuchen oder Terrorismus – für globale Probleme gibt es keine nationalen Lösungen. Doch welcher Akteur könnte diese Herausforderungen bewältigen? Für David Held ist dazu nur eine große Koalition aus alten Europäern und liberalen Amerikanern, Entwicklungsländern und sozialen Bewegungen in der Lage. Diesem Bündnis für globale soziale Demokratie hat er ein Grundsatzprogramm geschrieben. Jenseits von Radikalopposition und neoliberalem »Weiter so« entwirft er eine pragmatische Utopie: eine Reform des UN-Sicherheitsrats, die Entwicklung demokratischer Institutionen jenseits des Nationalstaats und den Abbau von Handelsschranken zugunsten der Entwicklungsländer.

»Eine seltene Kombination aus soziologischer Imagination, tiefgründiger Analyse und solider empirischer Evidenz, die in eine konstruktive politische Perspektive mündet: die brillante Synthese von zehn Jahren Forschungsarbeit.«

Jürgen Habermas

David Held, geboren 1951, lehrt Politikwissenschaft an der London School of Economics. Er beschäftigt sich seit mehr als einem Jahrzehnt mit globalen Transformationen.

Heinrich Geiselberger (Hg.)

Und jetzt?

Politik, Protest und Propaganda
es 2500. 364 Seiten

Ökonomie und Regierung folgen träge ihren Imperativen, die Mühlen der Reform mahlen langsam, Ohnmacht und postpolitische Resignation machen sich breit. Manchmal flackert im öffentlichen Bewußtsein zwar das Politische auf, doch protestierende Studenten und populistische Präsidenten lösen Standardreaktionen aus: abgeklärten Zynismus und naive Euphorie – dann fallen sie den Konjunkturen der Aufmerksamkeit anheim.

Auch wenn sich die Diagnose vom »Ende der Geschichte« plausibel anfühlen mag, politisierte Konsumenten, Medienaktivisten, Politiker, Gewerkschafter und die Vertreter diverser NGOs versuchen, sie mit neuen Formen der Politik zu widerlegen. *Und jetzt?* bietet eine Bestandsaufnahme über aktuelle Formen der Politik und des Protests, ihre Protagonisten kommen ebenso zu Wort wie Ulrich Beck, Chantal Mouffe und Michael Hardt, Theoretiker, die sich seit Jahren mit der Interpretation unserer Welt und den Möglichkeiten beschäftigen, sie zu verändern.

NF 364/1/5.08

Bertolt Brecht/Slatan Dudow/
Hanns Eisler/Ernst Ottwalt

Kuhle Wampe
oder Wem gehört die Welt?

fes 2. 80 Minuten + Extras. Schwarzweiß
Booklet mit einem kurzen Essay sowie Texten von
Bertolt Brecht und Siegfried Kracauer
57 Seiten

Brecht interessierte sich früh für das Medium Film: »Der
Filmsehende liest Erzählungen anders. Aber auch der Erzählungen schreibt, ist seinerseits ein Filmesehender«,
schrieb er 1931 in *Der Dreigroschenprozeß*. Noch im sel-
ben Jahr machte er sich gemeinsam mit dem Regisseur Sla-
tan Dudow, Hanns Eisler und dem Schriftsteller Ernst
Ottwalt an ein eigenes Filmprojekt: *Kuhle Wampe oder
Wem gehört die Welt?* Unmittelbar nach der Fertigstel-
lung verhinderte die Zensur im März 1932 zunächst die
Uraufführung mit der Begründung, die politische Tendenz sei »längst nicht so grob und stark aufgetragen« wie
üblich, und genau das mache den Film gefährlich; 1933
verboten die Nationalsozialisten *Kuhle Wampe* endgültig.
Heute gilt der Film als Meilenstein des politischen Kinos.
Als Extras sind Dudows kurzer Dokumentarfilm *Wie der
Berliner Arbeiter wohnt* (1930) und die Dokumentation
Feigenblatt für Kuhle Wampe (1975) zu sehen

»*Wie der Berliner Arbeiter wohnt* ist ein vergessenes Juwel
der Filmavantgarde. Was für eine Entdeckung.«
Frankfurter Rundschau

Krista Fleischmann

Monologe auf Mallorca &
Die Ursache bin ich selbst
Die großen Interviews mit Thomas Bernhard

fes 4. 94 Minuten
Booklet mit Essays von
Raimund Fellinger und Krista Fleischmann.
44 Seiten

Einen unfilmischeren Erzähler als Thomas Bernhard kann man sich kaum vorstellen: Er verachtete Details und Beschreibungen, vermied es peinlich genau, mit der Sprache die Möglichkeiten des Bilds nachzuahmen. »Ich schreib' immer nur Begriffe, und da heißt's immer *Berge* oder eine *Stadt* oder *Straßen*, aber wie die ausschauen …« Welchen Mehrwert das Medium Film trotz oder gerade wegen der Bernhardschen Invektivkaskaden haben kann, dokumentieren die beiden langen Interviews, die die Journalistin Krista Fleischmann in den achtziger Jahren auf Mallorca und in Madrid mit ihm führte. Sie zeigen Bernhard, der sich vom Kameramann extra »unkonventionelle Bilder« gewünscht hatte, »die man üblicherweise wegwirft«, von seiner besten, seiner vergnüglichsten Seite: am Hafen, beim Stierkampf und in Cafés. Dabei plaudert er über die Lust und den Tod, über die Unterhosen des Papstes und die Frauen im allgemeinen, über Bach und das Fernsehen – in diesem Fall das spanische: »Und wenn man die Sprache nicht versteht, ist das sehr erholsam, weil man immer mehr hineintut, als sie wirklich aussagen, die Bilder, wahrscheinlich.«

NF 921/1/12.08

Alexander Kluge

Nachrichten aus der ideologischen Antike
Marx – Eisenstein – Das Kapital

fes 1. Drei DVDs 570 Minuten
Farbe und schwarzweiß
Booklet mit einem Essay von Alexander Kluge
61 Seiten

»Der Entschluß steht fest, das KAPITAL nach dem Szenarium von Karl Marx zu verfilmen«, notierte Sergej Eisenstein am 12. Oktober 1927. Eisenstein, der mit *Panzerkreuzer Potemkin* (1926) die Filmsprache revolutionierte, wollte Marx' Buch »kinofizieren«. Die Herausforderung, die von einem solchen Werk ausgeht, so glaubte Eisenstein, würde die Filmkunst von Grund auf umrücken. Ihm schwebte die Anwendung völlig neuer, von James Joyce' *Ulysses* abgeleiteter Formen vor: »faits divers«, »emotionale Konvolute« und Reihen »dialektischer Bilder«.
80 Jahre später kommentiert Alexander Kluge Eisensteins monumentalen Plan. Auf drei DVDs sammelt er filmische Miniaturen zu Marx' Theorie, die uns so nah und so fern ist wie die Antike. Gespräche mit Peter Sloterdijk, Dietmar Dath, Oskar Negt, Boris Groys, Rainer Stollmann und anderen montieren ganz unterschiedliche Perspektiven auf *Das Kapital.*

»Man kann am Ende nur wünschen, es möge die Stimme des Alexander Kluge, die so viele andere sprechen und singen macht, niemals verstummen.« *die tageszeitung*

»Für Suhrkamp ein furioser Start ins digitale Zeitalter.« *Süddeutsche Zeitung*

NF 918/1/11.08